21 世纪高职高专规划教材·财务会计系列

企业纳税实务

（第 2 版）

主　编　麻鹏波　沙利臣
副主编　马云霞　孙曦冉
　　　　杨　婷　牛艳梅
主　审　李勇娜

武汉理工大学出版社
·武　汉·

内容提要

本书以党的二十大精神为指导，根据高职院校大数据与会计及相关专业学生培养目标和企业纳税实务课程的教学特点，参照国家金税三期、四期工程要求，对接企业办税员会计岗位的工作标准，以截至2024年初的有效税收法规及相关会计准则作为主要依据，基于"要素确认—税费计算—纳税申报"的工作过程，重构岗位典型工作任务所需的知识、技能，选取企业纳税概述、增值税实务、消费税实务、企业所得税实务、个人所得税（含代扣代缴）实务、其他税费实务六个项目化的教学单元作为主要修编内容。每个项目基于二十大政策要求，以现实案例导入，开设"知识技能辨析""情境分析""任务要求""任务解答""任务实施""任务释疑""重要提示"等栏目。为使初学者对每一税种有更清晰的认识和理解，每个项目提供了"知识结构图"，帮助初学者快速掌握该项目的整体框架和重点内容。

本书不仅可以作为高等职业院校财会类专业教材，也可以作为各种财税培训机构的培训教材，还适合企业管理人员、财税专业人员等阅读。

图书在版编目（CIP）数据

企业纳税实务 / 麻鹏波，沙利臣主编．-- 2版．武汉：武汉理工大学出版社，2024．11.-- ISBN 978-7-5629-7125-2

Ⅰ．F812.423

中国国家版本馆CIP数据核字第2024325JJ3号

项目负责人：楼燕芳
责任编辑：陈　平
责任校对：楼燕芳
版面设计：天成图文
出版发行：武汉理工大学出版社
社　　址：武汉市洪山区珞狮路122号
邮　　编：430070
网　　址：http://www.wutp.com.cn
经　　销：各地新华书店
印　　刷：荆州市精彩印刷有限公司
开　　本：787mm×1092mm　1/16
印　　张：20.75
字　　数：531千字
版　　次：2024年11月第2版
印　　次：2024年11月第1次印刷
定　　价：58.00元

本社购书热线电话：027-87523148　87391631　87664138

第2版 前 言

随着国家产业结构布局的调整，税制不断发生变化。《企业纳税实务》(第2版)以截至2024年初的有效税收法规及相关会计准则作为主要依据，参照国家金税三期、四期工程要求，融入会计初级专业技术资格考证内容、智能财税“1+X”证书标准，将理论学习和实操训练有机结合，不仅有利于学生专业证书的考取，更是满足学生日后工作所需。

本书的特色为：

1. 贯彻党的二十大精神，实施课程思政，落实立德树人根本任务。

为落实《中共中央关于认真学习宣传贯彻党的二十大精神的决定》，推动党的二十大精神进教材、进课堂、进头脑，本书结合每个项目教学内容，在开头引入党的二十大报告相关涉税金句，引导学生践行社会主义核心价值观，理解物质富足是社会主义现代化的根本要求，树立人与自然和谐共生的现代化信念。

2. 与时俱进，时效性强，融入真实企业场景，实现产教融合。

参照国家金税三期、四期工程要求，对接企业办税员会计岗位的工作标准，以最新的税收法规及会计准则为主要依据，引入最新纳税申报规范及纳税申报表，将真实工作案例融入教材，反映了当前中小企业会计岗位对财务人员的职业能力要求。

3. 推进课证融通、书证融通，编写过程中结合会计初级证书、智能财税“1+X”证书的理论学习和实操训练。

本书落实课证融通、书证融通，融入2024年会计专业技术资格考试大纲以及智能财税“1+X”证书中的部分内容和典型工作任务。

本书由滨州职业学院麻鹏波、沙利臣担任主编，滨州职业学院马云霞、孙曦冉，滨州科技职业学院杨婷，东营科技职业学院牛艳梅担任副主编。具体分工为：麻鹏波负责整体设计、编写前言及项目二；沙利臣负责编写项目一及汇总统稿；马云霞负责编写项目三；韩瑞雪负责编写项目四；孙曦冉负责编写项目五；杨婷负责编写项目六的模块一至模块六；牛艳梅负责编写项目六的模块七至模块十一。本书由滨州职业学院李勇娜担任主审。

在编写过程中，本书作者参考、借鉴了部分专业相关法规准则、学术著作、教材与论文，在此向其作者表示由衷的感谢。由于作者水平所限，以及会计税收等法规、政策、准则的更新修订变化，本书必定存在疏漏、不当之处，恳请读者在实际运用时以最新的法规、政策、准则为准。同时，竭诚欢迎广大读者在使用过程中提出意见，以便进一步修订和完善。本书中的个人姓名、单位名称以及相关信息均为虚构，如有雷同，纯属巧合。

编 者
2024年5月

目　录

项目一　企业纳税概述

知识目标

1. 掌握设立、变更、注销税务登记的办理；
2. 掌握发票领购业务；
3. 掌握纳税申报程序(包括自行申报、邮寄申报、电文方式)。

技能目标

1. 能正确办理设立、变更、注销税务登记业务；
2. 会领购发票，能够正确开具发票；
3. 会按照规定程序办理纳税申报。

素质目标

1. 养成良好的职业道德，诚实守信、坚持准则；
2. 培养严谨的职业品质，工作细心、踏实肯干；
3. 养成规范的行为举止和良好的语言素质；
4. 养成较高的政治素质和法制素养，遵守纪律、依法纳税；
5. 培养良好的心理素质和职业能力，善于沟通、协调。

慧思析理

税收是国家财政的主要来源，也是收入分配的调节利器。要优化税制结构，完善个人所得税制度，加大消费环节税收调节力度，积极稳妥推进房地产税立法和改革，探索建立与数字经济发展相适应的税收制度。同时，要深化税收征管制度改革，提升税收监管能力。

知识结构图

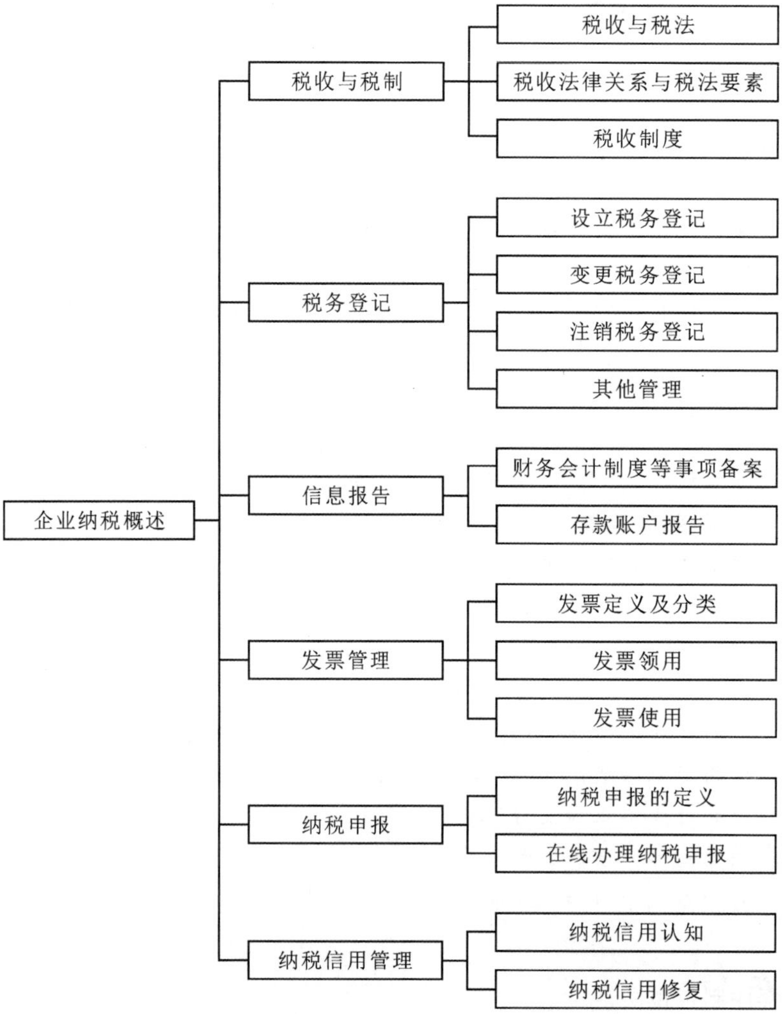
企业纳税概述
税收与税制
税收与税法
税收法律关系与税法要素
税收制度
税务登记
设立税务登记
变更税务登记
注销税务登记
其他管理
信息报告
财务会计制度等事项备案
存款账户报告
发票管理
发票定义及分类
发票领用
发票使用
纳税申报
纳税申报的定义
在线办理纳税申报
纳税信用管理
纳税信用认知
纳税信用修复

模块一 税收与税制

引导案例

吴先生经营着一家小型科技公司，专注于研发智能家居产品。起初，吴先生对税收制度了解不多，只是按照税务部门的要求进行申报和缴纳税款。然而，随着公司规模的扩大，他开始关注到税收对公司的影响。于是，吴先生开始深入了解税收政策和税制结构。他了解到税收不仅是国家财政的重要来源，更是调节收入分配、促进社会公平的重要工具。同时，他也了解到设置不同的税种和税率，旨在更好地发挥税收的调节作用，推动经济社会的可持续发展。他发现，国家为了鼓励科技创新和中小企业发展，出台了一系列税收优惠政策。吴先生根据公司的实际情况，积极申请并享受了这些优惠政策，有效减轻了公司的税收负担。同时，吴先生也意识到税收不仅是企业的义务，更是社会责任的体现。

任务一 认识税收与税法

一、税收及其特征

税收是政府为了满足社会公共需要，凭借政治权力，按照法律规定，强制、无偿地取得财政收入的一种形式。税收作为政府筹集财政收入的主要手段，具有强制性、无偿性和固定性的特征。

(一)强制性

税收的强制性是指税收的征收是依据国家法律法规进行的，具有法律上的强制力。国家通过立法程序制定税法，明确税收的征收对象、范围、税率、方式等，并赋予税务机关依法征税的权力。任何单位和个人都必须遵守税收法律的规定，依法履行纳税义务，不能有任何例外。对于拒不履行纳税义务的纳税人，税务机关可以采取强制措施进行税收追缴。

(二)无偿性

税收的无偿性是指税收的征收是单向的，即国家向纳税人征收税款，但不需要向纳税人支付任何形式的报酬或补偿。税收一旦征收，就归国家所有，由国家统一支配和使用，用于提供公共服务和基础设施建设等。纳税人缴纳税款后，不会获得任何形式的直接回报或补偿。

(三)固定性

税收的固定性是指税收的征收标准和征收程序是事先规定的，并在一定时期内保持稳定不变。这种稳定性有助于维护税收制度的公信力和权威性，减少税收的随意性和不确定性。

二、税法的概念

税法是国家制定的用以调整国家与纳税人之间在征纳税方面的权利及义务关系的法律规范的总称。税法构建了国家及纳税人依法征税、依法纳税的行为准则体系，其主要目的是保障国家利益和纳税人的合法权益，维护正常的税收秩序，保证国家的财政收入。税法体现为法律这一规范形式，是税收制度的核心内容。税收制度是在税收分配活动中税收征纳双方所应遵守的行为规范的总和。其内容主要包括各税种的法律法规以及为了保证这些税法得以实施的税收征管制度和税收管理体制。

知识技能辨析 1-1

1. 任务要求・单选题

下列关于税收和税法的描述中，你认为正确的是(　　)。

A. 税法是授权性法规

B. 税收本质上是一种分配关系

C. 税收的分配依据是生产要素

D. 税法是调整征税机关与纳税人之间关系的法律规范

2. 任务解答

正确答案：B

3. 任务释疑

税法是调整国家与纳税人之间关系的法律规范；税收的分配依据是国家政治权力；税法是义务性法规。因此，A、C、D 选项不正确。

任务二　认识税收法律关系与税法要素

一、税收法律关系

税收法律关系是税法所确认和调整的国家与纳税人之间、国家与国家之间以及各级政府之间在税收分配过程中形成的权利与义务关系。国家征税与纳税人纳税在形式上表现为利益分配的关系，但经过法律明确其双方的权利与义务后，这种关系实质上已上升为一种特定的法律关系。

税收法律关系在总体上与其他法律关系一样，都是由税收法律关系的主体、客体和内容三方面构成的，但在三方面的内涵上，税收法律关系又具有一定的特殊性。

(一)税收法律关系的主体

法律关系的主体是指法律关系的参加者。税收法律关系的主体即税收法律关系中享有权利和承担义务的当事人。在我国，税收法律关系的主体包括征纳双方：一方是代表国家行使征税职责的国家行政机关，包括国家各级税务机关和海关；另一方是履行纳税义务的人，包括法人、自然人和其他组织，在华的外国企业、组织、外籍人、无国籍人，以及在华虽然没有机构、场所但有来源于中国境内所得的外国企业或组织。这种对税收法律关系中权利主体另一方的确定，在我国采取的是属地兼属人的原则。

(二)税收法律关系的客体

税收法律关系的客体即税收法律关系主体的权利、义务所共同指向的对象,也就是征税对象。例如,企业所得税法律关系的客体就是生产经营所得和其他所得,财产税法律关系的客体即财产。税收法律关系的客体也是国家利用税收调整和控制的目标。国家在一定时期根据客观经济形势发展的需要,通过扩大或缩小征税范围调整征税对象,以达到限制或鼓励国民经济中某些产业、行业发展的目的。

(三)税收法律关系的内容

税收法律关系的内容就是主体所享有的权利和所应承担的义务,它规定权利主体可以有什么行为,不可以有什么行为,若违反了这些规定,须承担相应的法律责任。

税务机关的权利主要表现在依法进行征税、税务检查以及对违章者进行处罚;其义务主要是向纳税人宣传、辅导、解读税法,及时把征收的税款解缴国库,依法受理纳税人对税收争议的申诉等。

纳税义务人的权利主要有多缴税款申请退还权、延期纳税权、依法申请减免税权、申请复议和提起诉讼权等;其义务主要是按税法规定办理税务登记、进行纳税申报、接受税务检查、依法缴纳税款等。

二、税法要素

税法要素是指各种单行税法具有的共同的基本要素的总称。税法要素一般包括总则、纳税义务人、征税对象、税目、税率、纳税环节、纳税期限、纳税地点、减税免税、罚则、附则等项目。

(一)总则

总则主要包括立法依据、立法目的、适用原则等。例如,《中华人民共和国关税法》第一条规定:"为了规范关税的征收和缴纳,维护进出口秩序,促进对外贸易,推进高水平对外开放,推动高质量发展,维护国家主权和利益,保护纳税人合法权益,根据宪法,制定本法。"就突出了关税法的立法依据、立法目的等。

(二)纳税义务人

纳税义务人又叫纳税人或纳税主体,是税法规定的直接负有纳税义务的单位和个人。纳税人有两种基本形式:自然人和法人。自然人和法人是两个相对称的法律概念。

自然人是基于自然规律而出生的,有民事权利和义务的主体,既包括本国公民,也包括外国人和无国籍人。法人是自然人的对称,是基于法律规定享有权利能力和行为能力,具有独立的财产和经费,依法独立承担民事责任的社会组织。我国的法人主要有四种:机关法人、事业法人、企业法人和社团法人。

与纳税人紧密联系的两个概念是代扣代缴义务人和代收代缴义务人。前者是指虽不承担纳税义务,但依照有关规定,在向纳税人支付收入、结算货款、收取费用时有义务代扣代缴其应纳税款的单位和个人。代收代缴义务人是指虽不承担纳税义务,但依照有关规定,在向纳税人收取商品或劳务收入时,有义务代收代缴其应纳税款的单位和个人。

(三)征税对象

征税对象又叫课税对象、征税客体,是指税法规定的对什么征税,也是征纳税双方权利义务共同指向的客体或标的物，又是区别一种税与另一种税的重要标志。征税对象是税法最基本的要素，因为它体现着征税的最基本界限，决定着某一种税的基本征税范围。同时，征税对象也决定了各个不同税种的名称。征税对象按其性质的不同，通常可划分为流转额、所得额、财产、资源、特定行为等五大类。通常税收也可分为流转税（或称商品和劳务税）、所得税、财产税、资源税和特定行为税等。

与征税对象相关的两个基本概念为税目和税基。税基又叫计税依据，是据以计算征税对象应纳税款的直接数量依据，它解决对征税对象征税的计算问题，是对征税对象的量的规定。计税依据按照计量单位的性质划分为价值形态和物理形态。价值形态包括应纳税所得额、营业收入等；物理形态包括面积、体积、容积、重量等。以价值形态作为税基，又称为从价计征，即按征税对象的货币价值计算。另一种是直接按征税对象物理形态的自然单位计算，又称从量计征。

(四)税目

税目是在税法中对征税对象分类规定的具体的征税项目，反映具体的征税范围，是对征税对象质的界定。设置税目的目的首先是明确具体的征税范围，凡列入税目的即为应税项目；未列入税目的，则不属于应税项目。

(五)税率

税率是对征税对象的征收比例或征收程度。税率是计算税额的尺度，也是衡量税负轻重与否的重要标志。我国现行的税率主要有：

1. 比例税率

比例税率是对同一征税对象，不分数额大小，规定相同的征收比例。例如，我国的增值税、企业所得税等采用的是比例税率。比例税率又可分为三种具体形式：

(1)单一比例税率，是指对同一征税对象的所有纳税人都适用同一比例税率。

(2)差别比例税率，是指对同一征税对象的不同纳税人适用不同的比例税率。我国现行税法又分别按产品、行业和地区的不同将差别比例税率划分为以下三种类型：一是产品差别比例税率，即对不同产品分别适用不同的比例税率，同一产品采用同一比例税率，例如消费税等；二是行业差别比例税率，即对不同行业分别适用不同的比例税率，同一行业采用同一比例税率，例如，增值税等；三是地区差别比例税率，即对不同的地区分别适用不同的比例税率，同一地区采用同一比例税率，例如城市维护建设税等。

(3)幅度比例税率，是指对同一征税对象，税法只规定最低税率和最高税率，各地区在该幅度内确定具体的适用税率。

2. 累进税率

累进税率是按征税对象数额的大小规定不同等级的税率。不同等级的征税数额分别适用不同的税率，征税数额越大，适用税率越高。累进税率一般在所得征税中使用，可以充分体现对纳税人收入多的多征、收入少的少征、无收入的不征的税收原则，从而有效地调节纳税人的收入。累进税率一般可以分为全额累进税率、超额累进税率、超率累进税率等。

(1)全额累进税率是把征税对象的数额划分为若干等级，对每个等级分别规定相应税率，当税基超过某个级距时，征税对象的全部数额都按提高后级距的相应税率征税，如表1-1所示。

运用全额累进税率的关键是查找每一纳税人应税收入在税率表中所属的级次，找到收入级次，与其对应的税率便是该纳税人所适用的税率，全部税基乘以适用税率即可计算出应缴税额。全额累进税率的计算方法简便，但税收负担不合理，特别是在划分级距的临界点附近，甚至会出现税额增加超过征税对象数额增加的不合理现象。

表 1-1　某三级全额累进税率表

级数	全年应纳税所得额(元)	税率(%)
1	0～50 000(含)	10
2	50 000～200 000	20
3	200 000 以上	30

情境分析 1-1

1.任务要求

甲纳税人某年应纳税所得额为 60 000 元。按表 1-1 所列税率，请计算采用全额累进税率应纳税额。

2.任务实施

甲纳税人某年应纳税所得额为 60 000 元，按表 1-1 所列税率，采用全额累进税率适用第二级次，应纳税额＝60 000×20%＝12 000(元)。

3.任务释疑

采用全额累进税率时，找到与其对应的适用税率，以其全部税基乘以适用税率即可计算出应缴税额。

(2)超额累进税率指把征税对象按数额的大小分成若干等级，每一等级规定一个税率，税率依次提高，但每一纳税人的征税对象则依所属等级同时适用几个税率分别计算，将计算结果相加后得出应纳税款。表 1-2 为某三级超额累进税率表。

表 1-2　某三级超额累进税率表

级数	全年应纳税所得额(元)	税率(%)	速算扣除数(元)
1	0～50 000(含)	10	0
2	50 000～200 000	20	5 000
3	200 000 以上	30	25 000

情境分析 1-2

1.任务要求

乙纳税人某年应纳税所得额为 60 000 元。按表 1-2 所列税率，请计算采用超额累进税率应纳税额。

2.任务实施

乙纳税人某年的应纳税额可以分三步计算：

(1)第一级的 50 000 元适用 10%的税率，应纳税额＝50 000×10%＝5 000(元)；

(2)第二级的 10 000 元(60 000－50 000)适用 20%的税率，应纳税额＝10 000×20%＝2 000(元)；

(3)应纳税额＝5 000＋2 000＝7 000(元)。

3.任务释疑

超额累进税率提高，每一纳税人的征税对象依所属等级同时适用几个税率，分别计算，将计算结果相加后得出应纳税款。

对于同样的征税对象数量，按全额累进方法计算出的税额比按超额累进方法计算出的税额多，即有重复计算的部分，这个多征的常数叫速算扣除数。用公式表示为：

速算扣除数＝按全额累进方法计算的税额－按超额累进方法计算的税额

(3)超率累进税率即以征税对象数额的相对率划分若干级距，分别规定相应的差别税率，相对率每超过一个级距的，对超过的部分就按高一级的税率计算征税。目前我国税收体系中采用这种税率的是土地增值税。

3.定额税率

定额税率按征税对象确定的计算单位，直接规定一个固定的税额。目前采用定额税率的有城镇土地使用税和车船税等。

(六)纳税环节

纳税环节主要指税法规定的征税对象在从生产到消费的流转过程中应当缴纳税款的环节。例如，流转税在生产和流通环节纳税，所得税在分配环节纳税等。纳税环节有广义和狭义之分。广义的纳税环节指全部征税对象在再生产中的分布情况。例如，资源税分布在资源生产环节，商品税分布在生产或流通环节，所得税分布在分配环节等。狭义的纳税环节特指应税商品在流转过程中应纳税的环节。商品从生产到消费要经历诸多流转环节，各环节都存在销售额，都可能成为纳税环节。按照某种税征税环节的多少，可以将税种划分为一次课征制和多次课征制。

(七)纳税期限

纳税期限是指税法规定的关于税款缴纳时间即纳税时限方面的限定。税法关于纳税时限的规定，有以下三个相关概念：

1.纳税义务发生时间

纳税义务发生时间是指应税行为发生的时间。例如，增值税条例规定采取预收货款方式销售货物的，其纳税义务发生时间为货物发出的当天。

2.纳税期限

纳税人每次发生纳税义务后，不可能马上去缴纳税款。税法规定了每种税的纳税期限，即每隔固定时间汇总一次纳税义务的时间。例如，增值税条例规定，增值税的具体纳税期限分别为 1 日、3 日、5 日、10 日、15 日、1 个月或者 1 个季度。纳税人的具体纳税期限，由主管税务机关根据纳税人应纳税额的大小分别核定；不能按照固定期限纳税的，可以按次纳税。

3.缴库期限

缴库期限即税法规定的纳税期满后，纳税人将应纳税款缴入国库的期限。例如，《中华人民共和国增值税暂行条例》规定，纳税人以 1 个月或者 1 个季度为 1 个纳税期限的，自期满之日起 15 日内申报纳税；以 1 日、3 日、5 日、10 日或者 15 日为 1 个纳税期限的，自期满之日起 5 日内预缴税款，于次月 1 日起 15 日内申报纳税并结清上月应纳税款。

(八)纳税地点

纳税地点主要是指根据各个税种纳税对象的纳税环节和有利于对税款的源泉控制而规

定的纳税人(包括代征、代扣、代缴义务人)的具体申报缴纳税收的地方。

(九)减税免税

减税免税主要是对某些纳税人和征税对象采取减少征税或者免予征税的特殊规定。

(十)罚则

罚则主要是指对纳税人违反税法的行为采取的处罚措施。

(十一)附则

附则一般都规定与税法紧密相关的内容,例如税法的解释权、生效时间等。

知识技能辨析 1-2

1.任务要求·多选题

下列各项中采用差别比例税率计算税额的有(　　)。

A.增值税　　B.土地增值税　　C.车船税　　D.城市维护建设税

2.任务解答

正确答案:AD

3.任务释疑

选项A,增值税采用行业差别比例税率;选项B,土地增值税采用超率累进税率;选项C,车船税采用定额税率;选项D,城市维护建设税采用地区差别比例税率。

任务三　认识税收制度

一个国家的税收制度是指在既定的管理体制下设置的税种以及与这些税种的征收、管理有关的,具有法律效力的各级成文法律、行政法规、部门规章等的总和。税法体系就是通常所说的税收制度。

税收制度的内容主要有三个层次:一是不同的要素构成税种。构成税种的要素主要包括纳税人、征税对象、税目、税率、纳税环节、纳税期限、减税免税等。二是不同的税种构成税收制度。三是规范税款征收程序的法律法规,例如《中华人民共和国税收征收管理法》(以下简称《税收征收管理法》)等。

一、税法体系的分类

税法体系中各税法按基本内容和效力、职能作用、征收对象、权限范围的不同,可分为不同类型。

(一)税收实体法和税收程序法

按照税法职能作用的不同,税法可分为税收实体法和税收程序法。税收实体法主要是指确定税种立法,具体规定各税种的征收对象、征收范围、税目、税率、纳税地点等。例如,《中华人民共和国企业所得税法》《中华人民共和国个人所得税法》就属于税收实体法。税收程序法是指税务管理方面的法律,主要包括税收管理法、纳税程序法、发票管理法、税务机关组织法、税务争议处理法等。《税收征收管理法》就属于税收程序法。

1.税收实体法体系

我国的现行税制就其实体法而言,按征税对象大致分为以下五类:

(1)商品(货物)和劳务税类。包括增值税、消费税和关税。主要在生产、流通或者服务业中发挥调节作用。

(2)所得税类。包括企业所得税、个人所得税、土地增值税。主要是在国民收入形成后，对生产经营者的利润和个人的纯收入发挥调节作用。

(3)财产和行为税类。包括房产税、车船税、印花税、契税。主要是对某些财产和行为发挥调节作用。

(4)资源和环境保护税类。包括资源税、环境保护税和城镇土地使用税。主要是对因开发和利用自然资源差异而形成的级差收入发挥调节作用。

(5)特定目的税类。包括城市维护建设税、车辆购置税、耕地占用税、船舶吨税和烟叶税。主要是为了达到特定目的，对特定对象和特定行为发挥调节作用。

上述税种一共有 18 个，其中进口的增值税和消费税、关税和船舶吨税由海关负责征收管理，其他税种由税务机关负责征收管理。

2.税收程序法体系

除税收实体法外，我国对税收征收管理适用的法律制度，是按照税收管理机关的不同而分别规定的：

由税务机关负责征收的税种的征收管理，按照《税收征收管理法》及各实体税法中的征管规定执行。

由海关机关负责征收的税种的征收管理，按照《中华人民共和国海关法》及《中华人民共和国进出口关税条例》等有关规定执行。

上述税收实体法和税收程序法构成了我国现行税法体系。

(二)国内税法和国际税法

按照主权国家行使税收管辖权的不同，税法可分为国内税法和国际税法。

国内税法一般是按照属人或属地原则，规定一个国家的内部税收制度。国际税法是指国家间形成的税收制度，主要包括双边或多边国家间的税收协定、条约和国际惯例等，一般而言，其效力高于国内税法。

二、税收收入划分

我国的税收收入分为中央政府固定收入、地方政府固定收入和中央政府与地方政府共享收入。

中央政府固定收入包括消费税(含进口环节海关代征的部分)、车辆购置税、关税、海关代征的进口环节增值税等。

地方政府固定收入包括城镇土地使用税、耕地占用税、土地增值税、房产税、车船税、契税、环境保护税和烟叶税等。

中央政府与地方政府共享收入主要包括：

(1)增值税(不含进口环节由海关代征的部分)：中央政府分享 50%，地方政府分享 50%。

(2)企业所得税：中国国家铁路集团有限公司、各银行总行及海洋石油企业缴纳的部分归中央政府，其余部分由中央政府与地方政府按 60%与 40%的比例分享。

(3)个人所得税：除储蓄存款利息所得的个人所得税外，其余部分的分享比例与企业所得税相同。

(4)资源税：海洋石油企业缴纳的部分归中央政府，其余部分归地方政府。

(5)城市维护建设税：中国国家铁路集团有限公司、各银行总行、各保险总公司集中缴纳的部分归中央政府，其余部分归地方政府。

(6)印花税：证券交易印花税收入归中央政府，其他印花税收入归地方政府。

从2019年1月1日起，将基本养老保险费、基本医疗保险费、失业保险费、工伤保险费、生育保险费等各项社会保险费交由税务部门统一征收。

知识技能辨析 1-3

1. 任务要求·单选题

下列关于中央政府和地方政府共享税收收入的表述中正确的是(　　)。

A. 企业所得税50%归中央政府，50%归地方政府

B. 国内增值税50%归中央政府，50%归地方政府

C. 资源税3%归中央政府，97%归地方政府

D. 印花税3%归中央政府，97%归地方政府

2. 任务解答

正确答案：B

3. 任务释疑

选项A，企业所得税中，中国国家铁路集团有限公司、各银行总行及海洋石油企业缴纳的部分归中央政府，其余部分由中央政府与地方政府按60%与40%的比例分享；选项C，资源税中，海洋石油企业缴纳的部分归中央政府，其余部分归地方政府；选项D，证券交易印花税由按中央政府97%、地方政府3%的比例分享调整为全部归中央政府。

模块二 税务登记

引导案例

小吴是一位充满活力的年轻人，他热爱咖啡文化，决定开设一家属于自己的特色咖啡馆。在筹备开店的过程中，小吴通过询问税务机关以及与同行交流，了解到我国推行了“多证合一”登记制度改革，将原由税务机关核发的税务登记证整合到企业营业执照，现在只要办理了营业执照就相当于同时完成了税务登记。

小吴通过搜索“如何办理营业执照”意外地发现，现在政府提供了便捷的网上手机App办理营业执照的服务，这让他感到非常兴奋。小吴通过手机登录了政务服务平台，按照系统的提示上传了自己的身份证照片，并通过人脸识别技术完成了实名认证。然后，小吴填写了申请表格，使用电子签名功能在申请表格上签下了自己的名字。没过多久，他就收到了系统发来的通知，告知他的营业执照已经审批通过，并提供了电子营业执照的下载链接。小吴点击链接，下载了自己的电子营业执照。他惊喜地发现，这个电子营业执照不仅具有法律效力，还可以随时随地在线查验，非常方便，而且这个电子营业执照同时具备税务登记证的法律地位和作用。

任务一 设立税务登记

税务登记包括设立税务登记、变更税务登记、注销税务登记和非正常户处理、报验登记等有关事项。

企业，企业在外地设立的分支机构和从事生产、经营的场所，个体工商户和从事生产、经营的事业单位，均应当按照规定办理税务登记。除国家机关、个人和无固定生产、经营场所的流动性农村小商贩外的其他纳税人，也应当按照规定办理税务登记。

根据税收法律、行政法规的规定，负有扣缴税款义务的扣缴义务人(国家机关除外)应当办理扣缴税款登记。县以上(含本级，下同)税务局(分局)是税务登记的主管税务机关。

按照国家简政放权、优化服务的要求，我国推行了“多证合一”登记制度改革，将原由税务机关核发的税务登记证整合到企业营业执照。企业领取由市场监管部门核发加载法人和其他组织统一社会信用代码(以下简称统一社会信用代码)的营业执照后，无需再进行税务登记，不再领取税务登记证。企业办理涉税事宜时，凭加载统一社会信用代码的营业执照可代替税务登记证使用。

“五证合一”登记制度改革，是将营业执照、组织机构代码证、税务登记证、社会保险登记证和统计登记证进行整合，由市场监管部门核发加载统一社会信用代码的营业执照，不再另行发放组织机构代码证、税务登记证、社会保险登记证和统计登记证，原要求企业使用组织机构代码证、税务登记证、社会保险登记证和统计登记证办理相关业务的，一律改为使用营业执照办理。“多证合一”改革是在“五证合一”“两证整合”登记制度改革的基础上，将有关涉及市场主体登记、备案等各类证、照，具体来说就是信息采集、记载公示、管理备查类的一般经营项目涉企证照事项，以及企业登记信息能够满足政府部门管理需要的涉企证照事项，进一步整合到营业执照上，使企业在办理营业执照后即能达到预定可生产经营状态，大幅度缩短企业从筹备开办到进入市场的时间。

一、税务登记的范围和时限要求

（一）“多证合一”纳税人

“多证合一”纳税人，即领取了加载统一社会信用代码证件的企业、农民专业合作社、个体工商户及其他组织，无需单独到税务机关办理相关事项，其领取的证件作为税务登记证件使用。

（二）“多证合一”改革之外的其他组织

“多证合一”改革之外的其他组织，如事业单位、社会组织、境外非政府组织等，应当依法向税务机关办理税务登记，领取税务登记证件。

二、一般企业的设立税务登记程序

2020 年 9 月，山东省市场监管局上线手机端“一窗通”，实现企业开办一次登录、一网通办、一个环节、一日办结，印章、涉税、寄递“三免费”。

(1)在“爱山东”App 搜索“企业开办一窗通”，选择拟设立市场主体所在的地市，点击“确定”，见图 1-1。

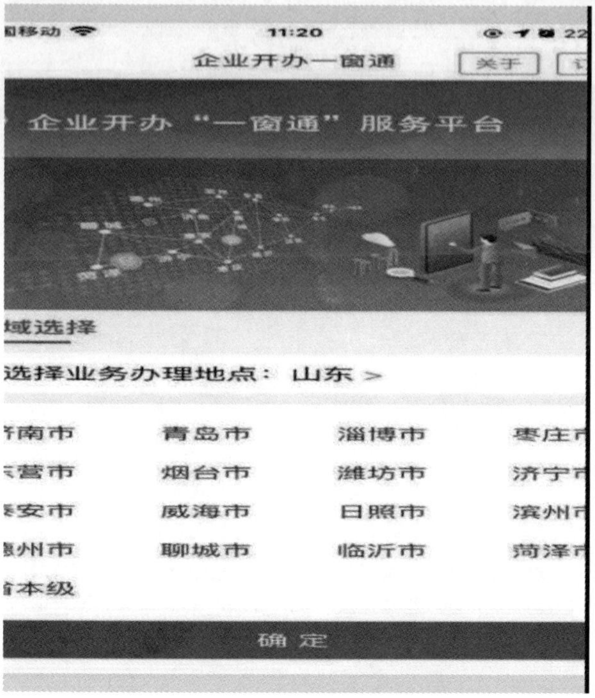

图 1-1　“企业开办一窗通”主界面

(2)点击“开办企业(含申报名称)”,见图 1-2。

图 1-2 点击“开办企业(含申报名称)”

(3)点击“企业名称申报”,根据系统提示填报相关信息,见图 1-3。

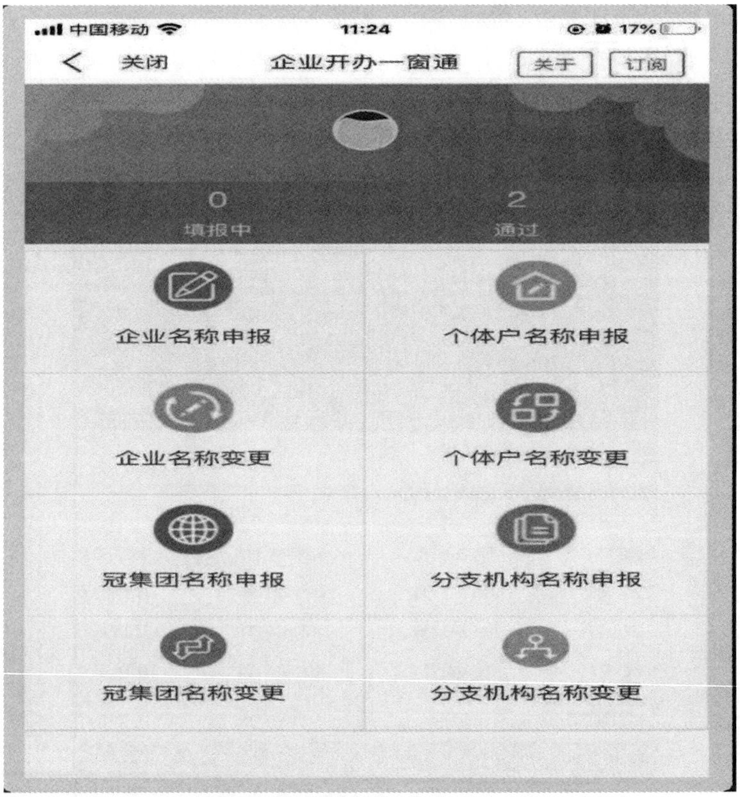

图 1-3 点击“企业名称申报”

(4)选择业务办理方式,见图 1-4。

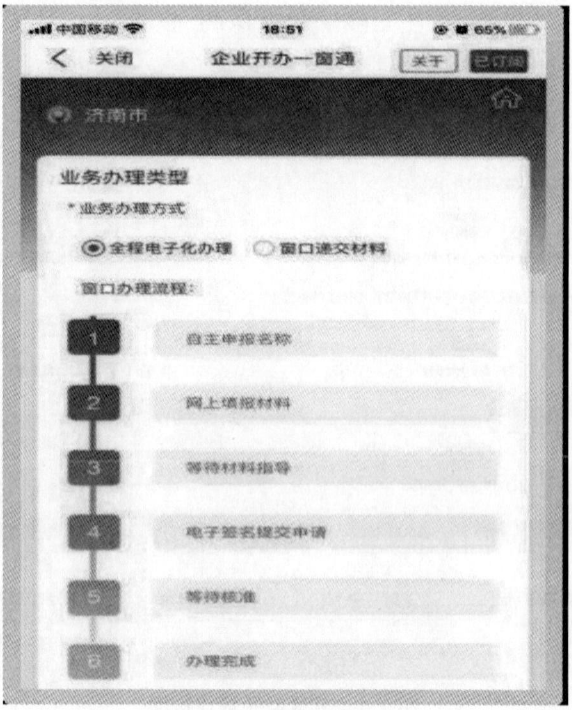

图 1-4　选择业务办理方式

(5)按照要求进行电子签名并点击“提交”按钮,见图 1-5。

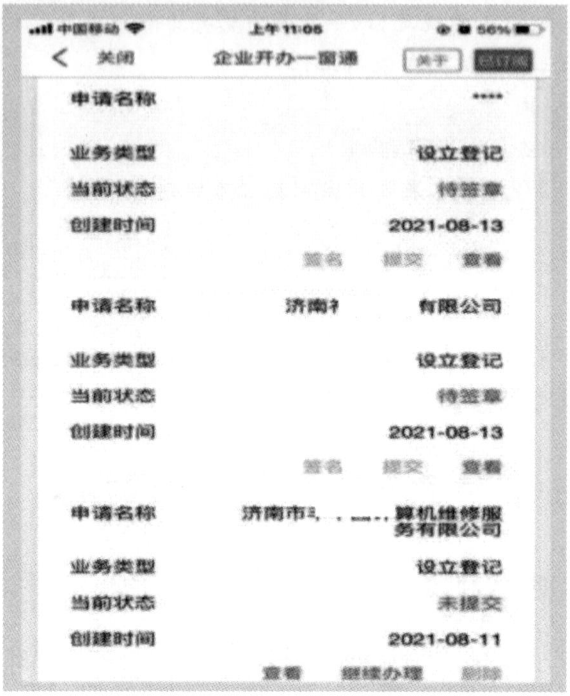

图 1-5　进行电子签名并点击“提交”按钮

(6)在“爱山东”App搜索并进入“电子营业执照”即可下载电子营业执照，见图1-6。

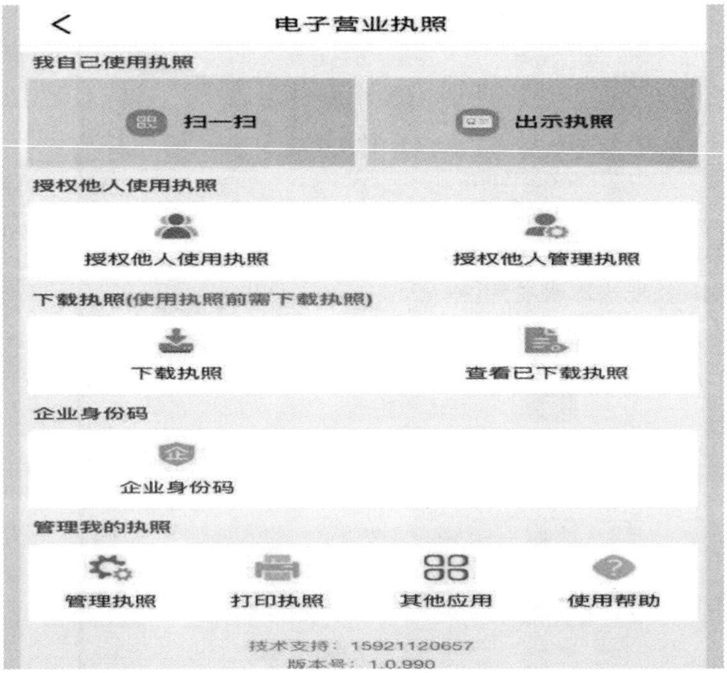

图1-6 下载电子营业执照

知识技能辨析1-4

1. 任务要求·单选题

根据有关税收法律、法规的规定，以下业务中需要办理税务登记的是（　　）。

A. 某公司职员张三在单位从事采购工作

B. 李四开设餐厅一间

C. 王五受公司委派去下属单位培训

D. 农民赵六将自己种植的水果带到城市集贸市场销售

2. 任务解答

正确答案：B

3. 任务释疑

国家机关、个人和无固定生产、经营场所的流动性农村小商贩不用办理税务登记。选项B不属于此类，应当办理税务登记。

任务二　变更税务登记

一、变更税务登记项目

纳税人税务登记内容发生变化的，应当向原税务登记机关申报办理变更税务登记。变更税务登记项目可以分为以下两大类。

(一)根据市场监管部门传递的变更登记信息可办理变更的项目

(1)纳税人名称;

(2)注册地址、注册地邮政编码、注册地联系电话、注册地所在行政区划;

(3)经营范围;

(4)法定代表人(负责人、业主)姓名、法定代表人(负责人、业主)身份证件种类、法定代表人(负责人、业主)身份证件号码、法定代表人(负责人、业主)固定电话、法定代表人(负责人、业主)移动电话、法定代表人(负责人、业主)电子邮箱;

(5)注册资本、注册资本明细(币种、金额)、投资总额、投资总额明细(币种、金额)、投资方(名称、投资比例、证件种类、证件号码、国家或地区代码、地址、主体类型、投资有效期起、投资有效期止);

(6)市场主体类型、市场监管登记行业。

(二)可自行申请变更的项目

(1)法定代表人(负责人)固定电话、法定代表人(负责人)移动电话、法定代表人(负责人)电子邮箱;

(2)财务负责人姓名、财务负责人身份证件种类、财务负责人身份证件号码;

(3)财务负责人固定电话、财务负责人移动电话、财务负责人电子邮箱、生产经营地址行政区划、生产经营地址、生产经营地邮政编码、生产经营地联系电话、纳税人所处街乡、网站网址;

(4)从业人数(其中外籍人数)、核算方式;

(5)注册资本币种、注册资本金额、投资总额币种、投资总额金额、投资方名称、投资方证件类型、投资方证件号码、投资方经济性质、投资方投资比例(%)、投资方国籍(地区)、投资方地址、投资方投资金额(万元)、投资方有效期起、投资方有效期止;

(6)总分机构类型、总机构相关信息、分支机构相关信息。

二、变更税务登记的时限

(1)在市场监管部门办理注册登记的纳税人:自 2023 年 4 月 1 日起,纳税人在市场监管部门依法办理变更登记后,无须向税务机关报告登记变更信息;税务机关根据市场监管部门共享的变更登记信息,在金税三期征管系统自动同步变更登记信息。

(2)不需要在市场监管部门办理登记的纳税人或者其变更登记的内容与市场监管登记内容无关的:应当自税务登记内容实际发生变化之日起 30 日内,或者自有关机关批准或者宣布变更之日起 30 日内,持有关证件到原税务登记机关申报办理变更税务登记。

三、在线办理变更税务登记

(一)“多证合一”纳税人变更税务登记

“多证合一”纳税人信息发生变更,可以通过电子税务局在线办理变更登记,其主要步骤如下:

(1)“多证合一”纳税人以企业身份登录电子税务局网站,选择“我要办税”→“综合信息报告”→“身份信息报告”→“一照一码户信息变更”,见图 1-7。

(2)填写相关信息。对于纳税人的基本信息,系统会自动取数赋值,纳税人无需进行填

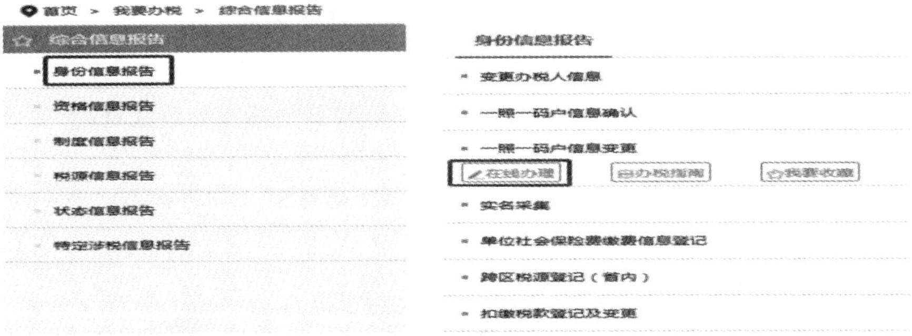

图 1-7　信息变更

写。纳税人只需要根据企业实际情况，在“变更后内容”项中填入信息，见图 1-8。

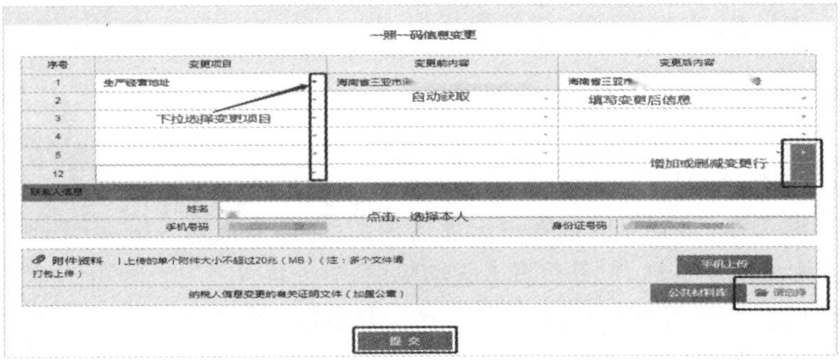

图 1-8　填入信息

(3)选择“联系人信息”，并上传附件资料，见图 1-9。

图 1-9　上传附件资料

(4)确认无误后，点击“提交”按钮，系统跳出确认窗口，见图 1-10。

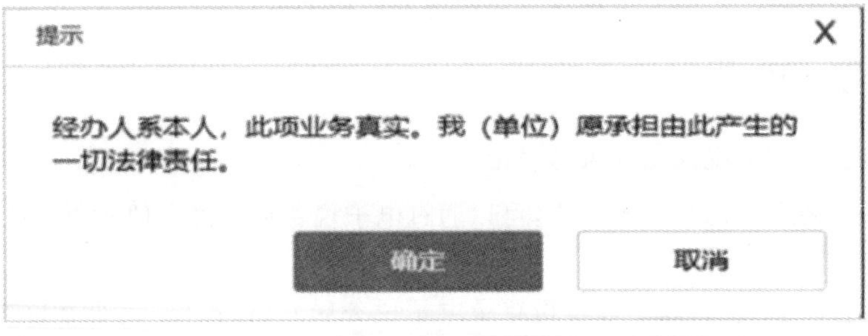

图 1 10　提交资料

(5)点击“确定”按钮,系统跳出提示“提交成功”。纳税人可通过“我要查询”→“办税进度及结果信息查询”模块查询已提交办税事项的受理进度,见图1-11。还可点击“查看”按钮,或提交“作废”申请,或对办理事件进行“评价”等。

图1-11　查询已提交办税事项的受理进度

(二)非“多证合一”纳税人变更税务登记

(1)纳税人登录电子税务局网站,选择“我要办税”→“综合信息报告”→“其他纳税人(扣缴义务人)身份信息报告”,点击“在线办理”,见图1-12。

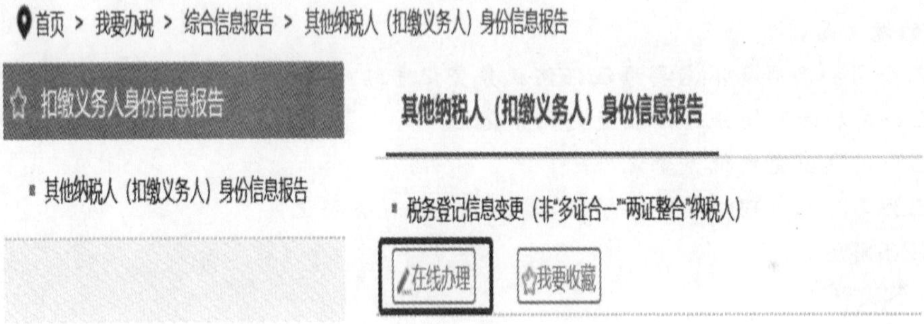

图1-12　税务登记信息变更

(2)显示变更登记主界面,填写信息,并上传附件资料,见图1-13。

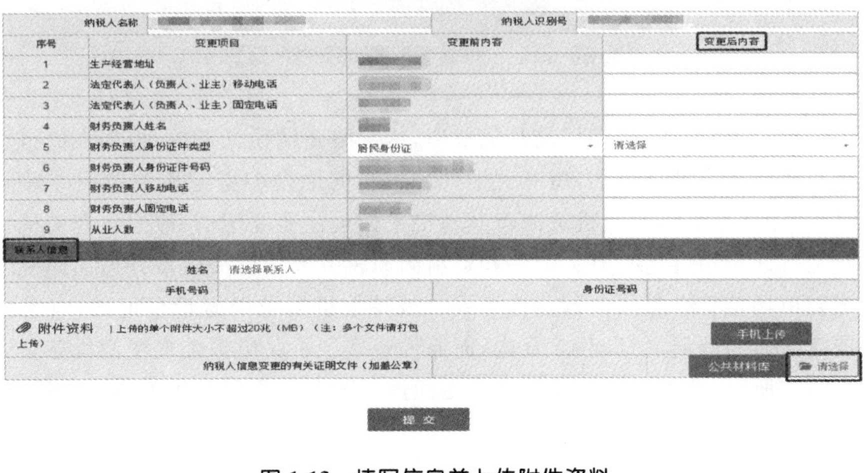

图1-13　填写信息并上传附件资料

(3)确认无误后,点击“提交”按钮。提交成功后,纳税人可通过“我要查询”→“办税进度及结果信息查询”模块查询受理进度,见图1-14。

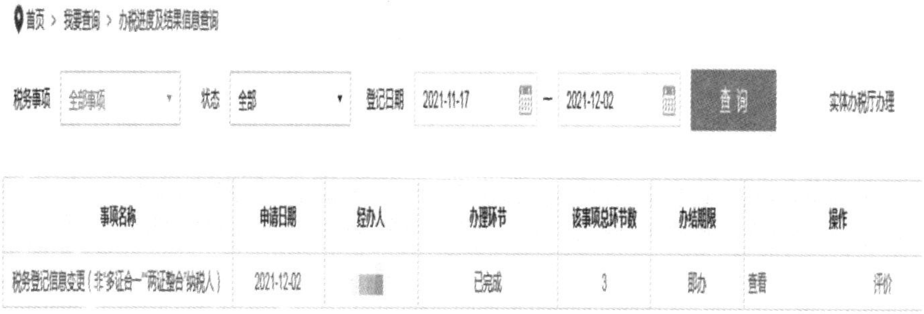

图 1-14　查询受理进度

知识技能辨析 1-5

1. 任务要求・单选题

2024 年，甲公司分别投资智慧家居生产企业乙公司和丙商场。2024 年 3 月 15 日，乙公司变更法定代表人并将原生产线处置后购入一批新设备转产产品，于 2024 年 2 月 26 日向产权转移中心和市场监管部门办理了相关的登记手续。丙商场因房产租赁到期，于 2024 年 4 月搬迁至其他区域重新营业，其主管税务机关因此发生变动。以下有关各方的税务登记中，正确的做法是（　　）。

A. 乙公司和丙商场不需要办理任何税务登记手续

B. 乙公司和丙商场分别办理变更税务登记

C. 乙公司办理变更税务登记

D. 乙公司应先办理注销税务登记，再办理设立税务登记

2. 任务解答

正确答案：C

3. 任务释疑

改变纳税人名称、法定代表人，改变经营范围、经营方式的情形，纳税人应当按规定时限办理变更税务登记。因此，正确选项为 C。

任务三　注销税务登记

纳税人发生解散、破产、撤销以及其他情形，依法终止纳税义务的，应当在向市场监管机关或者其他机关办理注销登记前，持有关证件和资料向原税务登记机关申报办理注销税务登记；按规定不需要在市场监管机关或者其他机关办理注册登记的，应当自有关机关批准或者宣告终止之日起 15 日内，持有关证件和资料向原税务登记机关申报办理注销税务登记。

纳税人被市场监管机关吊销营业执照或者被其他机关予以撤销登记的，应当自营业执照被吊销或者被撤销登记之日起 15 日内，向原税务登记机关申报办理注销税务登记。

纳税人因住所、经营地点或产权关系变更而涉及改变主管税务机关的，应当按规定时限办理注销税务登记。

一、注销税务登记的要求

(一)一般情形

纳税人应首先结清应纳税款、滞纳金、罚款,缴销发票、税务登记证件和其他税务证件。清税完毕后,税务机关出具清税证明,纳税人再到原登记机关办理注销。

(二)特殊情形

纳税人按规定不需要在市场监管部门办理注销登记的,应自有关机关批准或者宣告终止之日起15日内申报办理注销税务登记;纳税人被市场监管部门吊销营业执照的,应自营业执照被吊销之日起15日内申报办理注销税务登记。

(三)免于办理

向市场监管部门申请简易注销的纳税人,符合下列情形之一的,可免于到税务机关办理清税证明:

(1)未办理过涉税事宜的;

(2)办理过涉税事宜但未领用发票、无欠税(滞纳金)及罚款且没有其他未办结涉税事项的。

二、即时出具清税文书

申请办理注销时,税务部门进行税务注销预检,检查纳税人是否存在未办结事项。

未办理过涉税事宜的纳税人,主动到税务部门办理清税的,税务部门可根据纳税人提供的营业执照即时出具清税文书。

符合以下条件之一的纳税人,税务部门即时出具清税文书:

(1)未办理过涉税事宜,主动到税务机关办理清税的。

(2)经人民法院裁定宣告破产的企业,管理人持人民法院终结破产程序裁定书申请税务注销的,税务部门即时出具清税文书。

(3)"承诺制"办理。纳税人在办理税务注销时,如果资料不齐,可在其做出承诺后,税务机关即时出具清税文书;纳税人仍应按承诺的时限补齐相关材料并办结相关事项。

知识技能辨析1-6

1. 任务要求·单选题

税务机关提供即时办结税务注销服务,采取"承诺制"容缺办理,纳税人必须符合的条件有(　　)。

A. 销售收入在500万元以下的　　B. 无欠税(滞纳金)及罚款

C. 处于税务检查状态　　D. 经县以上税务局局长批准

2. 任务解答

正确答案:B

3. 任务释疑

对未处于税务检查状态、无欠税(滞纳金)及罚款、已缴销增值税专用发票及税控专用设备,且符合规定情形的纳税人,税务机关提供即时办结服务,采取"承诺制"容缺办理。因此,正确选项为B。

任务四 其他管理

一、停业复业登记报告

(一)停业登记报告

实行定期定额征收的个体户或比照定期定额户进行管理的个人独资企业暂停经营的，应当在停业前向主管税务机关办理停业登记。

纳税人停业期满不能及时恢复生产经营的，应当在停业期满前到税务机关申请延长停业。

(二)复业登记报告

已办理停业登记的纳税人，在恢复生产经营之前向主管税务机关申报办理复业登记。

二、外出经营报告

纳税人跨省（自治区、直辖市和计划单列市）临时从事生产经营活动的，不再开具“外出经营活动税收管理证明”，改向机构所在地的税务机关填报“跨区域涉税事项报告表”。

纳税人在省（自治区、直辖市和计划单列市）内跨县（市）临时从事生产经营活动的，是否实施跨区域涉税事项报验管理，由各省（自治区、直辖市和计划单列市）税务机关自行确定。

知识技能辨析 1-7

1. 任务要求・单选题

下列关于跨区域经营信息报告的说法中，符合税法规定的是（　　）。

A. 纳税人跨省临时从事生产经营活动的，应向机构所在地的税务机关填报“跨区域涉税事项报告表”

B. 纳税人在省内跨县（市）临时从事生产经营活动的，不需要向机构所在地的税务机关填报“跨区域涉税事项报告表”

C. 纳税人在省内跨县临时从事生产经营活动的，应向机构所在地的税务机关填报“跨区域涉税事项报告表”

D. 纳税人在省内跨市临时从事生产经营活动的，应向机构所在地的税务机关填报“跨区域涉税事项报告表”

2. 任务解答

正确答案：A

3. 任务释疑

纳税人跨省（自治区、直辖市和计划单列市）临时从事生产经营活动的，应向机构所在地的税务机关填报“跨区域涉税事项报告表”。纳税人在省（自治区、直辖市和计划单列市）内跨县（市）临时从事生产经营活动的，是否实施跨区域涉税事项报验管理，由各省（自治区、直辖市和计划单列市）税务机关自行确定。

模块三 信息报告

引导案例

吴先生开办了一家专注于软件开发和技术服务的高新技术企业。吴先生了解到领取了营业执照后应当将其财务、会计制度等信息报送至主管税务机关备案。这不仅是税务部门对企业财务管理合规性的基本要求，也是企业加强内部控制、提高财务管理透明度的有效手段。

为此，吴先生组织财务部门和相关人员对公司的财务、会计制度进行了全面梳理和完善。他们确保了各项制度符合国家法律法规和行业标准，并能够满足公司实际经营管理的需要。同时，吴先生组织公司准备了详细的报送材料(包括财务、会计制度的文本、相关说明材料，以及公司的基本情况介绍等)，并安排专人从网上通过电子税务局将准备好的报送材料提交至主管税务机关。这些材料详细列明了公司的财务、会计制度内容，包括会计核算方法、财务报告编制流程、内部控制措施等。主管税务机关对科技公司提交的备案材料进行认真审核并通过了企业的备案材料。

通过这项工作，吴先生开办的公司不仅满足税务管理的要求，而且提升了自身的财务管理水平和内部控制能力。同时，通过与税务机关的沟通与协作，公司还加强了与税务部门的联系和合作，为公司的稳健发展提供了有力保障。

任务一 财务会计制度等事项备案

一、设置账簿的范围

从事生产、经营的纳税人应自其领取工商营业执照之日起 15 日内，按规定设置账簿。总账、明细账、日记账应当采用订本式。扣缴义务人应当自税收法律、行政法规规定的扣缴义务发生之日起 10 日内，按照所代扣、代收的税种，设置代扣代缴、代收代缴税款账簿。纳税人、扣缴义务人会计制度健全，能够通过计算机正确、完整计算其收入和所得或者代扣代缴、代收代缴税款情况的，其计算机输出的完整的书面会计记录，可视同会计账簿。

生产经营规模小又确无建账能力的纳税人，可以聘请经批准从事会计代理记账业务的专业机构代为建账和办理账务。

二、财务会计制度等备案

从事生产、经营的纳税人应当自领取税务登记证件之日起 15 日内，将其财务、会计制度或者财务、会计处理办法和会计核算软件等信息报送主管税务机关备案；境外注册中资控股居民企业应当按照中国有关法律、法规和国务院财政、税务主管部门的规定，编制财务、会计报表，并在领取税务登记证件之日起 15 日内将企业的财务、会计制度或者财务、会计处理办法及有关资料报送主管税务机关备案。

纳税人使用计算机记账的，应当在使用前将会计电算化系统的会计核算软件、使用说明书及有关资料报送主管税务机关备案。

三、账簿、凭证的保存

除法律、行政法规另有规定外，账簿、会计凭证、报表、完税凭证及其他有关资料应当保存 10 年。

四、在线办理流程

从事生产、经营的纳税人可以通过电子税务局将其财务、会计制度或者财务、会计处理办法和会计核算软件，在线报送税务机关备案。

纳税人以企业身份登录电子税务局，通过"我要办税"→"综合信息报告"→"制度信息报告"→"财务会计制度备案"模块办理。

具体办理步骤如下：

(1)登录电子税务局网站，在"我要办税"中选择"综合信息报告"，再选择"制度信息报告"→"财务会计制度备案"，点击"在线办理"，见图 1-15。

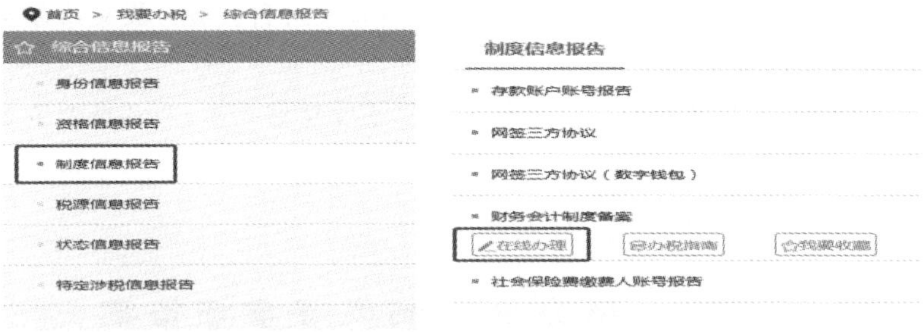

图 1-15 "财务会计制度备案"主界面

(2)点击"新增"，进入填表页面，填写相关信息。系统会自动对已存在的企业信息取数赋值，纳税人只需要根据企业实际情况确认，对其中不全的信息进行补充填写，对不准的信息进行更正，对需要更新的信息进行补正；涉及营业执照照面信息的不能修改。最后，选择联系人信息，见图 1-16。

(3)信息表填写完毕之后，点击"提交"。提交申请后可查看受理回执单，见图 1-17。

知识技能辨析 1-8

1. 任务要求 · 单选题

除法律、行政法规另有规定外，账簿、会计凭证、报表、完税凭证及其他有关资料应当保存(　　)年。

A. 3　　B. 5　　C. 10　　D. 15

2. 任务解答

正确答案：C

3. 任务释疑

除法律、行政法规另有规定外，账簿、会计凭证、报表、完税凭证及其他有关资料应保存 10 年。

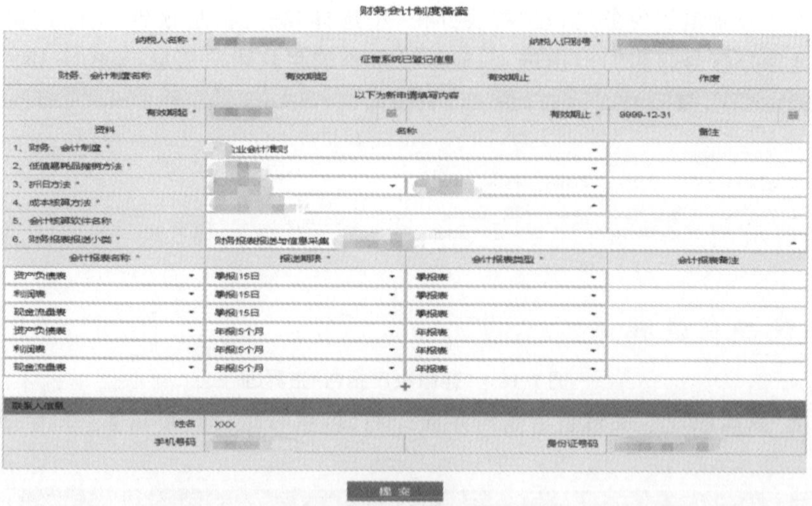

图 1-16 填写相关信息

图 1-17 查看受理回执单

任务二 存款账户报告

一、存款账户报告的时限

企业完成信息确认或税务登记后，按照法律法规的规定，及时将存款账户账号信息向主管税务机关报告。根据税收法规要求，从事生产、经营的纳税人应当自开立基本存款账户或者其他存款账户之日起 15 日内，向主管税务机关书面报告其全部账户。账户账号发生变化的，应当自发生变化之日起 15 日内，向主管税务机关报告。

二、办理存款账户报告

从事生产、经营的纳税人可以通过电子税务局将其存款账户账号信息向主管税务机关在线报告。

纳税人以企业身份登录电子税务局网站，通过“我要办税”→“综合信息报告”→“制度信息报告”→“存款账户账号报告”模块办理。

(1)纳税人登录电子税务局,在“我要办税”中选择“综合信息报告”,在“制度信息报告”中选择“存款账户账号报告”,点击进入,显示已采集的存款账户信息,见图 1-18。

图 1-18 “存款账户报告”主界面

(2)点击“新增账户”,跳转新增账户界面。然后,填写银行账户信息,点击“提交”,见图 1-19。

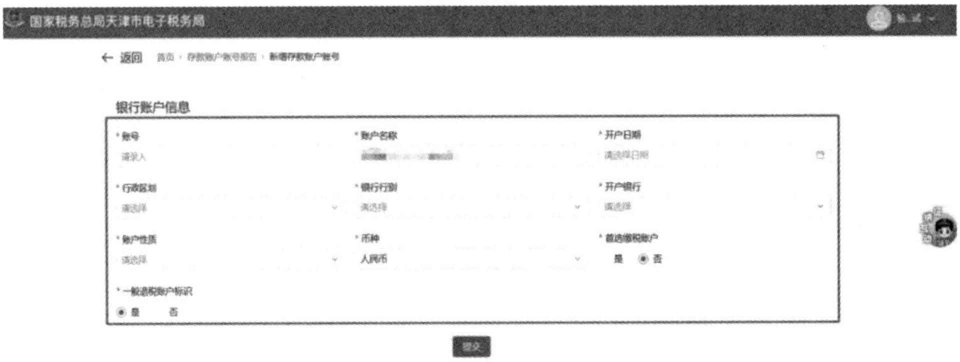

图 1-19 提交银行账户信息

(3)点击“提交”后弹出提示框,展示所采集的开户银行和账号信息,确认信息无误后,点击“确定”。系统跳转至提交成功界面,见图 1-20。

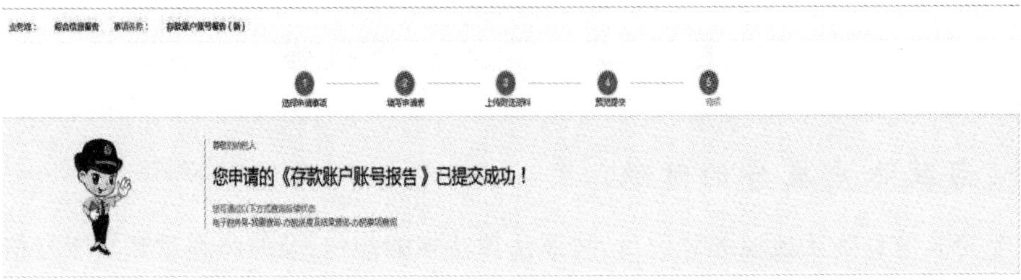

图 1-20 提交成功界面

(4)点击“纳税人存款账户账号报告表”可下载查看,见图 1-21。

知识技能辨析 1-9

1. 任务要求 · 单选题

纳税人自开立基本存款账户或者其他存款账户之日起(　　)日内,向税务机关报告全部账号。

A. 10　　B. 15　　C. 20　　D. 30

纳税人存款账户账号报告表

纳税人名称	[redacted]		纳税人识别号	[redacted]		
经营地址	[redacted]					
银行开户登记证号			发证日期			
账户性质	开户银行	账号	开户时间	变更时间	注销时间	备注
[redacted]	[redacted]	[redacted]	[redacted]			
报告单位： 经办人：[redacted] 法定代表人（负责人）：[redacted] 报告单位（签章） [redacted]年　月　日			受理税务机关：[redacted] 经办人： 负责人： 税务机关（签章） [redacted]年[redacted]月　日			

图 1-21　查看存款账户账号报告表

2. 任务解答

正确答案：B

3. 任务释疑

自开立基本存款账户或者其他存款账户之日起 15 日内，纳税人向主管税务机关书面报告全部账号。

模块四 发票管理

引导案例

小吴开办了一家名为“智趣玩具”的线上玩具销售公司。小吴深知，对于一家正规企业，领用发票是开展业务不可或缺的一环。于是，小吴来到了税务局，准备办理发票领用手续。他按照指示提交了公司的相关证件和资料。税务局的工作人员热情地接待了他，并详细解释了发票的种类、使用规则以及注意事项。

经过一系列的审核和确认，小吴终于领到了发票。回到公司后，小吴立刻组织员工进行了发票使用培训。他亲自示范了如何正确开具发票、如何妥善保管发票，以及如何处理与发票相关的问题。随着业务的不断拓展，小吴的公司逐渐壮大起来，发票也成为他们与客户之间沟通的重要桥梁。每当客户收到小吴公司开具的发票时，都会感到一种踏实和信任。这也让小吴更加坚信，领用发票不仅是企业合规经营的必要条件，更是树立企业形象、赢得客户信任的重要手段。

任务一 发票认知

发票，是指在购销商品、提供或者接受服务以及从事其他经营活动中，开具、收取的收付款凭证。发票包括纸质发票和电子发票。电子发票与纸质发票具有同等法律效力。发票还是核算纳税人经营活动相关业务的原始凭证，也是税务稽查的重要依据。

一、发票管理的权限

国务院税务主管部门统一负责全国的发票管理工作。省、自治区、直辖市税务机关依据职责做好本行政区域内的发票管理工作。财政、审计、市场监督管理、公安等有关部门在各自的职责范围内，配合税务机关做好发票管理工作。

发票的种类、联次、内容以及使用范围由国务院税务主管部门规定。在全国范围内统一式样的发票，由国家税务总局确定；在各省、自治区、直辖市范围内统一式样的发票，由省税务机关确定。

增值税专用发票由国务院税务主管部门确定的企业印制；其他发票，按照国务院税务主管部门的规定，由省税务机关确定的企业印制；发票应当套印全国统一发票监制章。全国统一发票监制章的式样由国务院税务主管部门规定，发票监制章由省税务机关制作。

二、发票的分类

(一)发票按行业分为常规发票和特殊行业发票

1. 常规发票

常规发票是适用《中华人民共和国发票管理办法》管理的发票。

2. 特殊行业发票

特殊行业发票是由国家税务总局和行业主管部门共同管理，适用特殊行业发票管理办法的行业专业发票。

常见的行业专业发票包括：

(1)金融企业的存贷、汇兑、转账凭证；

(2)公路、铁路和水上运输企业的客运发票；

(3)航空运输企业提供的航空运输电子客票行程单、收费公路通行费增值税电子普通发票等。

知识技能辨析 1-10

1. 任务要求・单选题

根据发票管理相关规定，下列各项中不得开具行业专业发票的情形有(　　)。

A. 长途汽车站提供客运　　B. 银行进行存贷、汇兑、转账业务

C. 铁路公司将商铺对外出租　　D. 航空运输公司提供旅客中转业务

2. 任务解答

正确答案：C

3. 任务释疑

行业专业发票仅适用于特殊行业的特殊经营业务。对于特殊行业的常规经营业务，仍应使用常规发票。铁路公司将商铺对外出租为常规经营业务，不得开具行业专业发票。

(二)发票按增值税抵扣凭证分为增值税专用发票和增值税普通发票

1. 增值税专用发票

取得方可根据相关规定抵扣进项。增值税专用发票包括纸质版和电子版。纸质增值税专用发票的基本联次包括发票联(购买方)、抵扣联(购买方)、记账联(销售方)。

增值税专用发票通常只限于增值税一般纳税人领用使用。自 2020 年 2 月 1 日起，增值税小规模纳税人(其他个人除外)发生增值税应税行为，需要开具增值税专用发票的，可以自愿使用增值税发票管理系统自行开具。选择自行开具增值税专用发票的小规模纳税人，税务机关不再为其代开增值税专用发票。未选择自行开具增值税专用发票的小规模纳税人，可以向税务机关申请为其代开增值税专用发票。

2. 增值税普通发票

常用的增值税普通发票有增值税纸质普通发票、机动车销售统一发票、增值税电子普通发票、收费公路通行费增值税电子普通发票、增值税普通发票(卷式)、增值税普通发票(折叠式)、门票、过路(过桥)费发票、定额发票、二手车销售统一发票和印有本单位名称的普通发票等。

常见的增值税普通发票的基本联次包括存根联、发票联、记账联。

增值税普通发票通常不能作为抵扣进项税额的凭证，但有些特殊普通发票例外，如机动车销售统一发票、农产品销售发票、通行费发票、国内旅客运输服务的增值税电子普通发票、航空运输电子客票行程单、铁路车票和公路、水路等其他客票可以作为抵扣增值税进项税额的凭证。

知识技能辨析 1-11

1. 任务要求・单选题

增值税一般纳税人取得的普通发票，可以抵扣增值税进项税额的是（　　）。

A. 农产品销售发票　　B. 印有本单位名称的增值税普通发票

C. 门票　　D. 定额发票

2. 任务解答

正确答案：A

3. 任务释疑

如机动车销售统一发票、农产品销售发票、通行费发票、国内旅客运输服务的增值税电子普通发票、航空运输电子客票行程单、铁路车票和公路、水路等其他客票可以作为抵扣增值税进项税额的凭证。

三、增值税发票管理系统

2015 年 4 月 1 日起，在全国范围推行增值税发票系统升级版（增值税发票管理新系统），纳税人应使用增值税发票管理新系统选择相应的商品和服务编码开具增值税发票，发票数据通过互联网实时上传税务机关。

纳入增值税发票管理新系统的发票，不再限于增值税专用发票，还包括增值税普通发票、机动车销售统一发票、增值税电子普通发票、增值税普通发票（卷式）、印有本单位名称的增值税普通发票（折叠票）、收费公路通行费增值税电子普通发票和二手车销售统一发票。

四、全面推广数字化电子发票

为贯彻落实中共中央办公厅、国务院办公厅、国办关于稳步实施发票电子化改革的部署安排，2021 年 12 月 1 日起，国家税务总局在上海市、广东省、四川省、厦门市、天津市、青岛市、重庆市、大连市、陕西省等地区开始推行数字化电子发票。

自 2023 年 11 月 1 日起，在山东省的部分纳税人中开展数字化电子发票试点，使用电子发票服务平台的纳税人为试点纳税人。

（一）数字化电子发票的法律效力、基本用途

数字化电子发票的法律效力、基本用途等与现有纸质发票相同。其中，带有“增值税专用发票”字样的数字化电子发票，其法律效力、基本用途与现有增值税专用发票相同；带有“普通发票”字样的数字化电子发票，其法律效力、基本用途与现有普通发票相同。

电子发票服务平台支持开具增值税纸质专用发票（以下简称纸质专票）和增值税纸质普通发票（折叠票，以下简称纸质普票）。

通过电子发票服务平台开具的纸质专票和纸质普票，其法律效力、基本用途与现有纸质专票、纸质普票相同。其中，发票密码区不再展示发票密文，改为展示电子发票服务平台赋予的 20 位发票号码及全国增值税发票查验平台网址。

（二）数字化电子发票的总额度管理和交付

试点纳税人通过实人认证等方式进行身份验证后，无需使用税控专用设备即可通过电子发票服务平台开具发票，无需进行发票验旧操作。其中，数字化电子发票无需进行发票票种核定和发票领用。

1. 数字化电子发票的总额度管理

税务机关对使用电子发票服务平台开具发票的试点纳税人开票实行发票总额度管理。发票总额度是指一个自然月内，试点纳税人发票开具总金额（不含增值税）的上限额度。

（1）试点纳税人通过电子发票服务平台开具的数字化电子发票、纸质专票、纸质普票，以及通过增值税发票管理系统开具的纸质专票、纸质普票、增值税普通发票（卷票）、增值税电子专用发票和增值税电子普通发票，共用同一个发票总额度。

（2）税务机关依据试点纳税人的税收风险程度、纳税信用级别、实际经营情况等因素，确定初始发票总额度，并进行定期调整、临时调整或人工调整。

（3）试点纳税人在增值税申报期内，完成增值税申报前，在电子发票服务平台中，可以在上个月剩余发票额度且不超过当月发票总额度的范围内开具发票。试点纳税人按规定完成增值税申报且比对通过后，在电子发票服务平台中可以按照剩余可用发票额度开具发票。

2. 数字化电子发票的交付

电子发票服务平台税务数字账户自动归集发票数据，供试点纳税人进行发票的查询、查验、下载、打印和用途确认，并提供税收政策查询、发票总额度调整申请、发票风险提示等功能。

试点纳税人通过电子发票服务平台自动交付数字化电子发票，也可通过电子邮件等方式自行交付数字化电子发票。

任务二　发票领用

需要领用发票的单位和个人，应当携带设立登记证件或者税务登记证件，以及经办人身份证明，向主管税务机关办理发票领用手续。

领用纸质发票的，还应当提供按照国务院税务主管部门规定式样制作的发票专用章的印模。

主管税务机关根据领用单位和个人的经营范围、规模和风险等级，在5个工作日内确认领用发票的种类、数量以及领用方式。

一、领用发票的方式

（一）法定发票领购

领取营业执照到税务机关办理落户手续的“多证合一”“一照一码”纳税人或其他非“多证合一”“一照一码”纳税人在领取税务登记证后，可以申请领用发票。

（二）临时代开发票

依法不需要办理税务登记或领取营业执照的单位和个人需要临时使用发票的，可以凭购销商品、提供或接受服务以及从事其他经营活动的书面证明、经办人身份证明，直接向经营地税务机关申请代开发票。

（三）外地经营临时领用

临时到本省、自治区、直辖市以外从事经营活动的单位和个人应向机构所在地的税务机关填报跨地区涉税事项报告表，对按规定需要领用经营地发票的，应在按要求提供保证人或交纳保证金的前提下，向经营地税务机关领用。

二、首次申领发票

(一)发票票种的核定

1.申领发票的种类

(1)申领增值税普通发票

纳税人办理了税务登记或领取营业执照办理落户手续后,即具有领购增值税普通发票的资格。

(2)申领增值税专用发票

纳税人在办理一般纳税人登记手续时,可自行选择登记的当月1日或者次月1日为一般纳税人生效之日。除财政部、国家税务总局另有规定的外,一般纳税人自生效之日起可以按照规定领用增值税专用发票。

自2020年2月1日起,小规模纳税人(其他个人除外)可以自愿使用增值税发票管理系统自行开具增值税专用发票。对于选择自行开具增值税专用发票的小规模纳税人,也可以按规定领用增值税专用发票。

2.最高开票限额审批

纳税人初次申请使用增值税专用发票以及变更增值税专用发票限额,最高开票限额由一般纳税人和选择自行开具增值税专用发票的小规模纳税人申请,区县税务机关依法审批。

纳税人申请最高开票限额时,需填报“增值税专用发票(增值税税控系统)最高开票限额申请单”。主管税务机关受理纳税人申请以后,根据需要进行实地查验。若一般纳税人申请增值税专用发票最高开票限额不超过10万元的,主管税务机关不需事前进行实地查验。

3.发票领用数量审批

首次申领增值税发票的新办纳税人办理发票票种核定,增值税专用发票最高开票限额不超过10万元,每月最高领用数量不超过25份;增值税普通发票最高开票限额不超过10万元,每月最高领用数量不超过50份。

自2020年1月起,纳税人办理增值税纸质普通发票、增值税电子普通发票、收费公路通行费增值税电子普通发票、机动车销售统一发票、二手车销售统一发票票种核定事项,除税务机关按规定确定的高风险等情形外,主管税务机关应当即时办结。

(二)增值税税控系统专用设备的初始发行

使用增值税专用发票的纳税人或纳入增值税发票管理新系统的纳税人,通过增值税防伪税控系统使用增值税发票,应按规定向批准发行的机构领购金税盘或税控盘等专用设备,并到主管税务机关进行专用设备的初始发行。

(三)压缩新办纳税人首次申领增值税发票时间

符合条件的纳税人首次申领增值税发票,主管税务机关应当自受理申请之日起2个工作日内办结,有条件的主管税务机关当日办结。纳税人首次领用发票可以通过“非接触式”方式办理。

三、后续申领发票

(一)涉税事项未发生变化

若首次申领发票时办理的涉税事项未发生变化,就按首次申领增值税发票票种核定标准,持续按规定领用发票。

(二)涉税事项发生改变

若经营活动或者其他条件发生变化,应重新(或补充)办理相应的发票领用涉税事项。

(三)申领增值税专用发票的特殊情形

1.小规模纳税人选择自行开具增值税专用发票

小规模纳税人选择自行开具增值税专用发票,应向税务机关申请其领用发票的票种增加增值税专用发票,同时确定增值税专用发票的最高开票限额和每月最高领用数量。

2.实行纳税辅导期管理的一般纳税人

实行纳税辅导期管理的一般纳税人,领用的增值税专用发票采取"限额开票、限量控制"管理,主管税务机关根据经营情况核定每次增值税专用发票的供应数量,但每次发出增值税专用发票数量不得超过25份;辅导期纳税人领用的专用发票未使用完而再次领用的,发出增值税专用发票的份数不得超过核定的每次领购增值税专用发票份数与未使用完的增值税专用发票份数的差额。

知识技能辨析1-12

1.任务要求·单选题

实行纳税辅导期管理的一般纳税人领用的增值税专用发票实行按次限额控制,每次领用增值税专用发票数量不得超过(　　)份。

A.50　　B.40　　C.25　　D.15

2.任务解答

正确答案:C

3.任务释疑

实行纳税辅导期管理的一般纳税人,主管税务机关可根据纳税人的经营情况核定每次增值税专用发票的供应数量,但每次发出增值税专用发票数量不得超过25份。

四、"非接触式"方式领用发票

(一)票种核定

(1)纳税人以企业身份登录电子税务局网站,点击"我要办税"→"发票使用"→"发票票种核定",显示发票票种核定申请表,见图1-22。

(2)填写发票票种核定申请表,依次录入相应信息,确认信息无误后,按照报送要求选择资料并上传,确认数据无误后点击"提交",见图1-23。

(3)预览无误后点击"确定",显示提交成功,结束票种核定流程,见图1-24。

(二)发票领用

需要领用发票的纳税人,在向主管税务机关办理发票领用手续后,可以按税务机关确认

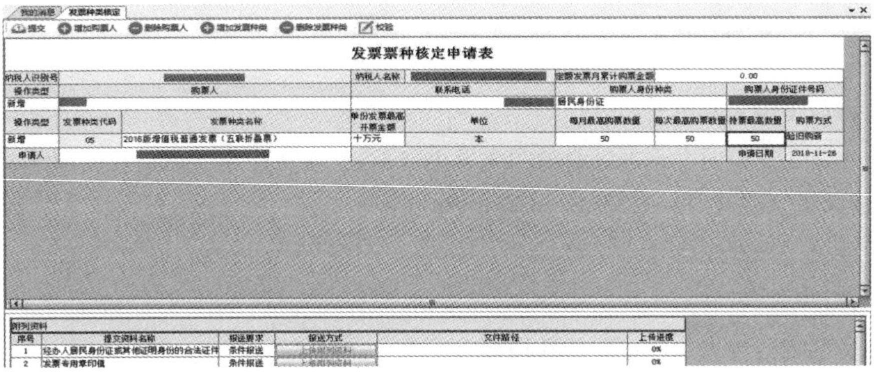

图 1-22　发票票种核定申请表

图 1-23　提交资料

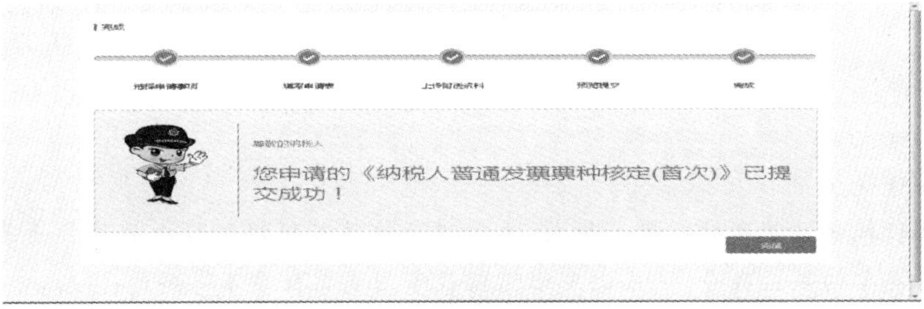

图 1-24　提交成功界面

的发票种类、数量以及领用方式，在线通过电子税务局领取发票。

（1）纳税人登录电子税务局网站，点击“我要办税”→“发票使用”→“发票领用”→“发票领用申请”，点击“新增”，弹出发票领用申请单，见图 1-25。

（2）填写发票领用申请单。纳税人选择需要领购的发票种类，填写本次最高购买数量，见图 1-26。领取方式分上门领取和邮寄，可根据实际情况自主选择。选择上门领取，待发票领用申请审核通过后，纳税人可至取票大厅领取发票；选择邮寄方式领取，待发票领用申请审核通过后，由税务机关集中配送至纳税人指定的地址。

（3）保存数据，提交申请表。发票领用申请单填写完毕后点击“保存数据”，提示“保存成功！”，再点击“提交”，提交成功后业务进入审核阶段，见图 1-27。

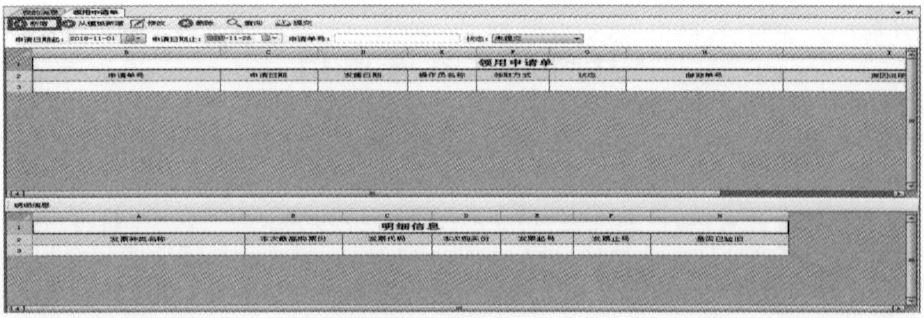

图 1-25　发票领用申请单

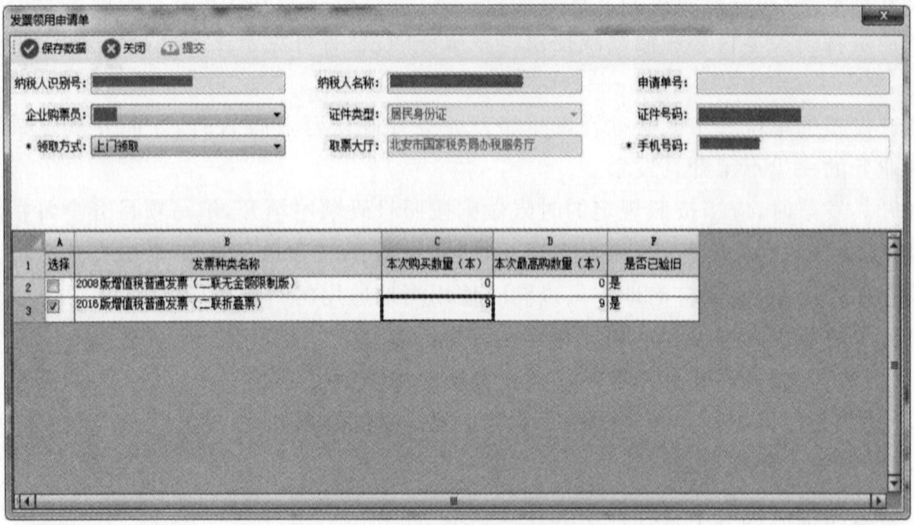

图 1-26　填写发票领用申请单

图 1-27　保存数据

（4）审核通过后，纳税人可按审核通过的领取方式自主到税务机关领取发票或等待税务机关将发票配送到纳税人指定地址。

任务三　发票使用

一、发票的开具

（一）基本要求

销售商品、提供服务以及从事其他经营活动的单位和个人，对外发生经营业务收取款项，收款方（销售方，卖方）应当向付款方（采购方，买方）开具发票。特殊情况下由付款方向收款方开具发票，如收购单位向农民收购自产农产品，由收购方开具农产品收购发票等。

向消费者个人零售小额商品或提供零星服务的，是否可免予逐笔开具发票，由省税务机关确定。

填开发票的单位和个人必须在发生经营业务并确认营业收入时，才能开具发票。未发生经营业务的一律不得开具发票。

在开具发票时，应当按照规定的时限做到按照号码顺序填开，填写项目齐全，内容真实，字迹清楚，全部联次一次打印，内容完全一致，并在发票联和抵扣联加盖发票专用章。开具发票应当使用中文，民族自治地方可以同时使用当地通用的一种民族文字。

任何单位和个人不得有下列虚开发票行为：

(1)为他人、为自己开具与实际经营业务情况不符的发票；

(2)让他人为自己开具与实际经营业务情况不符的发票；

(3)介绍他人开具与实际经营业务情况不符的发票。

（二）运用增值税发票管理新系统开具发票

应按如下特定要求运用增值税发票管理新系统开具发票：

(1)通常应在互联网连接状态下在线开具发票。

①纳税人通常应在线使用增值税发票管理新系统开具发票，并自动上传已开具的发票明细数据。

②纳税人因网络故障等原因无法在线开票的，在税务机关设定的离线开票时限（自第一份离线发票开具时间起开始计算可离线开具的最长时限）和离线开具发票总金额范围内（可开具离线发票的累计不含税总金额，离线开票总金额按不同票种分别计算）仍可开票，超限将无法开具发票。

③纳税人开具发票次月仍未连通网络上传已开具发票明细数据的，也将无法开具发票。无法连通网络的需携带专用设备到税务机关进行征期报税或非征期报税后方可开票。

④按照有关规定不使用网络办税或不具备网络条件的特定纳税人，以离线方式开具发票，不受离线开票时限和离线开具发票总金额限制。

⑤自 2020 年 2 月 1 日起，下列两类纳税人不得离线开具发票：

a. 经税务总局、省税务局大数据分析发现存在涉税风险的纳税人，不得离线开具发票，其开票人员在使用开票软件时，应当按照税务机关指定的方式进行人员身份信息实名验证；

b. 新办理增值税一般纳税人登记的纳税人，自首次开票之日起 3 个月内不得离线开具发票，按照规定不使用网络办税或不具备风险条件的特定纳税人除外。

⑥纳税人应在纳税申报期内将上个月开具发票的汇总情况通过增值税发票管理新系统进行网络报税。

(2)自 2017 年 7 月 1 日起，购买方为企业(公司、非公司制企业法人、企业分支机构、个人独资企业、合伙企业和其他企业)的，销售方为其开具增值税普通发票时，应在“购买方纳税人识别号”栏填写购买方的纳税人识别号或统一社会信用代码，不符合规定的发票，不得作为税收凭证。

(三)增值税发票作废或开具红字发票

(1)开具发票后，如发生销货退回需开红字发票的，必须收回原发票并注明“作废”字样或取得对方有效证明。

(2)开具发票后，如发生销售折让的，必须在收回原发票并注明“作废”字样后，重新开具发票或取得对方有效证明后开具红字发票。

(3)纳税人需要开具红字增值税普通发票的，可以在所对应的蓝字发票金额范围内开具多份红字发票。

(4)红字机动车销售统一发票需与原蓝字机动车销售统一发票一一对应。

(四)开具增值税电子普通发票

(1)自 2020 年 1 月起，纳税人通过增值税电子发票公共服务平台开具的增值税电子普通发票生成电子发票的版式文件。

(2)增值税电子发票系统不支持作废操作，发生退货、电子发票开具有误等情况，开票人应通过开具红字发票进行冲减。

(3)增值税电子普通发票数据传送税务机关，电子发票明细数据通过增值税电子发票系统实时传送税务机关，进入发票电子底账库。

(4)增值税电子普通发票的开票方和受票方需要纸质发票的，可以自行打印增值税电子普通发票的版式文件，其法律效力、基本用途、基本使用规定等与增值税普通发票相同。

二、发票的保管、保存和缴销

开具发票的单位和个人应当建立发票使用登记制度，设置发票登记簿，并定期向主管税务机关报告发票使用情况。

使用发票的单位和个人应当妥善保管发票。发生发票丢失情形时，应当于发现丢失当日书面报告税务机关。

开具发票的单位和个人应当在办理变更或者注销税务登记的同时，办理发票和发票领购簿的变更、缴销手续。使用增值税发票管理新系统的纳税人，发生注销或票种变更的，需在增值税发票管理新系统中对未开具的发票进行退回或作废操作，并携带增值税发票、专用设备及相关资料到主管税务机关办理发票退回或缴销手续。

开具发票的单位和个人应当按规定存放和保管发票，不得擅自损毁；已经开具的发票存根联和发票登记簿，应当保存 5 年。保存期满，报经税务机关查验后销毁。

知识技能辨析 1-13

1. 任务要求・单选题

企业发生发票丢失情形时，应当于发生发票丢失的(　　)向税务机关书面报告。

A. 15 日　　B. 10 日　　C. 5 日　　D. 当日

2. 任务解答

正确答案：D

3. 任务释疑

发生发票丢失情形时，应当于发现丢失当日书面报告税务机关。

三、发票的使用

（一）基本要求

（1）取得发票时，不得要求变更品名和金额；不符合规定的发票，不得作为财务报销凭证，任何单位和个人有权拒收。

（2）不得转借、转让、介绍他人转让发票、发票监制章和发票防伪专用品。

（3）知道或者应当知道是私自印制、伪造、变造、非法取得或者废止的发票不得受让、开具、存放、携带、邮寄、运输。

（4）不得扩大发票使用范围。

（5）不得以其他凭证代替发票使用。

（二）发票的真伪鉴别

（1）伪造的虚假发票，不能作为财务核算、税前扣除等有效凭证。

（2）发票真伪的鉴别方法包括依据发票的防伪措施鉴别、通过发票查验平台查验、申请税务机关进行鉴别。

四、数字化电子发票的开具

（1）纳税人登录电子税务局网站后，首页显示纳税人相关权限功能菜单。若纳税人符合开具数字化电子发票的条件，在“我要办税”模块下将显示电子发票平台中的“开票业务”和“税务数字账户”功能模块，见图 1-28。

图 1-28　“开票业务”和“税务数字账户”功能模块

（2）纳税人依次选择“开票业务”→“蓝字发票开具”，进入蓝字发票开具的二级功能页面，在该页面显示“数据概览”“发票填开”等功能，见图 1-29。

（3）点击“发票填开”的“立即开票”功能，弹出立即开票页面，如图 1-30 所示。

（4）纳税人在立即开票页面选择发票类型、票种标签等信息后，点击“确定”进入蓝字发

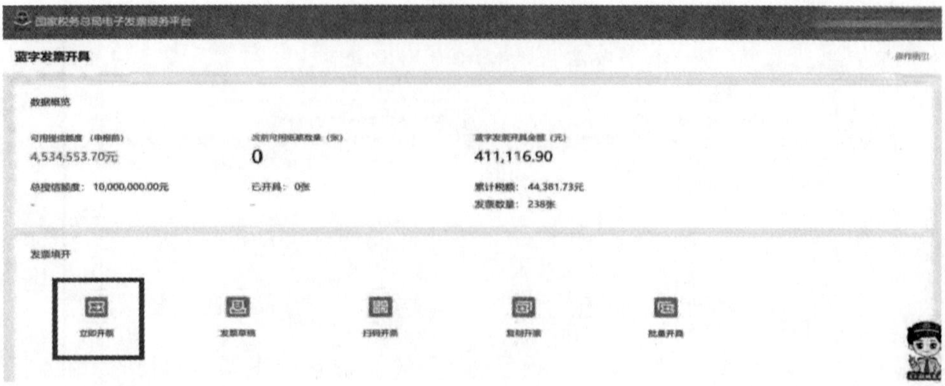

图 1-29 蓝字发票开具

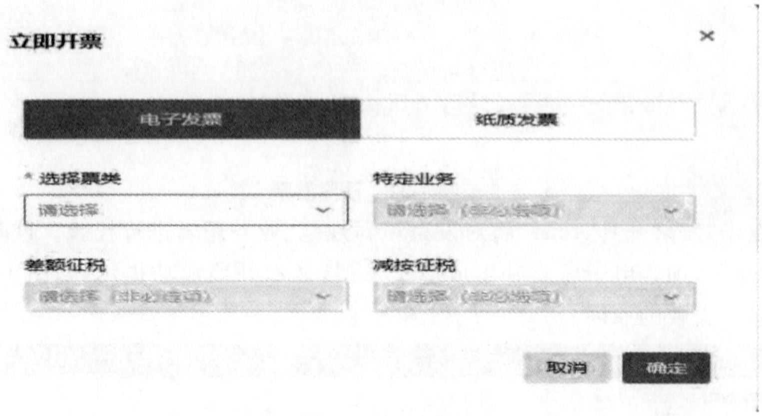

图 1-30 立即开票页面

票开具表单视图界面，或点击右上角“切换至票样视图”切换成票样视图进行填写，如图1-31所示。

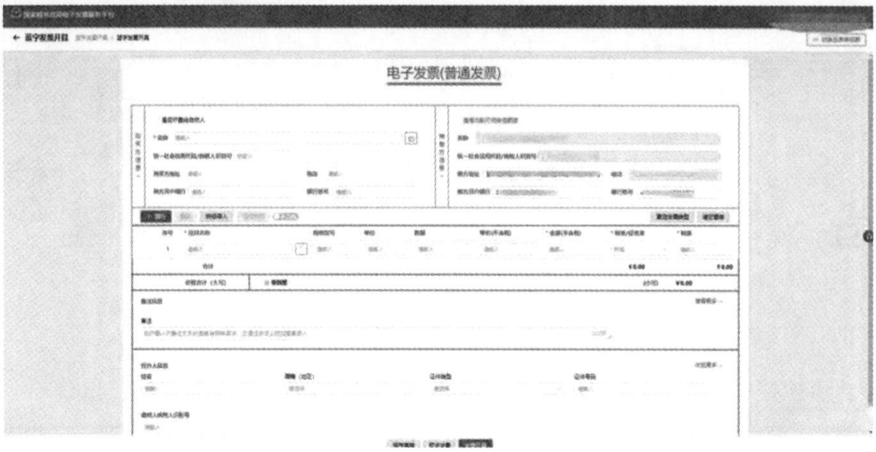

图 1-31 票样视图

(5)填写完毕后，可点击“保存草稿”保存所填信息并同步到发票草稿模块；可点击“预览发票”预览正式票样的发票内容，如图 1-32 所示。

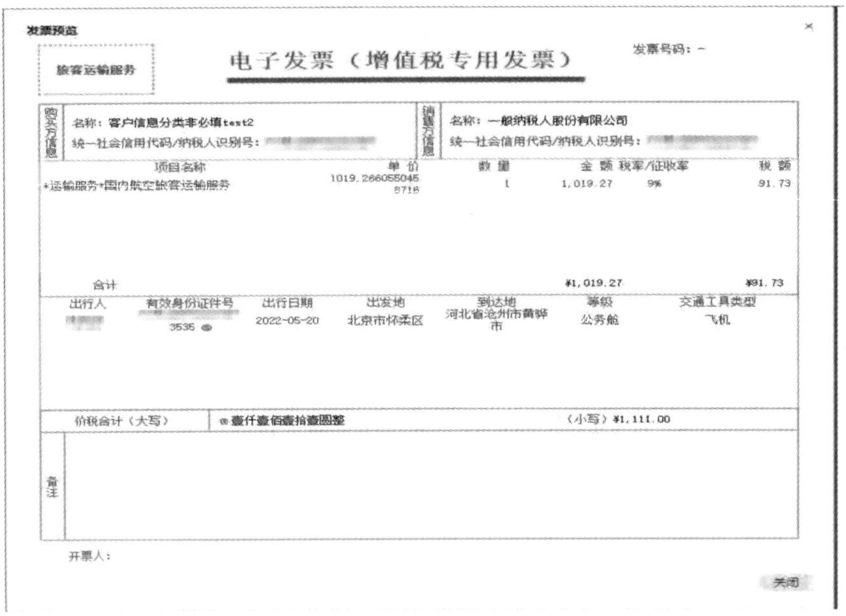

图 1-32　预览发票

(6)可点击“发票开具”，系统将对发票填写规范、业务逻辑进行校验。校验通过，系统自动进行发票赋码，加盖电子印章并生成电子发票，显示开票成功提示，如图 1-33 所示；校验不通过，则显示失败的原因。

图 1-33　生成电子发票

模块五 纳税申报

引导案例

小吴是一位刚刚毕业的大学生，刚进入一家科技公司工作。这是他第一次接触纳税申报，对于如何办理纳税申报感到十分迷茫。为此，他决定向公司的财务部门和税务部门寻求帮助，以确保自己能够正确、及时地完成纳税申报。

小吴首先向公司的财务部门咨询了有关纳税政策的基本知识，在了解了纳税政策后，开始准备申报所需的材料。他向税务部门咨询了申报表格的获取方式及网上提交的网址。在通过网上的电子税务局办理申报的过程中，小吴特别注意了各项数据的准确性和真实性，确保不出现任何错误。填写完毕后，他通过电子税务局将申报表格提交给了税务部门。

税务部门在收到小吴的申报表格后，进行了认真的审核。在审核过程中，税务部门发现小吴填写的扣除项目存在一些疑问，于是主动联系了小吴进行核实。小吴积极配合税务部门的审核工作，提供了相关的证明材料，最终顺利通过了审核，完成了申报表等资料的报送。

任务一 纳税申报认知

一、纳税申报的概念

纳税人必须依照法律、行政法规的规定或者税务机关依照法律、行政法规的规定确定的申报期限、申报内容如实办理纳税申报，报送纳税申报表、财务会计报表以及税务机关根据实际需要要求纳税人报送的其他纳税资料。其他纳税资料包括与纳税有关的合同、协议书及凭证、税控装置的电子报税资料、“跨区域涉税事项报告表”和异地完税凭证、境内或者境外公证机构出具的有关证明文件、税务机关规定应当报送的其他有关证件资料等。

扣缴义务人必须依照法律、行政法规的规定或者税务机关依照法律、行政法规的规定确定的申报期限、申报内容如实报送代扣代缴、代收代缴税款报告表以及税务机关根据实际需要要求扣缴义务人报送的其他有关资料。有关资料主要包括：税种、税目，应纳税项目或者应代扣代缴、代收代缴税款项目，计税依据，扣除项目及标准，适用税率或者单位税额，应退税项目及税额，应减免税项目及税额，应纳税额或者应代扣代缴、代收代缴税额，税款所属期限、延期缴纳税款、欠税、滞纳金等。

二、纳税申报的方式

(一)自行申报

税务机关应当建立、健全纳税人自行申报纳税制度。纳税人、扣缴义务人可以直接到税务机关办理纳税申报或者报送代扣代缴、代收代缴税款报告表。

(二)邮寄申报

纳税人采取邮寄方式办理纳税申报的，应当使用统一的纳税申报专用信封，并以邮政部门收据作为申报凭据。邮寄申报以寄出的邮戳日期为实际申报日期。

(三)数据电文申报

纳税人采取数据电文方式办理纳税申报的，数据电文应按照税务机关确定的电话语音、电子数据交换和网络传输等电子方式进行申报，同时纳税人要按规定的期限和要求保存有关资料，并定期书面报送主管税务机关。数据电文申报也叫电子申报。

三、延期申报

纳税人、扣缴义务人按照规定的期限办理纳税申报或者报送代扣代缴、代收代缴税款报告表确有困难，需要延期的，应当在规定的期限内向税务机关提出书面延期申请，经税务机关核准，在核准的期限内办理。

纳税人、扣缴义务人因不可抗力，不能按期办理纳税申报或者报送代扣代缴、代收代缴税款报告表的，可以延期办理；但是，应当在不可抗力情形消除后立即向税务机关报告。税务机关应当查明事实，予以核准。

经核准延期办理延期申报、报送事项的，应当在纳税期内按照上期实际缴纳的税额或者税务机关核定的税额预缴税款，并在核准的延期内办理税款结算。

知识技能辨析 1-14

1. 任务要求·多选题

根据税收规定，纳税人可以选择的纳税申报方式有（　　）。

A. 自行申报　　B. 微信申报

C. 快递申报　　D. 数据电文申报

2. 任务解答

正确答案：AD

3. 任务释疑

纳税申报的方式有自行申报、邮寄申报、数据电文申报等。

任务二　在线办理纳税申报

一、纳税申报的具体要求

纳税人、扣缴义务人，不论当期是否发生纳税义务，除经税务机关批准外，均应按规定办理纳税申报或者报送代扣代缴、代收代缴税款报告表。

实行定期定额方式缴纳税款的纳税人，可以实行简易申报、简并征期等申报纳税方式。纳税人享受减税、免税待遇的，在减税、免税期间应当按照规定办理纳税申报。

二、在线办理纳税申报的具体步骤

(1)登录电子税务局网站，点击“我要办税”→“税费申报及缴纳”（以小规模纳税人申报为例)，见图 1-34。

图 1-34 点击“我要办税”→“税费申报及缴纳”

(2)选择“增值税及附加税(费)申报”，点击“增值税及附加税(费)申报(小规模纳税人适用)”模块，见图 1-35。

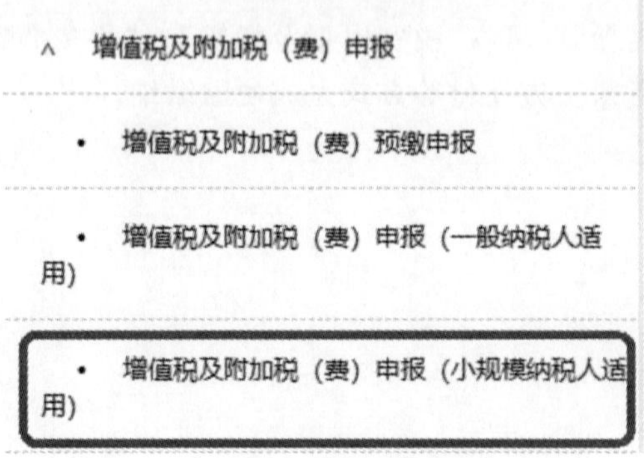

图 1-35 增值税及附加税(费)申报

(3)在对应税种列表选择申报月份，点击“填写申报表”按钮，显示报表页面，见图 1-36。

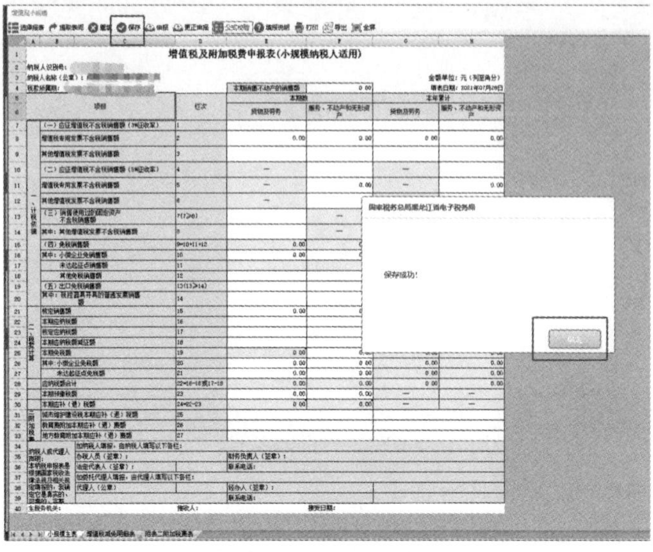

图 1-36 填写申报表

（4）填写完成后，点击“申报”按钮，系统提示申报成功，完成本次申报，见图 1-37。

图 1-37　申报成功

（5）申报成功后，如需缴款，可在“税费申报及缴纳”→“税费缴纳”→“申报税费缴纳”模块选择三方协议缴款或者第三方支付等方式完成税款缴纳。

模块六 纳税信用管理

引导案例

某科技有限公司主要从事电子产品的研发、生产和销售。在纳税信用等级评价初期，该公司的纳税信用等级为C级。公司存在纳税申报不及时、逾期申报现象；其税务资料不完整，存在错误；公司对税收政策了解不足，未能充分利用税收优惠政策。

针对以上问题，公司采取了多项措施来提升纳税信用等级，比如，加强内部管理，建立健全税务管理制度；完善税务资料，确保资料的真实性和完整性；充分利用税收优惠政策，降低税负。经过一段时间的努力，公司的纳税信用等级得到了显著提升。具体表现为：纳税申报及时率大幅提高，逾期申报现象得到有效遏制；税务资料完整性得到保障，资料真实性和准确性得到税务机关认可；成功申报了多项税收优惠政策，有效降低了税负。公司的纳税信用等级由C级提升至B级，为公司的进一步发展奠定了坚实基础。

任务一 纳税信用认知

一、纳税信用管理及适用范围

纳税信用管理是指税务机关对纳税人的纳税信用信息开展的采集、评价、确定、发布和应用等活动。

纳税信用管理适用于已办理税务登记(含“五证合一、一照一码”、临时登记)，从事生产经营的独立核算企业，以及适用查账征收个人所得税的个人独资企业和个人合伙企业。

纳税信用管理不适用于定期定额的纳税人。

二、信用信息

(一)历史信息

纳税人的历史信息包括纳税人的基本信息、评价年度之前的纳税信用记录、相关部门评定的优良信用记录和不良信用记录。

(二)税务内部信息

税务内部信息包括经常性指标信息和非经常性指标信息。经常性指标信息主要包括纳税人涉税申报信息、税(费)款缴纳信息、发票与税控器具信息、登记与账簿信息等纳税人在评价年度内经常产生的指标信息。非经常性指标信息主要指税务检查信息等纳税人在评价年度内不经常产生的指标信息。

(三)外部信息

外部信息包括外部参考信息和外部评价信息。外部参考信息包括评价年度相关部门评定的优良信用记录和不良信用记录；外部评价信息是指从相关部门取得的影响纳税人纳税信用评价的指标信息。

三、纳税信用评价

（一）纳税信用评价方式

纳税信用评价周期为一个纳税年度，即公历 1 月 1 日起至 12 月 31 日止。

纳税信用评价采取年度评价指标得分和直接判级方式。评价指标包括税务内部信息和外部评价信息。年度评价指标得分采取扣分方式。纳税人评价年度内经常性指标和非经常性指标信息齐全的，从 100 分起评；非经常性指标缺失的，从 90 分起评。直接判级适用于有严重失信行为的纳税人。

（二）纳税信用级别

纳税信用级别设 A、B、M、C、D 五级。

A 级纳税信用为年度评价指标得分 90 分及以上的；B 级纳税信用为年度评价指标得分 70 分及以上、不满 90 分的；C 级纳税信用为年度评价指标得分 40 分及以上、不满 70 分的；D 级纳税信用为年度评价指标得分不满 40 分或者直接判级确定的。

未发生严重失信行为的新设立企业、评价年度内无生产经营业务收入且年度评价指标得分 70 分以上的企业适用 M 级纳税信用。自 2021 年起，税务机关按照“首违不罚”相关规定对纳税人不予行政处罚的，相关记录不纳入纳税信用评价。

四、纳税信用评价查询

纳税人可通过电子税务局在线查询本企业的纳税信用评价结果。具体步骤如下：纳税人登录电子税务局网站，点击“我要办税”→“纳税信用”→“纳税人信用查询”模块（图 1-38），可根据条件查询评价结果明细，或开具纳税信用级别证明。

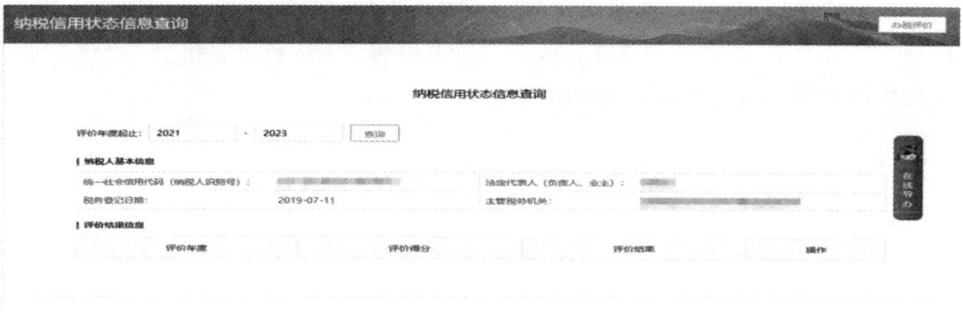

图 1-38 纳税人信用查询

五、纳税信用补评

纳税人因特殊情形未参加本期的评价，当其特殊情形解除或者对当期未予评价有异议的，可填写“纳税信用补评申请表”，向主管税务机关申请补充纳税信用评价。主管税务机关应自受理申请之日起 15 个工作日内完成补评工作，并向纳税人反馈纳税信用评价信息或提供评价结果的自我查询服务。

纳税人可通过电子税务局在线申请补评，具体步骤如下：

(1)纳税人登录电子税务局网站，通过“我要办税”→“纳税信用”→“纳税信用补评”模块申请信用补评，见图 1-39。

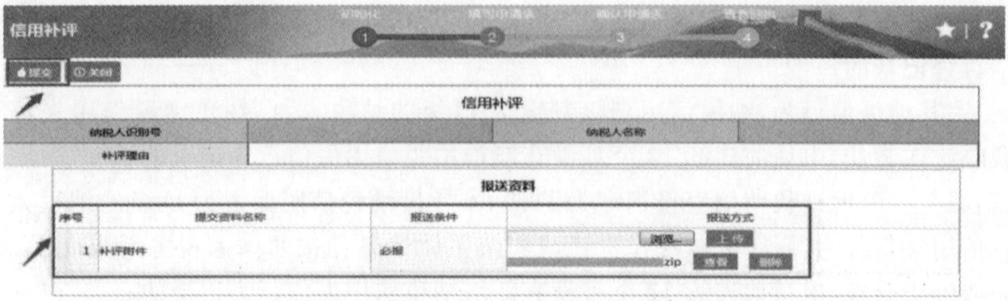

图 1-39　“纳税信用补评”主界面

(2)信息核对无误后点击“确认”按钮，见图 1-40。

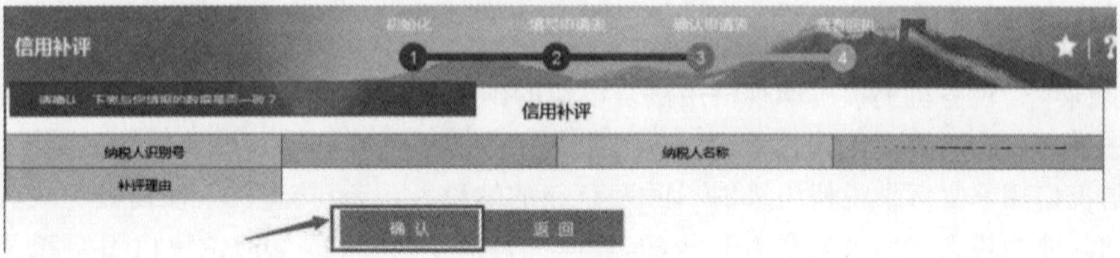

图 1-40　信息核对

(3)点击“确定”，提交成功，见图 1-41。

图 1-41　提交资料

任务二　纳税信用修复

一、可申请纳税信用修复的情形

(1)纳税人发生未按法定期限办理纳税申报、税款缴纳、资料备案等事项且已补办的；

(2)纳税人履行相应法律义务并由税务机关依法解除“非正常户”状态的；

(3)破产企业或其管理人在重整或和解程序中，已依法缴纳税款、滞纳金、罚款，并纠正相关纳税信用失信行为的；

(4)未按税务机关处理结论缴纳或者足额缴纳税款、滞纳金和罚款，未构成犯罪，纳税信用级别被直接判定为D级的纳税人，在税务机关处理结论明确的期限期满后60日内足额缴纳、补缴的；

(5)因确定为重大税收违法失信主体，纳税信用直接判定为D级的纳税人，失信主体信息已按照国家税务总局相关规定不予公布或停止公布，申请前连续12个月没有新增纳税信用失信行为记录的；

(6)因其他失信行为，纳税信用直接判定为D级的纳税人，已纠正纳税信用失信行为、履行税收法律责任，申请前连续12个月没有新增纳税信用失信行为记录的；

(7)因上一年度纳税信用直接判定为D级，本年度纳税信用保留为D级的纳税人，已纠正纳税信用失信行为、履行税收法律责任或失信主体信息已按照国家税务总局相关规定不予公布或停止公布，申请前连续12个月没有新增纳税信用失信行为记录的；

(8)由纳税信用D级纳税人的直接责任人员注册登记或者负责经营，纳税信用关联评价为D级的纳税人，申请前连续6个月没有新增纳税信用失信行为记录的。

二、信用修复的程序

需向主管税务机关提出纳税信用修复申请的纳税人应填报“纳税信用修复申请表”，并对纠正失信行为的真实性作出承诺。

纳税信用修复后纳税信用级别不再为D级的纳税人，其直接责任人注册登记或者负责经营的其他纳税人之前被关联为D级的，可向主管税务机关申请解除纳税信用D级关联。

纳税信用修复完成后，纳税人按照修复后的纳税信用级别适用相应的税收政策和管理服务措施，之前已适用的税收政策和管理服务措施不作追溯调整。

税务机关核实纳税人纳税信用状况，按照《纳税信用修复范围及标准》调整相应纳税信用评价指标状态，根据纳税信用评价相关规定重新评价纳税人的纳税信用级别。

三、在线办理信用修复

(1)纳税人登录电子税务局网站，通过“我要办税”→“纳税信用”→“纳税信用修复申请”申请修复，见图1-42。

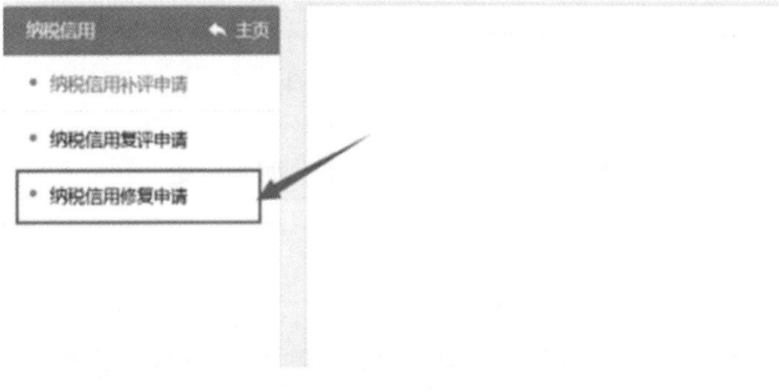

图1-42 纳税信用修复申请

(2)进入事项申请页面，校验通过，根据页面信息填报数据并上传资料，确认无误后，提交申请，见图1-43。

(3)提交成功后，等待税务机关核实纳税人纳税信用状况，按照《纳税信用修复范围及标

图 1-43　填报数据并上传资料

准》重新评价纳税人的纳税信用级别，见图 1-44。

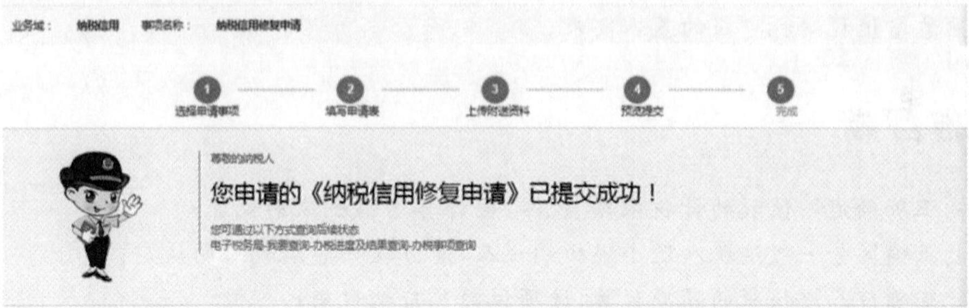

图 1-44　提交成功

项目二　增值税实务

知识目标

1. 熟悉增值税的纳税义务人，增值税的征税范围、税率；
2. 掌握增值税一般纳税人与小规模纳税人的区别、一般纳税人的认定；
3. 理解增值税的涉税业务，掌握增值税应纳税额的计算；
4. 熟悉增值税的税收优惠；
5. 熟悉增值税纳税申报的基本要求。

技能目标

1. 能正确确定增值税的计税依据、税率，会计算增值税应纳税额；
2. 能正确区分一般纳税人及小规模纳税人，能办理一般纳税人的认定；
3. 能正确计算增值税的销项税额、进项税额和应纳税额；
4. 能正确填写增值税的纳税申报表；
5. 能掌握增值税办税程序，能办理增值税的纳税申报。

素质目标

1. 养成良好的职业道德，诚实守信、坚持准则；
2. 培养严谨的职业品质，工作细心、踏实肯干；
3. 养成规范的行为举止和良好的语言素质；
4. 养成较高的政治素质和法制素养，遵守纪律、依法纳税；
5. 培养良好的心理素质和职业能力，善于沟通、协调。

慧思析理

深化增值税制度改革，畅通增值税抵扣链条，优化留抵退税制度设计。继续将增值税作为中央和地方共享收入，减少经济波动对地方收入的影响，适度消解税基分布不均衡及流动带来地区间利益分享的不合理性，既做大“蛋糕”，又分好“蛋糕”。

知识结构图

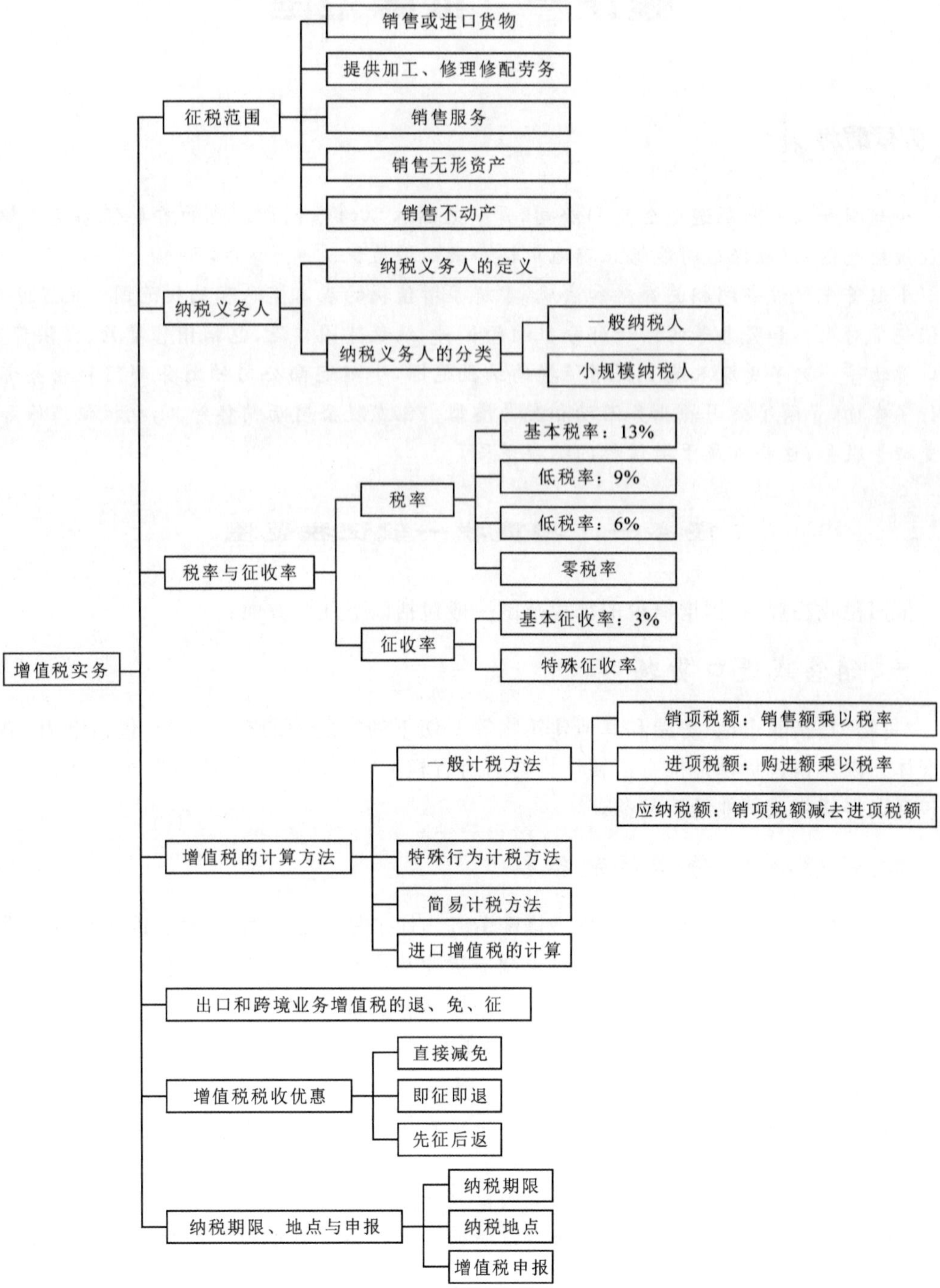

增值税实务
征税范围
销售或进口货物
提供加工、修理修配劳务
销售服务
销售无形资产
销售不动产
纳税义务人
纳税义务人的定义
纳税义务人的分类
一般纳税人
小规模纳税人
税率与征收率
税率
基本税率：13%
低税率：9%
低税率：6%
零税率
征收率
基本征收率：3%
特殊征收率
增值税的计算方法
一般计税方法
销项税额：销售额乘以税率
进项税额：购进额乘以税率
应纳税额：销项税额减去进项税额
特殊行为计税方法
简易计税方法
进口增值税的计算
出口和跨境业务增值税的退、免、征
增值税税收优惠
直接减免
即征即退
先征后返
纳税期限、地点与申报
纳税期限
纳税地点
增值税申报

模块一　征税范围

引导案例

小赵刚加入一家制造型企业D公司，是一名新入职的办税员。他的首要任务是了解增值税纳税范围，以确保公司能够正确地申报和缴纳增值税。

小赵首先通过查阅相关资料和法规，了解了增值税的基本概念和纳税范围。他了解到，增值税是对商品和服务等的增值部分征收的税种，纳税范围广泛，包括销售货物、提供劳务、进口货物等。为了更深入地了解增值税的纳税范围，小赵还向公司的财务部门和业务部门进行了咨询，了解了公司的业务活动和交易类型。他发现公司既销售产品，也提供维修和技术支持等服务，这些都属于增值税的纳税范围。

任务一　增值税一般征税范围

依照税收法规，我国增值税的征税范围一般包括以下几个方面：

一、销售或进口货物

“货物”是指除土地、房屋和其他建筑物等一切不动产之外的有形动产，包括电力、热力和气体在内。销售货物是指有偿转让货物的所有权。“有偿”不仅仅指从购买方取得货币，还包括取得货物或其他经济利益。

二、提供加工、修理修配劳务

劳务是指纳税人提供的加工、修理修配劳务。加工是指受托加工货物，即委托方提供原料及主要材料，受托方按照委托方的要求制造货物并收取加工费的业务；修理修配是指受托对损伤和丧失功能的货物进行修复，使其恢复原状和功能的业务。单位或者个体工商户聘用的员工为本单位或者雇主提供劳务不包括在内。

重要提示：

(1)单位或个体工商户聘用的员工为本单位或雇主提供加工、修理修配劳务不属于增值税征税范围。

(2)供电企业利用自身电力设备对并入电网的企业自备电厂生产的电力产品进行电压调节，属于提供加工劳务。供电企业进行电力调压并按照电量向电厂收取的并网服务费应当征收增值税。

三、销售服务

服务包括交通运输服务、邮政服务、电信服务、建筑服务、金融服务、现代服务、生活服务。具体范围如下：

（一）交通运输服务

交通运输服务是指利用运输工具将货物或者旅客送达目的地，使其空间位置得到转移的业务活动，包括陆路运输服务、水路运输服务、航空运输服务和管道运输服务。

（1）水路运输的“程租”“期租”和航空运输的“湿租”按“交通运输服务”缴纳增值税。

“程租”是指企业为租船人完成某一特定航次的运输任务并收取租赁费的业务。“期租”是指企业将配备有操作人员的船舶承租给他人使用一定期限，承租期内听候承租方调遣，不论是否经营，均按天向承租方收取租赁费，发生的固定费用均由船东负担的业务。“湿租”是指航空运输企业将配备有机组人员的飞机承租给他人使用一定期限，承租期内听候承租方调遣，不论是否经营，均按一定标准向承租方收取租赁费，发生的固定费用均由承租方承担的业务。

（2）已售票但客户逾期未消费取得的运输逾期票证收入，按“交通运输服务”计税。

（3）运输工具舱位承包业务中，发包方和承包方均按“交通运输服务”计税；运输工具舱位互换业务中，互换运输工具舱位的双方均按“交通运输服务”计税。

（4）无运输工具承运按“交通运输服务”计税（收运费并承担承运人责任）；货物运输代理按“现代服务—经纪代理”计税。

（5）网络平台道路货物运输经营者和实际承运人均应当依法履行纳税或扣缴税款义务。网络货运经营者应遵照国家税收法律法规，依法依规抵扣增值税进项税额，不得虚开虚抵增值税发票等扣税凭证。

（二）邮政服务

邮政服务是指中国邮政集团公司及其所属邮政企业提供邮件寄递、邮政汇兑和机要通信等邮政基本服务的业务活动，包括邮政普遍服务、邮政特殊服务和其他邮政服务。

（三）电信服务

电信服务是指利用有线、无线的电磁系统或者光电系统等各种通信网络资源，提供语音通话服务，传送、发射、接收或者应用图像、短信等电子数据和信息的业务活动，包括基础电信服务和增值电信服务。

基础电信服务，指利用固网、移动网、卫星、互联网提供语音通话服务的业务活动，以及出租或者出售带宽、波长等网络元素的业务活动。增值电信服务，指利用固网、移动网、卫星、互联网、有线电视网络提供短信和彩信服务、电子数据和信息的传输及应用服务、互联网接入服务等业务活动，包括卫星电视信号落地转接服务。

（四）建筑服务

建筑服务是指各类建筑物、构筑物及其附属设施的建造、修缮、装饰，线路、管道、设备、设施等的安装，以及其他工程作业的业务活动，包括工程服务、安装服务、修缮服务、装饰服务和其他建筑服务。其他建筑服务包括钻井、拆除建筑物或构筑物、平整土地、园林绿化、爆破等。

（五）金融服务

金融服务是指经营金融保险的业务活动，包括贷款服务、直接收费金融服务、保险服务和金融商品转让。“保本收益、报酬、资金占用费、补偿金”，是指合同中明确承诺到期本金可全部收回的投资收益。金融商品持有期间(含到期)取得的非保本的上述收益，不属于利息或利息性质的收入，不征收增值税。

融资性售后回租是指承租方以融资为目的，将资产出售给从事融资性售后回租业务的企业后，从事融资性售后回租业务的企业将该资产出租给承租方的业务活动。

(六)现代服务

现代服务是指围绕制造业、文化产业、现代物流产业等提供技术性、知识性服务的业务活动，包括研发和技术服务、信息技术服务、文化创意服务、物流辅助服务、租赁服务、鉴证咨询服务、广播影视服务、商务辅助服务和其他现代服务。

(1)经营性住宿场所提供会议场地及配套服务的活动，按“会议展览服务”计税。

(2)租赁服务包括融资租赁和经营租赁，标的为有形动产或不动产。

将建筑物、构筑物等不动产或者飞机、车辆等有形动产的广告位出租给其他单位或者个人用于发布广告，按照“经营租赁服务”缴纳增值税。车辆停放服务、道路通行服务(包括过路费、过桥费、过闸费等)等按照“不动产经营租赁服务”缴纳增值税。水路运输的“光租业务”、航空运输的“干租业务”，属于经营租赁。“光租业务”是指企业将船舶在约定的时间内出租给他人使用，不配备操作人员，不承担运输过程中发生的各项费用，只收取固定租赁费的业务活动。“干租业务”是指航空运输企业将飞机在约定的时间内出租给他人使用，不配备机组人员，不承担运输过程中发生的各项费用，只收取固定租赁费的业务活动。

(3)商务辅助服务包括企业管理服务、经纪代理服务、人力资源服务、安全保护服务。物业管理按“企业管理服务”计税。广告代理属于“文化创意服务”，不属于“经纪代理服务”。拍卖行受托拍卖取得的手续费或佣金，按“经纪代理服务”计税。武装守护押运服务，按“安全保护服务”计税。

(4)纳税人为客户办理退票而向客户收取的退票费、手续费等收入，按照“其他现代服务”缴纳增值税。纳税人对安装运行后的电梯提供的维护保养服务，按照“其他现代服务”缴纳增值税。

(七)生活服务

生活服务是指为满足城乡居民日常生活需求提供的各类服务活动，包括文化体育服务、教育医疗服务、旅游娱乐服务、餐饮住宿服务、居民日常服务和其他生活服务。纳税人现场制作食品并直接销售给消费者，按照“餐饮服务”缴纳增值税。

情境分析 2-1

1.任务要求

小赵入职的D公司当月发生如下业务：

(1)5日，将建筑物广告位出租给其他单位用于发布广告。

(2)8日，受滨州南洋家具公司委托，代为加工20张写字台。

(3)10日，进口一台车床。

(4)15日，出租3辆货车。

(5)25日，销售20套沙发给滨州市家具商城。

请帮助小赵确认上述5项业务分别属于增值税征税范围中的哪一项。

2. 任务实施

(1)将建筑物广告位出租给其他单位用于发布广告属于现代服务中的租赁服务(不动产租赁)。

(2)受托加工写字台属于提供加工劳务。

(3)进口车床属于进口货物。

(4)出租货车属于现代服务中的租赁服务(动产租赁)。

(5)销售沙发属于销售货物。

3. 任务释疑

业务(1)和业务(4)虽然都属于现代服务中的租赁服务,但动产租赁和不动产租赁在后续计算中有明显区别,故应加以区分。

四、销售无形资产

无形资产是指不具实物形态,但能带来经济利益的资产,包括技术、商标、著作权、自然资源使用权和其他权益性无形资产。

技术包括专利技术和非专利技术。自然资源使用权包括土地使用权、海域使用权、探矿权、采矿权、取水权和其他自然资源使用权。其他权益性无形资产包括基础设施资产经营权、公共事业特许权、配额、经营权(包括特许经营权、连锁经营权、其他经营权)、经销权、分销权、代理权、会员权、席位权、网络游戏虚拟道具、域名、名称权、肖像权、冠名权、转会费等。

销售无形资产是指转让无形资产所有权或者使用权的业务活动。

五、销售不动产

不动产是指不能移动或者移动后会引起性质、形状改变的财产,包括建筑物、构筑物等。建筑物包括住宅、商业营业用房、办公楼等可供居住、工作或者进行其他活动的建造物。构筑物包括道路、桥梁、隧道、水坝等建造物。

销售不动产是指转让不动产所有权的业务活动。

转让建筑物有限产权或者永久使用权的,转让在建的建筑物或者构筑物所有权的,以及在转让建筑物或者构筑物时一并转让其所占土地的使用权的,按照“销售不动产”缴纳增值税。

知识技能辨析 2-1

1. 任务要求·单选题

根据增值税法律制度的相关规定,下列各项中,不属于销售无形资产的是(　　)。

A. 转让专利权　　B. 转让建筑物永久使用权

C. 转让网络游戏虚拟道具　　D. 转让采矿权

2. 任务解答

正确答案:B

3. 任务释疑

选项 A、C、D 属于销售无形资产。

任务二　特殊行为和特殊规定

一、非经营活动

销售服务、无形资产或者不动产，是指有偿提供服务、有偿转让无形资产或者不动产，但属于下列非经营活动的情形除外：

(1)行政单位收取的同时满足以下条件的政府性基金或者行政事业性收费：

①由国务院或者财政部批准设立的政府性基金，由国务院或者省级人民政府及其财政、价格主管部门批准设立的行政事业性收费；

②收取时开具省级以上(含省级)财政部门监(印)制的财政票据；

③所收款项全额上缴财政。

(2)单位或者个体工商户聘用的员工为本单位或者雇主提供取得工资的服务。

(3)单位或者个体工商户为聘用的员工提供服务。

(4)财政部和国家税务总局规定的其他情形。

重要提示：

有偿，是指从购买方取得货币、货物或者其他经济利益。其他经济利益是指非货币、货物形式的收益，包括固定资产(不含货物)、生物资产(不含货物)、无形资产(包括特许权)、股权投资、存货、服务以及有关权益等。

二、境内销售服务、无形资产或者不动产

在境内销售服务、无形资产或者不动产，是指：

(1)服务(租赁不动产除外)或者无形资产(自然资源使用权除外)的销售方或者购买方在境内；

(2)所销售或者租赁的不动产在境内；

(3)所销售自然资源使用权的自然资源在境内；

(4)财政部和国家税务总局规定的其他情形。

下列情形不属于在境内销售服务或者无形资产：

(1)境外单位或者个人向境内单位或者个人销售完全在境外发生的服务。

(2)境外单位或者个人向境内单位或者个人销售完全在境外使用的无形资产。境内的单位和个人作为工程分包方，为施工地点在境外的工程项目提供建筑服务，从境内工程总承包方取得的分包款收入，属于“视同从境外取得收入”。

(3)境外单位或者个人向境内单位或者个人出租完全在境外使用的有形动产。

(4)财政部和国家税务总局规定的其他情形：

①为出境的函件、包裹在境外提供的邮政服务、收派服务；

②向境内单位或者个人提供的工程施工地点在境外的建筑服务、工程监理服务；

③向境内单位或者个人提供的工程、矿产资源在境外的工程勘察勘探服务；

④向境内单位或者个人提供的会议展览地点在境外的会议展览服务。

境外单位或者个人销售的服务(不含租赁不动产)在以下两种情况下属于在我国境内销

售服务,应照章缴纳增值税:

(1)境外单位或者个人向境内单位或者个人销售的完全在境内发生的服务,属于在境内销售服务。

(2)境外单位或者个人向境内单位或者个人销售的未完全在境外发生的服务,属于在境内销售服务。

境外单位或者个人销售的无形资产在以下两种情况下属于在我国境内销售无形资产,应该照章缴纳增值税:

(1)境外单位或者个人向境内单位或者个人销售的完全在境内使用的无形资产,属于在境内销售无形资产。

(2)境外单位或者个人向境内单位或者个人销售的未完全在境外使用的无形资产,属于在境内销售无形资产。

知识技能辨析 2-2

1. 任务要求·单选题

根据增值税现行政策规定,下列业务中属于在境内销售服务、无形资产或不动产的是(　　)。

A. 甲国某单位向境内单位提供境外矿山勘探服务

B. 乙国某单位向境内单位出租境外的厂房

C. 丙国某单位向境内单位销售完全在境外使用的无形资产

D. 丁国某单位向境内单位提供运输服务

2. 任务实施

正确答案:D

3. 任务释疑

境外单位或者个人向境内单位或者个人销售完全在境外发生的服务、销售完全在境外使用的无形资产、出租完全在境外使用的有形动产,销售境外的不动产,不属于境内征税范围。

三、不征收增值税项目

(1)执罚部门和单位查处的属于一般商业部门经营的商品,具备拍卖条件的,其拍卖收入作为罚没收入上缴财政,不予征税。

①国家指定销售单位将罚没物品纳入正常销售渠道销售的,应照章征收增值税。

②执罚部门和单位查处的罚没物品经同意公开拍卖,由经营单位购入拍卖物品再销售的,应照章征收增值税。

(2)纳税人取得的财政补贴收入,区分不同情况:

①财政补贴收入,与其销售货物、劳务、服务、无形资产、不动产的收入或者数量直接挂钩的,应按规定计算缴纳增值税。

②其他情形的财政补贴收入,不属于增值税应税收入,不征收增值税。

(3)融资性售后回租业务中,承租方出售资产的行为不属于增值税的征税范围,不征收增值税。

(4)药品生产企业销售自产创新药的销售额,为向购买方收取的全部价款和价外费用,其提供给患者后续免费使用的相同创新药，不属于增值税视同销售范围。

（5）根据国家指令无偿提供的铁路运输服务、航空运输服务，属于以公益活动为目的的服务。

（6）存款利息。

（7）被保险人获得的保险赔付。

（8）房地产主管部门或者其指定机构、公积金管理中心、开发企业以及物业管理单位代收的住宅专项维修资金。

（9）在资产重组过程中，通过合并、分立、出售、置换等方式，将全部或者部分实物资产以及与其相关联的债权、负债和劳动力一并转让给其他单位和个人，其中涉及的不动产、土地使用权转让行为。

情境分析 2-2

1. 任务要求

甲餐饮企业为增值税一般纳税人，当月向消费者发行餐饮储值卡 5 000 张，取得货币资金 500 万元；当月消费者使用储值卡购买了该餐饮企业委托外部工厂生产的饼干礼盒，确认不含税收入 300 万元。

要求：请分析上述业务是否需要缴纳增值税。

2. 任务实施

（1）接受单用途卡持卡人充值取得的预收资金，不缴纳增值税。

（2）消费者使用储值卡购买了该餐饮企业委托外部工厂生产的饼干礼盒，该餐饮企业确认不含税收入 300 万元，应缴纳增值税。

3. 任务释疑

单用途卡发卡企业或者售卡企业（以下统称售卡方）销售单用途卡，或者接受单用途卡持卡人充值取得的预收资金，不缴纳增值税；持卡人使用单用途卡购买货物或服务时，货物或者服务的销售方应按照现行规定缴纳增值税，且不得向持卡人开具增值税发票。

模块二 确定纳税人的种类

引导案例

山东中宇服饰有限公司是一家专门从事中高端女装设计、生产和销售的企业。随着公司业务的快速发展,公司决定聘请一名专业的办税员来加强税务管理。小赵是新招聘的办税员,之前他在一家小型企业担任财务助理,对税务工作有一定的了解,但对于一般纳税人的税务管理还是相对陌生。

小赵入职后,首先对公司的财务和税务状况进行了全面的了解。他查看了公司的营业执照等相关文件,并询问了关于公司税务的一些基本情况。通过初步了解,小赵得知山东中宇服饰有限公司属于一般纳税人。为了更深入地了解一般纳税人的税务规定和要求,小赵阅读了相关法规,并上网查询了一般纳税人的具体定义和纳税要求。通过学习,小赵明确了山东中宇服饰有限公司作为一般纳税人需要履行的税务义务。小赵的勤奋和责任心得到了公司管理层的认可,为办理公司的税务工作奠定了坚实的基础。

任务一 纳税人和扣缴义务人

一、纳税义务人

在中华人民共和国境内(以下简称境内)销售货物、劳务、服务、无形资产、不动产的单位和个人,为增值税纳税人。

单位,是指企业、行政单位、事业单位、军事单位、社会团体及其他单位。

个人,是指个体工商户和其他个人。

(一)承包、承租、挂靠经营的纳税人

单位以承包、承租、挂靠方式经营的,承包人、承租人、挂靠人(以下统称承包人)以发包人、出租人、被挂靠人(以下统称发包人)名义对外经营并由发包人承担相关法律责任的,以该发包人为纳税人;否则,以承包人为纳税人。

(二)资产管理产品运营的纳税人

资产管理产品运营过程中发生的增值税应税销售行为,以资产管理产品管理人为增值税纳税人。

知识技能辨析 2-3

1. 任务要求 · 单选题

下列承包经营的情形中,应以发包人为增值税纳税人的是(　　)。

A. 以承包人名义对外经营,由承包人承担法律责任的

B. 以发包人名义对外经营，由发包人承担法律责任的

C. 以发包人名义对外经营，由承包人承担法律责任的

D. 以承包人名义对外经营，由发包人承担法律责任的

2. 任务解答

正确答案：B

3. 任务释疑

以承包、承租、挂靠方式经营的，承包人以发包人名义对外经营并由发包人承担相关法律责任的，以该发包人为纳税人；否则，以承包人为纳税人。

二、扣缴义务人

中华人民共和国境外(以下简称境外)的单位或者个人在境内销售劳务，在境内未设有经营机构的，以其境内代理人为扣缴义务人；在境内没有代理人的，以购买方为扣缴义务人。

境外单位或个人在境内发生应税行为，在境内未设有经营机构的，以购买方为增值税扣缴义务人。财政部和国家税务总局另有规定的除外。

任务二　小规模纳税人和一般纳税人

为了既简化增值税的计算和征收，又有利于减少税收征管漏洞，增值税法将增值税纳税人按会计核算水平和经营规模分为小规模纳税人和一般纳税人两类纳税人，分别采取不同的登记管理办法。

一、小规模纳税人

小规模纳税人是指年销售额在财政部、国家税务总局规定的小规模纳税人标准(以下简称规定标准)以下，并且会计核算不健全，不能按规定报送有关税务资料的增值税纳税人。

目前，规定的小规模纳税人的认定标准为年应税销售额 500 万元及以下。

年应税销售额是指纳税人在连续不超过 12 个月或四个季度的经营期内累计应征增值销售额，包括纳税申报销售额(含免税销售额、未开票销售额)、稽查查补销售额、纳税评估调整销售额。

销售服务、无形资产或者不动产(以下简称应税行为)有扣除项目的纳税人，其应税行为年应税销售额按未扣除之前的销售额计算。纳税人偶然发生的销售无形资产、转让不动产的销售额，不计入应税行为年应税销售额。

重要提示：

1. 小规模纳税人会计核算健全，能够提供准确税务资料的，可以申请登记为一般纳税人。

2. 会计核算健全是指能够按照国家统一的会计制度规定设置账簿，根据合法、有效凭证进行核算。

二、一般纳税人的登记

(一)一般纳税人的登记条件

根据规定,增值税纳税人年应税销售额超过规定标准的,除特殊情况外,应当向主管税务机关办理一般纳税人登记。

(1)年应税销售额未超过规定标准的纳税人,会计核算健全,能够提供准确税务资料的,可以向主管税务机关办理一般纳税人登记。

(2)纳税人应当向其机构所在地主管税务机关办理一般纳税人登记手续。纳税人登记为一般纳税人后,不得转为小规模纳税人。国家税务总局另有规定的除外。

(二)不办理一般纳税人登记的情况

(1)按照规定,非企业性单位可选择按小规模纳税人纳税(应当向主管税务机关提交书面说明)。

(2)年应税销售额超过规定标准的其他个人。

(三)登记的时限

纳税人在年应税销售额超过规定标准的月份(或季度)的所属申报期结束后15日内按照规定办理相关手续;未按规定时限办理的,主管税务机关应当在规定时限结束后5日内制作税务事项通知书,告知纳税人应当在5日内向主管税务机关办理相关手续;逾期仍不办理的,次月起按销售额依照增值税税率计算应纳税额,不得抵扣进项税额,直至纳税人办理相关手续为止。

纳税人自一般纳税人生效之日起,按照增值税一般计税方法计算应纳税额,并可以按照规定领用增值税专用发票。财政部、国家税务总局另有规定的除外。

生效之日是指纳税人办理登记的当月1日或者次月1日,由纳税人在办理登记手续时自行选择。

知识技能辨析 2-4

1. 任务要求·多选题

以下各项中,应计入增值税一般纳税人确定标准的“年应税销售额”的有(　　)。

A. 发生纳税义务的预售销售额　　B. 稽查查补销售额

C. 纳税评估调整销售额　　D. 偶然发生的销售无形资产销售额

2. 任务解答

正确答案:ABC

3. 任务释疑

年应税销售额是指纳税人在连续不超过12个月或四个季度的经营期内累计应征增值销售额,包括纳税申报销售额(含免税销售额、未开票销售额)、稽查查补销售额、纳税评估调整销售额。

模块三　确定税率和征收率

引导案例

小赵加入了一家涉及多个领域的综合性企业，是一名新入职的办税员。在入职的第一周，他面临的一个重要任务就是确定公司不同业务所适用的增值税税率和征收率，以确保税务申报的准确性和合规性。小赵了解到，增值税税率和征收率是根据商品和服务的不同种类而定的，增值税税率分为多档，如13%、9%、6%等；而征收率主要针对小规模纳税人，通常为3%或者5%。

首先，小赵仔细研究了公司的营业执照，了解了公司的经营范围和主要业务类型。他发现公司涉及的业务包括销售货物、提供劳务、进口商品等多个方面。接着，小赵查阅了相关的法规和政策文件，特别是关于增值税税率和征收率的具体规定。为了更加准确地确定税率和征收率，小赵与公司的销售、采购和财务部门进行了深入沟通。他了解了公司的主要客户群体、供应商情况、销售模式和结算方式等关键信息。这些信息对于确定适用的税率和征收率至关重要。在充分了解和分析的基础上，小赵整理了一份详细的税率和征收率清单，列出了公司各项业务所适用的具体税率和征收率。他还特别注意了可能存在的特殊情况和例外规定，以确保清单的准确性和完整性。经过努力和团队的协作，小赵成功地确定了公司各项业务所适用的增值税税率和特殊业务的征收率。

任务一　识别税率

税率是计算税额的尺度，代表课税的深度，关系着国家收入的多少和纳税人的负担程度。目前我国现行的增值税税率有13%、9%、6%、零税率四档。

一、13%税率

纳税人销售或进口除适用9%低税率、零税率外的货物，提供加工、修理修配劳务，提供有形动产租赁服务，税率为13%。

二、9%税率

纳税人销售交通运输、邮政、基础电信、建筑、不动产租赁服务，销售不动产，转让土地使用权，销售或者进口低税率货物，税率为9%。

低税率货物主要包括：

(1)粮食等农产品、食用植物油、食用盐；

(2)自来水、暖气、冷气、热水、煤气、石油液化气、天然气、二甲醚、沼气、居民用煤炭制品；

(3)图书、报纸、杂志、音像制品、电子出版物；

(4)饲料、化肥、农药、农机、农膜；

(5)国务院规定的其他货物。

知识技能辨析 2-5

1. 任务要求 · 多选题

下列货物中，适用 9%增值税税率的有(　　)。

A. 方便面　　B. 石油液化气

C. 调制乳　　D. 食用盐

2. 任务解答

正确答案：BD

3. 任务释疑

选项 A、C 适用 13%税率。

三、6%税率

纳税人提供增值电信服务、金融服务、现代服务(租赁服务除外)、生活服务，转让土地使用权以外的其他无形资产，税率为 6%。

四、零税率

(1)纳税人出口货物，税率为零；但是，国务院另有规定的除外。

(2)境内单位和个人销售的下列服务和无形资产，适用增值税零税率：

①国际运输服务。国际运输服务是指在境内载运旅客或者货物出境、在境外载运旅客或者货物入境、在境外载运旅客或者货物。

②航天运输服务。

③向境外单位提供的完全在境外消费的研发服务、合同能源管理服务、设计服务、广播影视节目(作品)的制作和发行服务、软件服务、电路设计及测试服务、信息系统服务、业务流程管理服务、离岸服务外包业务、转让技术。

知识技能辨析 2-6

1. 任务要求 · 多选题

下列行为中属于增值税零税率适用范围的有(　　)。

A. 向境外单位提供在境内消费的研发服务

B. 航天运输服务

C. 在境外载运旅客或者货物入境

D. 向境外单位提供完全在境外消费的设计服务

2. 任务解答

正确答案：BCD

3. 任务释疑

选项 A，向境外单位提供在境内消费的研发服务，应照章缴纳增值税。

五、特殊项目适用的税率

(一)废弃物处置业务适用税率

纳税人受托对垃圾、污泥、污水、废气等废弃物进行专业化处理，即运用填埋、焚烧、净化、制肥等方式，对废弃物进行减量化、资源化和无害化处理处置，按照以下规定适用增值税税率：

(1)采取填埋、焚烧等方式进行专业化处理后未产生货物的，受托方属于提供《销售服务、无形资产、不动产注释》“现代服务”中的“专业技术服务”，其收取的处理费用适用6%的增值税税率。

(2)专业化处理后产生货物，且货物归属委托方的，受托方属于提供“加工劳务”，其收取的处理费用适用13%的增值税税率。

(3)专业化处理后产生货物，且货物归属受托方的，受托方属于提供“专业技术服务”，其收取的处理费用适用6%的增值税税率。受托方将产生的货物用于销售时，适用货物的增值税税率。

知识技能辨析 2-7

1.任务要求・多选题

甲垃圾发电企业接受政府委托，用垃圾进行发电，2024年3月收到政府的垃圾处理费用8 000万元，所产生的电力归发电企业所有，销售收入为9 000万元。下列税务处理中正确的有(　　)。

A.收取的政府垃圾处理费用按照6%税率计算缴纳增值税

B.收取的政府垃圾处理费用按照13%税率计算缴纳增值税

C.电力销售收入按照13%税率计算缴纳增值税

D.电力销售收入按照9%税率计算缴纳增值税

2.任务解答

正确答案：AC

3.任务释疑

对废弃物进行专业化处理后产生货物，且货物归属受托方的，受托方属于提供“专业技术服务”，其收取的处理费用适用6%的增值税税率。受托方将产生的货物用于销售时，适用货物的增值税税率，电力的增值税税率为13%。

(二)兼营行为适用税率

纳税人发生应税销售行为适用不同税率或者征收率的，应当分别核算适用不同税率或者征收率的销售额。未分别核算销售额的，按照以下方法适用税率或者征收率：

(1)兼有不同税率的应税销售行为，从高适用税率。

(2)兼有不同征收率的应税销售行为，从高适用征收率。

(3)兼有不同税率和征收率的应税销售行为，从高适用税率。

纳税人销售活动板房、机器设备、钢结构件等自产货物的同时提供建筑、安装服务，不属于混合销售，应分别核算货物和建筑服务的销售额，分别适用不同的税率或者征收率。

(三)混合销售适用税率

一项销售行为如果既涉及货物又涉及服务，为混合销售。从事货物的生产、批发或者零售的单位和个体工商户的混合销售，按照销售货物缴纳增值税，适用销售货物的税率；其他单位和个体工商户的混合销售，按照销售服务缴纳增值税，适用服务的税率。

上述从事货物的生产、批发或者零售的单位和个体工商户，包括以从事货物的生产、批发或者零售为主，并兼营销售服务的单位和个体工商户在内。

混合销售行为成立的行为标准有两点：一是其销售行为必须是一项；二是该项行为必须既涉及货物销售又涉及应税行为。

我们在确定混合销售行为时，其行为标准中的上述两点必须同时存在。如果一项销售行为只涉及销售服务，不涉及货物，这种行为就不是混合销售行为；如果涉及销售服务和涉及货物的行为，不是存在于一项销售行为之中，这种行为也不是混合销售行为。一项销售行为如果既涉及货物又涉及服务，为混合销售。

任务二　识别征收率

增值税征收率是指对特定的货物或特定的纳税人发生应税销售行为在某一生产流通环节应纳税额与销售额的比率。增值税征收率适用于两种情况：一是小规模纳税人；二是一般纳税人发生应税销售行为按规定可以选择简易计税方法计税的。

一、征收率的一般规定

1.3%征收率

小规模纳税人销售行为和一般纳税人采用简易办法的销售行为，除特殊情形外，征收率为3%。

2.5%征收率

(1)小规模纳税人销售自建或者取得的不动产。

(2)一般纳税人选择简易计税方法计税的不动产销售。

(3)房地产开发企业中的小规模纳税人，销售自行开发的房地产项目。

(4)其他个人销售其取得(不含自建)的不动产(不含其购买的住房)。

(5)一般纳税人选择简易计税方法计税的不动产经营租赁。

(6)小规模纳税人出租(经营租赁)其取得的不动产(不含个人出租住房)。

(7)其他个人出租(经营租赁)其取得的不动产(不含住房)。

(8)一般纳税人和小规模纳税人提供劳务派遣服务选择差额纳税的。

(9)一般纳税人提供人力资源外包服务，选择适用简易计税方法的。

二、征收率的特殊规定

(1)一般纳税人销售自己使用过的属于《中华人民共和国增值税暂行条例》(以下简称《增值税暂行条例》)第十条规定不得抵扣且未抵扣进项税额的固定资产，按照简易办法依照3%征收率减按2%征收增值税。

纳税人销售自己使用过的固定资产，适用简易办法依照3%征收率减按2%征收增值税政策的，可以放弃减税，按照简易办法依照3%征收率缴纳增值税，并可以开具增值税专用发票。

"使用过的固定资产"是指纳税人根据财务会计制度已经计提折旧的固定资产。

(2)小规模纳税人(除其他个人外,下同)销售自己使用过的固定资产,减按2%征收率征收增值税。

(3)纳税人销售旧货,按照简易办法依照3%征收率减按2%征收增值税。

旧货是指进入二次流通的具有部分使用价值的货物(含旧汽车、旧摩托车和旧游艇),但不包括自己使用过的物品。

(4)纳税人销售自己使用过的固定资产、物品和旧货适用按照简易办法依照3%征收率减按2%征收增值税的,按下列公式确定销售额和应纳税额:

销售额=含税销售额/(1+3%)

应纳税额=销售额×2%

(5)提供物业管理服务的纳税人,向服务接受方收取的自来水水费,以扣除其对外支付的自来水水费后的余额为销售额,按照简易计税方法依照3%的征收率计算缴纳增值税。

(6)小规模纳税人提供劳务派遣服务,可以按照有关规定,以取得的全部价款和价外费用为销售额,按照简易计税方法依照3%的征收率计算缴纳增值税;也可以选择差额纳税,以取得的全部价款和价外费用,扣除代用工单位支付给劳务派遣员工的工资、福利和为其办理社会保险及住房公积金后的余额为销售额,按照简易计税方法依照5%的征收率计算缴纳增值税。

选择差额纳税的纳税人,向用工单位收取用于支付给劳务派遣员工工资、福利和为其办理社会保险及住房公积金的费用,不得开具增值税专用发票,可以开具普通发票。

(7)非企业性单位中的一般纳税人提供的研发和技术服务、信息技术服务、鉴证咨询服务,以及销售技术、著作权等无形资产,可以选择简易计税方法按照3%征收率计算缴纳增值税。非企业性单位中的一般纳税人提供技术转让、技术开发和与之相关的技术咨询、技术服务,可以参照上述规定,选择简易计税方法按照3%征收率计算缴纳增值税。

(8)一般纳税人提供教育辅助服务,可以选择简易计税方法按照3%征收率计算缴纳增值税。

(9)对从事二手车经销的纳税人销售其收购的二手车,按照简易办法依照3%征收率减按0.5%征收增值税。

情境分析 2-3

1.任务要求

企业为处置一台使用过的机器设备,开具增值税专用发票,收取含税价款100.5万元。取得该设备时不允许抵扣增值税,且尚未抵扣,处置时应缴纳的增值税为多少万元?

2.任务实施

应缴纳的增值税=100.5÷(1+3%)×3%=2.93(万元)

3.任务释疑

一般纳税人销售自己使用过的属于《增值税暂行条例》第十条规定不得抵扣且未抵扣进项税额的固定资产,按照简易办法依照3%的征收率减按2%征收增值税。但是开具增值税专用发票的,则不能减按2%,只能按照简易办法依照3%征收率缴纳增值税。

模块四 一般计税方法

引导案例

小赵是一名刚刚加入某家大型制造企业D公司的办税员。在入职的第一周，他意识到增值税作为公司主要的税种之一，其计税方法的正确理解和应用对于确保税务合规、优化税务筹划至关重要。

小赵了解到D公司的增值税计税方法是一般计税方法，其计算通常涉及销项税额、进项税额，以及可能的税收优惠政策的应用。为了全面了解公司的增值税计税方法，小赵查阅了公司的财务制度，这些文档详细记录了公司增值税的计算方法、申报流程以及相关的税务政策。小赵积极与财务部门的同事交流，了解在实际操作中可能遇到的特殊情况和处理方法。对于在实际操作中遇到的疑难问题，小赵还主动咨询了主管税务机关的征管员，以确保自己对增值税计税方法的理解准确无误。经过一系列的学习和实践，小赵对公司的增值税计税方法有了深入的了解，为公司的税务筹划提供了有力支持。

任务一 认识计税方法

增值税的计税方法包括一般计税方法、简易计税方法和扣缴计税方法三种。

一、一般计税方法

我国采用的一般计税方法是间接计算法，即先按当期销售额和适用税率计算出销项税额，然后将当期准予抵扣的进项税额进行抵扣，从而间接计算出当期增值额部分的应纳税额。

增值税一般纳税人发生应税销售行为的应纳税额，除适用简易计税方法外的，均应该等于当期销项税额抵扣当期进项税额后的余额。其计算公式如下：

当期应纳税额＝当期销项税额－当期进项税额

增值税一般纳税人当期应纳税额的多少，取决于当期销项税额和当期进项税额这两个因素。

二、简易计税方法

(1)小规模纳税人发生应税销售行为适用简易计税方法计税。

简易计税方法的公式是：

当期应纳增值税税额＝当期销售额(不含增值税)×征收率

(2)一般纳税人发生财政部和国家税务总局规定的特定应税销售行为，也可以选择适用简易计税方法计税，但是不得抵扣进项税额。

一般纳税人发生财政部和国家税务总局规定的特定应税销售行为，一经选择适用简易计税方法计税，36个月内不得变更。

三、扣缴计税方法

境外的单位或者个人在境内销售劳务，在境内未设有经营机构的，以其境内代理人为扣缴义务人；在境内没有代理人的，以购买方为扣缴义务人。

扣缴义务人按照下列公式计算应扣缴税额：

扣缴义务人应代扣代缴增值税税额＝接受方支付的价款÷(1＋税率)×税率

情境分析 2-4

1. 任务要求

山东华特公司为增值税一般纳税人，聘请境外公司来华提供技术服务，并支付含增值税价款共计120万元。要求：请计算应代扣代缴的增值税税额。

2. 任务实施

应代扣代缴的增值税税额＝120÷(1＋6％)×6％＝6.79(万元)

任务二　销项税额的计算

一般计税方法采用购进扣税法：

应纳税额＝当期销项税额－当期进项税额

＝当期销售额×适用税率－当期进项税额

销项税额是指纳税人发生应税销售行为时，按照销售额与规定税率计算并向购买方收取的增值税税额。

销项税额的计算公式为：

销项税额＝销售额×适用税率

销项税额的大小取决于销售额和适用税率两个因素。在适用税率既定的前提下，销项税额的大小主要取决于销售额的大小。

一、一般销售方式下的销售额确认

销售额是指纳税人发生应税销售行为时向购买方(承受劳务和服务行为的也视为购买方)收取的全部价款和价外费用。

(一)含税销售额的换算

尽管销项税额也是销售方向购买方收取的，但是由于增值税采用价外计税方式，用不含增值税(以下简称不含税)价作为计税依据，因而销售额中不包括向购买方收取的销项税额。

对于一般纳税人发生的应税销售行为，采用销售额和销项税额合并定价方法的，按下列公式计算销售额：

不含税销售额＝含税销售额÷(1＋增值税税率)

情境分析 2-5

1. 任务要求

小赵入职的山东凯特有限责任公司2024年1月销售产品取得含增值税价

款116 000元。

要求：请帮助小赵计算上述业务的不含税销售额。

2. 任务实施

不含税销售额＝116 000÷(1＋13%)＝102 654.87(元)

(二)价外费用的处理

价外费用是指纳税人价外收取的各种性质的费用，但下列项目不包括在内：

(1)受托加工应征消费税的消费品所代收代缴的消费税。

(2)同时符合以下条件代为收取的政府性基金或者行政事业性收费：

①由国务院或者财政部批准设立的政府性基金，由国务院或者省级人民政府及其财政、价格主管部门批准设立的行政事业性收费；

②收取时开具省级以上财政部门印制的财政票据；

③所收款项全额上缴财政。

(3)以委托方名义开具发票并代委托方收取的款项。

(4)销售货物的同时代办保险等而向购买方收取的保险费，以及向购买方收取的代购买方缴纳的车辆购置税、车辆牌照费。

(5)同时符合以下条件的代垫运输费用：

①承运部门的运输费用发票开具给购买方的；

②纳税人将该项发票转交给购买方的。

凡随同应税销售行为向购买方收取的价外费用，无论其会计制度如何核算，均应并入销售额计算应纳税额。应当注意，对增值税一般纳税人(包括纳税人自己或代其他部门)向购买方收取的价外费用和逾期包装物押金，应视为含增值税(以下简称含税)收入，在征税时应换算成不含税收入再并入销售额。

情境分析 2-6

1. 任务要求

甲汽车生产企业为增值税一般纳税人，2024年3月销售一批小汽车，开具增值税专用发票，注明金额1 200万元，另收取汽车内部装饰和设备费用，价税合计金额为50万元。

要求：请计算该笔业务的销项税额为多少万元。

2. 任务实施

该笔业务的销项税额＝[1 200＋50÷(1＋13%)]×13%＝161.75(万元)

二、特殊销售方式下的销售额确认

在销售活动中，为了达到促销目的，纳税人有多种销售方式选择。不同销售方式下，销售者取得的销售额会有所不同。增值税的法律法规对以下几种销售方式分别作了规定：

(一)采取折扣方式销售

折扣销售是指销货方在发生应税销售行为时，因购货方购货数量较大等原因而给购货方的价格优惠。

折扣销售不同于销售折扣。销售折扣是指销货方在发生应税销售行为后，为了鼓励购货方及早偿还货款而给购货方的一种折扣优待。由于销售折扣发生在应税销售行为之后，是一种融资性质的理财费用，因此，销售折扣不得从销售额中减除。

销售折扣不同于销售折让。销售折让是指销货方发生应税销售行为后因为商品的质量不合格等原因在售价上给予的减让。销售折让与销售折扣虽然都是在应税销售行为之后发生的，但因为销售折让是应税销售行为的品种和质量引起的销售额减少，所以，对销售折让可以折让后的货款为销售额。

折扣销售仅限于应税销售行为价格的折扣。如果销货者将自产、委托加工和购买的应税销售行为用于实物折扣的，则该实物款额不能从应税销售行为的销售额中减除，且该实物应按“视同销售货物”中的“赠送他人”计算征收增值税。

纳税人发生应税销售行为，如将价款和折扣额在同一张发票上的“金额”栏分别注明的，可按折扣后的销售额征收增值税。未在同一张发票上的“金额”栏注明折扣额，而仅在发票上的“备注”栏注明折扣额的，折扣额不得从销售额中减除；未在同一张发票上分别注明的，以价款为销售额，不得扣减折扣额。

纳税人发生应税销售行为因销售折让、中止或者退回的，应扣减当期的销项税额或销售额。

情境分析 2-7

1.任务要求

甲白酒生产企业2024年3月销售自产白酒，取得不含税价款300万元，考虑到与购买方长期合作，给予10%价格优惠(在同一张发票上的“金额”栏注明)；由于购货方及时付款，给予2%的销售折扣，实收不含税价款264.6万元。

要求：请计算上述业务的销项税额。

2.任务实施

销项税额＝(300－300×10%)×13%＝35.1(万元)

(二)采取以旧换新方式销售

以旧换新是指纳税人在销售自己的货物时，有偿收回旧货物的行为。根据增值税法律法规的规定，采取以旧换新方式销售货物的，应按新货物的同期销售价格确定销售额，不得扣减旧货物的收购价格。但是，对金银首饰以旧换新业务，可以按销售方实际收取的不含增值税的全部价款征收增值税。

情境分析 2-8

1.任务要求

甲公司为增值税一般纳税人，2023年12月零售商品实际取得销售收入228万元，其中包括以旧换新方式销售商品取得实际收入50万元，收购的旧货作价6万元。

要求：请计算甲公司2023年12月的销项税额。

2.任务实施

销项税额＝(228＋6)÷(1＋13%)×13%＝26.92(万元)

3.任务释疑

以旧换新方式销售商品取得实际收入50万元，收购的旧货作价6万元，抵顶了收入，所以，收入应该还要加上6万元。

(三)采取还本销售方式销售

还本销售是指纳税人在销售货物后，到一定期限由销售方一次或分次退还给购货方全部或部分价款。这种方式实际上是一种筹资行为，是以货物换取资金的使用价值，到期还本不付息的方法。增值税法律法规的规定，采取还本销售方式销售货物，其销售额就是货物的销售价格，不得从销售额中减除还本支出。

（四）采取以物易物方式销售

以物易物是一种较为特殊的购销活动，是指购销双方不是以货币结算，而是以同等价款的应税销售行为相互结算，实现应税销售行为购销的一种方式。以物易物双方应以各自发出的应税销售行为核算销售额并计算销项税额，以各自收到的货物、劳务、服务、无形资产、不动产按规定核算购进金额并计算进项税额。

在以物易物活动中，应分别开具合法的票据。如收到的货物、劳务、服务、无形资产、不动产不能取得相应的增值税专用发票或其他合法票据的，不能抵扣进项税额。

（五）包装物押金的税务处理

包装物是指纳税人包装本单位货物的各种物品。纳税人销售货物时另收取包装物押金，目的是促使购货方及早退回包装物，以便周转使用。

根据增值税法律法规的规定，纳税人为销售货物而出租出借包装物收取的押金，单独记账核算的，时间在1年以内，又未过期的，不并入销售额征税，但对因逾期未收回包装物不再退还的押金，应按所包装货物的适用税率计算销项税额。

"逾期"是指按合同约定实际逾期或以1年为期限，对收取1年以上的押金，无论是否退还均并入销售额征税。当然，在将包装物押金并入销售额征税时，需要先将该押金换算为不含税价，再并入销售额征税。纳税人为销售货物出租出借包装物而收取的押金，无论包装物周转使用期限长短，超过1年（含1年）以上仍不退还的均并入销售额征税。

国家税务总局国税发〔1995〕192号文件规定，从1995年6月1日起，对销售除啤酒、黄酒外的其他酒类产品而收取的包装物押金，无论是否返还以及会计上如何核算，均应并入当期销售额征税。

对销售啤酒、黄酒所收取的押金，按上述一般押金的规定处理。

另外，包装物押金不应混同于包装物租金，纳税人销售货物同时发生收取包装物租金的情况，包装物租金收取之时就应该考虑销项税额的征纳问题。

情境分析 2-9

1.任务要求

甲酒厂为增值税一般纳税人，销售粮食白酒和啤酒给副食品公司。其中，白酒开具增值税专用发票，收取不含税价款50 000元，另外收取包装物押金3 000元；啤酒开具普通发票，收取价税合计款23 400元，另外收取包装物押金1 500元。当月没收逾期未退还包装物的白酒包装物4.68万元，退还上月收到的白酒包装物押金1 800元。

要求：请计算甲酒厂的销项税额。

2.任务实施

增值税销项税额＝[50 000＋3 000÷(1＋13%)＋23 400÷(1＋13%)]×13%＝9 537.17(元)

3.任务释疑

销售白酒收取的包装物押金，在收到时并入当期销售额中计征增值税；啤酒包装物押金，收取时不并入，逾期时才并入销售额中计征增值税。

（六）直销企业的税务处理

直销企业先将货物销售给直销员，直销员再将货物销售给消费者的，直销企业的销售额为其向直销员收取的全部价款和价外费用。直销员将货物销售给消费者时，应按照现行规定缴纳增值税。

直销企业通过直销员向消费者销售货物，直接向消费者收取货款，直销企业的销售额为其向消费者收取的全部价款和价外费用。

（七）贷款服务的销售额

贷款服务，以提供贷款服务取得的全部利息及利息性质的收入为销售额。

银行提供贷款服务按期计收利息的，结息日当日计收的全部利息收入，均应计入结息日所属期的销售额，按照现行规定计算缴纳增值税。自结息日起90天内发生的应收未收利息，按现行规定缴纳增值税；自结息日起90天后发生的应收未收利息，暂不缴纳增值税，待实际收到利息时按规定缴纳增值税。

（八）直接收费金融服务的销售额

直接收费金融服务以提供直接收费金融服务收取的手续费、佣金、酬金、管理费、服务费、经手费、开户费、过户费、结算费、转托管费等各类费用为销售额。

情境分析 2-10

1. 任务要求

甲食品公司为增值税一般纳税人，4月销售货物，开具的增值税专用发票上注明金额120万元。开收据收取包装物押金3万元、优质费2万元。包装物押金单独记账核算。

要求：请计算该企业当月增值税销项税额为多少万元。

2. 任务实施

该企业当月增值税销项税额＝[120＋2÷(1＋13%)]×13%＝15.83(万元)

三、按差额确定销售额

以下项目属于按差额确定销售额：

(1)金融商品转让的销售额。

金融商品转让，按照卖出价扣除买入价后的余额为销售额。

转让金融商品出现的正负差，按盈亏相抵后的余额为销售额。若相抵后出现负差，可结转下一纳税期与下期转让金融商品销售额相抵。但年末仍出现负差的，不得转入下一个会计年度。

金融商品的买入价，可以选择按照加权平均法或者移动加权平均法进行核算，选择后36个月内不得变更。

金融商品转让不得开具增值税专用发票。

情境分析 2-11

1. 任务要求

甲公司为增值税一般纳税人，一季度买入A上市公司股票，买入价为280万元，支付手续费0.084万元。当期卖出其中的50%，发生买卖负差10万元。同年二季度，卖出剩余的50%，卖出价200万元，支付手续费0.06万元、印花税0.2万元。以上价格均为含税价格。

要求：请计算该企业二季度增值税销项税额为多少万元。

2.任务实施

该企业二季度增值税销项税额＝(200－280×50％－10)÷(1＋6％)×6％

＝2.83(万元)

(2)经纪代理服务的销售额。

经纪代理服务以取得的全部价款和价外费用，扣除向委托方收取并代为支付的政府性基金或者行政事业性收费后的余额为销售额。向委托方收取的政府性基金或者行政事业性收费，不得开具增值税专用发票。

(3)融资租赁和融资性售后回租业务的销售额。

经人民银行、银监会或者商务部批准从事融资租赁业务的试点纳税人(包括经上述部门备案从事融资租赁业务的试点纳税人)，提供融资租赁服务，以取得的全部价款和价外费用，扣除支付的借款利息(包括外汇借款和人民币借款利息)、发行债券利息和车辆购置税后的余额为销售额。

经人民银行、银监会或者商务部批准从事融资租赁业务的试点纳税人，提供融资性售后回租服务，以取得的全部价款和价外费用(不含本金)，扣除对外支付的借款利息(包括外汇借款和人民币借款利息)、发行债券利息后的余额作为销售额。

情境分析 2-12

1.任务要求

A公司与B公司于2023年12月签订了一个融资性售后回租业务合同，合同约定A公司将价值1 200万元的标的物出售给B公司，B公司将该标的物回租给A公司，租期为5年，每月固定收取租金25万元，其中本金为20万元。B公司购买标的物支付给A公司的1 200万元是向银行借款取得，借款期限为5年，每月需向银行支付借款利息2万元。B公司为增值税一般纳税人且符合差额征税条件。

要求：请计算B公司的销项税额。

2.任务实施

销项税额＝[(25－20)－2]÷(1＋6％)×6％＝0.17(万元)

(4)航空运输企业的销售额，不包括代收的机场建设费和代售其他航空运输企业客票而代收转付的价款。

(5)一般纳税人提供客运场站服务，以其取得的全部价款和价外费用，扣除支付给承运方运费后的余额为销售额。

(6)纳税人提供旅游服务，可以选择以取得的全部价款和价外费用，扣除向旅游服务购买方收取并支付给其他单位或者个人的住宿费、餐饮费、交通费、签证费、门票费和支付给其他接团旅游企业的旅游费用后的余额为销售额。

选择上述办法计算销售额的试点纳税人，向旅游服务购买方收取并支付的上述费用，不得开具增值税专用发票，可以开具普通发票。

(7)纳税人提供建筑服务适用简易计税方法的，以取得的全部价款和价外费用扣除支付的分包款后的余额为销售额。分包款是指支付给分包方的全部价款和价外费用。

(8)房地产开发企业中的一般纳税人销售其开发的房地产项目(选择简易计税方法的房地产老项目除外)，以取得的全部价款和价外费用，扣除向政府部门支付的土地价款后的余额为销售额。“向政府部门支付的土地价款”包括土地受让人向政府部门支付的征地和拆迁补偿费用、土地前期开发费用和土地出让收益等。

房地产开发企业中的一般纳税人销售其开发的房地产项目(选择简易计税方法的房地产老项目除外),在取得土地时向其他单位或个人支付的拆迁补偿费用也允许在计算销售额时扣除。

纳税人按上述规定扣除拆迁补偿费用时,应提供拆迁协议、拆迁双方支付和取得拆迁补偿费用凭证等能够证明拆迁补偿费用真实性的材料。

四、视同发生应税销售行为的销售额确定

纳税人发生应税销售行为的情形,价格明显偏低并无正当理由的,或者视同发生应税销售行为而无销售额的,由主管税务机关按照下列顺序核定销售额：

(1)按照纳税人最近时期发生同类应税销售行为的平均价格确定。

(2)按照其他纳税人最近时期发生同类应税销售行为的平均价格确定。

(3)按照组成计税价格确定。组成计税价格的公式为：

组成计税价格＝成本×(1＋成本利润率)

成本利润率由国家税务总局确定,除特殊应征消费税的货物外,一般为10%。

重要提示：

1. 属于应征消费税的货物,其组成计税价格中应加入消费税税额,成本利润率按消费税法的规定。

2. 应征消费税货物的组成计税价格＝成本×(1＋成本利润率)＋消费税税额;或,应征消费税货物的组成计税价格＝成本×(1＋成本利润率)÷(1－消费税税率)。

情境分析 2-13

1. 任务要求

某食品公司为增值税一般纳税人,12月将自产的600盒蛋糕分发给本企业职工。每盒蛋糕的成本为60元,平均售价是98元,最高售价是113元。

要求:请确定该行为的销售额是多少元。

2. 任务实施

销售额＝600×98＝58 800(元)

3. 任务释疑

有同类售价,应按照同类平均售价确定增值税的销售额,不能按最高售价。

任务三　进项税额的计算

进项税额是指纳税人购进货物、劳务、服务、无形资产、不动产所支付或者负担的增值税税额。进项税额是与销项税额相对应的概念。在开具增值税专用发票的情况下,销售方收取的销项税额,就是购买方支付的进项税额。

一、准予从销项税额中抵扣的进项税额

准予从销项税额中抵扣的进项税额,限于下列增值税扣税凭证上注明的增值税税额和

按规定的扣除率计算的进项税额：

（1）从销售方取得的增值税专用发票（含机动车销售统一发票）上注明的增值税额。

（2）从海关取得的海关进口增值税专用缴款书上注明的增值税额。

增值税一般纳税人进口货物时应准确填报企业名称，确保海关缴款书上的企业名称与税务登记的企业名称一致。税务机关将进口货物取得的属于增值税抵扣范围的海关缴款书信息与海关采集的缴款信息进行稽核比对。经稽核比对相符后，海关缴款书上注明的增值税税额可作为进项税额在销项税额中抵扣。

（3）自境外单位或者个人购进劳务、服务、无形资产或者境内的不动产，从税务机关或者扣缴义务人取得的代扣代缴税款的完税凭证上注明的增值税税额。

（4）纳税人购进农产品，按下列规定抵扣进项税额：

①纳税人购进农产品，取得一般纳税人开具的增值税专用发票或海关进口增值税专用缴款书的，以增值税专用发票或海关进口增值税专用缴款书上注明的增值税税额为进项税额。

②从按简易计税方法依照3%征收率计算缴纳增值税的小规模纳税人取得增值税专用发票的，以增值税专用发票上注明的金额和9%的扣除率计算进项税额。

③取得（开具）农产品销售发票或收购发票的，以农产品销售发票或收购发票上注明的农产品买价和9%的扣除率计算进项税额。

④纳税人购进用于生产销售或委托加工13%税率货物的农产品，按照10%的扣除率计算进项税额。

⑤购进农产品进项税额的计算公式：

$$进项税额=买价\times扣除率$$

纳税人从批发、零售环节购进适用免征增值税政策的蔬菜、部分鲜活肉蛋而取得的普通发票，不得作为计算抵扣进项税额的凭证。

纳税人购进农产品既用于生产销售或委托受托加工13%税率货物，又用于生产销售其他货物服务的，应当分别核算用于生产销售或委托受托加工13%税率货物和其他货物服务的农产品进项税额。未分别核算的，统一以增值税专用发票或海关进口增值税专用缴款书上注明的增值税税额为进项税额，或以农产品收购发票或销售发票上注明的农产品买价和9%的扣除率计算进项税额。

对烟叶税纳税人按规定缴纳的烟叶税，准予并入烟叶产品的买价计算增值税的进项税额，并在计算缴纳增值税时予以抵扣。

上述购进农产品抵扣进项税额的办法，不适用于《农产品增值税进项税额核定扣除试点实施办法》中购进的农产品。

情境分析 2-14

1.任务要求

某生产企业为增值税一般纳税人（未实行农产品进项税额核定扣除），2024年5月从批发企业（小规模纳税人）购入初级农业产品，取得的增值税专用发票上注明金额200 000元、税额2 000元，当月全部领用生产适用税率13%的货物。

要求：请计算该批农产品可抵扣进项税额。

2.任务实施

可抵扣进项税额＝200 000×10％＝20 000（元）

3.任务释疑

纳税人购进农产品，从增值税小规模纳税人取得增值税专用发票的，用于生产销售或委托加工13％税率货物的农产品，按照10％的扣除率计算进项税额。

（5）提供保险服务的纳税人以实物赔付方式承担机动车辆保险责任的，自行向车辆修理劳务的提供方购进的车辆修理劳务，其进项税额可以按规定从保险公司销项税额中抵扣。

（6）按照规定不得抵扣且未抵扣进项税额的固定资产、无形资产、不动产，发生用途改变，用于允许抵扣进项税额的应税项目，可在用途改变的次月按照下列公式计算可以抵扣的进项税额：

可以抵扣的进项税额＝固定资产、无形资产、不动产净值÷（1＋适用税率）×适用税率

二、农产品增值税进项税额核定扣除

以购进农产品为原料生产销售液体乳及乳制品、酒及酒精、植物油（以下简称液体货物）的增值税一般纳税人，纳入农产品增值税进项税额核定扣除试点范围，其购进农产品无论是否用于生产上述产品，增值税进项税额均按照《农产品增值税进项税额核定扣除试点实施办法》的规定抵扣。

（1）纳税人以购进农产品为原料生产液体货物的，农产品增值税进项税额可按照以下方法核定：

①投入产出法：参照国家标准、行业标准（包括行业公认标准和行业平均耗用值）确定销售单位数量货物耗用外购农产品的数量（以下称农产品单耗数量）。

当期允许抵扣农产品增值税进项税额依据农产品单耗数量、当期销售货物数量、农产品平均购买单价（含税，下同）和农产品增值税进项税额扣除率（以下简称扣除率）计算。

公式为：

当期允许抵扣农产品增值税进项税额＝当期农产品耗用数量×农产品平均购买单价×扣除率÷（1＋扣除率）

当期农产品耗用数量＝当期销售货物数量（不含采购除农产品以外的半成品生产的货物数量）×农产品单耗数量

②成本法：依据纳税人年度会计核算资料，计算确定耗用农产品的外购金额占生产成本的比例（以下称农产品耗用率）。当期允许抵扣农产品增值税进项税额依据当期主营业务成本、农产品耗用率以及扣除率计算。

公式为：

当期允许抵扣农产品增值税进项税额＝当期主营业务成本×农产品耗用率×扣除率÷（1＋扣除率）

农产品耗用率＝上年投入生产的农产品外购金额÷上年生产成本

农产品耗用率由纳税人向主管税务机关申请核定。

③参照法：新办的纳税人或者纳税人新增产品的，纳税人可参照所属行业或者生产结构相近的其他试点纳税人确定农产品单耗数量或者农产品耗用率。次年，试点纳税人向主管税务机关申请核定当期的农产品单耗数量或者农产品耗用率，并据此计算确定当年允许抵扣的农产品增值税进项税额，同时对上一年增值税进项税额进行调整。

（2）纳税人购进农产品直接销售的，农产品增值税进项税额按照以下方法核定扣除：

当期允许抵扣农产品增值税进项税额＝当期销售农产品数量÷（1－损耗率）×农产品平均购买单价×9%÷（1＋9%）

损耗率＝损耗数量÷购进数量×100%

纳税人购进农产品用于生产经营且不构成货物实体的（包括包装物、辅助材料、燃料、低值易耗品等），增值税进项税额按照以下方法核定扣除：

当期允许抵扣农产品增值税进项税额＝当期农产品耗用数量×农产品平均购买单价×扣除率÷（1＋扣除率）

扣除率为销售货物的适用税率。

情境分析 2-15

1.任务要求

某酒厂为增值税一般纳税人，2022 年 3 月销售食用酒精 1 万公斤，税务机关公布的玉米单耗数量是 2.2。该企业月初库存玉米 10 万公斤，平均单价为 2.39 元。本月购进 20 万公斤，平均单价为 2.42 元。上述价格均是含税价格。该厂生产销售货物均适用 13%增值税税率。农产品进项税额采用投入产出法核定扣除。

要求：请计算该酒厂当月允许抵扣农产品增值税进项税额。

2.任务实施

当月允许抵扣农产品增值税进项税额＝当月农产品耗用数量×农产品平均购买单价×扣除率÷（1＋扣除率）

＝10 000×2.2×2.41×13%÷（1＋13%）

＝6 066.65（元）

3.任务释疑

当期农产品耗用数量＝当期销售货物数量×农产品单耗数量

农产品平均购买单价＝（期初库存农产品数量×期初平均单价＋当期购进农产品数量×当期单价）÷（期初库存农产品数量＋当期购进农产品数量）

＝（100 000×2.39＋200 000×2.42）÷（100 000＋200 000）

＝2.41（元）

三、纳税人支付的道路、桥、闸通行费进项税额

（1）纳税人支付的道路通行费，按照收费公路通行费增值税电子普通发票上注明的增值税税额抵扣进项税额。

（2）纳税人支付的桥、闸通行费，暂凭取得的通行费发票上注明的收费金额按照下列公式计算可抵扣的进项税额：

桥、闸通行费可抵扣进项税额＝桥、闸通行费发票上注明的金额÷（1＋5%）×5%

四、国内旅客运输服务进项税额的抵扣规定

“国内旅客运输服务”，限于与本单位签订了劳动合同的员工，以及本单位作为用工单位接受的劳务派遣员工发生的国内旅客运输服务。

纳税人允许抵扣的国内旅客运输服务进项税额，是指纳税人 2019 年 4 月 1 日及以后实际发生，并取得合法有效增值税扣税凭证注明的或依据其计算的增值税税额。以增值税专用发票或增值税电子普通发票为增值税扣税凭证的，为 2019 年 4 月 1 日及以后开具的增值税专用发票或增值税电子普通发票。

纳税人未取得增值税专用发票的，按照以下规定确定进项税额：

(1)纳税人购进国内旅客运输服务，以取得的增值税电子普通发票上注明的税额为进项税额的，增值税电子普通发票上注明的购买方“名称”“纳税人识别号”等信息，应当与实际抵扣税款的纳税人一致，否则不予抵扣。

(2)取得注明旅客身份信息的航空运输电子客票行程单的，按照下列公式计算进项税额：

航空旅客运输进项税额＝(票价＋燃油附加费)÷(1＋9％)×9％

(3)取得注明旅客身份信息的铁路车票的，按照下列公式计算进项税额：

铁路旅客运输进项税额＝票面金额÷(1＋9％)×9％

(4)取得注明旅客身份信息的公路、水路等其他客票的，按照下列公式计算进项税额：

公路、水路等其他旅客运输进项税额＝票面金额÷(1＋3％)×3％

五、增值税加计抵减

(一)加计抵减的范围、期限和比例

(1)自 2023 年 1 月 1 日至 2027 年 12 月 31 日，允许先进制造业企业按照当期可抵扣进项税额加计 5％抵减应纳增值税税额(以下简称加计抵减)。

(2)自 2023 年 1 月 1 日至 2027 年 12 月 31 日，允许集成电路设计、生产、封测、装备、材料企业按照当期可抵扣进项税额加计 15％抵减应纳增值税税额。

(3)自 2023 年 1 月 1 日至 2027 年 12 月 31 日，对生产销售先进工业母机主机、关键功能部件、数控系统(以下简称工业母机产品)的增值税一般纳税人，允许按当期可抵扣进项税额加计 15％抵减企业应纳增值税税额。

(二)计提加计抵减额的规定和计算

(1)按照现行规定不得从销项税额中抵扣的进项税额，不得计提加计抵减额；已计提加计抵减额的进项税额，按规定作进项税额转出的，应在进项税额转出当期相应调减加计抵减额。

(2)加计抵减企业按照现行规定计算一般计税方法下的应纳税额(以下简称抵减前的应纳税额)后，区分以下情形加计抵减：

①抵减前的应纳税额等于零的，当期可抵减加计抵减额全部结转下期抵减。

②抵减前的应纳税额大于零，且大于当期可抵减加计抵减额的，当期可抵减加计抵减额全额从抵减前的应纳税额中抵减。

③抵减前的应纳税额大于零，且小于或等于当期可抵减加计抵减额的，以当期可抵减加计抵减额抵减应纳税额至零；未抵减完的当期可抵减加计抵减额，结转下期继续抵减。

(3)加计抵减企业可计提但未计提的加计抵减额，可在确定适用加计抵减政策当期一并计提。

(4)先进制造业企业同时符合多项增值税加计抵减政策的,可以择优选择适用,但在同一期间不得叠加适用。

情境分析 2-16

1.任务要求

山东华特公司当月实现销售收入 1 000 万元,税率 13%,销项税 130 万元。当期取得进项税合计 104.2 万元,其中专用发票抵扣税额 104 万元,普通发票(购进旅客运输服务计算抵扣)抵扣 0.2 万元。按照规定,山东华特公司可按照当期可抵扣进项税额的 5%计提当期加计抵减额。

要求:请计算该公司当月增值税税额。

2.任务实施

(1)加计抵减的发生额=当期进项税×5%=104.2×5%=5.21(万元)

(2)当月应交增值税=销项税-进项税=130-104.2=25.8(万元)

(3)实际应该缴纳的增值税=25.8-5.21=20.59(万元)

3.任务释疑

抵减前的应纳税额大于零,且大于当期可抵减加计抵减额的,当期可抵减加计抵减额全额从抵减前的应纳税额中抵减。

六、不得从销项税额中抵扣的进项税额

纳税人购进货物、劳务、服务、无形资产、不动产,取得的增值税扣税凭证不符合法律、行政法规或者国务院税务主管部门有关规定的,其进项税额不得从销项税额中抵扣。

增值税扣税凭证是指增值税专用发票、海关进口增值税专用缴款书、农产品收购发票和农产品销售发票、从税务机关或者境内代理人取得的解缴税款的税收缴款凭证及增值税法律法规允许抵扣的其他扣税凭证。

按相关政策规定,下列项目的进项税额不得从销项税额中抵扣:

(1)用于简易计税方法计税项目、免征增值税项目、集体福利或者个人消费的购进货物、劳务、服务、无形资产和不动产。纳税人的交际应酬消费属于个人消费,即交际应酬消费不属于生产经营中的生产投入和支出。

其中涉及的固定资产、无形资产、不动产,仅指专用于上述项目的固定资产、无形资产、不动产。但是发生兼用于上述不允许抵扣项目情况的,该进项税额准予全部抵扣。

另外,纳税人购进其他权益性无形资产,无论是专用于简易计税方法计税项目、免征增值税项目、集体福利或者个人消费,还是兼用于上述不允许抵扣项目,均可以抵扣进项税额。

(2)非正常损失的购进货物,以及相关劳务和交通运输服务。

(3)非正常损失的在产品、产成品所耗用的购进货物(不包括固定资产)、劳务和交通运输服务。

(4)非正常损失的不动产,以及该不动产所耗用的购进货物、设计服务和建筑服务。

(5)非正常损失的不动产在建工程所耗用的购进货物、设计服务和建筑服务。纳税人新建、改建、扩建、修缮、装饰不动产,均属于不动产在建工程。

非正常损失,是指因管理不善造成货物被盗、丢失、霉烂变质,以及因违反法律法规造成货物或者不动产被依法没收、销毁、拆除的情形。

(6)购进的贷款服务、餐饮服务、居民日常服务和娱乐服务。

纳税人接受贷款服务向贷款方支付的与该笔贷款直接相关的投融资顾问费、手续费、咨询费等费用，其进项税额不得从销项税额中抵扣。

(7)适用一般计税方法的纳税人，兼营简易计税方法计税项目、免征增值税项目而无法划分不得抵扣的进项税额，按照下列公式计算不得抵扣的进项税额：

不得抵扣的进项税额＝当期无法划分的全部进项税额×(当期简易计税方法计税项目销售额＋免税项目销售额)÷当期全部销售额

主管税务机关可以按照上述公式依据年度数据对不得抵扣的进项税额进行清算。

(8)一般纳税人已抵扣进项税额的固定资产、无形资产或者不动产，发生不得从销项税额中抵扣进项税额情形的，按照下列公式计算不得抵扣的进项税额：

不得抵扣的进项税额＝已抵扣进项税额×不动产净值率

不动产净值率＝不动产净值÷不动产原值×100％

固定资产、无形资产或者不动产净值，是指纳税人根据财务会计制度计提折旧或摊销后的余额。

(9)有下列情形之一者，应当按照销售额和增值税税率计算应纳税额，不得抵扣进项税额，也不得使用增值税专用发票：

①一般纳税人会计核算不健全，或者不能够提供准确税务资料的。

②应当办理一般纳税人资格登记而未办理的。

七、异常增值税扣税凭证的管理

(一)异常增值税凭证范围

符合下列情形之一的增值税专用发票列入异常凭证范围：

(1)纳税人丢失、被盗税控专用设备中未开具或已开具未上传的增值税专用发票。

(2)非正常户纳税人未向税务机关申报或未按规定缴纳税款的增值税专用发票。

(3)增值税发票管理系统稽核比对发现“比对不符”“缺联”“作废”的增值税专用发票。

(4)经税务总局、省税务局大数据分析发现，纳税人开具的增值税专用发票存在涉嫌虚开、未按规定缴纳消费税等情形的。

(5)属于《国家税务总局关于走逃(失联)企业开具增值税专用发票认定处理有关问题的公告》规定的以下情形的增值税专用发票：

①商贸企业购进、销售货物名称严重背离的。

②生产企业无实际生产加工能力且无委托加工，或生产能耗与销售情况严重不符，或购进货物并不能直接生产其销售的货物且无委托加工的。

③企业直接走逃失踪不纳税申报，或虽然申报但通过填列增值税纳税申报表相关栏次，规避税务机关审核比对，进行虚假申报的。

(6)增值税一般纳税人申报抵扣异常凭证，同时符合下列情形的，其对应开具的增值税专用发票列入异常凭证范围：

①异常凭证进项税额累计占同期全部增值税专用发票进项税额70％(含)以上的；

②异常凭证进项税额累计超过5万元的。

纳税人尚未申报抵扣、尚未申报出口退税或已作进项税额转出的异常凭证，其涉及的进项税额不计入异常凭证进项税额的计算。

(二)异常凭证处理

增值税一般纳税人取得的增值税专用发票列入异常凭证范围的，应按照以下规定处理：

(1)尚未申报抵扣增值税进项税额的，暂不允许抵扣。已经申报抵扣增值税进项税额的，除另有规定外，一律作进项税额转出处理。

(2)尚未申报出口退税或者已申报但尚未办理出口退税的，除另有规定外，暂不允许办理出口退税。适用增值税免抵退税办法的纳税人已经办理出口退税的，应根据列入异常凭证范围的增值税专用发票上注明的增值税税额作进项税额转出处理；适用增值税免退税办法的纳税人已经办理出口退税的，税务机关应按照现行规定对列入异常凭证范围的增值税专用发票对应的已退税款追回。

(3)已经办理出口退税的纳税人因骗取出口退税停止出口退(免)税期间取得的专票列入异常凭证范围的，暂不抵扣或作进项税额转出处理。

任务四 应纳税额的计算

一般纳税人在计算出销项税额和进项税额后就可以按照公式，用销项税额扣减进项税额得出实际应纳税额。

一、销项税额不足抵扣进项税额的处理

计算应纳税额时进项税额不足抵扣，可以结转抵扣或者退还留抵税额。

(一)结转抵扣

增值税实行购进扣税法，如果企业当期购进的货物、劳务、服务、无形资产、不动产很多，在计算应纳税额时会出现当期销项税额小于当期进项税额而不足抵扣的情况。

根据税法规定，当期销项税额不足抵扣进项税额的部分可以结转下期继续抵扣。

(二)非指定纳税人留抵退税

1.非指定纳税人留抵退税的条件

同时符合以下条件的纳税人，可以向主管税务机关申请退还增量留抵税额(增量留抵税额是指与2019年3月底相比新增加的期末留抵税额)：

(1)自2019年4月税款所属期起，连续6个月(按季纳税的，连续两个季度)增量留抵税额均大于零，且第6个月增量留抵税额不低于50万元；

(2)纳税信用等级为A级或者B级；

(3)申请退税前36个月未发生骗取留抵退税、出口退税或虚开增值税专用发票情形的；

(4)申请退税前36个月未因偷税被税务机关处罚两次及以上的；

(5)自2019年4月1日起未享受即征即退、先征后返(退)政策的。

2.增量留抵税额的计算

按照以下公式计算纳税人当期允许退还的增量留抵税额：

允许退还的增量留抵税额＝增量留抵税额×进项构成比例×60％

进项构成比例，为2019年4月至申请退税前一税款所属期内已抵扣的增值税专用发票（含税控机动车销售统一发票）、海关进口增值税专用缴款书、解缴税款完税凭证注明的增值税税额占同期全部已抵扣进项税额的比重。

纳税人申请办理留抵退税，应于符合留抵退税条件的次月起，在增值税纳税申报期（以下简称申报期）内，完成本期增值税纳税申报后，通过电子税务局或办税服务厅提交“退（抵）税申请表”。

3. 适用免抵退税办法纳税人留抵退税的处理

对于纳税人出口货物劳务、发生跨境应税行为，适用免抵退税办法的，可以在同一申报期内，既申报免抵退税又申请办理留抵退税。

申请办理留抵退税的纳税人，出口货物劳务、跨境应税行为适用免抵退税办法的，应当按期申报免抵退税。当期可申报免抵退税的出口销售额为零的，应办理免抵退税零申报。

纳税人既申报免抵退税又申请办理留抵退税的，税务机关应先办理免抵退税。办理免抵退税后，纳税人仍符合留抵退税条件的，再办理留抵退税。

情境分析 2-17

1. 任务要求

甲公司（非先进制造业），截至2024年3月连续6个月增量留抵税额均大于零，且第6个月增量留抵税额为55万元，符合增量留抵退税条件，进项构成比例为90%。

要求：请计算甲公司2024年3月允许退还的增量留抵税额。

2. 任务实施

允许退还的增量留抵税额＝55×90%×60%＝29.7（万元）

3. 任务释疑

允许退还的增量留抵税额＝增量留抵税额×进项构成比例×60%

（三）指定纳税人留抵退税

1. 指定纳税人的范围

享受留抵退税的指定纳税人企业包括以下3类：

（1）小微企业（含个体户）。

（2）制造业等6行业，包括制造业、科学研究和技术服务业、电力热力燃气及水生产和供应业、软件和信息技术服务业、生态保护和环境治理业、交通运输及仓储和邮政业。

（3）批发和零售业等7行业，包括批发和零售业，农、林、牧、渔业，住宿和餐饮业，居民服务、修理和其他服务业，教育，卫生和社会工作，文化、体育和娱乐业。

2. 指定纳税人留抵退税的条件

指定纳税人留抵退税需同时符合以下条件：

（1）纳税信用等级为A级或者B级；

（2）申请退税前36个月未发生骗取留抵退税、出口退税或虚开增值税专用发票情形；

（3）申请退税前36个月未因偷税被税务机关处罚两次及以上；

（4）2019年4月1日起未享受即征即退、先征后返（退）政策。

3. 留抵退税退还方式

（1）存量留抵退税的计算

存量留抵税额为当期期末留抵税额与2019年3月31日期末留抵税额中的较小者。

退还的存量留抵税额＝存量留抵税额×进项构成比例

(2)增量留抵退税的计算

允许退还的增量留抵税额＝增量留抵税额×进项构成比例×100%

特别提示：

1.纳税人获得一次性存量留抵退税前，增量留抵税额为当期期末留抵税额与2019年3月31日相比新增加的留抵税额。

2.纳税人获得一次性存量留抵退税后，增量留抵税额为当期期末留抵税额。

二、扣减发生期进项税额的规定

由于增值税实行以当期销项税额抵扣当期进项税额的“购进扣税法”，当期购进的货物、劳务、服务、无形资产、不动产如果事先并未确定将用于不得抵扣进项税额项目的，其进项税额可以在当期销项税额中予以抵扣。

但已抵扣进项税额的购进货物、劳务、服务、无形资产、不动产，如果事后改变用途，用于不得抵扣进项税额项目的，应当将该项购进货物、劳务、服务、无形资产、不动产的进项税额从当期的进项税额中扣减。

无法确定该项进项税额的，按当期实际成本计算应扣减的进项税额。按当期实际成本计算应扣减的进项税额是指其扣减进项税额的计算依据不是按该货物、劳务、服务、无形资产、不动产的原进价，而是按发生上述情况的当期该货物、劳务、服务、无形资产、不动产的实际成本与征税时该货物、劳务、服务、无形资产、不动产适用的税率计算应扣减的进项税额。

实际成本＝进价＋运费＋保险费＋其他有关费用

国内购进的货物、劳务、服务、无形资产、不动产的实际成本，主要包括进价和运费两大部分。

三、销售折让、中止或者退回的税务处理

纳税人适用一般计税方法计税的，因销售折让、中止或者退回而退还给购买方的增值税税额，应当从当期的销项税额中扣减；因销售折让、中止或者退回而收回的增值税税额，应当从当期的进项税额中扣减。

一般纳税人发生应税销售行为，开具增值税专用发票后，应税销售行为发生退回或者折让、开票有误等情形，应按国家税务总局的规定开具红字增值税专用发票。未按规定开具红字增值税专用发票的，不得扣减销项税额或者销售额。

四、向供货方取得返还收入的增值税处理

对商业企业向供货方收取的与商品销售量、销售额挂钩(如以一定比例、金额、数量计算)的各种返还收入，均应按照平销返利行为的有关规定冲减当期增值税进项税金。

应冲减进项税金的计算公式为：

当期应冲减进项税金＝当期取得的返还资金÷(1＋所购货物适用税率)×所购货物适用增值税税率

商业企业向供货方收取的各种返还收入，一律不得开具增值税专用发票。

知识技能辨析 2-8

1. 任务要求·单选题

下列业务的增值税处理中，正确的是(　　)。

A. 商业企业向供货方收取的进场费，不可以开具增值税发票

B. 商业企业向供货方收取的与商品销售额挂钩的返还收入，应计入销项税额

C. 一般纳税人因进货退回而从销售方收回的增值税税额，应从发生进货退回当期的进项税额中扣减

D. 纳税人丢失已开具增值税专用发票抵扣联的，不能抵扣进项税额

2. 任务解答

正确答案：C

3. 任务释疑

选项 A，可以开具增值税发票；选项 B，应按平销返利行为的有关规定冲减当期增值税进项税额，而非计入销项税额；选项 D，可凭相应发票的发票联复印件，作为增值税进项税额的抵扣凭证，准予抵扣进项税额。

情境分析 2-18

1. 任务要求

小赵入职的山东凯特有限责任公司为增值税一般纳税人，其生产的货物适用 13% 增值税税率，2023 年 12 月该企业的有关生产经营业务如下：

(1)5 日，销售甲产品给某大商场，开具了增值税专用发票，取得不含税销售额 80 万元；同时取得销售甲产品的送货运输费收入 5.65 万元(含增值税价格，与销售货物不能分别核算)。

(2)8 日，销售乙产品，开具了增值税普通发票，取得含税销售额 22.6 万元。

(3)10 日，将自产的一批应税新产品用于本企业集体福利项目，成本价为 20 万元，该新产品无同类产品市场销售价格，国家税务总局确定该产品的成本利润率为 10%。

(4)15 日，销售 2019 年 7 月购进的作为固定资产使用过的进口小汽车 5 辆，开具增值税专用发票，上面注明每辆取得不含税销售额 10 万元。

(5)25 日，购进货物取得增值税专用发票，上面注明的货款金额为 60 万元，税额为 7.8 万元；另外支付购货的运输费用 6 万元，取得运输公司开具的增值税专用发票，上面注明的税额为 0.54 万元。

(6)27 日，从农产品经营者(小规模纳税人)购进农产品一批(不适用进项税额核定扣除办法)作为生产货物的原材料，取得增值税专用发票，上面注明的不含税金额为 30 万元，税额为 0.9 万元，同时支付给运输单位的运费 5 万元(不含增值税)，取得运输部门开具的增值税专用发票，上面注明的税额为 0.45 万元。本月下旬将购进的农产品的 20% 用于本企业职工福利。

(7)28 日，租入商用楼房一层，取得对方开具的增值税专用发票，上面注明的税额为 5.22 万元。该楼房的 1/3 用于工会的集体福利项目，其余为企业管理部门使用。

以上相关票据均符合税法的规定。

要求：请帮助小赵计算该企业应缴纳的增值税。

2. 任务实施

(1)销售甲产品的销项税额 $=80\times13\%+5.65\div(1+13\%)\times13\%=11.05$(万元)

(2)销售乙产品的销项税额＝22.6÷(1＋13％)×13％＝2.6(万元)

(3)自产自用新产品的销项税额＝20×(1＋10％)×13％＝2.86(万元)

(4)销售使用过的小汽车销项税额＝10×13％×5＝6.5(万元)

(5)合计允许抵扣的进项税额＝7.8＋0.54＋(30×10％＋0.45)×(1－20％)＋5.22＝16.32(万元)

(6)应缴纳的增值税税额＝11.05＋2.6＋2.86＋6.5－16.32＝6.69(万元)

3.任务释疑

业务(4)销售自己使用过的已抵扣进项税的固定资产按适用税率计算，小汽车属于一般货物，税率为13％。

情境分析 2-19

1.任务要求

位于市区的某文创企业为增值税一般纳税人，2024年3月该企业的经营业务如下：

(1)提供文化创意产品设计服务，价税合计954万元，未开具发票。

(2)取得流动资金存款利息收入2万元。

(3)购买燃油小汽车一辆自用，价税合计金额为39.55万元。已取得增值税专用发票。

(4)向境外某公司提供发生在境外的广告服务，取得收入200万元。

(5)员工因公境内出差，取得注明旅客身份信息的航空电子客票行程单，票价为4.8万元，燃油附加费为0.65万元，民航发展基金为0.54万元。

(6)支付信息技术服务费，取得增值税专用发票，注明的价款为400万元，税额为24万元。

要求：根据以上资料，请按顺序计算下列项目。

(1)该企业3月份的销项税额。

(2)该企业3月份可以抵扣的进项税额。

(3)该企业3月份应纳的增值税税额。

2.任务实施

(1)销项税额＝954÷(1＋6％)×6％＝54(万元)

(2)航空旅客运输进项税额＝(4.8＋0.65)÷(1＋9％)×9％＝0.45(万元)

购买燃油小汽车可以抵扣的进项税额＝39.55÷(1＋13％)×13％＝4.55(万元)

可以抵扣的进项税额＝24＋0.45＋4.55＝29(万元)

(3)应纳税额＝54－29＝25(万元)

3.任务释疑

业务(2)，存款利息不属于增值税的征税范围，不缴纳增值税。

业务(4)，广告投放地在境外的广告服务，免征增值税。

模块五　简易计税方法

引导案例

小赵加入了一家商贸公司，是一名新入职的办税员。该公司为增值税小规模纳税人。由于小赵之前主要是与一般纳税人打交道，对小规模纳税人的增值税计算方法并不十分了解，因此，他决定在入职初期重点学习和掌握小规模纳税人的增值税计算方法。

小赵了解到，小规模纳税人与一般纳税人在增值税计算上存在显著差异。小规模纳税人通常采用简易计税方法，即按照销售额的一定比例直接计算应纳税额，且不能抵扣进项税额。为了深入了解小规模纳税人的增值税计算方法，小赵积极向公司的财务经理和有经验的同事请教，了解公司在实际操作中是如何计算增值税的，以及需要注意哪些细节问题。为了巩固所学知识，小赵还使用财务软件进行模拟申报练习。经过一段时间的学习和实践，小赵对小规模纳税人的增值税计算方法有了清晰的认识。

任务一　小规模纳税人的简易计税

一、应纳税额的计算

小规模纳税人发生应税销售行为适用简易计税方法的，应该按照销售额和征收率计算应纳增值税税额。

其应纳税额的计算公式是：

应纳税额＝销售额（不含增值税）×征收率

二、含税销售额的换算

按简易计税方法计税的销售额不包括其应纳的增值税税额，纳税人采用销售额和应纳增值税税额合并定价方法的，按照下列公式计算不含税销售额：

不含税销售额＝含税销售额÷（1＋征收率）

三、临时减免

（1）2027 年 12 月 31 日以前，小规模纳税人发生增值税应税销售行为，合计月销售额未超过 10 万元（以 1 个季度为 1 个纳税期的，季度销售额未超过 30 万元，下同）的，免征增值税。

月销售额超过 10 万元，但扣除本期发生的销售不动产的销售额后未超过 10 万元的，其销售货物、劳务、服务、无形资产取得的销售额免征增值税。

适用差额征税的小规模纳税人，以差额后的销售额确定是否可以享受免征政策。

(2)2027 年 12 月 31 日以前，增值税小规模纳税人适用 3%征收率的应税销售收入，减按 1%征收率征收增值税。按下列公式计算不含税销售额：

不含税销售额＝含税销售额÷(1＋1%)

(3)其他个人，采取一次性收取租金形式出租不动产取得的租金收入，可在对应的租赁期内平均分摊，分摊后的月租金收入未超过 10 万元的，免征增值税。

四、特殊事项

(1)小规模纳税人因销售折让、中止或者退回而退还给购买方的销售额，依照规定将所退的款项扣减当期销售额的，如果小规模纳税人已就该项业务委托税务机关为其代开了增值税专用发票的，应按规定申请开具红字专用发票。

(2)小规模纳税人购进税控收款机，可以抵免其应纳增值税。取得增值税专用发票的，按发票上的税额抵免当期应纳增值税。取得增值税普通发票的，可抵免的税额的计算公式是：

可抵免的税额＝价款÷(1＋适用税率)×适用税率

任务二　一般纳税人的简易计税

小规模纳税人一律采用简易计税方法计税，但是一般纳税人发生特殊应税销售行为的，在某些情况下也可以选择适用简易计税方法。

一、简易计税(适用 3%征收率)的范围

(1)一般纳税人销售下列货物，可选择适用简易计税方法：

①县级及县级以下小型水力发电单位生产的自产电力。

②自产建筑用和生产建筑材料所用的砂、土、石料。

③以自己采掘的砂、土、石料或其他矿物连续生产的砖、瓦、石灰(不含黏土实心砖、瓦)。

④自己用微生物、微生物代谢产物、动物毒素、人或动物的血液或组织制成的生物制品。

⑤自产的自来水。

⑥自来水公司销售自来水。

⑦自产的商品混凝土(仅限于以水泥为原料生产的水泥混凝土)。

⑧单采血浆站销售非临床用人体血液。

⑨寄售商店代销寄售物品(包括居民个人寄售的物品在内)。

⑩典当业销售死当物品。

⑪药品经营企业销售生物制品；兽用药品经营企业销售兽用生物制品。

⑫生产销售和批发、零售罕见病药品及抗癌药。

(2)一般纳税人销售下列服务，可选择简易计税方法计税：

①公共交通运输服务，但不包括铁路、航空客运服务。

②经认定的动漫企业为开发动漫产品提供的动漫脚本编撰、形象设计、背景设计、动画设计、分镜、动画制作等服务，以及在境内转让动漫版权。

③电影放映服务、仓储服务、装卸搬运服务、收派服务和文化体育服务。

④提供物业管理服务的纳税人，向服务接受方收取的自来水水费。

⑤非企业性单位中的一般纳税人提供的研发和技术服务、信息技术服务、鉴证咨询服务，以及销售技术、著作权等无形资产，提供技术转让、技术开发和与之相关的技术咨询、技术服务。

⑥一般纳税人提供非学历教育服务、教育辅助服务。

⑦公路经营企业中的一般纳税人收取营改增试点前开工的高速公路的车辆通行费。

(3)一般纳税人提供以下建筑服务，可选择简易计税方法：

①以清包工方式提供的建筑服务。

②为甲供工程提供的建筑服务。

③为建筑工程老项目提供的建筑服务。

④建筑工程总承包单位为房屋建筑的地基与基础、主体结构提供工程服务，建设单位自行采购全部或部分钢材、混凝土、砌体材料、预制构件的，适用简易计税方法计税。

⑤销售自产机器设备的同时提供安装服务，应分别核算机器设备和安装服务的销售额，安装服务可按照甲供工程选择适用简易计税方法。

⑥销售外购机器设备的同时提供安装服务，如果已经按照兼营的有关规定，分别核算机器设备和安装服务的销售额，安装服务可按甲供工程选择适用简易计税方法。

(4)自 2022 年 3 月 1 日起，从事再生资源回收的增值税一般纳税人销售其收购的再生资源，可以选择适用简易计税方法依照 3%征收率计算缴纳增值税，或适用一般计税方法计算缴纳增值税。

二、一般纳税人简易计税公式

一般纳税人发生特殊应税销售行为适用简易计税方法的，应该按照销售额和征收率计算应纳增值税税额，并且不得抵扣进项税额。其应纳税额的计算公式是：

$$应纳税额=含税销售额\div(1+征收率)\times征收率$$

三、销售折让、中止或者退回的处理

纳税人适用简易计税方法计税的，因销售折让、中止或者退回而退还给购买方的销售额，应当从当期销售额中扣减。扣减当期销售额后仍有余额造成多缴的税款，可以从以后的应纳税额中扣减。

四、住房租赁企业出租住房

(1)一般纳税人向个人出租住房：可以选择适用简易计税方法，按照 5%的征收率减按 1.5%计算缴纳增值税，或适用一般计税方法计算缴纳增值税。

(2)小规模纳税人向个人出租住房：按照 5%的征收率减按 1.5%计算缴纳增值税。

(3)适用上述简易计税方法并进行预缴的，减按 1.5%预征率预缴增值税。

情境分析 2-20

1.任务要求

某餐馆为增值税小规模纳税人，2024 年 4 月取得的含增值税的餐饮收入总额为 15.15 万元。

要求：请计算该餐馆2024年4月应缴纳的增值税税额。

2.任务实施

取得的不含税销售额＝15.15÷(1＋1%)＝15(万元)

应缴纳增值税税额＝15×1%＝0.15(万元)

3.任务释疑

2027年12月31日以前，增值税小规模纳税人适用3%征收率的应税销售收入，减按1%征收率征收增值税。

模块六　进口增值税

引导案例

小赵刚刚加入一家外贸企业，入职不久，他就面临了一个重要任务：为公司办理一批进口商品的增值税手续。由于之前从未接触过进口增值税的办理，小赵感到既紧张又充满期待。

小赵了解到，进口增值税是指在进口环节对进口商品征收的增值税。他需要明确进口增值税的计算方法、申报流程以及所需材料，确保公司能够合规、高效地完成进口增值税的缴纳。小赵查阅了相关法规，重点学习了进口增值税的计算公式、税率以及申报要求。为了确保流程的准确性，小赵主动联系了当地海关，详细咨询了进口增值税的办理流程、所需材料以及注意事项。根据咨询结果，小赵收集了进口合同、发票、提单、报关单等相关单据，并按照要求进行了整理和归类。小赵根据进口商品的货值、税率等信息，计算了应缴纳的进口货物的增值税税额。他还特别注意了货币转换和汇率问题，确保计算结果的准确性。在小赵的精心准备和努力下，公司成功办理了进口增值税手续，并按时缴纳了税款。这不仅保证了公司进口业务的顺利进行，而且提升了小赵在税务处理方面的能力和信心。

任务一　进口增值税认知

一、进口环节增值税征税范围

1.基本规定

申报进入中华人民共和国海关境内的货物，均应缴纳增值税。

境外产品要输入境内，都必须向我国海关申报进口，并办理有关报关手续。只要是报关进口的应税货物，不论其是国外产制还是我国已出口而转销国内的货物，是进口者自行采购还是国外捐赠的货物，是进口者自用还是作为贸易或其他用途等，除另有规定外，均应按照规定缴纳进口环节的增值税。

2.跨境电子商务零售进口增值税

从其他国家或地区进口《跨境电子商务零售进口商品清单》范围内的以下商品适用于跨境电子商务零售进口增值税税收政策：

(1)所有通过与海关联网的电子商务交易平台交易，能够实现交易、支付、物流电子信息“三单”比对的跨境电子商务零售进口商品。

(2)未通过与海关联网的电子商务交易平台交易，但快递、邮政企业能够统一提供交易、支付、物流等电子信息，并承诺承担相应法律责任进境的跨境电子商务零售进口商品。

不属于跨境电子商务零售进口的个人物品以及无法提供交易、支付、物流等电子信息的跨境电子商务零售进口商品,按现行规定执行。

二、进口环节增值税的纳税人

进口货物的收货人(承受人)或办理报关手续的单位和个人,为进口货物增值税的纳税义务人。进口货物增值税纳税人,包括了国内一切从事进口业务的企业、事业单位、机关团体和个人。

对于企业、单位和个人委托代理进口应征增值税的货物,鉴于代理进口货物的海关完税凭证,有的开具给委托方,有的开具给受托方的特殊性,对代理进口货物以海关开具的完税凭证上的纳税人为增值税纳税人。在实际工作中一般由进口代理者代缴进口环节增值税。纳税后,由代理者将已纳税款和进口货物价款费用等与委托方结算,由委托者承担已纳税款。

跨境电子商务零售进口商品按照货物征收关税和进口环节增值税、消费税,购买跨境电子商务零售进口商品的个人作为纳税义务人。电子商务企业、电子商务交易平台企业或物流企业可作为代收代缴义务人。

任务二 进口增值税的计算

一、进口环节增值税的适用税率

进口环节的增值税税率适用货物的增值税税率。一般货物的进口增值税税率为13%;特殊的低税率货物,例如农产品等,适用9%的进口增值税税率。

但是对进口抗癌药品,自2018年5月1日起,减按3%征收进口环节增值税。对进口罕见病药品,自2019年3月1日起,减按3%征收进口环节增值税。

对跨境电子商务零售进口商品的单次交易限值为人民币5 000元,个人年度交易限值为人民币26 000元以内进口的跨境电子商务零售进口商品,关税税率暂设为0。

跨境电子商务零售进口商品的进口环节增值税、消费税取消免征税额,暂按法定应纳税额的70%征收。完税价格超过5 000元单次交易限值但低于26 000元年度交易限值,且订单下仅一件商品时,可以自跨境电商零售渠道进口,按照货物税率全额征收关税和进口环节增值税、消费税,交易额计入年度交易总额,但年度交易总额超过年度交易限值的,应按一般贸易管理。

二、进口环节增值税应纳税额计算

按照组成计税价格和适用税率计算应纳税额,其计算公式如下:

进口应纳增值税=组成计税价格×税率

纳税人进口货物,按照组成计税价格和规定的税率计算应纳税额。组成计税价格是指在没有实际销售价格时,按照税法规定计算出的作为计税依据的价格。

进口货物增值税的组成计税价格的计算公式如下:

组成计税价格=关税完税价格+关税+消费税

上述公式中,对于非应税消费品,消费税为0。

进口货物增值税的组成计税价格中包括已纳关税税额。如果进口货物属于消费税应税消费品，其组成计税价格中还要包括进口环节已纳消费税税额。

在计算进口环节的应纳增值税税额时，不得抵扣任何税额，即在计算进口环节的应纳增值税税额时，不得抵扣发生在我国境外的各种税金。

跨境电子商务零售进口商品按照货物征收关税和进口环节增值税、消费税，以实际交易价格（包括货物零售价格、运费和保险费）作为完税价格。

情境分析 2-21

1. 任务要求

某商贸公司（有进出口经营权）10 月进口一批货物。该批货物在国外的买价为 40 万元，另该批货物运抵我国海关前发生的包装费、运输费、保险费等共计 20 万元。货物报关后，公司按规定缴纳了进口环节的增值税并取得了海关开具的海关进口增值税专用缴款书。假定该批进口货物在国内全部销售，取得不含税销售额 80 万元。

要求：请按顺序计算下列项目（货物进口关税税率为 15%，增值税税率为 13%）。

（1）关税的组成计税价格；

（2）进口环节应纳的进口关税；

（3）进口环节应纳增值税的组成计税价格；

（4）进口环节应缴纳的增值税税额；

（5）国内销售环节的销项税额；

（6）国内销售环节应缴纳的增值税税额。

2. 任务实施

（1）关税的组成计税价格＝40＋20＝60（万元）

（2）应缴纳的进口关税＝60×15%＝9（万元）

（3）进口环节应纳增值税的组成计税价格＝60＋9＝69（万元）

（4）进口环节应缴纳的增值税税额＝69×13%＝8.97（万元）

（5）国内销售环节的销项税额＝80×13%＝10.4（万元）

（6）国内销售环节应缴纳的增值税税额＝10.4－8.97＝1.43（万元）

3. 任务释疑

企业进口环节已纳增值税，符合抵扣规定的，可以凭进口取得的海关进口增值税专用缴款书，作为进项税额抵扣。

模块七 出口和跨境业务

引导案例

小赵刚刚加入一家以外贸出口为主的企业，虽然他之前有过一些税务方面的经验，但对于出口退税这一特殊领域还是相对陌生。出口退税作为国家鼓励出口的重要政策之一，对于外贸企业来说意义重大。

小赵了解到，出口退税是指对出口货物在国内生产和流通环节缴纳的增值税实行退还的政策。他需要明确出口退税的条件、所需材料、申报流程以及退税率的查询，以确保公司能够及时、准确地享受到出口退税政策带来的利益。小赵首先通过查阅相关文件和公告，系统学习了出口退税的基本政策、条件和退税率。根据学习到的知识，小赵开始着手收集办理出口退税所需的材料。这包括出口货物报关单、出口发票、外汇核销单等。他还与公司的销售部门密切合作，确保所有材料的准确性和完整性。小赵使用公司的电子税务局账号登录系统，选择了“出口退税申报”模块，仔细填写了申报表，上传了相关材料，并核对了所有信息的准确性。确认无误后，小赵提交了出口退税的申报。经过一段时间的等待，税务部门审核通过了公司的出口退税申报。退税款很快打入了公司指定的银行账户。

任务一 出口增值税

出口货物、劳务和跨境应税行为退(免)增值税是指在国际贸易业务中，对我国报关出口的货物、劳务和跨境应税行为退还或免征其在国内各生产和流转环节按税法规定缴纳的增值税，即对应征收增值税的出口货物、劳务和跨境应税行为实行零税率(国务院另有规定的除外)。

增值税出口货物、劳务和跨境应税行为的零税率有两层含义：一是对本道环节生产或销售货物、劳务和跨境应税行为的增值部分免征增值税；二是对出口货物、劳务和跨境应税行为前道环节所含的进项税额进行退付。

一、出口货物、劳务和跨境应税行为退(免)增值税基本政策

目前，我国的出口货物、劳务和跨境应税行为的增值税税收政策分为以下三种形式：

(一)出口免税并退税

出口免税是指对货物、劳务和跨境应税行为在出口销售环节免征增值税，这是把货物、劳务和跨境应税行为出口环节与出口前的销售环节都同样视为一个征税环节；出口退税是指对货物、劳务和跨境应税行为在出口前实际承担的税收负担，按规定的退税率计算后予以退还。

（二）出口免税不退税

出口免税不退税是指适用这个政策的出口货物、劳务和跨境应税行为因在前一道生产、销售环节或进口环节是免税的，因此，出口时该货物、劳务和跨境应税行为的价格中本身就不含税，也无须退税。

（三）出口不免税也不退税

出口不免税是指对国家限制或禁止出口的某些货物、劳务和跨境应税行为的出口环节视同内销环节，照常征税；出口不退税是指对这些货物、劳务和跨境应税行为出口不退还出口前其所负担的税款。

二、适用增值税退（免）税政策的范围

（一）出口企业出口货物

1. 出口企业

出口企业，是指依法办理工商登记、税务登记、对外贸易经营者备案登记，自营或委托出口货物的单位或个体工商户，以及依法办理工商登记、税务登记但未办理对外贸易经营者备案登记，委托出口货物的生产企业。

2. 出口货物

出口货物，是指向海关报关后实际离境并销售给境外单位或个人的货物，分为自营出口货物和委托出口货物两类。

（二）出口企业或其他单位视同出口货物

（1）出口企业对外援助、对外承包、境外投资的出口货物。

（2）出口企业经海关报关进入国家批准的出口加工区、保税物流园区、保税港区、综合保税区等特殊区域并销售给特殊区域内单位或境外单位、个人的货物。

（3）免税品经营企业销售的货物（国家规定不允许经营和限制出口的货物、卷烟和超出免税品经营企业经营范围的货物除外）。

（4）出口企业或其他单位销售给用于国际金融组织或外国政府贷款国际招标建设项目的中标机电产品。

（5）生产企业销售的自产海洋工程结构物，但购买方或承担方需为按实物征收增值税的中外合作油气田开采企业。

（6）出口企业或其他单位销售给国际运输企业用于国际运输工具上的货物（仅外轮供应公司、远洋运输供应公司销售给外轮、远洋国轮的货物；国内航空供应公司生产销售给国内和国外航空公司国际航班的航空食品）。

（三）出口企业对外提供加工修理修配劳务

对外提供加工修理修配劳务，是指对进境复出口货物或从事国际运输的运输工具进行的加工修理修配。

三、增值税退（免）税

适用增值税退（免）税政策的出口货物、劳务和应税行为，实行增值税“免、抵、退”税或

"免、退"税。

(一)"免、抵、退"税

适用增值税一般计税方法的生产企业出口自产货物与视同自产货物、对外提供加工修理修配劳务，免征增值税，相应的进项税额抵减应纳增值税税额(不包括适用增值税即征即退、先征后退政策的应纳增值税税额)，未抵减完的部分予以退还。

境内的单位和个人提供适用增值税零税率的服务或者无形资产，如果属于适用增值税一般计税方法的，生产企业实行"免、抵、退"税办法，外贸企业直接将服务或自行研发的无形资产出口，视同生产企业连同其出口货物统一实行"免、抵、退"税。

(二)"免、退"税

不具有生产能力的出口企业(以下称外贸企业)或其他单位出口货物、劳务，免征增值税，相应的进项税额予以退还。

适用增值税一般计税方法的外贸企业外购服务或者无形资产出口实行"免、退"税办法。外贸企业外购研发服务和设计服务免征增值税，其对应的外购应税服务的进项税额予以退还。

四、增值税出口退税率

除财政部和国家税务总局根据国务院决定而明确的增值税出口退税率(以下称退税率)外，出口货物的退税率为其适用税率。服务和无形资产的退税率为其按照规定适用的增值税税率。适用不同退税率的货物、劳务及跨境应税行为，应分开报关、核算并申报退(免)税。未分开报关、核算或划分不清的，从低适用退税率。

五、增值税退(免)税的计税依据

(一)生产企业的计税依据

(1)生产企业出口货物、劳务(进料加工复出口货物除外)增值税退(免)税的计税依据，为出口货物、劳务的实际离岸价(FOB)。

(2)对进料加工出口货物，企业应以出口货物人民币离岸价扣除出口货物耗用的保税进口料件金额的余额为增值税退(免)税的计税依据。"保税进口料件"是指海关以进料加工贸易方式监管的出口企业从境外和特殊区域等进口的料件。

(3)生产企业国内购进无进项税额且不计提进项税额的免税原材料加工后出口的货物的计税依据，按出口货物的离岸价扣除出口货物所含的国内购进免税原材料的金额后确定。

(二)外贸企业的计税依据

(1)外贸企业出口货物(委托加工修理修配货物除外)增值税退(免)税的计税依据，为购进出口货物的增值税专用发票注明的金额或海关进口增值税专用缴款书注明的完税价格。

(2)外贸企业出口委托加工修理修配货物增值税退(免)税的计税依据，为加工修理修配费用增值税专用发票注明的金额。外贸企业应将加工修理修配使用的原材料(进料加工海关保税进口料件除外)作价销售给受托加工修理修配的生产企业，受托加工修理修配的生产企业应将原材料成本并入加工修理修配费用开具发票。

(三)出口进项税额未抵扣的已使用过的设备

出口进项税额未计算抵扣的已使用过的设备增值税退(免)税的计税依据，按下列公式确定：

退(免)税计税依据＝专票上的金额或海关进口增值税专用缴款书注明的完税价格
×已使用过的设备固定资产净值÷已使用过的设备原值

已使用过的设备固定资产净值＝已使用过的设备原值－已使用过的设备已提累计折旧

任务二　“免、抵、退”税和“免、退”税

一、生产企业“免、抵、退”税

生产企业出口货物、劳务、服务和无形资产的增值税“免、抵、退”税，依下列公式计算：

当期应纳税额＝当期内销销项税额－(当期进项税额－当期不得免征和抵扣税额)

当期不得免征和抵扣税额＝当期出口货物离岸价×外汇人民币折合率
×(出口货物适用税率－出口货物退税率)

如果使用进料加工免税进口料件，则：

当期不得免征和抵扣税额＝当期出口货物离岸价×外汇人民币折合率
×(出口货物适用税率－出口货物退税率)
－当期不得免征和抵扣税额抵减额

当期不得免征和抵扣税额抵减额＝当期免税购进原材料价格
×(出口货物适用税率－出口货物退税率)

出口货物离岸价以出口发票计算的离岸价为准。实际离岸价应以出口发票上的离岸价为准。如果出口发票不能反映实际离岸价，则主管税务机关有权予以核定。

情境分析 2-22

1.任务要求

2024 年 6 月，某生产企业出口自产货物销售额折合人民币 2 000 万元，内销货物不含税销售额 800 万元。为生产货物购进材料取得增值税专用发票，上面注明金额为 4 600 万元，税额为 598 万元。已知该企业出口货物适用税率为 13%，出口退税率为 11%，当月取得的增值税专用发票已勾选抵扣进项税额，期初无留抵税额。

要求：请计算该企业当月出口货物应退增值税多少万元。

2.任务实施

由题可知，当期出口货物离岸价×外汇人民币折合率＝2 000(万元)。

当期不得免征和抵扣税额＝当期出口货物离岸价×外汇人民币折合率
×(出口货物适用税率－出口货物退税率)
＝2 000×(13%－11%)
＝40(万元)

当期应纳税额＝当期销项税额－(当期进项税额－当期不得免征和抵扣税额)
＝800×13%－(598－40)
＝－454(万元)

当期免抵退税额＝当期出口货物离岸价×外汇人民币折合率×出口货物退税率
＝2 000×11%＝220(万元)

当期免抵退税额220万元＜当期期末留抵税额454万元，则当期应退增值税等于当期免抵退税额，即220万元。因此，该企业当月出口货物应退增值税为220万元。

二、外贸企业"免、退"税

(一)外贸企业在国内直接采购货物出口的增值税后退税额的计算

增值税应退税额＝购进出口货物的增值税专用发票注明的金额×出口货物退税率

(二)外贸企业出口委托加工修理修配货物的增值税后退税额的计算

增值税应退税额＝加工修理费用增值税专用发票注明的金额×出口货物退税率

(三)外贸企业兼营的零税率应税行为的增值税后退税额的计算

外贸企业兼营的零税率应税行为增值税应退税额＝外贸企业兼营的零税率应税行为免退税计税依据×零税率应税行为增值税退税率

情境分析 2-23

1.任务要求

甲自营出口的生产企业为增值税一般纳税人，出口货物的征税率为13%，退税率为11%。该企业2024年5月购进一批原材料，取得的增值税专用发票注明的价款为2 000万元，外购货物准予抵扣进项税款260万元，货已入库。上期期末留抵税额30万元。本月内销货物不含税销售额为1 000万元，销项税额为130万元。本月出口货物销售额折合人民币2 500万元。

要求：请计算该企业当期"免、抵、退"税额。

2.任务实施

(1)当期免抵退税不得免征和抵扣税额＝2 500×(13%－11%)＝50(万元)

(2)当期应纳税额＝1 000×13%－(260－50)－30＝－110(万元)

(3)出口货物免抵退税额＝2 500×11%＝275(万元)

(4)当期应退税额＝110(万元)

(5)当期免抵税额＝275－110＝165(万元)

任务三　出口免税和征税

一、免税政策

来料加工复出口的货物、增值税小规模纳税人出口货物、外贸企业取得普通发票及其他无法抵扣进项税额票据的货物等情形，由于无进项税额可退，采用增值税免税不退税政策。

适用增值税免税政策的出口货物、劳务，其进项税额不得抵扣和退税，应当转入成本。

二、出口货物、劳务和跨境应税行为增值税征税政策

出口企业出口或视同出口财政部和国家税务总局根据国务院决定明确的取消出口退

(免)税的货物，不适用增值税退税和免税政策，按视同内销货物征收增值税。

一般纳税人适用增值税征税政策的出口货物、劳务和跨境应税行为，其应纳增值税按下列公式计算：

销项税额＝(出口货物、劳务、应税行为离岸价－出口货物耗用的进料加工保税进口料件金额)÷(1＋适用税率)×适用税率

小规模纳税人适用增值税征税政策的出口货物、劳务和跨境应税行为，其应纳增值税按下列公式计算：

应纳税额＝出口货物、劳务、应税行为离岸价÷(1＋征收率)×征收率

模块八　税收优惠

引导案例

D公司专注于软件开发和技术服务。为降低税负并增强市场竞争力，D公司安排新入职的办税员小赵负责办理增值税税收优惠的相关事宜。

小赵首先深入研究并学习了国家关于增值税税收优惠的相关政策。他了解到，符合条件的软件产品和技术服务可以享受增值税即征即退政策，以及研发费用加计扣除等优惠。小赵根据政策要求，开始整理并准备申请税收优惠所需的各项资料，其中包括公司营业执照、软件著作权证书、技术服务合同、研发费用明细账等。小赵将准备好的资料提交给当地税务机关，并详细说明了公司的经营情况和申请税收优惠的理由。提交申请后，小赵密切关注审批进度，并及时与税务机关保持沟通。经过一段时间的等待，小赵终于收到了税务机关的批准通知。D公司成功获得了增值税即征即退政策和研发费用加计扣除的税收优惠。

任务一　法定免税和特定免税

一、法定免税项目

(1)农业生产者销售的自产农产品。农业生产者包括从事农业生产的单位和个人。农业产品是指种植业、养殖业、林业、牧业、水产业生产的各类植物、动物的初级产品。对上述单位和个人销售的外购农产品，以及单位和个人外购农产品生产、加工后销售的仍然属于规定范围的农业产品，不属于免税的范围，应当按照规定的税率征收增值税。

(2)避孕药品和用具。

(3)古旧图书。古旧图书是指向社会收购的古书和旧书。

(4)直接用于科学研究、科学试验和教学的进口仪器、设备。

(5)外国政府、国际组织无偿援助的进口物资和设备。

(6)由残疾人的组织直接进口供残疾人专用的物品。

(7)销售的自己使用过的物品。

二、特定项目的税收优惠

(一)销售货物免征增值税项目

(1)国有粮食购销企业销售的粮食、大豆免征增值税。其他粮食企业经营粮食，除军队用粮、救灾救济粮、水库移民口粮免税外，一律征收增值税。

(2)政府储备食用植物油的销售免征增值税。对其他销售食用植物油的业务，一律征收增值税。

(3)销售饲料免征增值税。宠物饲料、饲料添加剂不属于免税范围。

(4)对从事蔬菜批发、零售的纳税人销售的蔬菜免征增值税。蔬菜是指可作副食的草本、木本植物,包括各种蔬菜、菌类植物和少数可作副食的木本植物。纳税人既销售蔬菜又销售其他增值税应税货物的,应分别核算蔬菜和其他增值税应税货物的销售额;未分别核算的,不得享受蔬菜增值税免税政策。

(5)从事农产品批发、零售的纳税人销售的部分鲜活肉蛋产品,免征增值税。但不包括珍贵、濒危野生动物及其鲜活肉蛋产品。

(6)对供热企业向居民个人(以下统称居民)供热而取得的采暖费收入免征增值税。向居民供热而取得的采暖费收入,包括供热企业直接向居民收取的、通过其他单位向居民收取的和由单位代居民缴纳的采暖费。免征增值税的采暖费收入,应当按照规定单独核算。通过热力产品经营企业向居民供热的热力产品生产企业,应当根据热力产品经营企业实际从居民取得的采暖费收入占该经营企业采暖费总收入的比例确定免税收入比例。

(二)进口货物的税收优惠

(1)进口特定图书、报刊免税。

(2)对进口抗癌药品,自 2018 年 5 月 1 日起,减按 3%征收进口环节增值税。对进口罕见病药品,自 2019 年 3 月 1 日起,减按 3%征收进口环节增值税。

(3)自 2021 年 1 月 1 日至 2030 年 12 月 31 日,对卫生健康委委托进口的抗艾滋病病毒药物,免征进口关税和进口环节增值税。

(三)销售劳务的税收优惠

铁路系统内部单位为本系统修理货车免征增值税。

(四)销售服务的税收优惠

(1)托儿所、幼儿园提供的保育和教育服务免征增值税。

(2)养老机构提供的养老服务免征增值税。

(3)残疾人福利机构提供的育养服务免征增值税。

(4)婚姻介绍服务免征增值税。

(5)殡葬服务免征增值税。

(6)残疾人员本人为社会提供的服务免征增值税。

(7)学生勤工俭学提供的服务免征增值税。

(8)农业机耕、排灌、病虫害防治、植物保护、农牧保险以及相关技术培训业务,家禽、牲畜、水生动物的配种和疾病防治服务免征增值税。动物诊疗机构销售动物食品和用品,提供动物清洁、美容、代理看护等服务,应按照规定缴纳增值税。

(9)纪念馆、博物馆、文化馆、文物保护单位管理机构、美术馆、展览馆、书画院、图书馆在自己的场所提供文化体育服务取得的第一道门票收入免征增值税。

(10)寺院、宫观、清真寺和教堂举办文化、宗教活动的门票收入免征增值税。

(11)福利彩票、体育彩票的发行收入免征增值税。

(12)社会团体收取的会费,免征增值税。社会团体开展经营服务性活动取得的其他收入,一律照章缴纳增值税。

(13)医疗机构提供的医疗服务免征增值税。非营利性医疗机构自产自用的制剂,免征增值税。2027 年 12 月 31 日之前，医疗机构接受其他医疗机构委托，按照不高于地(市)级以上价格主管部门会同同级卫生主管部门及其他相关部门制定的医疗服务指导价格(包括政府指导价和按照规定由供需双方协商确定的价格等)，提供《全国医疗服务价格项目规范》所列的各项服务，免征增值税。

(14)从事学历教育的学校提供的教育服务免征增值税。

(15)自 2022 年 1 月 1 日起，对法律援助人员按照《中华人民共和国法律援助法》规定获得的法律援助补贴，免征增值税。

(五)金融服务的税收优惠

(1)下列利息收入免征增值税：

①国家助学贷款。

②国债、地方政府债。

③人民银行对金融机构的贷款。

④住房公积金管理中心用住房公积金在指定的委托银行发放的个人住房贷款。

⑤外汇管理部门在从事国家外汇储备经营过程中，委托金融机构发放的外汇贷款。

⑥统借统还业务中，企业集团或企业集团中的核心企业以及集团所属财务公司按不高于支付给金融机构的借款利率水平或者支付的债券票面利率水平，向企业集团或者集团内下属单位收取的利息，免征增值税。统借方向资金使用单位收取的利息，高于支付给金融机构借款利率水平或者支付的债券票面利率水平的，应全额缴纳增值税。

重要提示：

2027 年 12 月 31 日之前，对企业集团内单位(含企业集团)之间的资金无偿借贷行为，免征增值税。

(2)被撤销金融机构以货物、不动产、无形资产、有价证券、票据等财产清偿债务免征增值税。

(3)保险公司开办的一年期以上人身保险产品取得的保费收入免征增值税。一年期以上人身保险是指保险期间为一年期及以上返还本利的人寿保险、养老年金保险，以及保险期间为一年期及以上的健康保险。

(4)下列金融商品转让收入，免征增值税：

①合格境外投资者(QFII)委托境内公司在我国从事证券买卖业务。

②香港市场投资者(包括单位和个人)通过沪港通和深港通买卖上海证券交易所和深圳证券交易所上市 A 股；内地投资者(包括单位和个人)通过沪港通买卖香港联交所上市股票。

③对香港市场投资者(包括单位和个人)通过基金互认买卖内地基金份额。

④证券投资基金(封闭式证券投资基金、开放式证券投资基金)管理人运用基金买卖股票、债券。

⑤个人从事金融商品转让业务。

(5)金融同业往来利息收入免征增值税。

(6)创新企业境内发行存托凭证的免征增值税。

(六)销售无形资产的税收优惠

(1)个人转让著作权免征增值税。

(2)纳税人提供技术转让、技术开发和与之相关的技术咨询、技术服务免征增值税。与技术转让、技术开发相关的技术咨询、技术服务,是指转让方(或者受托方)根据技术转让或者开发合同的规定,为帮助受让方(或者委托方)掌握所转让(或者委托开发)的技术,而提供的技术咨询、技术服务业务,且这部分技术咨询、技术服务的价款与技术转让或者技术开发的价款应当在同一张发票上开具。

(七)不动产租售的税收优惠

(1)个人销售自建自用住房免征增值税。

(2)涉及家庭财产分割的个人无偿转让不动产、土地使用权免征增值税。

温馨释义:

家庭财产分割包括:离婚财产分割;无偿赠与配偶、父母、子女、祖父母、外祖父母、孙子女、外孙子女、兄弟姐妹;无偿赠与对其承担直接抚养或者赡养义务的抚养人或者赡养人;房屋产权所有人死亡,法定继承人、遗嘱继承人或者受遗赠人依法取得房屋产权。

(3)个人销售自购住房的税收优惠:

①北京市、上海市、广州市和深圳市之外的地区,个人将购买不足2年的住房对外销售的,按照5%的征收率全额缴纳增值税;个人将购买2年以上(含2年)的住房对外销售的,免征增值税。

②北京市、上海市、广州市和深圳市,个人将购买2年以上(含2年)的非普通住房对外销售的,以销售收入减去购买住房价款后的差额按照5%的征收率缴纳增值税;个人将购买2年以上(含2年)的普通住房对外销售的,免征增值税。

(4)其他个人出租不动产免征增值税。其他个人,采取一次性收取租金形式出租不动产取得的租金收入,可在对应的租赁期内平均分摊,分摊后的月租金收入未超过10万元的,免征增值税。

(5)将土地使用权转让给农业生产者用于农业生产免征增值税。

任务二　临时优惠

一、临时税收优惠项目

(一)孵化服务取得的收入

对国家级、省级科技企业孵化器,大学科技园和国家备案众创空间向在孵对象提供孵化服务取得的收入,免征增值税。国家级、省级科技企业孵化器,大学科技园和国家备案众创空间应当单独核算孵化服务收入。孵化服务是指为在孵对象提供的经纪代理、经营租赁、研发和技术、信息技术、鉴证咨询服务。

(二)公共租赁住房建设和运营收入

2025年12月31日之前,对经营公租房所取得的租金收入,免征增值税。公租房经营管理单位应单独核算公租房租金收入;未单独核算的,不得享受免征增值税优惠政策。纳税人享受本优惠政策,应按规定进行免税申报,并将不动产权属证明、载有房产原值的相关材料、纳入公租房及用地管理的相关材料、配套建设管理公租房相关材料、购买住房作为公租房相关材料、公租房租赁协议等留存备查。

(三)文化企业

2027年12月31日之前，对电影主管部门(包括中央、省、地市及县级)按照职能权限批准从事电影制片、发行、放映的电影集团公司(含成员企业)、电影制片厂及其他电影企业取得的销售电影拷贝(含数字拷贝)收入、转让电影版权(包括转让和许可使用)收入、电影发行收入以及在农村取得的电影放映收入，免征增值税。一般纳税人提供的城市电影放映服务，可以按现行政策规定，选择按照简易计税办法计算缴纳增值税。

对广播电视运营服务企业收取的有线数字电视基本收视维护费和农村有线电视基本收视费，免征增值税。

(四)二手车经销

2027年12月31日之前，对从事二手车经销的纳税人销售其收购的二手车，按照简易办法依3%征收率减按0.5%征收增值税。二手车，是指从办理完注册登记手续至达到国家强制报废标准之前进行交易并转移所有权的车辆。

(五)农村饮水安全工程(以下称饮水工程)建设、运营

2027年12月31日之前，对饮水工程运营管理单位向农村居民提供生活用水取得的自来水销售收入，免征增值税。

对于既向城镇居民供水，又向农村居民供水的饮水工程运营管理单位，依据向农村居民供水收入占总供水收入的比例免征增值税。无法提供具体比例或所提供数据不实的，不得享受上述税收优惠政策。

重要提示：

饮水工程运营管理单位自行申报享受减免税优惠，相关材料留存备查。

(六)处置不良债权

(1)银行业金融机构、金融资产管理公司中的增值税一般纳税人处置抵债不动产，可选择以取得的全部价款和价外费用扣除取得该抵债不动产时的作价为销售额，适用9%税率计算缴纳增值税。从全部价款和价外费用中扣除抵债不动产的作价，应当取得人民法院、仲裁机构生效的法律文书。抵债不动产、抵债资产，是指经人民法院判决裁定或仲裁机构仲裁的抵债不动产、抵债资产。其中，金融资产管理公司的抵债不动产、抵债资产，限于其承接银行业金融机构不良债权涉及的抵债不动产、抵债资产。

(2)计算销售额的银行业金融机构、金融资产管理公司，接收抵债不动产取得增值税专用发票的，其进项税额不得从销项税额中抵扣；处置抵债不动产时，抵债不动产作价的部分不得向购买方开具增值税专用发票。

重要提示：

执行期限为2023年8月1日至2027年12月31日。

(七)采购国产设备全额退还增值税

2027年12月31日之前，内资研发机构和外资研发中心采购国产设备全额退还增值税。外资研发中心须经商务主管部门会同有关部门进行资格审核认定。内资研发机构、外资研发中心，发生重大涉税违法失信行为的，不得享受退税政策。

二、其他临时优惠项目

（一）货物期货市场对外开放的临时优惠

2027 年 12 月 31 日之前，对经国务院批准对外开放的货物期货品种保税交割业务，暂免征收增值税。期货交易中实际交割的货物，如果发生进口或者出口的，统一按照现行货物进出口税收政策执行。

（二）边销茶

2027 年 12 月 31 日之前，对边销茶生产企业销售自产的边销茶及经销企业销售的边销茶免征增值税。边销茶，是指以黑毛茶、老青茶、红茶末、绿茶为主要原料，经过发酵、蒸制、加压或者压碎、炒制，专门销往边疆少数民族地区的紧压茶。

（三）国产抗艾滋病病毒药品

2027 年 12 月 31 日之前，继续对国产抗艾滋病病毒药品免征生产环节和流通环节增值税。享受免征增值税政策的国产抗艾滋病病毒药品，须为各省（自治区、直辖市）艾滋病药品管理部门按照政府采购有关规定采购的，并向艾滋病病毒感染者和病人免费提供的抗艾滋病病毒药品。

药品生产企业和流通企业应将药品供货合同留存，以备税务机关查验。抗艾滋病病毒药品的生产企业和流通企业应分别核算免税药品和其他货物的销售额；未分别核算的，不得享受增值税免税政策。

（四）图书批发、零售、科普单位的门票收入

2027 年 12 月 31 日之前，免征图书批发、零售环节增值税；对科普单位的门票收入，以及县级及以上党政部门和科协开展科普活动的门票收入免征增值税。

（五）无偿捐赠给目标脱贫地区的货物

2019 年 1 月 1 日至 2025 年 12 月 31 日，单位或者个体工商户将自产、委托加工或购买的货物通过公益性社会组织、县级及以上人民政府及其组成部门和直属机构或直接无偿捐赠给目标脱贫地区的单位和个人免征增值税。执行期限内，目标脱贫地区实现脱贫的可继续适用免征增值税政策。

任务三　其他税收优惠

一、扣减增值税规定

（一）税控系统专用设备和技术维护费

（1）2011 年 12 月 1 日起，增值税纳税人购买增值税税控系统专用设备支付的费用以及缴纳的技术维护费（以下称二项费用）可在增值税应纳税额中全额抵减。

（2）增值税纳税人 2011 年 12 月 1 日以后缴纳的技术维护费（不含补缴的 2011 年 11 月 30 日以前的技术维护费），可凭技术维护服务单位开具的技术维护费发票，在增值税应纳税额中全额抵减，不足抵减的可结转下期继续抵减。技术维护费按照价格主管部门核定的标准执行。

(3)增值税一般纳税人支付的二项费用在增值税应纳税额中全额抵减的，其增值税专用发票不作为增值税抵扣凭证，其进项税额不得从销项税额中抵扣。

二、起征点

纳税人销售额未达到国务院财政、税务主管部门规定的增值税起征点的，免征增值税；达到起征点的，全额计算缴纳增值税。

增值税起征点仅适用于个人，包括个体工商户和其他个人，但不适用于登记认定为一般纳税人的个体工商户。

个人发生应税行为的销售额未达到增值税起征点的，免征增值税；达到起征点的，全额计算缴纳增值税。

增值税起征点幅度如下：

(1)按期纳税的，为月销售额 5 000～20 000 元(含本数)。

(2)按次纳税的，为每次(日)销售额 300～500 元(含本数)。

起征点的调整由财政部和国家税务总局规定。省、自治区、直辖市财政厅(局)和国家税务局应当在规定的幅度内，根据实际情况确定本地区适用的起征点，并报财政部和国家税务总局备案。

重要提示：

根据《财政部 税务总局关于增值税小规模纳税人减免增值税政策的公告》，2027 年 12 月 31 日之前对月销售额 10 万元以下(含本数)的增值税小规模纳税人，免征增值税。

三、其他减免税规定

纳税人兼营免税、减税项目的，应当分别核算免税、减税项目的销售额；未分别核算销售额的，不得免税、减税。

纳税人发生应税销售行为适用免税规定的，可以放弃免税，依照《增值税暂行条例》的规定缴纳增值税。放弃免税后，36 个月内不得再申请免税。

纳税人发生的应税销售行为同时适用免税和零税率规定的，优先适用零税率。

生产和销售免征增值税的应税销售行为的纳税人要求放弃免税权，应当以书面形式提交放弃免税权声明，报主管税务机关备案。纳税人自提交备案资料的次月起，按照现行有关规定计算缴纳增值税。

放弃免税权的纳税人符合一般纳税人认定条件尚未认定为增值税一般纳税人的，应当按现行规定认定为增值税一般纳税人，其发生的应税销售行为可开具增值税专用发票。

纳税人一经放弃免税权，其生产销售的全部应税销售行为均应按照适用税率征税，不得选择某一免税项目放弃免税权，也不得根据不同的销售对象选择部分应税销售行为放弃免税权。

纳税人在免税期内购进用于免税项目的货物、劳务、服务、无形资产、不动产所取得的增值税扣税凭证，一律不得抵扣。

模块九 纳税申报

引导案例

小赵是一家中型企业的办税员，负责公司的增值税申报工作。尽管增值税申报是每月的例行工作，但增值税申报涉及销项税额、进项税额、应纳税额的计算，以及申报表的填写和提交，小赵需要确保所有数据的准确性，避免任何可能导致税务风险的错误。

小赵从公司的财务系统中导出了申报月的销售数据和采购数据，其中包括发票信息、税额等。他仔细核对了这些数据，确保没有遗漏或错误。根据收集到的数据，小赵开始计算当期的销项税额和进项税额。根据计算结果，小赵开始填写增值税申报表。他仔细填写了每一项内容（包括销售额、进项税额、应纳税额等）。在填写过程中，他还特别注意了申报表的填写要求，确保没有错误或遗漏。填写完申报表后，小赵进行了仔细的复核。他核对了每一项数据，确保它们的准确性和一致性。复核无误后，小赵通过电子税务局系统提交了增值税申报表。提交成功后，他保存了相关的申报记录和凭证。

在小赵的精心准备和细致工作下，公司成功完成了当期的增值税申报工作。这不仅保证了公司财务的准确性和合规性，也提升了小赵在税务处理方面的能力和信心。

任务一 增值税征收管理认知

一、纳税义务发生时间

纳税义务发生时间，是纳税人发生应税销售行为应当承担纳税义务的起始时间。纳税义务发生时间的作用：一是正式确认纳税人和扣缴义务人已经发生属于税法规定的应税销售行为时，应承担的纳税和扣缴义务；二是有利于税务机关实施税务管理，合理规定申报期限和纳税期限，监督纳税人切实履行纳税义务。

（一）一般规定

纳税人发生应税销售行为，其纳税义务发生时间为收讫销售款项或者取得索取销售款项凭据的当天；先开具发票的，为开具发票的当天。

收讫销售款项，是指纳税人发生应税销售行为过程中或者完成后收到的款项。

取得索取销售款项凭据的当天，是指书面合同确定的付款日期；未签订书面合同或者书面合同未确定付款日期的，为应税销售行为完成的当天或者不动产权属变更的当天。

纳税人进口货物，其纳税义务发生时间为报关进口的当天。

增值税扣缴义务发生时间为纳税人增值税纳税义务发生的当天。

（二）具体规定

由于纳税人销售结算方式的不同，税法规定了具体的纳税义务发生时间：

（1）采取直接收款方式销售货物，不论货物是否发出，均为收到销售款或者取得索取销售款凭据的当天。

纳税人生产经营活动中采取直接收款方式销售货物,已将货物移送对方并暂估销售收入入账,但既未取得销售款或取得索取销售款凭据也未开具销售发票的,其增值税纳税义务发生时间为取得销售款或取得索取销售款凭据的当天;先开具发票的,为开具发票的当天。

(2)采取托收承付和委托银行收款方式销售货物,为发出货物并办妥托收手续的当天。

(3)采取赊销和分期收款方式销售货物,为书面合同约定的收款日期的当天;无书面合同的或者书面合同没有约定收款日期的,为货物发出的当天。

(4)采取预收货款方式销售货物,为货物发出的当天。但生产销售生产工期超过 12 个月的大型机械设备、船舶、飞机等货物,为收到预收款或者书面合同约定的收款日期的当天。

(5)委托其他纳税人代销货物,为收到代销单位的代销清单或者收到全部或者部分货款的当天;未收到代销清单及货款的,为发出代销货物满 180 天的当天。

(6)销售劳务,为提供劳务同时收讫销售款或者取得索取销售款的凭据的当天。

(7)纳税人发生除将货物交付其他单位或者个人代销和销售代销货物以外的视同销售货物行为,为货物移送的当天。

(8)纳税人提供租赁服务采取预收款方式的,其纳税义务发生时间为收到预收款的当天。

(9)纳税人从事金融商品转让的,为金融商品所有权转移的当天。

(10)纳税人发生视同销售服务、无形资产或者不动产情形的,其纳税义务发生时间为服务、无形资产转让完成的当天或者不动产权属变更的当天。

二、纳税期限

在明确了增值税纳税义务发生时间后,还需要掌握具体纳税期限,以保证按期缴纳税款。根据税法规定,增值税的纳税期限分别为 1 日、3 日、5 日、10 日、15 日、1 个月或者 1 个季度。

纳税人的具体纳税期限,由主管税务机关根据纳税人应纳税额的大小分别核定。不能按照固定期限纳税的,可以按次纳税。

根据税法规定,以 1 个季度为纳税期限的规定适用于小规模纳税人、银行、财务公司、信托投资公司、信用社,以及财政部和国家税务总局规定的其他纳税人。

纳税人以 1 个月或者 1 个季度为 1 个纳税期的,自期满之日起 15 日内申报纳税;以 1 日、3 日、5 日、10 日或者 15 日为 1 个纳税期的,自期满之日起 5 日内预缴税款,于次月 1 日起 15 日内申报纳税并结清上月应纳税款。

纳税人进口货物,应当自海关填发进口增值税专用缴款书之日起 15 日内缴纳税款。

按固定期限纳税的小规模纳税人可以选择以 1 个月或 1 个季度为纳税期限,一经选择,1 个会计年度内不得变更。

三、纳税地点

固定业户应当向其机构所在地主管税务机关申报纳税。总机构和分支机构不在同一县(市)的,应当分别向各自所在地的主管税务机关申报纳税;经财政部和国家税务总局或者其授权的财政和税务机关批准,可以由总机构汇总向总机构所在地的主管税务机关申报纳税。

根据税收属地管辖原则,固定业户应当向其机构所在地的主管税务机关申报纳税,这是一般性规定。这里的机构所在地是指纳税人的注册登记地。如果固定业户设有分支机构,且不在同一县(市)的,应当分别向各自所在地的主管税务机关申报纳税。经财政部和国家税务总局或者其授权的财政和税务机关批准,可以由总机构汇总向总机构所在地的主管税务机关申报纳税。

任务二　纳税申报表

一、一般纳税人纳税申报表的填列

(一)纳税申报表主要项目填列方法

(1)第 1 栏"(一)按适用税率计税销售额":填写纳税人本期按一般计税方法计算缴纳增值税的销售额,包含在财务上不作销售但按税法规定应缴纳增值税的视同销售和价外费用的销售额,税务、财政、审计部门检查后按一般计税方法计算调整的销售额。营业税改征增值税的纳税人,服务、不动产和无形资产有扣除项目的,本栏应填写扣除之前的不含税销售额。

(2)第 2 栏"其中:应税货物销售额":填写纳税人本期按适用税率计算增值税的应税货物的销售额,包含在财务上不作销售但按税法规定应缴纳增值税的视同销售货物和价外费用的销售额。

(3)第 3 栏"应税劳务销售额":填写纳税人本期按适用税率计算增值税的应税劳务的销售额。

(4)第 4 栏"纳税检查调整的销售额":填写纳税人因税务、财政、审计部门检查,并按一般计税方法在本期计算调整的销售额。但享受增值税即征即退政策的货物、劳务和服务、不动产、无形资产,经纳税检查属于偷税的,不填入"即征即退项目"列,而应填入"一般项目"列。营业税改征增值税的纳税人,服务、不动产和无形资产有扣除项目的,本栏应填写扣除之前的不含税销售额。

(5)第 5 栏"(二)按简易办法计税销售额":填写纳税人本期按简易计税方法计算增值税的销售额,包含纳税检查调整按简易计税方法计算增值税的销售额。营业税改征增值税的纳税人,服务、不动产和无形资产有扣除项目的,本栏应填写扣除之前的不含税销售额;服务、不动产和无形资产按规定汇总计算缴纳增值税的分支机构,其当期按预征率计算缴纳增值税的销售额也填入本栏。

(6)第 6 栏"其中:纳税检查调整的销售额":填写纳税人因税务、财政、审计部门检查,并按简易计税方法在本期计算调整的销售额。但享受增值税即征即退政策的货物、劳务和服务、不动产、无形资产,经纳税检查属于偷税的,不填入"即征即退项目"列,而应填入"一般项目"列。

(7)第 7 栏"(三)免、抵、退办法出口销售额":填写纳税人本期适用免、抵、退税办法的出口货物、劳务和服务、无形资产的销售额。

(8)第 8 栏"(四)免税销售额":填写纳税人本期按照税法规定免征增值税的销售额和适用零税率的销售额,但零税率的销售额中不包括适用免、抵、退税办法的销售额。

(9)第 9 栏"其中:免税货物销售额":填写纳税人本期按照税法规定免征增值税的货物销售额及适用零税率的货物销售额,但零税率的销售额中不包括适用免、抵、退税办法出口货物的销售额。

(10)第 10 栏"免税劳务销售额":填写纳税人本期按照税法规定免征增值税的劳务销售额及适用零税率的劳务销售额,但零税率的销售额中不包括适用免、抵、退税办法的劳务的销售额。

(11)第 11 栏"销项税额":填写纳税人本期按一般计税方法计税的货物、劳务和服务、不动产、无形资产的销项税额。营业税改征增值税的纳税人，服务、不动产和无形资产有扣除项目的，本栏应填写扣除之后的销项税额。

(12)第 12 栏“进项税额”：填写纳税人本期申报抵扣的进项税额。

(13)第 13 栏“上期留抵税额”：“本月数”按上一税款所属期申报表第 20 栏“期末留抵税额”的“本月数”填写。本栏“一般项目”列“本年累计”不填写。

(14)第 14 栏“进项税额转出”：填写纳税人已经抵扣，但按税法规定本期应转出的进项税额。

(15)第 17 栏“应抵扣税额合计”：填写纳税人本期应抵扣进项税额的合计数。按表中所列公式计算填写。

(二)一般纳税人纳税申报表样式(表 2-1)

表 2-1　增值税及附加税费申报表

(一般纳税人适用)

根据国家税收法律法规及增值税相关规定制定本表。纳税人不论有无销售额，均应按税务机关核定的纳税期限填写本表，并向当地税务机关申报。

税款所属时间：自　年 月 日至　年 月 日　　填表日期：　年 月 日　　金额单位：　元(列至角分)

纳税人识别号(统一社会信用代码)：□□□□□□□□□□□□□□□□□□□□□□□□□　　所属行业：

纳税人名称：		法定代表人姓名		注册地址		生产经营地址	
开户银行及账号		登记注册类型				电话号码	

项目		栏次	一般项目		即征即退项目	
			本月数	本年累计	本月数	本年累计
销售额	(一)按适用税率计税销售额	1				
	其中：应税货物销售额	2				
	应税劳务销售额	3				
	纳税检查调整的销售额	4				
	(二)按简易办法计税销售额	5				
	其中：纳税检查调整的销售额	6				
	(三)免、抵、退办法出口销售额	7			—	—
	(四)免税销售额	8			—	—
	其中：免税货物销售额	9			—	—
	免税劳务销售额	10			—	—

续表 2-1

税款计算	销项税额	11				
	进项税额	12				
	上期留抵税额	13				—
	进项税额转出	14				
	免、抵、退应退税额	15			—	—
	按适用税率计算的纳税检查应补缴税额	16			—	—
	应抵扣税额合计	17＝12＋13－14－15＋16		—		—
	实际抵扣税额	18（如 17＜11，则为 17，否则为 11）				
	应纳税额	19＝11－18				
	期末留抵税额	20＝17－18				—
	简易计税办法计算的应纳税额	21				
	按简易计税办法计算的纳税检查应补缴税额	22			—	—
	应纳税额减征额	23				
	应纳税额合计	24＝19＋21－23				
税款缴纳	期初未缴税额（多缴为负数）	25				
	实收出口开具专用缴款书退税额	26			—	—
	本期已缴税额	27＝28＋29＋30＋31				
	①分次预缴税额	28		—		—
	②出口开具专用缴款书预缴税额	29		—	—	—
	③本期缴纳上期应纳税额	30				
	④本期缴纳欠缴税额	31				
	期末未缴税额（多缴为负数）	32＝24＋25＋26－27				

续表 2-1

税款缴纳	其中：欠缴税额(≥0)	33＝25＋26－27		—		—
	本期应补(退)税额	34＝24－28－29		—		—
	即征即退实际退税额	35	—	—		
	期初未缴查补税额	36			—	—
	本期入库查补税额	37			—	—
	期末未缴查补税额	38＝16＋22＋36－37			—	—
附加税费	城市维护建设税本期应补(退)税额	39			—	—
	教育费附加本期应补(退)费额	40			—	—
	地方教育附加本期应补(退)费额	41			—	—

声明：此表是根据国家税收法律法规及相关规定填写的，本人（单位）对填报内容（及附带资料）的真实性、可靠性、完整性负责。

纳税人（签章）：　　　年　　月　　日

经办人： 经办人身份证号： 代理机构签章： 代理机构统一社会信用代码：	受理人： 受理税务机关（章）：　　受理日期：　　年　　月　　日

二、小规模纳税人纳税申报

(一)小规模纳税人纳税申报表主要项目填列方法

“货物及劳务”与“服务、不动产和无形资产”各项目应分别填写。

(1)第 1 栏“(一)应征增值税不含税销售额(3％征收率)”：填写本期销售货物及劳务、发生应税行为适用 3％征收率的不含税销售额，不包括应税行为适用 5％征收率的不含税销售额、销售使用过的固定资产（不含不动产，下同）和销售旧货的不含税销售额、免税销售额、出口免税销售额、查补销售额。国家税务总局另有规定的除外。

(2)第 2 栏“增值税专用发票不含税销售额”：填写纳税人自行开具和税务机关代开的增值税专用发票销售额合计。

(3)第 3 栏“其他增值税发票不含税销售额”：填写增值税发票管理系统开具的增值税专用发票之外的其他发票不含税销售额。

(4)第 4 栏“(二)应征增值税不含税销售额(5％征收率)”：填写本期发生应税行为适用 5％征收率的不含税销售额。

(5)第 5 栏“增值税专用发票不含税销售额”：填写纳税人自行开具和税务机关代开的增值税专用发票销售额合计。

(6)第 6 栏“其他增值税发票不含税销售额”：填写增值税发票管理系统开具的增值税专用发票之外的其他发票不含税销售额。

(7)第 7 栏“(三)销售使用过的固定资产不含税销售额”：填写销售自己使用过的固定资产和销售旧货的不含税销售额。销售额＝含税销售额/(1＋3％)。

(8)第 8 栏“其中：其他增值税发票不含税销售额”：填写纳税人销售自己使用过的固定资产和销售旧货，在增值税发票管理系统开具的增值税专用发票之外的其他发票不含税销售额。

(9)第 9 栏“(四)免税销售额”：填写销售免征增值税的货物及劳务、应税行为的销售额，不包括出口免税销售额。应税行为有扣除项目的纳税人，填写扣除之后的销售额。

(10)第 15 栏“本期应纳税额”：填写本期按征收率计算缴纳的应纳税额。

(二)小规模纳税人纳税申报表样式(表 2-2)

表 2-2 增值税及附加税费申报表

(小规模纳税人适用)

纳税人识别号(统一社会信用代码)：□□□□□□□□□□□□□□□□□□□□

纳税人名称：　　　　　　　　　　　　　　　　　金额单位：元(列至角分)

税款所属期：　年　月　日至　年　月　日　　　　填表日期：　年　月　日

	项目	栏次	本期数		本年累计	
			货物及劳务	服务、不动产和无形资产	货物及劳务	服务、不动产和无形资产
一、计税依据	(一)应征增值税不含税销售额(3%征收率)	1				
	增值税专用发票不含税销售额	2				
	其他增值税发票不含税销售额	3				
	(二)应征增值税不含税销售额(5%征收率)	4	—		—	
	增值税专用发票不含税销售额	5	—		—	
	其他增值税发票不含税销售额	6	—		—	
	(三)销售使用过的固定资产不含税销售额	7(7≥8)		—		—
	其中：其他增值税发票不含税销售额	8		—		—

续表 2-2

	项目	栏次	本期数		本年累计	
			货物及劳务	服务、不动产和无形资产	货物及劳务	服务、不动产和无形资产
一、计税依据	(四)免税销售额	9=10+11+12				
	其中:小微企业免税销售额	10				
	未达起征点销售额	11				
	其他免税销售额	12				
	(五)出口免税销售额	13(13≥14)				
	其中:其他增值税发票不含税销售额	14				
二、税款计算	本期应纳税额	15				
	本期应纳税额减征额	16				
	本期免税额	17				
	其中:小微企业免税额	18				
	未达起征点免税额	19				
	应纳税额合计	20=15-16				
	本期预缴税额	21			—	—
	本期应补(退)税额	22=20-21			—	—
三、附加税费	城市维护建设税本期应补(退)税额	23				
	教育费附加本期应补(退)费额	24				
	地方教育附加本期应补(退)费额	25				

声明:此表是根据国家税收法律法规及相关规定填写的,本人(单位)对填报内容(及附带资料)的真实性、可靠性、完整性负责。

纳税人(签章):　　年　月　日

经办人: 经办人身份证号: 代理机构签章: 代理机构统一社会信用代码:	受理人: 受理税务机关(章): 受理日期:　　年　月　日

项目三　消费税实务

知识目标

1. 掌握消费税纳税义务人的概念；
2. 掌握消费税的征税范围、税率；
3. 掌握消费税应纳税额的计算方法。

技能目标

1. 能够正确确定消费税的计税依据、税率；
2. 能够正确计算消费税应纳税额；
3. 能够正确填写消费税纳税申报表。

素质目标

1. 养成正确的消费观念和消费方式；
2. 树立自觉纳税、做合格纳税人的观念。

慧思析理

习近平总书记在《扎实推动共同富裕》文章中提到“要加大消费环节税收调节力度，研究扩大消费税征收范围”。

知识结构图

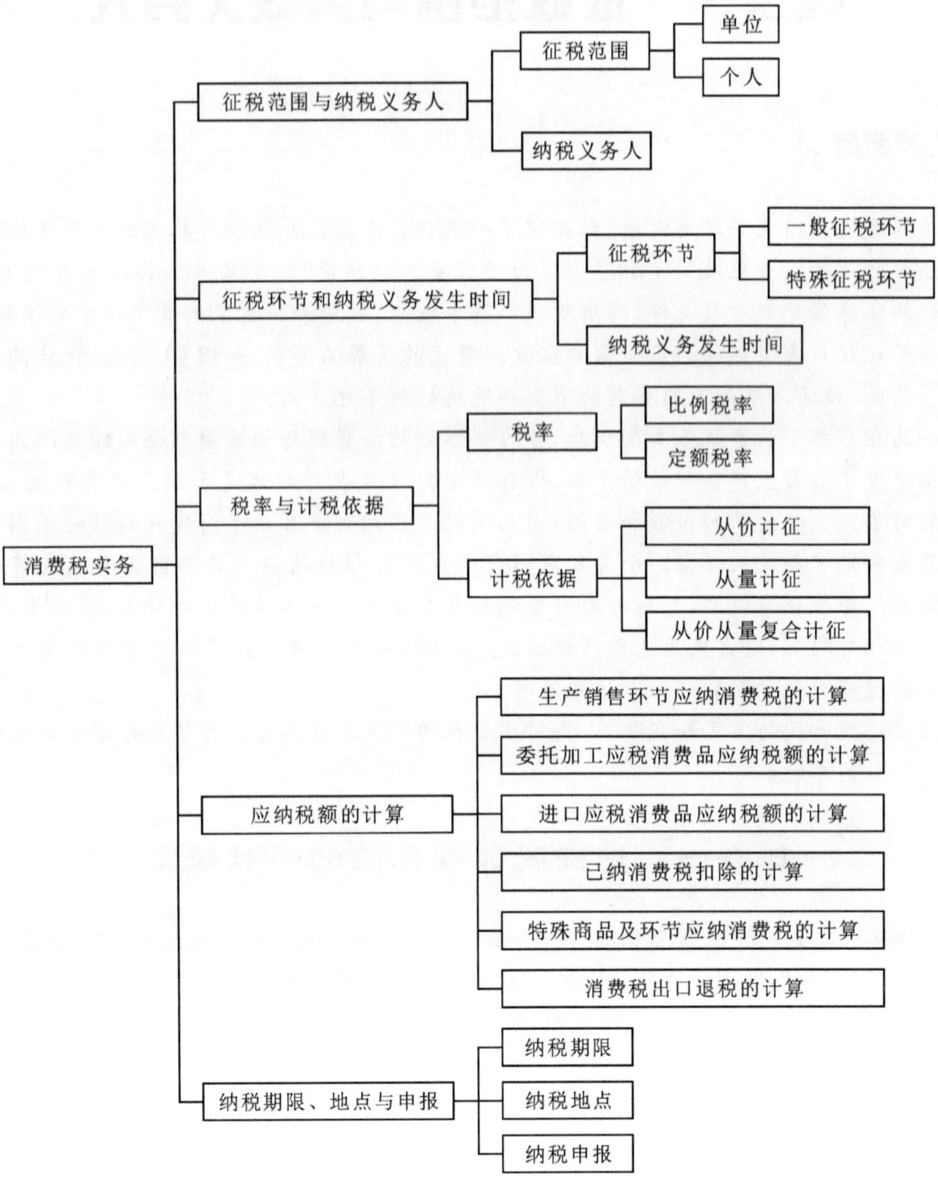
消费税实务
征税范围与纳税义务人
征税范围
单位
个人
纳税义务人
征税环节和纳税义务发生时间
征税环节
一般征税环节
特殊征税环节
纳税义务发生时间
税率与计税依据
税率
比例税率
定额税率
计税依据
从价计征
从量计征
从价从量复合计征
应纳税额的计算
生产销售环节应纳消费税的计算
委托加工应税消费品应纳税额的计算
进口应税消费品应纳税额的计算
已纳消费税扣除的计算
特殊商品及环节应纳消费税的计算
消费税出口退税的计算
纳税期限、地点与申报
纳税期限
纳税地点
纳税申报

模块一　征税范围与纳税义务人

引导案例

某知名酒厂因业务扩展需要，新招聘了一名会计小马。小马拥有扎实的会计基础知识，但对酒类行业的消费税政策了解甚少。为了尽快适应新岗位，小马开始详细研究国家关于消费税的法律法规和政策文件，对消费税的基本概念、税率和征税范围有了初步的了解。她发现消费税税目表中详细列出了需要征收消费税的消费品类别，如烟草、酒类、化妆品、成品油等。同时，她还注意到不同类别的消费品适用的税率也不同。

小马在掌握了消费税基本知识后，努力将学到的消费税知识应用到公司的实际业务中。她仔细核查了公司生产和销售的产品，根据消费税税目表判断其是否属于消费税的征税范围。针对酒厂主要生产的白酒和果酒，小马确定了这两种产品属于消费税的征税范围，并根据税目表确定了相应的税率。小马发现酒厂生产的大部分酒类产品都需要缴纳消费税，而且白酒的消费税税率较高，且白酒的消费税存在从量计征和从价计征两种方式；而果酒的消费税税率相对较低，通常采用从价计征方式。同时，她还积极与公司的资深会计交流，了解她们在处理消费税方面的经验和注意事项。

经过一段时间的学习和实践，小马对消费税的范围和计算方法有了比较深刻的理解，得到了领导和同事的认可。

任务一　消费税征税范围的一般规定

消费税是指对特定消费品和消费行为征收的一种间接税。消费税的征收范围具有较强的选择性，可以在保证国家财政收入的同时调节消费行为，引导消费需求，间接调节收入分配和引导产业结构，因而在保证国家财政收入、体现国家经济政策等方面具有十分重要的意义。

根据2009年1月1日起施行的《消费税暂行条例》的规定，消费税的征收范围为：在中华人民共和国境内生产、委托加工和进口该条例规定的消费品。

《消费税暂行条例》确定的消费品大体上可归为四类：

(1)一些过度消费会对人身健康、社会秩序、生态环境等方面造成危害的特殊消费品，如烟、酒、鞭炮、焰火、涂料、电池等。

(2)非生活必需品，如化妆品、贵重首饰、珠宝玉石等。

(3)高能耗及高档消费品，如摩托车、小汽车等。

(4)不可再生和替代的稀缺资源消费品，如汽油、柴油等。

消费税的征税范围不是一成不变的，随着我国经济的发展，可以根据国家的政策和经济情况及消费结构的变化适当调整。

目前，按照《消费税暂行条例》的规定，列入征收消费税征税范围的税目共有15个，具体如下：

(一)烟

烟是以烟叶为原料加工生产的特殊消费品，包括卷烟、雪茄烟和烟丝。

"烟"税目下设"卷烟"等子目，"卷烟"又分为"甲类卷烟"和"乙类卷烟"。其中，甲类卷烟是指每标准条(200支，下同)调拨价格在70元(含70元，不含增值税)以上的卷烟；乙类卷烟是指每标准条调拨价格在70元(不含增值税)以下的卷烟。为完善消费税制度，促进税制公平、统一，更好地发挥消费税引导健康消费的作用，自2022年11月1日起，电子烟纳入消费税征收范围，在"烟"税目下增设"电子烟"子目。电子烟是指用于产生气溶胶供人抽吸等的电子传输系统，包括烟弹、烟具以及烟弹与烟具组合销售的电子烟产品。烟弹是指含有雾化物的电子烟组件。烟具是指将雾化物雾化为可吸入气溶胶的电子装置。

(二)酒

酒是酒精度在1度以上的各种酒类饮料，包括白酒、黄酒、啤酒和其他酒。

啤酒每吨出厂价(含包装物及包装物押金)在3 000元(含3 000元，不含增值税)以上的是甲类啤酒，每吨出厂价(含包装物及包装物押金)在3 000元(不含增值税)以下的是乙类啤酒。包装物押金不包括重复使用的塑料周转箱的押金。对饮食业、商业、娱乐业举办的啤酒屋(啤酒坊)利用啤酒生产设备生产的啤酒，应当征收消费税。果啤属于啤酒，按啤酒征收消费税。

配制酒(露酒)是指以发酵酒、蒸馏酒或食用酒精为酒基，加入可食用或药食两用的辅料或食品添加剂，进行调配、混合或再加工制成并改变了其原酒基风格的饮料酒。具体规定如下：

(1)以蒸馏酒或食用酒精为酒基，具有国家相关部门批准的国食健字或卫食健字文号并且酒精度低于38度(含)的配制酒，按消费税税目税率表"其他酒"10%的适用税率征收消费税。

(2)以发酵酒为酒基，酒精度低于20度(含)的配制酒，按消费税税目税率表"其他酒"10%的适用税率征收消费税。

(3)其他配制酒，按消费税税目税率表中"白酒"的适用税率征收消费税。

葡萄酒消费税适用"酒"税目下设的"其他酒"子目。葡萄酒是指以葡萄为原料，经破碎(压榨)、发酵而成的酒精度在1度(含)以上的葡萄原酒和成品酒(不含以葡萄为原料的蒸馏酒)。

(三)高档化妆品

本税目征收范围包括高档美容、修饰类化妆品，高档护肤类化妆品和成套化妆品。

美容、修饰类化妆品是指香水、香水精、香粉、口红、指甲油、胭脂、眉笔、唇笔、蓝眼油、眼睫毛。舞台、戏剧、影视演员化妆用的上妆油、卸妆油、油彩，不属于本税目的征收范围。

高档护肤类化妆品的征收范围另行制定。

(四)贵重首饰及珠宝玉石

本税目征收范围包括各种金银珠宝首饰和经采掘、打磨、加工的各种珠宝玉石。

(1)金银珠宝首饰包括以金、银、白金、宝石、珍珠、钻石、翡翠、珊瑚、玛瑙等高贵稀有物质以及其他金属、人造宝石等制作的各种纯金银首饰及镶嵌首饰和经采掘、打磨、加工的各种珠宝玉石。

(2)珠宝玉石的种类包括钻石、珍珠、松石、青金石、欧泊石、橄榄石、长石、玉、石英、玉髓、石榴石、尖晶石、黄玉、金绿玉、绿柱石、刚玉、珊瑚、煤玉、龟甲、合成刚玉、合成宝石、双合石、玻璃仿制品。

宝石坯是经采掘、打磨、初级加工的珠宝玉石半成品，因此，对宝石坯应按规定征收消费税。

(五)鞭炮、焰火

鞭炮、焰火的征收范围包括各种鞭炮、焰火。体育上用的发令纸、鞭炮引线，不按本税目征税。

(六)成品油

本税目包括汽油、柴油、石脑油、溶剂油、航空煤油、润滑油、燃料油七个子目。

(1)汽油是轻质石油产品的一大类，指以原油或其他原料加工生产的辛烷值不小于66的可用作汽油发动机燃料的各种轻质油。甲醇汽油、乙醇汽油属于消费税征税范围。

(2)柴油是指用原油或其他原料加工生产的倾点或凝点在－50～30℃的可用作柴油发动机燃料的各种轻质油，及以柴油组分为主，经调和精制可用作柴油发动机燃料的非标油。

以柴油、柴油组分调和生产的生物柴油也属于本税目征收范围。

经国务院批准，从2009年1月1日起，对同时符合下列条件的纯生物柴油免征消费税：

①生产原料中废弃的动物油和植物油用量所占比重不低于70％。

②生产的纯生物柴油符合国家《柴油机燃料调合生物柴油(BD100)》标准。

(3)石脑油又叫化工轻油，是以原油或其他原料加工生产的用于化工原料的轻质油。

石脑油的征收范围包括除汽油、柴油、航空煤油、溶剂油以外的各种轻质油。非标汽油、重整生成油、拔头油、戊烷原料油、轻裂解料(减压柴油VGO和常压柴油AGO)、重裂解料、加氢裂化尾油、芳烃抽余油均属轻质油，属于石脑油征收范围。

(4)溶剂油是用原油或其他原料加工生产的用于涂料、油漆、食用油、印刷油墨、皮革、农药、橡胶、化妆品生产和机械清洗、胶粘行业的轻质油。

橡胶填充油、溶剂油原料属于溶剂油征收范围。

(5)航空煤油也叫喷气燃料，是以原油或其他原料加工生产的用于喷气发动机和喷气推进系统中作为能源的石油燃料。

航空煤油的消费税暂缓征收(从2023年6月30日开始，对航天煤油参照航空煤油暂缓征收消费税)。

(6)润滑油是用原油或其他原料加工生产的用于内燃机、机械加工过程的润滑产品。

润滑油分为矿物性润滑油、植物性润滑油、动物性润滑油和化工原料合成润滑油。润滑油征收范围包括矿物性润滑油、矿物性润滑油基础油、植物性润滑油、动物性润滑油和化工原料合成润滑油。以植物性、动物性和矿物性基础油(或矿物性润滑油)混合掺配而成的“混合性”润滑油，不论矿物性基础油(或矿物性润滑油)所占比例高低，均属于润滑油征收范围。

另外，用原油或其他原料加工生产的用于内燃机、机械加工过程的润滑产品均属于润滑油征税范围。润滑脂是润滑产品，生产、加工润滑脂应当征收消费税。变压器油、导热类油等绝缘油类产品不属于润滑油，不征收消费税。

（7）燃料油也称重油、渣油，是用原油或其他原料加工生产，主要用作电厂发电、锅炉用燃料、加热炉燃料、冶金和其他工业炉燃料。蜡油、船用重油、常压重油、减压重油、180CTS燃料油、7号燃料油、糠醛油、工业燃料、4～6号燃料油等油品的主要用途是作为燃料燃烧，属于燃料油征收范围。

（七）小汽车

小汽车是指由动力驱动，具有4个或4个以上车轮的非轨道承载的车辆。征收范围包括：

（1）乘用车：含驾驶员座位在内最多不超过9个座位（含）的，在设计和技术特性上用于载运乘客和货物的各类乘用车。

（2）中轻型商用客车：含驾驶员座位在内的座位数在10～23座（含23座）的，在设计和技术特性上用于载运乘客和货物的各类中轻型商用客车。

（3）超豪华小汽车：每辆零售价格在130万元（不含增值税）及以上的乘用车和中轻型商用客车。

电动汽车不属于本税目征收范围。车身长度大于7米（含），并且座位在10～23座（含）以下的商用客车，不属于中轻型商用客车征税范围，不征收消费税。沙滩车、雪地车、卡丁车、高尔夫车不属于消费税征收范围，不征收消费税。

（八）摩托车

摩托车包括轻便摩托车和摩托车两种。

气缸容量250毫升（不含）以下的小排量摩托车不征收消费税。

（九）高尔夫球及球具

高尔夫球及球具是指从事高尔夫球运动所需的各种专用装备，包括高尔夫球、高尔夫球杆及高尔夫球包（袋）等。

本税目征收范围包括高尔夫球、高尔夫球杆、高尔夫球包（袋）。高尔夫球杆的杆头、杆身和握把属于本税目的征收范围。

（十）高档手表

高档手表是指销售价格（不含增值税）每只在10 000元（含）以上的各类手表。

本税目征收范围包括符合以上标准的各类手表。

（十一）游艇

游艇是指长度大于8米、小于90米，船体由玻璃钢、钢、铝合金、塑料等多种材料制作，可以在水上移动的水上浮载体。

（十二）木制一次性筷子

木制一次性筷子又称卫生筷子，是指以木材为原料，经过锯段、浸泡、旋切、刨切、烘干、筛选、打磨、包装等环节加工而成的各类一次性使用的筷子。本税目征收范围包括各种规格的木制一次性筷子。未经打磨、倒角的木制一次性筷子属于本税目征税范围。

（十三）实木地板

实木地板是指以木材为原料，经锯割、干燥、刨光、截断、涂漆等工序加工而成的块状或条状的地面装饰材料。未经涂饰的素板属于本税目征税范围。

(十四)电池

电池,是一种将化学能、光能等直接转换为电能的装置,一般由电极、电解质、容器、极端,通常还有隔离层组成的基本功能单元,以及用一个或多个基本功能单元装配成的电池组。本税目征收范围包括原电池、蓄电池、燃料电池、太阳能电池和其他电池。

自2015年2月1日起对电池(铅蓄电池除外)征收消费税;对无汞原电池、金属氢化物镍蓄电池(又称氢镍蓄电池或镍氢蓄电池)、锂原电池、锂离子蓄电池、太阳能电池、燃料电池、全钒液流电池免征消费税。2015年12月31日前对铅蓄电池缓征消费税;自2016年1月1日起,对铅蓄电池按4%的税率征收消费税。

(十五)涂料

涂料是指涂于物体表面,能形成具有保护、装饰或特殊性能的固态涂膜的一类液体或固体材料的总称。自2015年2月1日起对涂料征收消费税,施工状态下挥发性有机物(Volatile Organic Compounds,VOC)含量低于420克/升(含)的涂料免征消费税。

情境分析3-1

1.任务要求

小赵入职的山东凯特有限责任公司当月发生如下业务:

(1)5日,销售自己制造的高尔夫球具100副。

(2)8日,销售羽毛球具200副。

(3)12日,从韩国进口高尔夫球具50副。

(4)15日,负责安装滨州新城瑜伽馆350平方米运动场地,收取安装费。

(5)20日,运送瑜伽设备到滨州新城瑜伽馆,收取运费。

(6)25日,委托滨州南洋木器公司加工高尔夫球1 000个。

请帮助小赵找出需要缴纳消费税的业务。

2.任务实施

任务(1)需要缴纳消费税。

任务(2)不需要缴纳消费税。

任务(3)需要缴纳消费税。

任务(4)不需要缴纳消费税。

任务(5)不需要缴纳消费税。

任务(6)需要缴纳消费税。

3.任务释疑

任务(1)涉及的商品属于消费税15项税目的第9项高尔夫球具,并且属于在我国境内生产,符合"在中华人民共和国境内生产15种消费品中第9项高尔夫球及球具的行为",应当缴纳消费税。

任务(2)涉及的羽毛球具不属于15种消费税应税商品,不需要缴纳消费税。

任务(3)涉及的高尔夫球具是15种消费税应税商品之一,并且进口属于税法规定的应纳消费税的行为,应当缴纳消费税。

任务(4)涉及的是安装劳务,与15种消费税应税商品无关,不需要缴纳消费税。

任务(5)涉及的是运输劳务,与15种消费税应税商品无关,不需要缴纳消费税。

任务(6)涉及的高尔夫球属于15种消费税应税商品之一,应当缴纳消费税。

任务二 消费税的纳税义务人

在中华人民共和国境内生产、委托加工和进口《消费税暂行条例》规定的消费品的单位和个人,以及国务院确定的销售《消费税暂行条例》规定的消费品的其他单位和个人,为消费税的纳税人,应当依照《消费税暂行条例》等法律规范缴纳消费税。

"单位",是指企业、行政单位、事业单位、军事单位、社会团体及其他单位。

"个人",是指个体工商户及其他个人。

"在中华人民共和国境内",是指生产、委托加工和进口属于应当缴纳消费税的消费品的起运地或者所在地在境内。

模块二　消费税的征税环节和纳税义务发生时间

引导案例

作为新入职的某知名酒厂的办税员，经过一段时间的努力，小马对消费税政策有了较深入的了解，但要想成功地将理论知识应用到实际业务中，小马还需要深入了解消费税的征税环节和纳税义务发生时间。

小马首先对消费税的征税环节进行了学习。她了解到消费税是针对特定消费品在特定环节征收的一种税，旨在调节消费结构，引导合理消费。小马通过研读国家关于消费税的相关法规和政策文件了解到，消费税的征税环节通常包括生产环节、委托加工环节、进口环节。对于某些特定的消费品，如高档化妆品、贵重首饰等，在生产环节就需要缴纳消费税；当企业委托其他单位加工应税消费品时，由受托方在向委托方交货时代收代缴消费税；对于进口的应税消费品，在进口环节需要缴纳消费税。另外，对于某些特定消费品，如金银首饰、钻石及钻石饰品等，在零售环节也需要缴纳消费税。小马特别关注了酒类商品的消费税政策，并与酒厂的生产部门、销售部门和采购部门进行了沟通。她了解到酒厂生产的酒类产品主要在生产环节缴纳消费税，而进口的原材料和半成品在进口环节也需要缴纳消费税。

通过学习和实践，小马对消费税的征税环节有了更加清晰的认识。她意识到，在办理税务事务时，需要准确判断产品的征税环节，并按照相应的税率和规定进行税务处理。

任务一　消费税的征税环节

一、一般征税环节——生产、进口、委托加工环节

除在零售、批发环节纳税的消费品外，一般消费品在生产环节、进口环节及委托加工环节征收消费税。

(一)生产和进口环节

(1)生产的应税消费品，于对外销售时纳税。

(2)进口应税消费品，于报关进口时缴纳消费税。

提示：电子烟的征税环节仅包括生产(进口)和批发环节，而不包括“委托加工”环节。通过代加工方式生产电子烟的，应由持有商标的企业缴纳消费税。只从事代加工电子烟产品业务的企业不属于纳税人。

(二)委托加工环节

委托加工的应税消费品，除受托方为个人外，由受托方在向委托方交货时代收代缴

税款。

委托加工的定义：委托方提供原料和主要材料，受托方只收取加工费和代垫部分辅助材料加工的应税消费品。

以下情况不属于“委托加工”应税消费品：

(1)受托方提供原材料生产的应税消费品；

(2)受托方先将原材料卖给委托方，然后再接受加工的应税消费品；

(3)受托方以委托方名义购进原材料生产的应税消费品。

二、特殊征税环节——零售环节

(一)金银首饰——“仅”在零售环节征收消费税

(1)金银首饰具体包括金基、银基合金首饰，以及金、银和金基、银基合金的镶嵌首饰(不含镀金和包金首饰)，铂金首饰，钻石及钻石饰品。

将金银首饰用于馈赠、赞助、集资、广告样品、职工福利、奖励等方面，应视同发生零售情况，缴纳消费税。

(2)金银首饰与其他产品组成成套消费品销售的，应全额征收消费税。金银首饰连同包装物销售的，无论包装物如何计价、核算，均应并入金银首饰的销售额，计征消费税。

(3)对于既销售金银首饰，又销售非金银首饰的生产、经营单位，应将两类商品划分清楚，分别核算销售额。凡划分不清楚或不能分别核算的，在零售环节销售的，一律按金银首饰征收消费税；在生产环节销售的，一律从高适用税率征收消费税。

(二)超豪华小汽车——在零售环节“加”征一道消费税

(1)超豪华小汽车：每辆不含增值税零售价格130万元及以上。

超豪华小汽车在生产、进口、委托加工环节仍然正常缴纳消费税。

(2)纳税人为直接将超豪华小汽车零售给消费者的单位和个人。

三、特殊征税环节——批发环节

(一)卷烟——在批发环节“加”征一道消费税

(1)卷烟在生产、进口、委托加工环节仍然正常缴纳消费税。

(2)批发企业将卷烟销售给其他批发企业的，属于批发环节内调拨，不征收消费税。只有批发企业将卷烟销售给零售企业，才加征批发环节的消费税。

(二)电子烟——在批发环节“加”征一道消费税

电子烟在批发环节加征一道从价计征的消费税。纳税人为取得烟草专卖批发企业许可证并经营电子烟批发业务的企业。

知识技能辨析3-1

1.任务要求·单选题

根据消费税法律制度的规定，下列选项中不需要征收消费税的是(　　)。

A.进口电子烟　　　　B.零售高档化妆品

C.零售超豪华小汽车　　　　D.零售金银首饰

2.任务实施

正确答案：B

3.任务释疑

本题考查消费税的征收环节。高档化妆品在零售环节不征收消费税。选项 ACD 均应征收消费税。

任务二　消费税纳税义务发生时间

纳税人生产的应税消费品于销售时纳税，进口消费品应当于应税消费品报关进口环节纳税，但金银首饰、钻石及钻石饰品在零售环节纳税。消费税纳税义务发生的时间，以货款结算方式或行为发生时间分别确定。

(1)纳税人销售的应税消费品，其纳税义务发生时间为：

①纳税人采取赊销和分期收款结算方式的，其纳税义务发生时间为销售合同约定的收款日期的当天；书面合同没有约定收款日期或者无书面合同的，为发出应税消费品的当天。

②纳税人采取预收货款结算方式的，其纳税义务发生时间为发出应税消费品的当天。

③纳税人采取托收承付和委托银行收款方式销售的应税消费品，其纳税义务发生时间为发出应税消费品并办妥托收手续的当天。

④纳税人采取其他结算方式的，其纳税义务发生时间为收讫销售款或者取得索取销售款的凭据的当天。

(2)纳税人自产自用的应税消费品，其纳税义务发生时间为移送使用的当天。

(3)纳税人委托加工的应税消费品，其纳税义务发生时间为纳税人提货的当天。

(4)纳税人进口的应税消费品，其纳税义务发生时间为报关进口的当天。

情境分析 3-2

1.任务要求

红旗卷烟厂 1 月的经济业务如下：

(1)1 月 5 日，完工红旗牌卷烟 1 000 箱，已验收入库；

(2)1 月 10 日，销售红旗牌卷烟 500 箱给东岳烟草批发公司；

(3)1 月 15 日，从英国进口雪茄烟 300 箱；

(4)1 月 18 日，运送烟丝 2 吨到山东鲁烟集团公司，委托其加工卷烟；

(5)1 月 25 日，从山东鲁烟集团公司收回委托加工的卷烟 400 箱；

(6)1 月 26 日，批发给东岳烟草批发公司卷烟 500 箱。

要求：确认上述业务的消费税纳税环节或者纳税义务发生时间。

2.任务实施

任务(1)：税法规定纳税人生产的应税消费品，于纳税人销售时纳税。红旗牌卷烟 1 000 箱验收入库，尚未销售，未发生消费税纳税义务。

任务(2)：销售红旗牌卷烟 500 箱给东岳烟草批发公司属于生产环节，产生消费税纳税义务。

任务(3)：从英国进口雪茄烟 300 箱属于进口环节，产生消费税纳税义务。

任务(4)：运送烟丝 2 吨到山东鲁烟集团公司，委托其加工卷烟，未收回，不产生消费税纳税义务。

任务(5):从山东鲁烟集团公司收回委托加工的卷烟400箱,在受托方向委托方交货时产生消费税纳税义务。

任务(6):批发给东岳烟草批发公司卷烟500箱属于批发环节,根据2009年5月26日《财政部 国家税务总局关于调整烟产品消费税政策的通知》,产生消费税纳税义务。

模块三　消费税税率与计税依据

引导案例

在深入了解了消费税的征税环节后，酒厂的办税员小马开始参与酒厂的税款计算工作。但小马对消费税政策(特别是酒类产品的计税依据和税率)尚不熟悉。

为了深入理解消费税的计税依据与税率，小马详细研读了国家税务总局发布的关于消费税的政策文件。她了解到，消费税的计税依据主要包括销售额和销售数量两种，具体取决于应税消费品的种类和税法规定。在税率方面，小马发现消费税税率因消费品的不同而有所差异。例如，白酒、红酒、葡萄酒、啤酒、黄酒等酒类商品，以及烟草、化妆品等其他应税消费品，都有各自特定的税率。为了将消费税知识应用到实际工作中，小马与酒厂的产品部门和销售部门进行了沟通，了解了酒厂生产的各类酒品的销售情况，确定了相关产品的销售额和销售数量。在学习和实践过程中，小马还发现对于白酒不仅要以销售额为计税依据，还要以每500克为一个单位作为销售数量的计税依据复合计算。另外，不同种类的酒品，因为规格、包装的不同可能会有不同的税率或计税依据。因此，在实际操作中，小马仔细核对了产品的详细信息，确保计税依据和税率的准确性。

通过深入学习和实践，小马对消费税的计税依据与税率有了全面而准确的理解。她能够熟练地将消费税知识应用到实际工作中，为酒厂的税务管理提供了有力支持。同时，她也提升了自己的专业素养和综合能力，为未来的职业发展奠定了坚实基础。

任务一　消费税税率

消费税采用比例税率和定额税率两种形式，以适应不同应税消费品的实际情况。消费税根据不同的税目或子目确定相应的税率或单位税额。大部分应税消费品适用比例税率。例如，烟丝的税率为30%，摩托车的税率为3%等；黄酒、啤酒、成品油按单位重量或单位体积确定单位税额；卷烟、白酒采用比例税率和定额税率双重征收形式。

消费税税目税率表见表3-1。

表3-1　消费税税目税率表

项　目	税率
一、烟	
1.卷烟	
(1)甲类卷烟(生产或进口环节)	56%加0.003元/支
(2)乙类卷烟(生产或进口环节)	36%加0.003元/支
(3)批发环节	11%加0.005元/支

续表 3-1

项　目	税率
2.雪茄烟	36%
3.烟丝	30%
4.电子烟	
生产(进口)环节	36%
批发环节	11%
二、酒	
1.白酒	20%加 0.5 元/500 克(或者 500 毫升)
2.黄酒	240 元/吨
3.啤酒	
(1)甲类啤酒	250 元/吨
(2)乙类啤酒	220 元/吨
4.其他酒	10%
三、高档化妆品	15%
四、贵重首饰及珠宝玉石	
1.金银首饰、铂金首饰和钻石及钻石饰品(零售环节)	5%
2.其他贵重首饰和珠宝玉石	10%
五、鞭炮、焰火	15%
六、成品油	
1.汽油	1.52 元/升
2.柴油	1.2 元/升
3.航空煤油	1.2 元/升
4.石脑油	1.52 元/升
5.溶剂油	1.52 元/升
6.润滑油	1.52 元/升
7.燃料油	1.2 元/升
七、小汽车	
1.乘用车	
(1)气缸容量(排气量,下同)在 1.0 升(含 1.0 升)以下的	1%
(2)气缸容量在 1.0 升以上至 1.5 升(含 1.5 升)的	3%
(3)气缸容量在 1.5 升以上至 2.0 升(含 2.0 升)的	5%
(4)气缸容量在 2.0 升以上至 2.5 升(含 2.5 升)的	9%

续表 3-1

项　　目	税率
(5)气缸容量在 2.5 升以上至 3.0 升(含 3.0 升)的	12%
(6)气缸容量在 3.0 升以上至 4.0 升(含 4.0 升)的	25%
(7)气缸容量在 4.0 升以上的	40%
2.中轻型商用客车	5%
3.超豪华小汽车(零售环节)	10%
八、摩托车	
1.气缸容量为 250 毫升的	3%
2.气缸容量为 250 毫升以上的	10%
九、高尔夫球及球具	10%
十、高档手表	20%
十一、游艇	10%
十二、木制一次性筷子	5%
十三、实木地板	5%
十四、电池	4%
十五、涂料	4%

情境分析 3-3

1.任务要求

红旗卷烟厂的主要产品和业务如下：

(1)调拨价 80 元每条的泰岳牌香烟；

(2)调拨价 70 元每条的东云牌香烟；

(3)调拨价 44 元每条的鲁烟；

(4)批发给东岳烟草批发公司泰岳牌香烟。

要求：请帮助小赵确认上述产品和业务的消费税税率。

2.任务实施

(1)调拨价 80 元每条的泰岳牌香烟，消费税税率为 56%加 0.003 元/支；

(2)调拨价 70 元每条的东云牌香烟，消费税税率为 56%加 0.003 元/支；

(3)调拨价 44 元每条的鲁烟，消费税税率为 36%加 0.003 元/支；

(4)批发给东岳烟草批发公司泰岳牌香烟，消费税税率为 11%加 0.005 元/支。

任务二　消费税计税依据

按照现行消费税法的基本规定，消费税应纳税额的计算分为从价计征、从量计征和从价从量复合计征三类。

一、从价计征

在从价定率计算方法下，应纳消费税税额等于销售额乘以适用税率。基本计算公式为：

应纳税额＝应税消费品的销售额×适用税率

（一）销售额

销售额为纳税人销售应税消费品向购买方收取的全部价款和价外费用，不包括向购买方收取的增值税税款。

（二）价外费用

价外费用是指价外收取的基金、集资费、返还利润、补贴、违约金（延期付款利息）和手续费、包装费、包装物租金、储备费、优质费、运输装卸费、代收款项、代垫款项以及其他各种性质的价外收费。

下列项目不包括在价外费用内：

（1）承运部门的运费发票开具给购货方的，且纳税人将该项发票转交给购货方的代垫运费。

（2）符合条件的代为收取的政府性基金或行政事业性收费。

（3）包装物与包装物押金。

实行从价定率办法计算应纳税额的应税消费品连同包装销售的，不论包装是否单独计价，也不论在会计上如何核算，均应并入应税消费品的销售额中征收消费税。如果包装物不作价随同产品销售，而是收取押金，则此项押金不应并入应税消费品的销售额中征税。但对因逾期未收回的包装物不再退还的或者已收取的时间超过 12 个月的押金，并入应税消费品的销售额，按照应税消费品的适用税率缴纳消费税。

对既作价随同应税消费品销售，又另外收取押金的包装物的押金，凡纳税人在规定的期限内没有退还的，均应并入应税消费品的销售额，按照应税消费品的适用税率缴纳消费税。

对销售啤酒、黄酒以外的其他酒类产品而收取的包装物押金，无论是否返还以及会计上如何核算，均应并入当期销售额征税。

白酒生产企业向商业销售单位收取的“品牌使用费”是随着应税白酒的销售而向购货方收取的，属于应税白酒销售价款的组成部分，因此，不论企业采取何种方式或以何种名义收取价款，均应并入白酒的销售额中缴纳消费税。

纳税人销售的应税消费品，以外汇结算销售额的，其销售额的人民币折合率可以选择结算的当天或者当月 1 日的国家外汇牌价（原则上为中间价）。纳税人应事先确定采取何种折合率，确定后 1 年内不得变更。

（三）含增值税销售额的换算

应税消费品在缴纳消费税的同时，与一般货物一样，还应缴纳增值税。按照《消费税暂行条例实施细则》的规定，应税消费品的销售额不包括应向购货方收取的增值税税款。如果纳税人应税消费品的销售额中未扣除增值税税款或者因不得开具增值税专用发票而发生价款和增值税税款合并收取的，在计算消费税时，应将含增值税的销售额换算为不含增值税税款的销售额。其换算公式为：

应税消费品的销售额＝含增值税的销售额÷（1＋增值税税率或征收率）

在使用换算公式时，应根据纳税人的具体情况分别使用增值税税率或征收率。如果消费税的纳税人是增值税一般纳税人，应适用13%的增值税税率；如果消费税的纳税人是增值税小规模纳税人，应适用3%的征收率。

情境分析 3-4

1. 任务要求

山东丽美化妆品公司为增值税一般纳税人。7月15日，其向滨州金座商场销售化妆品一批，开具增值税专用发票，取得不含增值税销售额300 000元，增值税税额为51 000元；7月20日，其向某单位销售化妆品一批，开具普通发票，取得含增值税销售额46 800元。计算该化妆品生产企业上述业务应缴纳的消费税税额。

2. 任务实施

化妆品的应税销售额＝300 000＋46 800÷(1＋13%)＝341 415.93(元)

应缴纳的消费税税额＝341 415.93×15%＝51 212.39(元)

3. 任务释疑

销售化妆品，取得含税销售额。在计算应纳消费税时，应先把含税销售额换算成不含税销售额，然后进行计算。

二、从量计征

在从量定额计算方法下，应纳税额等于应税消费品的销售数量与单位税额的乘积。基本计算公式为：

应纳税额＝应税消费品的销售数量×单位税额

应纳税额的多少取决于应税消费品的销售数量和单位税额两个因素。

(一)销售数量的确定

销售数量是指纳税人生产、加工和进口应税消费品的数量。具体规定为：

(1)销售应税消费品的，为应税消费品的销售数量。

(2)自产自用应税消费品的，为应税消费品的移送使用数量。

(3)委托加工应税消费品的，为纳税人收回的应税消费品数量。

(4)进口应税消费品的，为海关核定的应税消费品进口征税数量。

(二)计量单位的换算标准

《消费税暂行条例》规定，黄酒、啤酒是以吨为税额单位的；汽油、柴油是以升为税额单位的。但是，考虑到在实际销售过程中，一些纳税人会把吨或升这两个计量单位混用，为了规范不同产品的计量单位，以准确计算应纳税额，吨与升两个计量单位的换算标准见表3-2。

表3-2 吨、升换算表

名称	计量单位的换算标准	名称	计量单位的换算标准
啤酒	1吨＝988升	汽油	1吨＝1 388升
黄酒	1吨＝962升	柴油	1吨＝1 176升
石脑油	1吨＝1 385升	溶剂油	1吨＝1 282升
润滑油	1吨＝1 126升	燃料油	1吨＝1 015升
航空煤油	1吨＝1 246升		

情境分析 3-5

1. 任务要求

山东省滨州飞鹿汽车股份公司为增值税一般纳税人，11 月发生以下业务：

(1)销售给山东青岛汽车销售总公司自己生产的金鹿牌 1.6 升汽车 100 辆，不含税单价为 60 000 元，开具增值税专用发票；

(2)销售给山东星月酒店黄酒 5 吨。

要求：计算该纳税人当月应纳消费税。

2. 任务实施

(1)消费税＝60 000×100×5％＝300 000(元)

(2)消费税＝5×240＝1 200(元)

3. 任务释疑

气缸容量在 1.5 升以上至 2.0 升(含 2.0 升)的汽车的消费税税率为 5％，黄酒的消费税税率为每吨 240 元。

三、从价从量复合计征

现行消费税的征税范围中，只有卷烟、白酒采用复合计征方法。应纳税额等于应税销售数量乘以定额税率再加上应税销售额乘以比例税率。

基本计算公式为：

应纳税额＝应税销售数量×定额税率＋应税销售额×比例税率

生产销售卷烟、白酒的从量定额计税依据为实际销售数量。进口、委托加工、自产自用卷烟、白酒的从量定额计税依据分别为海关核定的进口征税数量、委托方收回数量、移送使用数量。

知识技能辨析 3-2

1. 任务要求·单选题

甲酒厂为增值税一般纳税人，3 月销售白酒 50 吨，取得含增值税销售额 3 480 000 元。已知增值税税率为 13％，白酒消费税比例税率为 20％，定额税率为 0.5 元/500 克。

甲酒厂当月应当缴纳消费税税额的下列计算式中，正确的是(　　)。

A. 3 480 000×20％＝696 000(元)

B. 3 480 000÷(1＋13％)×20％＝615 929.20(元)

C. 3 480 000÷(1＋13％)×20％＋50×2 000×0.5＝665 929.20(元)

D. 3 480 000×20％＋50×2 000×0.5＝746 000(元)

2. 任务解答

正确答案：C

3. 任务释疑

本题考查复合计税方式下应纳消费税的计算。白酒实行从价从量复合计征消费税。在计算消费税时，应将含增值税的销售额换算为不含增值税税款的销售额。

模块四　消费税应纳税额的计算

引导案例

在深入了解了消费税的税率和计税依据后，酒厂的办税员小马了解到要准确处理相关税务事务，还必须掌握消费税的计算方法。

小马首先通过查阅消费税相关的税法文件和教材，学习了消费税的计算规则和方法。她了解到大部分应税消费品的消费税的计算公式为：应纳消费税税额＝销售额×税率。但有少部分应税消费品按数量计算，比如黄酒、啤酒的消费税的计算公式为：应纳消费税＝销售数量×单位税额。特别是对于白酒，不仅要计算销售额部分的消费税，还要计算销售数量部分的消费税，最后两者加总才是白酒的消费税。在计算本厂酒类产品的消费税的过程中，小马特别关注了销售额的确定，确保按照税法规定准确计算税款。同时，她还与同事进行了交流，对计算结果进行了复核，以确保计算的准确性。

通过深入学习和实践，小马掌握了消费税的计算方法，并能够准确计算酒类商品应缴纳的消费税税额。她的工作得到了领导和同事的认可，这为她独立承担酒厂的消费税的税务工作提供了有力支持。

任务一　应纳消费税的计算

一、生产销售环节应纳消费税的计算

纳税人在生产销售环节应缴纳的消费税包括直接对外销售应税消费品应缴纳的消费税和自产自用应税消费品应缴纳的消费税。

（一）直接对外销售应纳消费税的计算

直接对外销售应税消费品涉及三种计算方法：

1. 从价定率计算

在从价定率计算方法下，应纳消费税税额等于销售额乘以比例税率。基本计算公式为：

应纳消费税税额＝应税消费品的销售额×比例税率

情境分析 3-6

1. 任务要求

山东艺名化妆品生产企业为增值税一般纳税人。2024 年 2 月 15 日向山东某大型商场销售高档化妆品一批，开具增值税专用发票，取得不含增值税销售额 100 万元，增值税税额为 13 万元；2 月 20 日向某单位销售高档化妆品一批，开具普通发票，取得含增值税销售额 4.64万元。已知高档化妆品适用的消费税税率为 15%。请计算山东艺名化妆品生产企业上述业务应纳消费税税额。

2. 任务实施

化妆品的应税销售额＝100＋4.64÷(1＋13%)＝104.11(万元)

应纳消费税税额＝104.11×15%＝15.62(万元)

3. 任务释疑

在计算应纳消费税税额时，应先把含增值税的销售额换算为不含税的销售额，然后根据消费税适用税率计算。

2. 从量定额计算

在从量定额计算方法下，应纳消费税税额等于应税消费品的销售数量乘以定额税率。基本计算公式为：

应纳消费税税额＝应税消费品的销售数量×定额税率

情境分析 3-7

1. 任务要求

鲁东啤酒厂 2024 年 1 月销售啤酒 100 吨，取得不含增值税销售额 30 万元，增值税税款为 3.9 万元，另收取包装物押金 2 万元。请计算该啤酒厂应纳消费税税额。

2. 任务实施

每吨啤酒出厂价＝[30＋2÷(1＋13%)]×10 000÷100＝3 176.99(元)，该值大于 3 000 元，该业务属于销售甲类啤酒，适用定额税率为每吨 250 元。

应纳消费税税额＝销售数量×定额税率＝100×250＝25 000(元)

3. 任务释疑

计算啤酒厂应纳消费税税额时，应先确定销售的啤酒属于甲类啤酒还是乙类啤酒，然后根据适用的定额税率计算应纳消费税税额。

3. 从价定率和从量定额复合计算

现行消费税的征税范围中，只有卷烟、白酒采用复合计算方法。基本计算公式为：

应纳消费税税额＝应税消费品的销售数量×定额税率
＋应税消费品的销售额×比例税率

情境分析 3-8

1. 任务要求

鲁东酒厂 2024 年 2 月销售白酒 100 吨，取得不含增值税销售额 400 万元。请计算鲁东酒厂 2 月应缴纳的消费税税额。

2. 任务实施

应纳消费税税额＝100×2 000×0.000 05＋400×20%＝90(万元)

3. 任务释疑

白酒适用的比例税率为 20%，定额税率为 0.5 元/500 克。

(二)自产自用应纳消费税的计算

自产自用，就是纳税人生产应税消费品后，不是用于直接对外销售，而是用于自己连续生产应税消费品或用于其他方面。这种自产自用应税消费品形式，在实际经济活动中是常见的，但在是否纳税或如何纳税上也最容易出现问题。例如，有的企业把自己生产的应税消费品以福利或奖励等形式发给本企业职工，以为不是对外销售，不必计入销售额，无须纳税。这样就出现了漏缴税款的现象。因此，很有必要认真理解税法对自产自用应税消费品的有关规定。

1. 用于连续生产应税消费品

纳税人自产自用的应税消费品，用于连续生产应税消费品的，不纳税。所谓“纳税人自产自用的应税消费品，用于连续生产应税消费品的”，是指作为生产最终应税消费品的直接材料并构成最终产品实体的应税消费品。例如，卷烟厂生产出烟丝，烟丝已是应税消费品，卷烟厂再用生产出的烟丝连续生产卷烟，这样用于连续生产卷烟的烟丝就不缴纳消费税，只对生产销售的卷烟征收消费税。当然，生产出的烟丝如果是直接销售，则烟丝还是要缴纳消费税的。税法规定对自产自用的应税消费品，用于连续生产应税消费品的不征税，体现了不重复课税的原则。

2. 用于其他方面的应税消费品

纳税人自产自用的应税消费品，除用于连续生产应税消费品外，凡用于其他方面的，于移送使用时纳税。用于其他方面是指纳税人用于生产非应税消费品、在建工程、管理部门、非生产机构、提供劳务，以及用于馈赠、赞助、集资、广告、样品、职工福利、奖励等方面。所谓“用于生产非应税消费品”，是指把自产的应税消费品用于生产《消费税暂行条例》的消费税税目税率表所列 15 类产品以外的产品。例如，原油加工厂用生产出的应税消费品汽油调和制成溶剂汽油，该溶剂汽油就属于非应税消费品，加工厂应就该自产自用行为缴纳消费税，但是不用缴纳增值税。所谓“用于在建工程”，是指把自产的应税消费品用于本单位的各项建设工程。例如，石化工厂把自己生产的柴油用于本厂基建工程的车辆、设备。所谓“用于管理部门、非生产机构”，是指把自己生产的应税消费品用于与本单位有隶属关系的管理部门或非生产机构。例如，汽车制造厂把生产出的小汽车提供给上级主管部门使用。所谓“用于馈赠、赞助、集资、广告、样品、职工福利、奖励”，是指把自己生产的应税消费品无偿赠送给他人，或以资金的形式投资于外单位，或作为商品广告、经销样品，或以福利、奖励的形式发给职工。例如，小汽车生产企业把自己生产的小汽车赠送或赞助给小汽车拉力赛赛手使用，兼作商品广告；酒厂把生产的滋补药酒以福利的形式发给职工等。总之，企业自产的应税消费品虽然没有用于销售或连续生产应税消费品，但只要是用于税法所规定范围的，都要视同销售，依法缴纳消费税。

3. 组成计税价格及税额的计算

纳税人自产自用的应税消费品，凡用于其他方面，应当纳税的，按照纳税人生产的同类消费品的销售价格计算纳税。同类消费品的销售价格是指纳税人当月销售的同类消费品的销售价格。如果当月同类消费品各期销售价格高低不同，应按销售数量加权平均计算。但销售的应税消费品有下列情况之一的，不得列入加权平均计算：

(1)销售价格明显偏低又无正当理由的；

(2)无销售价格的。

如果当月无销售或者当月未完结，应按照同类消费品上月或最近月份的销售价格计算纳税。

没有同类消费品销售价格的，按照组成计税价格计算纳税。

(1)实行从价定率办法计算纳税的组成计税价格，其计算公式为：

组成计税价格＝(成本＋利润)÷(1－比例税率)

应纳税额＝组成计税价格×比例税率

(2)实行复合计税办法计算纳税的组成计税价格,其计算公式为:

组成计税价格=(成本+利润+自产自用数量×定额税率)÷(1-比例税率)

应纳税额=组成计税价格×比例税率+自产自用数量×定额税率

上述公式中所说的"成本",是指应税消费品的产品生产成本。

上述公式中所说的"利润",是指根据应税消费品的全国平均成本利润率计算的利润。应税消费品全国平均成本利润率由国家税务总局确定,见表3-3。

表3-3 平均成本利润率表

单位:%

货物名称	利润率	货物名称	利润率
1.甲类卷烟	10	11.摩托车	6
2.乙类卷烟	5	12.高尔夫球及球具	10
3.雪茄烟	5	13.高档手表	20
4.烟丝	5	14.游艇	10
5.粮食白酒	10	15.木制一次性筷子、实木地板	5
6.薯类白酒	5	16.电池	4
7.其他酒	5	17.乘用车	8
8.高档化妆品	5	18.中轻型商用客车	5
9.鞭炮、焰火	5	19.电子烟	10
10.贵重首饰及珠宝玉石	6	20.涂料	7

情境分析3-9

1.任务要求

佳佳化妆品公司将一批自产的高档化妆品用作职工福利,该批高档化妆品的成本为80 000元,无同类产品市场销售价格,但已知其成本利润率为5%,消费税税率为15%。请计算该批高档化妆品应纳消费税税额。

2.任务实施

组成计税价格=80 000×(1+5%)÷(1-15%)=98 823.53(元)

应纳消费税税额=98 823.53×15%=14 823.53(元)

3.任务释疑

其计算公式为:

组成计税价格=成本×(1+成本利润率)÷(1-消费税税率)

二、委托加工应税消费品应纳税额的计算

企业、单位或个人由于设备、技术、人力等方面的局限或其他方面的原因,常常要委托其他单位代为加工应税消费品,然后,将加工好的应税消费品收回,或直接销售,或自己使用。这是生产应税消费品的另一种形式,也需要纳入征收消费税的范围。例如,某企业将购来的小客车底盘和零部件提供给某汽车改装厂,加工组装成小客车供自己使用,则加工组装成的小客车就需要缴纳消费税。按照规定,委托加工的应税消费品,由受托方(受托方是个人的除外,下同)在向委托方交货时代收代缴税款。

(一)委托加工应税消费品的确定

委托加工的应税消费品是指由委托方提供原料和主要材料,受托方只收取加工费和代垫部分辅助材料加工的应税消费品。对于由受托方提供原材料生产的应税消费品,或者受托方先将原材料卖给委托方,然后再接受加工的应税消费品,以及由受托方以委托方名义购进原材料生产的应税消费品,不论纳税人在财务上是否作销售处理,都不得作为委托加工应税消费品,而应当按照销售自制应税消费品缴纳消费税。

上述内容很重要。

第一,它明确区分了什么是委托加工应税消费品,什么不是委托加工应税消费品。确定了区分的条件:由委托方提供原料和主要材料,受托方只收取加工费和代垫部分辅助材料。无论是委托方还是受托方,凡不符合规定条件的,都不能按委托加工应税消费品进行税务处理。

第二,为什么要对委托加工应税消费品规定严格的限定条件呢?这是因为委托加工应税消费品是由受托方代收代缴消费税的。且受托方只就其加工劳务缴纳增值税。如果委托方不能提供原料和主要材料,而是受托方以某种形式提供原料,那就不是委托加工,而是受托方在自制应税消费品了。在这种情况下,就会出现受托方确定计税价格偏低,代收代缴消费税虚假的现象。同时,受托方也只以加工劳务缴纳增值税,逃避了自制应税消费品要缴纳消费税的责任,这是税法所不允许的。因此,对委托加工应税消费品要规定严格的限定条件。

第三,对于不符合委托加工应税消费品限定条件的,如何处理?税法规定了严格的处理方法,即不论纳税人在财务上是否作销售处理,都不得作为委托加工应税消费品,而应当按照销售自制应税消费品缴纳消费税。也就是说,应确定由受托方按销售自制消费品缴纳消费税。这种处理办法体现了税收管理的源泉控制原则,避免了应缴税款的流失。

(二)代收代缴税款的规定

对于确实属于委托方提供原料和主要材料,受托方只收取加工费和代垫部分辅助材料加工的应税消费品,税法规定,由受托方在向委托方交货时代收代缴消费税。这样,受托方就是法定的代收代缴义务人。如果受托方对委托加工的应税消费品未代收代缴或少代收代缴消费税,应按照《税收征收管理法》的规定,承担代收代缴的法律责任。因此,受托方必须严格履行代收代缴义务,正确计算和按时代缴税款。为了加强对受托方代收代缴税款的管理,委托个人(含个体工商户)加工的应税消费品,由委托方收回后缴纳消费税。

委托加工的应税消费品,受托方在交货时已代收代缴消费税,委托方将收回的应税消费品,以不高于受托方的计税价格出售的,为直接出售,不再缴纳消费税;委托方以高于受托方的计税价格出售的,不属于直接出售,需按照规定申报缴纳消费税,在计税时准予扣除受托方已代收代缴的消费税。

对于受托方没有按规定代收代缴税款的,并不能因此免除委托方补缴税款的责任。在对委托方进行税务检查的过程中,如果发现受其委托加工的应税消费品受托方没有代收代缴税款,则应按照《税收征收管理法》的规定,对受托方处以应代收代缴税款50%以上3倍以下的罚款。委托方要补缴税款,对委托方补征税款的计税依据是:如果在检查时,收回的应税消费品已经直接销售的,按销售额计税;收回的应税消费品尚未销售或不能直接销售的

（如收回后用于连续生产等），按组成计税价格计税。组成计税价格的计算公式与下文“（三）组成计税价格及应纳税额的计算”中的组成计税价格公式相同。

（三）组成计税价格及应纳税额的计算

委托加工的应税消费品，按照受托方的同类消费品的销售价格计算纳税。同类消费品的销售价格是指受托方（即代收代缴义务人）当月销售的同类消费品的销售价格。如果当月同类消费品各期销售价格高低不同，应按销售数量加权平均计算。但销售的应税消费品有下列情况之一的，不得列入加权平均计算：

（1）销售价格明显偏低又无正当理由的；

（2）无销售价格的。

如果当月无销售或者当月未完结，应按照同类消费品上月或最近月份的销售价格计算纳税。没有同类消费品销售价格的，按照组成计税价格计算纳税。

从价定率办法计算纳税的组成计税价格，其计算公式为：

组成计税价格＝（材料成本＋加工费）÷（1－比例税率）

复合计税办法计算纳税的组成计税价格，其计算公式为：

组成计税价格＝（材料成本＋加工费＋委托加工数量×定额税率）÷（1－比例税率）

上述组成计税价格公式中有两个重要的专用名词需要解释。

1. 材料成本

按照《消费税暂行条例实施细则》的解释，“材料成本”是指委托方所提供加工材料的实际成本。委托加工应税消费品的纳税人，必须在委托加工合同上如实注明（或以其他方式提供）材料成本。凡未提供材料成本的，受托方所在地主管税务机关有权核定其材料成本。从这一条规定可以看出，税法对委托方提供原料和主要材料并要以明确的方式如实提供材料成本的要求是很严格的，其目的就是防止假冒委托加工应税消费品或少报材料成本，逃避纳税的现象。

2. 加工费

《消费税暂行条例实施细则》规定，“加工费”是指受托方加工应税消费品向委托方所收取的全部费用（包括代垫辅助材料的实际成本，不包括增值税税金）。这是税法对受托方的要求。受托方必须如实提供向委托方收取的全部费用，这样才能既保证组成计税价格及代收代缴消费税准确地计算出来，也使受托方按加工费正确计算其应纳的增值税。

知识技能辨析 3-3

1. 任务要求·单选题

甲卷烟厂为增值税一般纳税人，受托加工一批烟丝，委托方提供的烟叶成本为 49 140 元，甲卷烟厂收取含增值税加工费 2 436 元。已知增值税税率为 13%，消费税税率为 30%，无同类烟丝销售价格。下列计算甲卷烟厂该笔业务应代收代缴消费税税额的算式中，正确的是（　　）。

A. [49 140＋2 436÷(1＋13%)]÷(1－30%)×30%＝21 983.89(元)

B. (49 140＋2 436)÷(1－30%)×30%＝22 104(元)

C. 49 140÷(1－30%)×30%＝21 060(元)

D. [(49 140＋2 436)÷(1＋13%)]÷(1－30%)×30%＝19 561.06(元)

2. 任务解答

正确答案：A

3.任务解答

本题考查委托加工代收代缴消费税采用组成计税价格的计算。委托加工的应税消费品，按照受托方的同类消费品的销售价格计算纳税。没有同类消费品销售价格的，按照组成计税价格计算纳税。本题中，应使用组成计税价格计算纳税。加工烟丝实行从价计税办法计征消费税，组成计税价格=（材料成本+加工费）÷（1-比例税率）。加工费为含增值税价格，应换算为不含增值税价格，即2 436÷（1+13%）；成本49 140元不需要换算。故组成计税价格=[49 140+2 436÷（1+13%）]÷（1-30%），应纳税额=组成计税价格×比例税率。

三、进口应税消费品应纳税额的计算

进口的应税消费品，于报关进口时缴纳消费税；进口的应税消费品的消费税由海关代征；进口的应税消费品，由进口人或者其代理人向报关地海关申报纳税；纳税人进口应税消费品，按照关税征收管理的相关规定，应当自海关填发海关进口消费税专用缴款书之日起15日内缴纳消费税税款。

1993年12月，国家税务总局、海关总署联合颁发的《关于对进口货物征收增值税、消费税有关问题的通知》规定，进口应税消费品的收货人或办理报关手续的单位和个人，为进口应税消费品消费税的纳税义务人。进口应税消费品消费税的税目、税率（税额），依照《消费税暂行条例》所附的消费税税目税率表执行。

纳税人进口应税消费品，按照组成计税价格和规定的税率计算应纳税额。计算方法如下：

1.从价定率计征应纳税额的计算

实行从价定率办法计算纳税的组成计税价格，其计算公式为：

组成计税价格=（关税完税价格+关税）÷（1-消费税比例税率）

应纳税额=组成计税价格×消费税比例税率

上式中所称"关税完税价格"，是指海关核定的关税计税价格。

2.从量定额计征应纳税额的计算

应纳税额的计算公式为：

应纳税额=应税消费品数量×消费税定额税率

3.从价定率和从量定额复合计税办法应纳税额的计算

应纳税额的计算公式为：

组成计税价格=（关税完税价格+关税+进口数量×消费税定额税率）÷（1-消费税比例税率）

应纳税额=组成计税价格×消费税税率+应税消费品进口数量×消费税定额税率

进口环节消费税除国务院另有规定者外，一律不得给予减税、免税。

知识技能辨析 3-4

1. 任务要求·单选题

2020 年 3 月甲公司进口一批高档手表，海关审定的关税完税价格为 100 万元，缴纳关税 30 万元。已知高档手表消费税税率为 20%。甲公司当月进口高档手表应缴纳消费税的下列算式中，正确的是（　　）。

A. (100＋30)×20%＝26(万元)

B. (100＋30)÷(1－20%)×20%＝32.5(万元)

C. 100×20%＝20(万元)

D. 100÷(1－20%)×20%＝25(万元)

2. 任务解答

正确答案：B

3. 任务解答

本题考查进口环节消费税的计算。纳税人进口应税消费品，按照组成计税价格和规定的税率计算应纳税额。高档手表实行从价计税办法计征消费税，组成计税价格＝(关税完税价格＋关税)÷(1－消费税比例税率)，即(100＋30)÷(1－20%)，应纳税额＝组成计税价格×消费税比例税率。

四、已纳消费税扣除的计算

为了避免重复征税，现行消费税规定，将外购应税消费品和委托加工收回的应税消费品继续生产应税消费品销售的，可以将外购应税消费品和委托加工收回应税消费品已缴纳的消费税给予扣除。

(一)外购应税消费品已纳税款的扣除

1. 用外购应税消费品连续生产应税消费品

由于某些应税消费品是用外购已缴纳消费税的应税消费品连续生产出来的，在对这些连续生产出来的应税消费品计算征税时，税法规定应按当期生产领用数量计算准予扣除外购的应税消费品已缴纳的消费税税款。扣除范围包括：

(1)以外购已税烟丝为原料生产的卷烟；

(2)以外购已税高档化妆品为原料生产的高档化妆品；

(3)以外购已税珠宝玉石为原料生产的贵重首饰及珠宝玉石；

(4)以外购已税鞭炮、焰火为原料生产的鞭炮、焰火；

(5)以外购已税杆头、杆身和握把为原料生产的高尔夫球杆；

(6)以外购已税木制一次性筷子为原料生产的木制一次性筷子；

(7)以外购已税实木地板为原料生产的实木地板；

(8)以外购已税汽油、柴油、石脑油、燃料油、润滑油为原料连续生产的应税成品油。

上述当期准予扣除的外购应税消费品已纳消费税税款的计算公式为：

当期准予扣除的外购应税消费品已纳税款＝当期准予扣除的外购应税消费品买价×外购应税消费品适用税率

当期准予扣除的外购应税消费品买价＝期初库存的外购应税消费品的买价
＋当期购进的应税消费品的买价
－期末库存的外购应税消费品的买价

外购已税消费品的买价是指购货发票上注明的销售额(不包括增值税税款)。

另外，根据《葡萄酒消费税管理办法(试行)》的规定，自 2015 年 5 月 1 日起，从葡萄酒生产企业购进、进口葡萄酒连续生产应税葡萄酒的，准予从葡萄酒消费税应纳税额中扣除所耗用应税葡萄酒已纳消费税税款。如本期消费税应纳税额不足抵扣的，余额留待下期抵扣。

纳税人用外购的已税珠宝、玉石生产的改在零售环节征收消费税的金银首饰(镶嵌首饰)，在计税时一律不得扣除外购珠宝、玉石的已纳税款。

情境分析 3-10

1.任务要求

红旗卷烟厂月初库存外购应税烟丝金额为 50 万元，当月又外购应税烟丝金额为 500 万元(不含增值税)，月末库存烟丝金额为 30 万元，其余被当月生产卷烟领用。烟丝适用的消费税税率为 30％。请计算红旗卷烟厂当月准予扣除的外购烟丝已缴纳的消费税税额。

2.任务实施

(1)当期准予扣除的外购烟丝买价＝50＋500－30＝520(万元)

(2)当月准予扣除的外购烟丝已缴纳的消费税税额＝520×30％＝156(万元)

3.任务释疑

当期准予扣除的外购应税消费品买价＝期初库存的外购应税消费品的买价＋当期购进的应税消费品的买价－期末库存的外购应税消费品的买价。

2.外购应税消费品后销售

对自己不生产应税消费品，而只是购进后再销售应税消费品的工业企业，其销售的高档化妆品、鞭炮、焰火和珠宝玉石，凡不能构成最终消费品直接进入消费品市场，而需进一步生产加工的(如需进行深加工、包装、贴标或组合的珠宝玉石、化妆品、酒、鞭炮、焰火等)，应当征收消费税，同时允许扣除上述外购应税消费品的已纳税款。

(二)委托加工收回的应税消费品已纳税款的扣除

委托加工的应税消费品因为已由受托方代收代缴消费税，因此，委托方收回货物后用于连续生产应税消费品的，其已纳税款准予按照规定从连续生产的应税消费品应纳消费税税额中抵扣。按照国家税务总局的规定，下列连续生产的应税消费品准予从应纳消费税税额中按当期生产领用数量计算扣除委托加工收回的应税消费品已纳消费税税款：

(1)以委托加工收回的已税烟丝为原料生产的卷烟；

(2)以委托加工收回的已税高档化妆品为原料生产的化妆品；

(3)以委托加工收回的已税珠宝玉石为原料生产的贵重首饰及珠宝玉石；

(4)以委托加工收回的已税鞭炮、焰火为原料生产的鞭炮、焰火；

(5)以委托加工收回的已税杆头、杆身和握把为原料生产的高尔夫球杆；

(6)以委托加工收回的已税木制一次性筷子为原料生产的木制一次性筷子；

(7)以委托加工收回的已税实木地板为原料生产的实木地板；

(8)以委托加工收回的已税汽油、柴油、石脑油、燃料油、润滑油为原料连续生产的应税成品油。

上述当期准予扣除委托加工收回的应税消费品已纳消费税税款的计算公式是：

$$\text{当期准予扣除的委托加工应税消费品已纳税款}=\text{期初库存的委托加工应税消费品已纳税款}+\text{当期收回的委托加工应税消费品已纳税款}-\text{期末库存的委托加工应税消费品已纳税款}$$

纳税人以进口、委托加工收回应税油品连续生产应税成品油，分别依据海关进口消费税专用缴款书、税收缴款书（代扣代收专用），按照现行政策规定计算扣除应税油品已纳消费税税款。

纳税人以外购、进口、委托加工收回的应税消费品（以下简称外购应税消费品）为原料连续生产应税消费品，准予按现行政策规定抵扣外购应税消费品已纳消费税税款。经主管税务机关核实上述外购应税消费品未缴纳消费税的，纳税人应将已抵扣的消费税税款，从核实当月允许抵扣的消费税中冲减。

需要说明的是，纳税人用委托加工收回的已税珠宝玉石生产的改在零售环节征收消费税的金银首饰，在计税时一律不得扣除委托加工收回的珠宝玉石的已纳消费税税款。

五、特殊商品及环节应纳消费税的计算

（一）电子烟生产、批发等环节消费税的计算

（1）纳税义务人：在中华人民共和国境内生产（进口）、批发电子烟的单位和个人为消费税纳税人。

电子烟生产环节纳税人，是指取得烟草专卖生产企业许可证，并取得或经许可使用他人电子烟产品注册商标（以下称持有商标）的企业。其中，取得或经许可使用他人电子烟产品注册商标应当依据《中华人民共和国商标法》的有关规定确定。通过代加工方式生产电子烟的，由持有商标的企业缴纳消费税，只从事代加工电子烟产品业务的企业不属于电子烟消费税纳税人。

电子烟批发环节纳税人，是指取得烟草专卖批发企业许可证并经营电子烟批发业务的企业。

电子烟进口环节纳税人，是指进口电子烟的单位和个人。

（2）适用税率：电子烟实行从价定率的办法计算纳税，生产（进口）环节的税率为36%，批发环节的税率为11%。

（3）计税价格：纳税人生产、批发电子烟的，按照生产、批发电子烟的销售额计算纳税；电子烟生产环节纳税人采用代销方式销售电子烟的，按照经销商（代理商）销售给电子烟批发企业的销售额计算纳税；纳税人进口电子烟的，按照组成计税价格计算纳税。

举例说明：某电子烟消费税纳税人2023年12月生产持有商标的电子烟产品并销售给电子烟批发企业，不含增值税销售额为100万元，该纳税人2024年1月应申报缴纳电子烟消费税为36万元（100×36%）。如果该纳税人委托经销商（代理商）销售同一电子烟产品，经销商（代理商）销售电子烟给电子烟批发企业，不含增值税销售额为110万元，则该纳税人2024年1月应申报缴纳电子烟消费税为39.6万元（110×36%）。

（4）电子烟生产环节纳税人从事电子烟代加工业务销售额的核算：电子烟生产环节纳税人从事电子烟代加工业务的，应当分开核算持有商标电子烟的销售额和代加工电子烟的销售额。未分开核算的，一并缴纳消费税。

举例说明：甲电子烟生产企业（以下简称甲企业）持有电子烟商标A生产电子烟产品。

2023 年 12 月，甲企业生产销售 A 电子烟给电子烟批发企业，不含增值税销售额为 100 万元。同时，当月甲企业（不持有电子烟商标 B）从事电子烟代加工业务，生产销售 B 电子烟给乙电子烟生产企业（持有电子烟商标 B），不含增值税销售额为 50 万元。如果甲企业分开核算 A 电子烟和 B 电子烟销售额，则 2024 年 1 月甲企业应申报缴纳的电子烟消费税为 36 万元（100×36%）；乙电子烟生产企业将 B 电子烟销售给电子烟批发企业时，自行申报缴纳消费税。如果甲企业没有分开核算 A 电子烟和 B 电子烟销售额，则其 2024 年 1 月应申报缴纳的电子烟消费税为 54 万元[（100+50）×36%]。

（5）纳税人出口电子烟，适用出口退（免）税政策；将电子烟增列至边民互市进口商品不予免税清单并照章征税。

除上述规定外，个人携带或者寄递进境电子烟的消费税征收，按照国务院有关规定执行。

（二）卷烟批发环节应纳消费税的计算

为了适当增加财政收入，完善烟产品消费税制度，自 2009 年 5 月 1 日起，在卷烟批发环节加征一道从价税。自 2015 年 5 月 10 日起，卷烟批发环节税率又有调整。

（1）纳税义务人：在中华人民共和国境内从事卷烟批发业务的单位和个人。纳税人销售给纳税人以外的单位和个人的卷烟于销售时纳税。纳税人之间销售的卷烟不缴纳消费税。

（2）征收范围：纳税人批发销售的所有牌号、规格的卷烟。

（3）适用税率：从价税税率为 11%，从量税税率为 0.005 元/支。

（4）计税依据：纳税人批发卷烟的销售额（不含增值税）、销售数量。

纳税人应将卷烟销售额与其他商品销售额分开核算。未分开核算的，一并征收消费税。

纳税人兼营卷烟批发和零售业务的，应当分别核算批发和零售环节的销售额、销售数量；未分别核算批发和零售环节销售额、销售数量的，按照全部销售额、销售数量计征批发环节消费税。

（5）纳税义务发生时间：纳税人收讫销售款或者取得索取销售款凭据的当天。

（6）纳税地点：卷烟批发企业的机构所在地，总机构与分支机构不在同一地区的，由总机构申报纳税。

（7）卷烟消费税在生产和批发两个环节征收后，批发企业在计算纳税时不得扣除已含的生产环节的消费税税款。

（三）超豪华小汽车零售环节应纳消费税的计算

为了引导合理消费，促进节能减排，自 2016 年 12 月 1 日起，在生产（进口）环节按现行税率征收消费税的基础上，超豪华小汽车在零售环节加征一道消费税。

（1）征税范围：每辆零售价格 130 万元（不含增值税）及以上的乘用车和中轻型商用客车，即乘用车和中轻型商用客车子税目中的超豪华小汽车。

（2）纳税人：将超豪华小汽车销售给消费者的单位和个人为超豪华小汽车零售环节纳税人。

（3）税率：10%。

（4）应纳税额的计算：

应纳税额＝零售环节销售额（不含增值税）×零售环节税率

国内汽车生产企业直接销售给消费者的超豪华小汽车，消费税税率按照生产环节税率和零售环节税率加总计算。其消费税应纳税额计算公式为：

应纳税额＝销售额(不含增值税)×(生产环节税率＋零售环节税率)

任务二 消费税出口退税的计算

对纳税人出口应税消费品，免征消费税；国务院另有规定的除外。

一、出口免税并退税

出口免税并退税适用范围：有出口经营权的外贸企业购进应税消费品直接出口，以及外贸企业受其他外贸企业委托代理出口应税消费品。外贸企业只有受其他外贸企业委托，代理出口应税消费品，才可办理退税。外贸企业受其他企业(主要是非生产性的商贸企业)委托，代理出口应税消费品，是不予退(免)税的。

属于从价定率计征消费税的，为已征且未在内销应税消费品应纳税额中抵扣的购进出口货物金额；属于从量定额计征消费税的，为已征且未在内销应税消费品应纳税额中抵扣的购进出口货物数量；属于复合计征消费税的，按从价定率和从量定额的计税依据分别确定。

消费税应退税额＝从价定率计征消费税的退税计税依据×比例税率
＋从量定额计征消费税的退税计税依据×定额税率

出口货物的消费税应退税额的计税依据，按购进出口货物的消费税专用缴款书和海关进口消费税专用缴款书确定。

二、出口免税但不退税

有出口经营权的生产性企业自营出口或生产企业委托外贸企业代理出口自产的应税消费品，依据其实际出口数量免征消费税，不予办理退还消费税。免征消费税：对生产性企业按其实际出口数量免征生产环节的消费税。不予办理退还消费税：已免征生产环节的消费税，该应税消费品出口时，已不含有消费税，所以无须再办理退还消费税。

三、出口不免税也不退税

除生产企业、外贸企业外的其他企业，具体是指一般商贸企业，这类企业委托外贸企业代理出口应税消费品一律不予退(免)税。

情境分析 3-11

1. 任务要求

山东第三外贸公司 2024 年 1 月从生产企业购入化妆品一批，取得增值税专用发票注明价款 250 000 元、增值税 42 500 元，支付购买化妆品的运输费用 30 000 元，当月将该批化妆品全部出口取得销售收入 350 000 元。

要求：请计算该外贸公司出口化妆品应退的消费税。

2. 任务实施

应退消费税＝250 000×15%＝37 500(元)

3. 任务释疑

从生产企业购进从价定率计征消费税的消费品直接出口，应该依照外贸企业从工厂购进货物时不含增值税的价格计算应退的消费税税款。

模块五 消费税纳税期限、地点与申报

引导案例

作为酒厂的新入职办税员，小马对税务工作充满热情，但由于刚刚入职，对消费税申报的流程和细节还不太熟悉。为了尽快适应新工作，小马决定从办理消费税申报入手，逐步熟悉税务工作。

小马首先查阅了酒厂的历史税务资料和消费税申报的相关法规，了解了消费税申报的基本要求和流程。她了解到，消费税申报需要准备包括销售额、销售数量、税率等在内的各种数据，并按照规定的格式和时间填好消费税申报表提交给税务部门。

为了准备消费税申报所需的数据，小马与酒厂的销售部门、生产部门进行了密切沟通，收集了各类酒品的销售额、销售数量等信息。同时，她还查阅了税率表，确定了各种酒品适用的税率。在收集数据的过程中，小马特别注重数据的准确性和完整性，对每一笔销售都进行了仔细核对。在准备好所需数据后，小马开始填写消费税申报表。她按照税务部门的要求，规范地填写了各项内容(包括纳税人信息、销售额、销售数量、税率、应纳消费税等)。在填写过程中，小马特别注意了数据的逻辑性和合理性，确保每一项数据都与实际情况相符。在填写完消费税申报表后，小马按照规定的时间将申报表提交给了税务部门。在办理过程中，小马特别注意了数据的准确性和完整性，以及申报表的填写规范。她还与税务部门保持了密切联系，及时了解最新的税务政策和变化，确保申报工作的合规性。

通过本次消费税申报的实践操作，小马成功掌握了消费税申报的流程和方法，并顺利完成了酒厂的消费税申报工作。她还发现自己在数据收集和计算税额方面做得比较准确，但在填写申报表时还存在一些不规范的地方。为了改进自己的工作，她决定进一步学习税务知识，提高自己的业务水平和申报能力。

任务一 纳税期限

消费税的纳税期限分别为 1 日、3 日、5 日、10 日、15 日、1 个月或 1 个季度。纳税人的具体纳税期限，由主管税务机关根据纳税人应纳税额的大小分别核定。不能按照固定期限纳税的，可以按次纳税。

纳税人以 1 个月或 1 个季度为 1 个纳税期的，自期满之日起 15 日内申报纳税；以 1 日、3 日、5 日、10 日或者 15 日为 1 个纳税期的，自期满之日起 5 日内预缴税款，于次月 1 日起至 15 日内申报纳税并结清上月应纳税款。

纳税人进口应税消费品，应当自海关填发海关进口消费税专用缴款书之日起 15 日内缴纳税款。如果纳税人不能按照规定的纳税期限依法纳税，将按《税收征收管理法》的有关规定处理。

任务二　纳税地点

消费税的纳税地点有：

(1)纳税人销售的应税消费品，以及自产自用的应税消费品，除国务院财政、税务主管部门另有规定外，应当向纳税人机构所在地或者居住地的主管税务机关申报纳税。

(2)委托加工的应税消费品，除受托方为个人外，由受托方向机构所在地或者居住地的主管税务机关解缴消费税税款。

(3)进口的应税消费品，由进口人或者其代理人向报关地海关申报纳税。

(4)纳税人到外县(市)销售或者委托外县(市)代销自产应税消费品的，于应税消费品销售后，向机构所在地或者居住地主管税务机关申报纳税。

纳税人的总机构与分支机构不在同一县(市)，但在同一省(自治区、直辖市)范围内，经省(自治区、直辖市)财政厅(局)、税务局审批同意，可以由总机构汇总向总机构所在地的主管税务机关申报缴纳消费税。省(自治区、直辖市)财政厅(局)、税务局应将审批同意的结果上报财政部、国家税务总局备案。

(5)纳税人销售的应税消费品，因质量等原因发生退货的，其已缴纳的消费税税款可予以退还。

纳税人办理退税手续时，应将开具的红字增值税发票、退税证明等资料报主管税务机关备案。主管税务机关核对无误后办理退税。

(6)纳税人直接出口的应税消费品办理免税后，发生退关或者国外退货，复进口时已予以免税的，可暂不办理补税，待其转为国内销售的当月申报缴纳消费税。

任务三　纳税申报

自 2021 年 8 月 1 日起，消费税与城市维护建设税、教育费附加、地方教育附加申报表整合，启用“消费税及附加税费申报表”(表 3-4)。

表 3-4　消费税及附加税费申报表

税款所属期：自　　年　　月　　日至　　年　　月　　日

纳税人识别号(统一社会信用代码)：□□□□□□□□□□□□□□□□□□□□

纳税人名称：　　　　　　　　　　　　　　金额单位：人民币元(列至角分)

项目 应税消费品名称	适用税率		计量单位	本期销售数量	本期销售额	本期应纳税额
	定额税率	比例税率				
	1	2	3	4	5	6=1×4+2×5
合计	—	—	—	—	—	

续表 3-4

	栏次	本期税费额
本期减(免)税额	7	
期初留抵税额	8	
本期准予扣除税额	9	
本期应扣除税额	10＝8＋9	
本期实际扣除税额	11[10＜(6－7)，则为10，否则为6－7]	
期末留抵税额	12＝10－11	
本期预缴税额	13	
本期应补(退)税额	14＝6－7－11－13	
城市维护建设税本期应补(退)税额	15	
教育费附加本期应补(退)费额	16	
地方教育附加本期应补(退)费额	17	

声明：此表是根据国家税收法律法规及相关规定填写的，本人(单位)对填报内容(及附带资料)的真实性、可靠性、完整性负责。

纳税人(签章)：　　年　　月　　日

经办人： 经办人身份证号： 代理机构签章： 代理机构统一社会信用代码：	受理人： 受理税务机关(章)： 受理日期：　　年　　月　　日

项目四　企业所得税实务

知识目标

1. 熟悉企业所得税的纳税义务人、税率；
2. 掌握居民企业与非居民企业的征税范围区别；
3. 理解企业所得税的涉税业务，掌握企业所得税应纳税额的计算；
4. 熟悉企业所得税的税收优惠；
5. 熟悉企业所得税纳税申报的基本要求。

技能目标

1. 能正确确定企业所得税的计税依据、税率；
2. 能正确计算企业所得税的应纳税所得额；
3. 能正确计算企业所得税的应纳税额；
4. 能够正确填写企业所得税的纳税申报表；
5. 能够掌握企业所得税的办税程序，办理企业所得税的纳税申报。

素质目标

1. 养成良好的职业道德，诚实守信、坚持准则；
2. 培养严谨的职业品质，工作细心、踏实肯干；
3. 养成规范的行为举止和良好的语言素质；
4. 养成较高的政治素质和法制素养，遵守纪律、依法纳税；
5. 培养良好的心理素质和职业能力，善于沟通、协调。

慧思析理

优化税制结构，健全以所得税和财产税为主体的直接税体系，适当提高直接税比重，强化税制的累进性。继续将企业所得税作为中央和地方共享收入，以减少经济波动对地方收入的影响，并适度消解税基分布不均衡及流动带来地区间利益分享的不合理性，既做大“蛋糕”，又分好“蛋糕”。

知识结构图

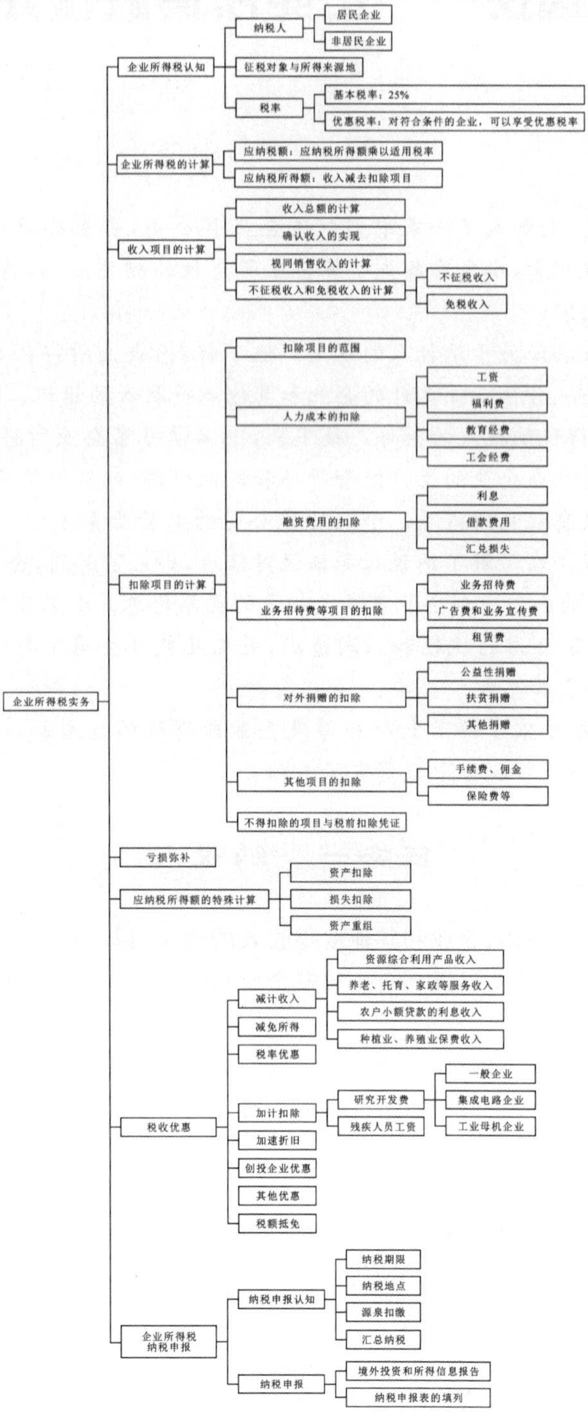
企业所得税实务
企业所得税认知
纳税人
居民企业
非居民企业
征税对象与所得来源地
税率
基本税率：25%
优惠税率：对符合条件的企业，可以享受优惠税率
企业所得税的计算
应纳税额：应纳税所得额乘以适用税率
应纳税所得额：收入减去扣除项目
收入项目的计算
收入总额的计算
确认收入的实现
视同销售收入的计算
不征税收入和免税收入的计算
不征税收入
免税收入
扣除项目的计算
扣除项目的范围
人力成本的扣除
工资
福利费
教育经费
工会经费
融资费用的扣除
利息
借款费用
汇兑损失
业务招待费等项目的扣除
业务招待费
广告费和业务宣传费
租赁费
对外捐赠的扣除
公益性捐赠
扶贫捐赠
其他捐赠
其他项目的扣除
手续费、佣金
保险费等
不得扣除的项目与税前扣除凭证
亏损弥补
应纳税所得额的特殊计算
资产扣除
损失扣除
资产重组
税收优惠
减计收入
资源综合利用产品收入
养老、托育、家政等服务收入
农户小额贷款的利息收入
种植业、养殖业保费收入
减免所得
税率优惠
加计扣除
研究开发费
一般企业
集成电路企业
工业母机企业
残疾人员工资
加速折旧
创投企业优惠
其他优惠
税额抵免
企业所得税纳税申报
纳税申报认知
纳税期限
纳税地点
源泉扣缴
汇总纳税
纳税申报
境外投资和所得信息报告
纳税申报表的填列

模块一　企业所得税认知

引导案例

小宋作为办税员，刚加入了一家中型制造企业F公司，负责公司企业所得税的申报工作。为了更好地履行职责，小宋准备先了解企业所得税的相关知识，特别是纳税人、征税对象和税率等方面的内容。

小宋研究了税收法规关于纳税人的规定。他了解到，企业所得税的纳税人是指在中国境内，除个人独资企业、合伙企业之外的企业和其他取得收入的组织。F公司是一家有限责任公司，符合企业所得税纳税人的条件。接下来，小宋学习了企业所得税征税对象的定义。企业所得税的征税对象是企业的生产经营所得和其他所得，包括销售货物所得、提供劳务所得、转让财产所得、股息红利所得等。小宋对F公司的主营业务进行了深入分析，明确了公司的收入来源和构成。在了解了纳税人和征税对象后，小宋了解到，企业所得税的税率一般为25%，但符合条件的小型微利企业可享受相应的税率优惠。小宋查阅了F公司的财务报表和税务资料，确定了公司的规模和利润情况，并据此判断公司不符合小型微利企业的标准，因此适用25%的基本税率。

通过学习和实践，小宋了解了F公司涉及企业所得税的基本知识，提高了自己的业务能力和水平，为公司下一步税务申报奠定了基础。

任务一　纳税人

在中华人民共和国境内，企业和其他取得收入的组织（以下统称企业）为企业所得税的纳税人，依照规定缴纳企业所得税。个人独资企业和合伙企业缴纳个人所得税，不是企业所得税的纳税人。

根据企业纳税义务范围的宽窄，企业所得税的纳税人分为居民企业和非居民企业，不同的企业在向中国政府缴纳所得税时，纳税义务不同。

一、居民企业

居民企业是指依法在中国境内成立，或者依照外国（地区）法律成立但实际管理机构在中国境内的企业。这里的企业包括国有企业、集体企业、私营企业、联营企业、股份制企业、外商投资企业、外国企业，以及有生产、经营所得和其他所得的其他组织。其中，有生产、经营所得和其他所得的其他组织，是指经国家有关部门批准，依法注册、登记的事业单位、社会团体等组织。其中，实际管理机构是指对企业的生产经营、人员、账务、财产等实施实质性全面管理和控制的机构。

二、非居民企业

非居民企业是指依照外国(地区)法律成立且实际管理机构不在中国境内,但在中国境内设立机构、场所的,或者在中国境内未设立机构、场所,但有来源于中国境内所得的企业。

上述所称机构、场所是指在中国境内从事生产经营活动的机构、场所,包括:

(1)管理机构、营业机构、办事机构。

(2)工厂、农场、开采自然资源的场所。

(3)提供劳务的场所。

(4)从事建筑、安装、装配、修理、勘探等工程作业的场所。

(5)其他从事生产经营活动的机构、场所。

非居民企业委托营业代理人在中国境内从事生产经营活动的,包括委托单位或者个人经常代其签订合同,或者储存、交付货物等,该营业代理人视为非居民企业在中国境内设立的机构、场所。

情境分析 4-1

1. 任务要求

2024 年 1 月 1 日,山东滨州的高宁和徐元在英属维尔京群岛注册成立蓝天商贸公司,资本为 40 000 美元,并经市场监管局批准在山东省滨州市滨城区长江三路长江大厦设立分支机构从事电子产品进出口贸易。经税务局了解,蓝天商贸公司的主要业务都发生在中国境内,并且董事会召开地和主要财产所在地都在境内。

要求:该公司安排财务部雇员 Mr. Carol 去主管税务机关,要求按照非居民企业纳税。假如你是主管税务机关工作人员,该如何答复该公司的要求?

2. 任务实施

根据《企业所得税法》及其实施条例,蓝天商贸公司应为居民纳税义务人。

3. 任务释疑

理由如下:居民企业是指依法在中国境内成立,或者依照外国(地区)法律成立但实际管理机构在中国境内的企业。根据这一规定,即便是依照外国(地区)法律在境外成立的企业,也有可能会成为负担全面纳税义务的居民企业纳税人。对于在境外登记注册的企业到底是居民企业还是非居民企业,关键就要看其实际管理机构是否在中国境内。可以看出,蓝天商贸公司的主要业务都发生在中国境内,并且董事会召开地和主要财产所在地都在境内,该公司应当属于居民纳税义务人,不能享受非居民企业的有限纳税义务,它应当是承担无限纳税义务的居民企业。

任务二 征税对象与所得来源地

企业所得税的征税对象,是纳税人(包括居民企业和非居民企业)所取得的生产经营所得、其他所得和清算所得。

一、居民企业的征税对象

居民企业应就来源于中国境内、境外的所得作为征税对象。所得,包括销售货物所得、提供劳务所得、转让财产所得、股息红利等权益性投资所得，以及利息所得、租金所得、特许权使用费所得、接受捐赠所得和其他所得。

二、非居民企业的征税对象

非居民企业在中国境内设立机构、场所的，应当就其所设机构、场所取得的来源于中国境内的所得，以及发生在境外但与其所设机构、场所有实际联系的所得，缴纳企业所得税；非居民企业在中国境内未设立机构、场所的，或者虽设立机构、场所但取得的所得与其所设机构、场所没有实际联系的，应当就其来源于中国境内的所得缴纳企业所得税。

上述所称实际联系，是指非居民企业在中国境内设立的机构、场所拥有的据以取得所得的股权、债权，以及拥有、管理、控制据以取得所得的财产。

情境分析 4-2

1. 任务要求

2024 年 3 月，美国 TOM 公司在山东省滨州市开设办事处，从事电子产品代理贸易。5 月发生如下业务：

(1)1 日，美国 TOM 公司出售位于韩国首尔的一处工业厂房给中国天勤网络设备制造公司，取得收入 2 000 万美元；

(2)6 日，美国 TOM 公司滨州办事处从澳大利亚取得办事处出租给澳大利亚美澳矿业公司的设备租赁款 20 万美元；

(3)9 日，美国 TOM 公司滨州办事处出售给山东太广电子公司电子产品一批，取得收入 300 万美元；

(4)16 日，美国 TOM 公司从山东龙辉电子公司取得分回的股利 20 万美元，存入 TOM 公司滨州办事处在中国银行开立的账户。

要求：5 月 28 日，主管税务机关安排税收管理员李军到美国 TOM 公司滨州办事处要求征收上述事项的企业所得税。如果你是美国 TOM 公司滨州办事处办税员，你认为以上哪些所得应向中国缴纳企业所得税？

2. 任务实施

业务(1)：美国 TOM 公司出售位于韩国首尔的一处工业厂房属于虽设立机构、场所但取得的所得与其所设机构、场所没有实际联系的所得，且发生在境外，无须向中国缴纳企业所得税。

业务(2)：美国 TOM 公司滨州办事处从澳大利亚取得办事处出租给澳大利亚美澳矿业公司的设备租赁款 20 万美元，属于非居民企业在中国境内设立机构、场所取得的发生在中国境外但与其所设机构、场所有实际联系的所得，应当向中国缴纳企业所得税。

业务(3)：美国 TOM 公司滨州办事处出售给山东太广电子公司电子产品，属于非居民企业在中国境内设立机构、场所取得的来源于中国境内的所得，应当向中国缴纳企业所得税。

业务(4)：美国 TOM 公司从山东龙辉电子公司取得分回的股利 20 万美元，属于设立机构、场所但取得的所得与其所设机构、场所没有实际联系的来源于中国境内的所得，应当向中国缴纳企业所得税。

3. 任务释疑

根据以上信息可知，美国 TOM 公司是一家外国企业，属于非居民企业；而美国 TOM 公司滨州办事处则是非居民企业在我国设立的机构、场所。

根据企业所得税法规，非居民企业在中国境内设立机构、场所的，应当就其所设机构、场所取得的来源于中国境内的所得，以及发生在中国境外但与其所设机构、场所有实际联系的所得，缴纳企业所得税；非居民企业在中国境内未设立机构、场所的，或者虽设立机构、场所但取得的所得与其所设机构、场所没有实际联系的，应当就其来源于中国境内的所得缴纳企业所得税。

三、所得来源地的确定

(1)销售货物所得，按照交易活动发生地确定。

(2)提供劳务所得，按照劳务发生地确定。

(3)转让财产所得来源地的确定：

①不动产转让所得按照不动产所在地确定。

②动产转让所得按照转让动产的企业或者机构、场所所在地确定。

③权益性投资资产转让所得按照被投资企业所在地确定。

(4)股息、红利等权益性投资所得，按照分配所得的企业所在地确定。

(5)利息所得、租金所得、特许权使用费所得，按照负担、支付所得的企业或者机构、场所所在地确定，或者按照负担、支付所得的个人的住所地确定。

(6)其他所得，由国务院财政、税务主管部门确定。

知识技能辨析 4-1

1. 任务要求・单选题

依据企业所得税的相关规定，下列所得中按转让货物或资产的企业所在地确定所得来源地的是(　　)。

A. 转让动产所得　　　　B. 销售货物所得

C. 转让不动产所得　　　　D. 转让权益性投资资产所得

2. 任务实施

正确答案：A

3. 任务释疑

选项 B，销售货物所得，按照交易活动发生地确定所得来源地；选项 C，转让不动产所得，按照不动产所在地确定所得来源地；选项 D，转让权益性投资资产所得，按照被投资企业所在地确定所得来源地。

任务三　税率

企业所得税税率是体现国家与企业分配关系的核心要素。企业所得税实行比例税率。比例税率简便易行，透明度高，不会因征税而改变企业间收入分配比例，有利于促进效率的提高。

一、基本税率为25%

基本税率为25%，适用于居民企业和在中国境内设有机构、场所且所得与机构、场所有关联的非居民企业。

二、20%税率

(1)20%税率适用于在中国境内未设立机构、场所的，或者虽设立机构、场所但取得的所得与其所设机构、场所没有实际联系的非居民企业。

实际征税时，在我国境内未设立机构、场所，或虽设立机构、场所但取得的所得与其所设机构、场所没有实际联系的非居民企业，减按10%的所得税税率征收企业所得税。

(2)小型微利企业减按20%的所得税税率征收企业所得税。

小型微利企业是指从事国家非限制和禁止行业，且同时符合年度应纳税所得额不超过300万元、从业人数不超过300人、资产总额不超过5 000万元等三个条件的企业。

三、15%税率

1. 国家需要重点扶持的高新技术企业的优惠税率

国家需要重点扶持的高新技术企业减按15%的所得税税率征收企业所得税。

国家需要重点扶持的高新技术企业，是指拥有核心自主知识产权，并同时符合下列条件的企业：

(1)产品(服务)属于《国家重点支持的高新技术领域》规定的范围。

(2)研究开发费用占销售收入的比例不低于规定比例。

(3)高新技术产品(服务)收入占企业总收入的比例不低于规定比例。

(4)科技人员占企业职工总数的比例不低于规定比例。

(5)高新技术企业认定管理办法规定的其他条件。

2. 技术先进型服务企业的优惠税率

自2017年1月1日起，在全国范围内对经认定的技术先进型服务企业，减按15%的税率征收企业所得税。

情境分析4-3

1. 任务要求

2023年9月，山东滨州的杨丽和李海准备设立从事笔记本维修的公司，年净利润为400万元左右。他们了解到公司规模小的话可以享受税率优惠，便一起去滨州海诚税务师事务所了解情况。滨州海诚税务师事务所的王大海接待了他们。

要求：如果你是王大海，从税率角度有什么建议？

2. 任务实施

根据资料可知，杨丽和李海准备建立的笔记本维修公司，年净利润为400万元左右，公司规模小，从纳税角度考虑，他们可以组建两家独立的笔记本维修公司，将其分别设在城市的两个区域，这样不但能够享受企业所得税低税率的优惠，同时又避免同一区域的同业竞争。

模块二　企业所得税的计算

引导案例

小宋是新加入某科技服务公司F公司的办税员，他的主要工作职责之一是负责公司的企业所得税申报。为了尽快熟悉工作，小宋决定从学习企业所得税的简单计算开始着手。

小宋了解到，企业所得税的应纳税所得额是企业在一个纳税年度内的收入总额减去不征税收入、免税收入、各项扣除以及允许弥补的以前年度亏损后的余额。他查阅了公司的财务报表，确定了公司的收入总额和准予扣除项目。小宋了解到企业所得税的基本税率为25%，但符合条件的小型微利企业可享受相应的税率优惠。他计划后续深入了解这些税率优惠政策。为了更直观理解企业所得税的计算过程，小宋决定使用公司上一纳税年度的数据进行模拟计算。小宋按公式计算了上一纳税年度F公司的应纳税所得额，然后将其乘以税率计算出了企业所得税应纳税额。小宋将这一计算结果与公司上一纳税年度的实际申报数据进行了对比，发现两者基本一致，说明他的计算方法是正确的。小宋意识到，企业所得税的计算虽然看似简单，但实际操作中需要考虑的因素很多，如各项扣除的准确性和完整性、税率优惠政策的适用条件等。

任务一　应纳税额

企业所得税的应纳税额是指企业按照税法的规定，经过计算得出的应向税务机关缴纳的所得税金额。以企业的应纳税所得额乘以适用税率，减除依照我国企业所得税相关税收优惠的规定可以减免和抵免的税额后的余额，为应纳税额。其计算公式为：

应纳税额＝应纳税所得额×适用税率－税额抵免

税额抵免的内容详见本项目“模块七　税收优惠”的相关内容。

假设不考虑税额抵免，居民企业应纳税额等于应纳税所得额乘以适用税率。计算公式为：

居民企业应纳税额＝应纳税所得额×适用税率

情境分析4-4

1.任务要求

山东东山机械股份公司是一家居民企业，经计算2023年企业所得税应纳税所得额为10 000万元。

要求：请计算山东东山机械股份公司2023年的企业所得税。

2.任务实施

山东东山机械股份公司2023年应纳税额＝10 000×25%＝2 500(万元)

因此，该公司2023年的企业所得税为2 500万元。

3.任务释疑

居民企业应纳税额＝应纳税所得额×25％

任务二 应纳税所得额

应纳税所得额是企业所得税的计税依据，其计算方法有两种：直接法和间接法。

直接法是根据税法规定，将企业每一纳税年度的收入总额，减除不征税收入、免税收入、各项扣除以及允许弥补的以前年度亏损后的余额，作为应纳税所得额。这种方法直接体现了税法对应纳税所得额的确定原则，即应纳税所得额等于收入总额减去相关扣除项目。

直接法下，应纳税所得额的计算公式可表述为：

应纳税所得额＝收入总额－不征税收入－免税收入－各项扣除－以前年度亏损

间接法则是基于企业会计利润，通过调整税法与会计在收入、支出确认和计量上的差异，将会计利润调整为应纳税所得额。这种方法适用于企业会计制度健全、能够正确计算应纳税所得额的企业。在具体计算时，应纳税所得额等于会计利润总额加上或减去纳税调整项目金额。

一、收入总额

企业的收入总额包括以货币形式和非货币形式从各种来源取得的收入，具体有销售货物收入、提供劳务收入、转让财产收入、股息、红利等权益性投资收益，以及利息收入、租金收入、特许权使用费收入、接受捐赠收入、其他收入。

二、不征税收入和免税收入

国家为了扶持和鼓励某些特殊的纳税人和特定的项目，或者避免因征税影响企业的正常经营，对企业取得的某些收入予以不征税或免税的特殊政策，以减轻企业的负担，促进经济的协调发展。

（一）不征税收入

（1）财政拨款，是指各级人民政府对纳入预算管理的事业单位、社会团体等组织拨付的财政资金，但国务院和国务院财政、税务主管部门另有规定的除外。

（2）依法收取并纳入财政管理的行政事业性收费、政府性基金，是指依照法律法规等有关规定，按照国务院规定程序批准，在实施社会公共管理，以及在向公民、法人或者其他组织提供特定公共服务过程中，向特定对象收取并纳入财政管理的费用。政府性基金，是指企业依照法律、行政法规等有关规定，代政府收取的具有专项用途的财政资金。

（3）国务院规定的其他不征税收入，是指企业取得的，由国务院财政、税务主管部门规定专项用途并经国务院批准的财政性资金。

（二）免税收入

（1）国债利息收入。为鼓励企业积极购买国债，支援国家建设项目，税法规定，企业因购买国债所得的利息收入，免征企业所得税。

（2）符合条件的居民企业之间的股息、红利等权益性收益。该收益是指导居民企业直接投资于其他居民企业取得的投资收益。

(3)在中国境内设立机构、场所的非居民企业从居民企业取得与该机构、场所有实际联系的股息、红利等权益性投资收益。该收益不包括连续持有居民企业公开发行并上市流通的股票不足12个月取得的投资收益。

(4)符合条件的非营利组织的收入。符合条件的非营利组织的收入,不包括非营利组织从事营利性活动取得的收入,但国务院财政、税务主管部门另有规定的除外。

三、扣除原则和范围

(一)扣除项目的范围

《企业所得税法》规定,企业实际发生的与取得收入有关的、合理的支出,包括成本、费用、税金、损失和其他支出,准予在计算应纳税所得额时扣除。在实际中,计算应纳税所得额时还应注意三方面的内容:

(1)企业发生的支出应当区分收益性支出和资本性支出。收益性支出在发生当期直接扣除;资本性支出应当分期扣除或者计入有关资产成本,不得在发生当期直接扣除。

(2)企业的不征税收入用于支出所形成的费用或者财产,不得扣除或者计算对应的折旧、摊销扣除。

(3)除《企业所得税法》及其实施条例另有规定外,企业实际发生的成本、费用、税金、损失和其他支出,不得重复扣除。

(二)税前扣除项目的原则

企业申报的扣除项目和金额要真实、合法。真实是指能提供证明有关支出确属已经实际发生;合法是指符合国家税法的规定。若其他法规规定与税收法规规定不一致,应以税收法规规定为标准。除税收法规另有规定外,税前扣除一般应遵循以下原则:

(1)权责发生制原则。企业费用应在发生的所属期扣除,而不是在实际支付时确认扣除。

(2)配比原则。企业发生的费用应当与收入配比扣除。除特殊规定外,企业发生的费用不得提前或滞后申报扣除。

(3)相关性原则。企业可扣除的费用从性质和根源上必须与取得应税收入直接相关。

(4)确定性原则。企业可扣除的费用不论何时支付,其金额必须是确定的。

(5)合理性原则。符合生产经营活动常规,应当计入当期损益或者有关资产成本的必要和正常的支出。

情境分析 4-5

1.任务要求

山东东山机械股份公司2023年的收入总额为40 000万元,其中国债利息收入为100万元,各项扣除为29 900万元。

要求:假如你是山东东山机械股份公司的办税员,请计算其应纳税所得额。

2.任务实施

山东东山机械股份公司应纳税所得额=40 000-100-29 900=10 000(万元)

模块三　收入项目的计算

引导案例

小宋是刚加入一家多元化公司F集团的办税员，他负责的工作内容之一是对公司的企业所得税进行初步核算。为了更好地完成这项任务，小宋首先需要计算所得税的收入项目。

小宋了解到，企业所得税的收入项目主要包括销售货物收入、提供劳务收入、转让财产收入、股息、红利等权益性投资收益，以及利息收入、租金收入、特许权使用费收入、接受捐赠收入和其他收入。小宋查阅了F集团的财务报表和相关业务合同，逐一确认各项收入项目的金额和来源。他注意到，F集团的主营业务收入主要来自销售货物和提供劳务，同时也有一部分投资收益和租金收入。在确认收入项目的过程中，小宋了解到F集团在某些交易中采用了赊销方式，部分款项尚未实际收到，但根据税法规定，这些收入虽然尚未到账，也需要计入应纳税所得额。另外，F集团还收到了一些政府补助。小宋了解到，这些收入在符合税法规定的情况下，可以作为不征税收入处理，不计入应纳税所得额。小宋根据收入项目的确认结果，收集了相关业务的原始数据和财务报表信息，将各项收入项目的金额进行汇总，得到了F集团的年度收入总额。在计算过程中，对于赊销收入，小宋按照合同约定的收款时间和金额进行了确认；对于政府补助，他按照税法规定进行了不征税收入的确认。

任务一　收入总额

一、收入总额的形式

企业的收入总额包括以货币形式和非货币形式从各种来源取得的收入。货币形式包括现金、存款、应收账款、应收票据、债权投资及债务的豁免等；非货币形式包括固定资产、生物资产、无形资产、股权投资、存货、其他债权投资、劳务及有关权益等。以非货币形式取得的收入，应当按照公允价值确定收入额。

二、收入总额的范围

企业的收入总额具体有销售货物收入、提供劳务收入、转让财产收入、股息、红利等权益性投资收益，以及利息收入、租金收入、特许权使用费收入、接受捐赠收入、其他收入。

(1)销售货物收入，是指企业销售商品、产品、原材料、包装物、低值易耗品以及其他存货取得的收入。

(2)提供劳务收入，是指企业从事建筑安装、修理修配、交通运输、仓储租赁、金融保险、邮电通信、咨询经纪、文化体育、科学研究、技术服务、教育培训、餐饮住宿、中介代理、卫生保健、社区服务、旅游、娱乐、加工以及其他劳务服务活动取得的收入。

(3)转让财产收入,是指企业转让固定资产、生物资产、无形资产、股权、债权等财产取得的收入。

(4)股息、红利等权益性投资收益,是指企业因权益性投资从被投资方取得的收入。

(5)利息收入,是指企业将资金提供他人使用但不构成权益性投资,或者因他人占用本企业资金取得的收入,包括存款利息、贷款利息、债券利息、欠款利息等收入。

(6)租金收入,是指企业提供固定资产、包装物或者其他有形资产的使用权取得的收入。

(7)特许权使用费收入,是指企业提供专利权、非专利技术、商标权、著作权以及其他特许权的使用权取得的收入。

(8)接受捐赠收入,是指企业接受的来自其他企业、组织或者个人无偿给予的货币性资产、非货币性资产。

(9)其他收入,包括企业资产溢余收入、逾期未退包装物押金收入、确实无法偿付的应付款项、已作坏账损失处理后又收回的应收款项、债务重组收入、补贴收入、违约金收入、汇兑收益等。

情境分析 4-6

1. 任务要求

山东东山机械股份公司 2023 年的收入情况如下:

(1)主营业务收入账簿中,销售工程机械 2 000 台,每台不含增值税价 15 万元;

(2)其他业务收入中,出租沿街商用房 12 000 平方米,年租金收入 1 000 万元;

(3)资产处置损益中,转让一栋办公楼,原值 680 万元,已提折旧 180 万元,转让价 1 497 万元,发生交易税费 97 万元;

(4)投资收益中,交易性金融资产转让收益 8 000 万元,国债利息收入 100 万元。

要求:假如你是山东东山机械股份公司的办税员,请计算其应纳税收入或所得。

2. 任务实施

山东东山机械股份公司 2023 年应纳税收入或所得计算如下:

$$
\begin{aligned}
\text{应纳税收入或所得} &= 15\times 2\,000+1\,000+[1\,497-(680-180)-97] \\
&\quad +8\,000+100-100 \\
&= 39\,900(\text{万元})
\end{aligned}
$$

其中:国债利息收入 100 万元为免税收入。

任务二 收入实现

一、销售货物收入的实现

企业销售货物收入的确认,必须遵循权责发生制原则和实质重于形式原则。

(一)一般收入的确认

(1)销售商品采用托收承付方式的,在办妥托收手续时确认收入。

(2)销售商品采取预收款方式的,在发出商品时确认收入。

(3)销售商品需要安装和检验的,在购买方接受商品以及安装和检验完毕时确认收入。如果安装程序比较简单,可在发出商品时确认收入。

(4)销售商品采用支付手续费方式委托代销的，在收到代销清单时确认收入。

(5)销售商品以旧换新的，应当按照销售商品收入确认条件确认收入，回收的商品作为购进商品处理。

(6)企业为促进商品销售而在商品价格上给予的价格扣除属于商业折扣。商品销售涉及商业折扣的，应当按照扣除商业折扣后的金额确定销售商品收入金额。

(7)债权人为鼓励债务人在规定的期限内付款而向债务人提供的债务扣除属于现金折扣。销售商品涉及现金折扣的，应当按扣除现金折扣前的金额确定销售商品收入金额，现金折扣在实际发生时作为财务费用扣除。

(8)企业因售出商品的质量不合格等原因而在售价上给的减让属于销售折让；企业因售出商品质量、品种不符合要求等原因而发生的退货属于销售退回。企业已经确认销售收入的售出商品发生销售折让和销售退回的，应当在发生当期冲减当期销售商品收入。

(9)企业以买一赠一等方式组合销售本企业商品的，不属于捐赠，应将总的销售金额按各项商品的公允价值的比例来分摊确认各项的销售收入。

知识技能辨析 4-2

1. 任务要求·单选题

依据企业所得税的相关规定，下列关于销售货物收入确认时间的说法，错误的是(　　)。

A. 销售商品采取托收承付方式的，在办妥托收手续时确认收入

B. 销售商品采取预收货款方式的，在收到预收货款时确认收入

C. 销售商品需要简单安装和检验的，可在发出商品时确认收入

D. 销售商品采取支付手续费方式委托代销的，在收到代销清单时确认收入

2. 任务解答

正确答案：B

3. 任务释疑

销售商品采取预收款方式的，在发出商品时确认收入。

(二)特殊收入的确认

(1)以分期收款方式销售货物的，按照合同约定的收款日期确认收入的实现。

(2)采取产品分成方式取得收入的，按照企业分得产品的日期确认收入的实现，其收入金额按照产品的公允价值确定。

(3)采用售后回购方式销售商品的，销售的商品按售价确认收入，回购的商品作为购进商品处理。有证据表明不符合销售收入确认条件的，如以销售商品方式进行融资，收到的款项应确认为负债，回购价格大于原售价的，差额应在回购期间确认为利息费用。

情境分析 4-7

1. 任务要求

2023 年 12 月 31 日，山东东城电子公司向山东东区商场销售上网本 10 000 台，上网本的成本为 2 000 万元，现销价为 2 500 万元。销售合同约定采用分期销售方式，分别于 2024 年、2025 年、2026 年的 12 月 31 日等额收取销货款 1 000 万元，共计 3 000 万元。

要求：请计算该项业务 2023 年应当计入企业所得税的销售收入是多少。

2. 任务实施

按税法规定，分期销售于合同约定的收款日期产生纳税义务，所以该业务计入2023年中的企业所得税收入为1 000万元。

二、提供劳务收入的实现

提供劳务收入，是指企业从事建筑安装、修理修配、交通运输、仓储租赁、金融保险、邮电通信、咨询经纪、文化体育、科学研究、技术服务、教育培训、餐饮住宿、中介代理、卫生保健、社区服务、旅游、娱乐、加工以及其他劳务服务活动取得的收入。

(1)企业在各个纳税期末，提供劳务交易的结果能够可靠估计的，应采用完工进度(完工百分比)法确认提供劳务收入。

(2)企业提供劳务完工进度的确定，可选用下列方法：

①已完工作的测量；

②已提供劳务占劳务总量的比例；

③发生成本占总成本的比例。

(3)企业应按照从接受劳务方已收或应收的合同或协议价款确定劳务收入总额，根据纳税期末提供劳务收入总额乘以完工进度扣除以前纳税年度累计已确认提供劳务收入后的金额，确认为当期劳务收入；同时，按照提供劳务估计总成本乘以完工进度扣除以前纳税期间累计已确认劳务成本后的金额，结转为当期劳务成本。

(4)不同劳务方式收入的确认如下：

①安装费，应根据安装完工进度确认收入。安装工作是商品销售附带条件的，安装费在确认商品销售实现时确认收入。

②宣传媒介的收费，应在相关的广告或商业行为出现于公众面前时确认收入。广告的制作费，应根据制作广告的完工进度确认收入。

③软件费，为特定客户开发软件的收费，应根据开发的完工进度确认收入。

④服务费，包含在商品售价内可区分的服务费，在提供服务的期间分期确认收入。

⑤艺术表演、招待宴会和其他特殊活动的收费，在相关活动发生时确认收入。收费涉及几项活动的，预收的款项应合理分配给每项活动，分别确认收入。

⑥会员费。申请入会或加入会员，只允许取得会籍，所有其他服务或商品都要另行收费的，在取得该会员费时确认收入。申请入会或加入会员后，会员在会员期内不再付费就可得到各种服务或商品，或者以低于非会员的价格销售商品或提供服务的，该会员费应在整个受益期内分期确认收入。

⑦劳务费。长期为客户提供重复的劳务收取的劳务费，在相关劳务活动发生时确认收入。

⑧持续时间超过12个月的加工制造或劳务。企业受托加工制造大型机械设备、船舶、飞机，以及从事建筑、安装、装配工程业务或者提供其他劳务等，持续时间超过12个月的，按照纳税年度内完工进度或者完成的工作量确认收入的实现。

知识技能辨析4-3

1. 任务要求 · 多选题

下列收入中，应按完工进度确认企业所得税收入的有(　　)。

A.提供设备的特许权使用费　　B.为特定客户开发软件的收费

C.宣传媒介的收费　　D.单独的安装费

2.任务解答

正确答案:BD

3.任务释疑

选项A,提供设备的特许权使用费,应按照合同约定的特许权使用人应付特许权使用费的日期确认收入;选项B,为特定客户开发软件的收费,应根据开发的完工进度确认收入;选项C,宣传媒介的收费,应在相关的广告或商业行为出现于公众面前时确认收入;选项D,单独的安装费,应根据安装完工进度确认收入。

三、转让财产收入的实现

(一)股权转让所得收入

企业转让股权收入,应于转让协议生效且完成股权变更手续时,确认收入的实现。转让股权收入扣除为取得该股权所发生的成本后,为股权转让所得。企业在计算股权转让所得时,不得扣除被投资企业未分配利润等股东留存收益中按该项股权所可能分配的金额。

对内地企业投资者通过沪港通投资香港联交所上市股票取得的转让差价所得,计入其收入总额,依法征收企业所得税。

对内地企业投资者通过深港通投资香港联交所上市股票取得的转让差价所得,计入其收入总额,依法征收企业所得税。

(二)国债转让收入

1.国债转让收入时间的确认

(1)企业转让国债应在转让国债合同、协议生效的日期,或者国债移交时确认转让收入的实现。

(2)企业投资购买国债,到期兑付的,应在国债发行时约定的应付利息的日期,确认国债转让收入的实现。

2.国债转让收益(损失)的计算

企业转让或到期兑付国债取得的价款,减除其购买国债成本,并扣除其持有期间计算的国债利息收入以及交易过程中相关税费后的余额,为企业的国债转让收益(损失)。

3.国债转让收益(损失)的税务处理

企业转让国债,应作为转让财产,其取得的收益(损失)应作为企业应纳税所得额计算纳税。

4.国债成本

(1)通过支付现金方式取得的国债,以买入价和支付的相关税费为成本。

(2)通过支付现金以外的方式取得的国债,以该资产的公允价值和支付的相关税费为成本。

企业在不同时间购买同一品种国债的,其转让时的成本计算方法,可在先进先出法、加权平均法、个别计价法中选用一种。计价方法一经选用,不得随意改变。

情境分析 4-8

1. 任务要求

2023 年 1 月，甲企业以 1 000 万元直接投资乙企业，取得其 40%的股权。2024 年 10 月，甲企业将该股权全部转让，取得收入 1 200 万元。股权转让时，乙企业累计未分配利润 200 万元。

要求：请计算甲企业转让该项股权的股权转让所得和应缴纳的企业所得税。

2. 任务实施

股权转让所得＝1 200－1 000＝200(万元)

甲企业该项投资业务应缴纳企业所得税＝200×25%＝50(万元)

四、股息、红利等权益性投资收益的实现

股息、红利等权益性投资收益，除国务院财政、税务主管部门另有规定外，按照被投资方作出利润分配决定的日期确认收入的实现。

企业权益性投资取得股息、红利等收入，应以被投资企业股东会或股东大会作出利润分配或转股决定的日期确定收入的实现。

被投资企业将股权(票)溢价所形成的资本公积转为股本的，不作为投资方企业的股息、红利收入，投资方企业也不得增加该项长期投资的计税基础。

知识技能辨析 4-4

1. 任务要求・单选题

2023 年初，A 居民企业通过投资拥有 B 上市公司 15%股权。2024 年 3 月，B 公司增发普通股 1 000 万股，每股面值 1 元，发行价格 2.5 元，股款已全部收到并存入银行。2024 年 6 月，B 公司将股本溢价形成的资本公积全部转增股本。下列关于 A 居民企业相关投资业务的说明，正确的是(　　)。

A. A 居民企业应确认股息收入 225 万元

B. A 居民企业应确认红利收入 225 万元

C. A 居民企业应增加该项投资的计税基础 225 万元

D. A 居民企业转让股权时不得扣除转增股本增加的 225 万元

2. 任务解答

正确答案：D

3. 任务释疑

根据税法规定，被投资企业将股权(票)溢价所形成的资本公积转为股本的，不作为投资方企业的股息、红利收入，投资方企业也不得增加该项长期投资的计税基础。

五、利息、租金、特许权使用费收入和接受捐赠收入的实现

(一)利息收入

利息收入，按照合同约定的债务人应付利息的日期确认收入的实现。企业自关联方取得的不符合规定的利息收入应按照有关规定缴纳企业所得税。

1. 国债利息收入时间的确认

企业投资国债，从国务院财政部门(以下简称发行者)取得的国债利息收入，应以国债发

行时约定应付利息的日期确认利息收入的实现。

企业转让国债，应在国债转让收入确认时确认利息收入的实现。

2.国债利息收入的计算

企业到期前转让国债或者从非发行者投资购买的国债，其持有期间尚未兑付的国债利息收入，按以下公式计算确定：

国债利息收入＝国债金额×(适用年利率÷365)×持有天数

上述公式中，“国债金额”按国债发行面值或发行价格确定；“适用年利率”按国债票面年利率或折合年收益率确定；企业不同时间多次购买同一品种国债的，“持有天数”可按平均持有天数计算确定。

自2021年11月7日起至2025年12月31日止，对境外机构投资境内债券市场取得的债券利息收入暂免征收企业所得税和增值税。

(二)租金收入

租金收入，按照合同约定的承租人应付租金的日期确认收入的实现。

企业提供固定资产、包装物或者其他有形资产的使用权取得的租金收入，应按交易合同或协议规定的承租人应付租金的日期确认收入的实现。其中，交易合同或协议中规定租赁期限跨年度且租金提前一次性支付的，根据规定的收入与费用配比原则，出租人可对上述已确认的收入，在租赁期内分期均匀计入相关年度收入。

(三)特许权使用费收入

特许权使用费收入，按照合同约定的特许权使用人应付特许权使用费的日期确认收入的实现。

(四)接受捐赠收入

接受捐赠收入，按照实际收到捐赠资产的日期确认收入的实现。

六、其他收入的实现

(一)已作损失处理后又收回的资产

企业已经作为损失处理的资产，在以后纳税年度又全部收回或者部分收回时，应当计入当期收入。

企业在计算应纳税所得额时已经扣除的资产损失，在以后纳税年度全部或者部分收回时，其收回部分应当作为收入计入收回当期的应纳税所得额。

(二)补贴收入

企业取得的各类财政性资金，除属于国家投资和资金使用后要求归还本金的以外，均应计入企业当年收入总额。

(三)债务重组收入

企业发生债务重组，应在债务重组合同或协议生效时确认收入的实现。

(四)融资性售后回租业务中承租方出售资产

融资性售后回租业务是指承租方以融资为目的将资产出售给经批准从事融资租赁业务的企业后，又将该项资产从该融资租赁企业租回的行为。根据现行企业所得税法及有关收入确定的规定，融资性售后回租业务中，承租人出售资产的行为，不确认为销售收入，对融资性租赁的资产，仍按承租人出售前原账面价值作为计税基础计提折旧。租赁期间，承租人支付的属于融资利息的部分，作为企业财务费用在税前扣除。

（五）政府财政资金

企业按照市场价格销售货物、提供劳务服务等，凡由政府财政部门根据企业销售货物、提供劳务服务的数量、金额的一定比例给予全部或部分资金支付的，应当按照权责发生制原则确认收入。

知识技能辨析 4-5

1. 任务要求·单选题

下列关于收入实现确认时间的说法中，符合企业所得税相关规定的是（ ）。

A. 租金收入按承租人实际支付租金的日期确认收入的实现

B. 利息收入按债权人实际收到利息的日期确认收入实现

C. 权益性投资按被投资方支付股息的日期确认收入的实现

D. 接受捐赠收入，按实际收到捐赠资产的日期确认收入的实现

2. 任务解答

正确答案：D

3. 任务释疑

选项A，租金收入按照合同约定的承租人应付租金的日期确认收入的实现；选项B，利息收入按照合同约定的债务人应付利息的日期确认收入的实现；选项C，股息、红利等权益性投资收益，除国务院财政、税务主管部门另有规定外，应按照被投资方作出利润分配决定的日期确认收入的实现。

任务三 视同销售收入

企业发生非货币性资产交换、偿债，以及将货物用于捐赠、赞助、集资、广告、样品、职工福利和利润分配，应当视同销售货物，确认收入。

对于将货物用于在建工程、管理部门、分公司等的，仅是作为增值税视同销售，不能作为企业所得税视同销售。因为企业所得税法采用的是法人所得税的模式，对于货物在统一法人实体内部之间的转移，比如用于在建工程、管理部门、分公司等，不作为企业所得税视同销售处理。

一、不属于视同销售收入的处置资产

企业发生下列情形的处置资产，除将资产转移至境外以外，由于资产所有权属在形式和实质上均不发生改变，可作为内部处置资产，不视同销售确认收入，相关资产的计税基础延续计算：

（1）将资产用于生产、制造、加工另一产品。

（2）改变资产形状、结构或性能。

（3）改变资产用途（如自建商品房转为自用或经营）。

（4）将资产在总机构及其分支机构之间转移。

(5)上述两种或两种以上情形的混合。

(6)其他不改变资产所有权属的用途。

二、视同销售收入的处置资产

企业将资产移送他人的下列情形，因资产所有权属已发生改变而不属于内部处置资产，应按规定视同销售确定收入：

(1)用于市场推广或销售。

(2)用于交际应酬。

(3)用于职工奖励或福利。

(4)用于股息分配。

(5)用于对外捐赠。

(6)其他改变资产所有权属的用途。

企业发生属于视同销售收入的资产处置的情形时，属于企业自制的资产，应按企业同类资产同期对外销售价格确定销售收入；属于外购的资产，应按照被移送资产的公允价值确定销售收入。

知识技能辨析 4-6

1. 任务要求·单选题

企业发生下列处置资产的情形中，应当视同销售确认企业所得税收入的是（　　）。

A. 将自产货物用于职工福利

B. 将开发产品转为固定资产

C. 将自产货物用于企业设备更新

D. 将自产货物在境内总、分支机构之间调拨

2. 任务解答

正确答案：A

3. 任务释疑

选项A的所有权发生了改变，应视同销售处理；其他情形下所有权并未发生改变，故这些情形不应视同销售处理。

任务四　不征税收入和免税收入

国家为了扶持和鼓励某些特殊的纳税人和特定的项目，或者避免因征税影响企业的正常经营，对企业取得的某些收入予以不征税或免税的特殊政策，以减轻企业的负担，促进经济的协调发展。或准予抵扣应纳税所得额，或者是对专项用途的资金作为非税收入处理，减轻企业的税负，增加企业可用资金。

一、不征税收入

(一)财政拨款

财政拨款是指各级人民政府对纳入预算管理的事业单位、社会团体等组织拨付的财政资金，但国务院和国务院财政、税务主管部门另有规定的除外。

(二)依法收取并纳入财政管理的行政事业性收费、政府性基金

行政事业性收费，是指依照法律法规等有关规定，按照国务院规定程序批准，在实施社会公共管理，以及在向公民、法人或者其他组织提供特定公共服务过程中，向特定对象收取并纳入财政管理的费用。

政府性基金，是指企业依照法律、行政法规等有关规定，代政府收取的具有专项用途的财政资金。

企业按照规定缴纳的、由国务院或财政部批准设立的政府性基金以及由国务院和省、自治区、直辖市人民政府及其财政、价格主管部门批准设立的行政事业性收费，准予在计算应纳税所得额时扣除。企业缴纳的不符合上述审批管理权限设立的基金、收费，不得在计算应纳税所得额时扣除。

企业收取的各种基金、收费，应计入企业当年收入总额。对企业依照法律、法规及国务院有关规定收取并上缴财政的政府性基金和行政事业性收费，准予作为不征税收入，于上缴财政的当年在计算应纳税所得额时从收入总额中减除；未上缴财政的部分，不得从收入总额中减除。

(三)其他不征税收入

国务院规定的其他不征税收入，是指企业取得的，由国务院财政、税务主管部门规定专项用途并经国务院批准的财政性资金。

财政性资金，是指企业取得的来源于政府及其有关部门的财政补助、补贴、贷款贴息，以及其他各类财政专项资金，包括直接减免的增值税和即征即退、先征后退、先征后返的各种税收，但不包括企业按规定取得的出口退税款。

二、免税收入

(一)国债利息收入

为鼓励企业积极购买国债，支援国家建设项目，税法规定，企业因购买国债所得的利息收入，免征企业所得税。

企业到期前转让国债，或者从非发行者投资购买的国债，其国债利息收入，免征企业所得税。

企业转让国债应在转让国债合同、协议生效的日期，或者国债移交时确认转让收入的实现。企业投资购买国债，到期兑付的，应在国债发行时约定的应付利息的日期确认国债转让收入的实现。

企业转让或到期兑付国债取得的价款，减除其购买国债成本，并扣除其持有期间按照上述公式计算的国债利息收入以及交易过程中相关税费后的余额，为企业转让国债收益(损失)。企业转让国债，应作为转让财产，其取得的收益(损失)应作为企业应纳税所得额计算纳税。

(二)符合条件的居民企业之间的股息、红利等权益性收益

符合条件的居民企业之间的股息、红利等权益性收益，是指居民企业直接投资于其他居民企业取得的投资收益。该收益不包括连续持有居民企业公开发行并上市流通的股票不足12个月取得的投资收益。

(三)在中国境内设立机构、场所的非居民企业从居民企业取得与该机构、场所有实际联系的股息、红利等权益性投资收益

该收益不包括连续持有居民企业公开发行并上市流通的股票不足12个月取得的投资收益。

(四)符合条件的非营利组织的收入

符合条件的非营利组织的收入，不包括非营利组织从事营利性活动取得的收入，但国务院财政、税务主管部门另有规定的除外。

非营利组织接受其他单位或者个人捐赠的收入、按照省级以上部门规定收取的会费、不征税收入和免税收入孳生的银行存款利息收入等为免税收入，但不包括因政府购买服务取得的收入。

情境分析 4-9

1.任务要求

2023年12月31日，山东东城电子公司转让持有的国债(该部分国债的取得成本为800万元)，取得收入950万元，其中包含持有期间尚未领取的利息收入10万元。

要求：请计算该业务应调整的企业所得税应纳税所得额。

2.任务实施

国债利息收入免税，应调减应纳税所得额10万元。

该项业务的应纳税所得额＝950－800－10＝140(万元)

模块四　扣除项目的计算

引导案例

小宋作为一名新入职的办税员，加入了某大型制造企业F公司，负责企业所得税的申报工作。为了准确计算企业所得税的应纳税额，降低税负，他需要详细了解并计算企业所得税的扣除项目。

小宋通过查阅相关法规，了解到企业所得税的扣除项目主要包括成本、费用、税金、损失和其他支出。小宋仔细分析了公司的财务报表，识别出公司的主要扣除项目包括生产成本、销售费用、管理费用、财务费用、税金支出等。小宋根据生产部门提供的原材料消耗、人工费用等数据，计算了各产品的生产成本。对于销售费用、管理费用和财务费用，他根据会计部门提供的费用明细表，分别计算了各项费用的金额。小宋还查阅了公司的缴税记录，确认了准予扣除的税金金额。在计算了各项扣除项目的金额后，小宋将它们相加，得出了公司该纳税年度的总扣除金额。

任务一　扣除项目的范围

企业实际发生的与取得收入有关的、合理的支出，包括成本、费用、税金、损失和其他支出，准予在计算应纳税所得额时扣除。

在实际中，企业发生的支出应当区分收益性支出和资本性支出。收益性支出在发生当期直接扣除；资本性支出应当分期扣除或者计入有关资产成本，不得在发生当期直接扣除。

企业的不征税收入用于支出所形成的费用或者财产，不得扣除或者计算对应的折旧、摊销扣除。除税法另有规定外，企业实际发生的成本、费用、税金、损失和其他支出，不得重复扣除。

一、成本

成本是指企业在生产经营活动中发生的销售成本、销货成本、业务支出，以及其他耗费，即企业销售商品(产品、材料、下脚料、废料、废旧物资等)，提供劳务，转让固定资产、无形资产(包括技术转让)的成本。

企业必须将经营活动中发生的成本合理划分为直接成本和间接成本。直接成本可根据有关会计凭证、记录直接计入有关成本计算对象或劳务的经营成本中。间接成本必须根据与成本计算对象之间的因果关系、成本计算对象的产量等，以合理的方法分配计入有关成本计算对象中。

二、费用

费用是指企业每一个纳税年度为生产、经营商品和提供劳务等所发生的销售(经营)费用、管理费用和财务费用。已计入成本的有关费用除外。

销售费用是指应由企业负担的为销售商品而发生的费用，包括广告费、运输费、装卸费、包装费、展览费、保险费、销售佣金(能直接认定的进口佣金调整商品进价成本)、代销手续费、经营性租赁费及销售部门发生的差旅费、工资、福利费等费用。

管理费用是指企业的行政管理部门为管理组织经营活动提供各项支援性服务而发生的费用。

财务费用是指企业筹集经营性资金而发生的费用，包括利息净支出、汇兑净损失、金融机构手续费以及其他非资本化支出。

三、税金

税金是指企业发生的除企业所得税和允许抵扣的增值税以外的企业缴纳的各项税金及其附加，即企业按规定缴纳的消费税、城市维护建设税、关税、资源税、土地增值税、房产税、车船税、土地使用税、印花税、教育费附加等。这些已纳税金准予税前扣除。准许扣除的税金有两种扣除方式：一是在发生当期扣除；二是在发生当期计入相关资产的成本，在以后各期分摊扣除。

四、损失

损失是指企业在生产经营活动中发生的固定资产和存货的盘亏、毁损、报废损失，转让财产损失，呆账损失，坏账损失，自然灾害等不可抗力因素造成的损失以及其他损失。

企业发生的损失减除责任人赔偿和保险赔款后的余额，依照国务院财政、税务主管部门的规定扣除。

企业已经作为损失处理的资产，在以后纳税年度又全部收回或者部分收回时，应当计入当期收入。

五、其他支出

扣除的其他支出，是指除成本、费用、税金、损失外，企业在生产经营活动中发生的与生产经营活动有关的、合理的支出。

情境分析 4-10

1. 任务要求

山东东山机械股份公司 2023 年各项扣除项目如下：

(1)主营业务成本账簿中，2023 年销售 2 000 台工程机械，单台成本 10 万元。

(2)其他业务成本账簿中，出租沿街商用房计提折旧 900 万元(符合税法要求)。

(3)税金及附加账簿中记录的业务，即本年共缴纳增值税 5 100 万元、城市维护建设税和教育费附加 675 万元(公司位于市区)。

(4)其他允许扣除的成本、费用、税金，总计 8 325 万元。

要求：假如你是山东东山机械股份公司的办税员，请计算其允许扣除项目的金额。

2.任务实施

山东东城机械公司允许扣除项目的计算如下：

允许扣除项目＝10×2 000＋900＋675＋8 325＝29 900(万元)

注意：增值税与企业所得税的计算通常无关。

任务二 人力成本等项目的扣除

一、工资薪金支出

企业发生的合理的工资薪金支出准予据实扣除。工资薪金支出是企业每一纳税年度支付给在本企业任职或与其有雇佣关系的员工的所有现金或非现金形式的劳动报酬，包括基本工资、奖金、津贴、补贴、年终加薪、加班工资，以及与任职或者受雇有关的其他支出。

合理的工资薪金，是指企业按照股东大会、董事会、薪酬委员会或相关管理机构制定的工资薪金制度规定实际发放给员工的工资薪金。合理的工资薪金的一般要求：企业制定较为规范的员工工资薪金制度且制定的工资薪金制度符合行业及地区水平；企业在一定时期所发放的工资薪金相对固定、工资薪金的调整有序进行；企业对实际发放的工资薪金已依法履行了代扣代缴个人所得税的义务，有关工资薪金的安排不以减少或逃避税款为目的。

属于国有性质的企业，其工资薪金不得超过政府有关部门给予的限定数额。超过部分，不得计入企业工资薪金总额，也不得在计算企业应纳税所得额时扣除。

企业接受外部劳务派遣用工所实际发生的费用，按照协议(合同)约定直接支付给劳务派遣公司的费用应作为劳务费支出，不属于工资薪金，不作为计算其他各项相关费用扣除的依据。直接支付给员工个人的费用，应作为工资薪金支出和职工福利费支出。其中属于工资薪金支出的费用，准予计入企业工资薪金总额的基数，作为计算其他各项相关费用扣除的依据。

企业因雇用季节工、临时工、实习生，返聘离退休人员所发生的费用，应区分为工资薪金支出和职工福利费支出，并按规定在企业所得税税前扣除。其中属于工资薪金支出的，准予计入企业工资薪金总额的基数，作为计算其他各项相关费用扣除的依据。

企业年度汇算清缴结束前支付汇缴年度工资薪金税前扣除问题：企业在年度汇算清缴结束前向员工实际支付的已预提汇缴年度工资薪金，准予在汇缴年度按规定扣除。

二、职工福利费、工会经费、职工教育经费

企业发生的职工福利费、工会经费、职工教育经费按标准扣除。未超过标准的，按实际数扣除；超过标准的，只能按标准扣除。

(1)企业发生的职工福利费支出，不超过工资薪金总额14％的部分准予扣除。

企业职工福利费包括以下内容：

①尚未实行分离办社会职能的企业，其内设福利部门所发生的设备、设施和人员费用，包括职工食堂、职工浴室、理发室、医务所、托儿所、疗养院等集体福利部门的设备、设施及维修保养费用和福利部门工作人员的工资薪金、社会保险费、住房公积金、劳务费等。

②为职工卫生保健、生活、住房、交通等所发放的各项补贴和非货币性福利，包括企业向

职工发放的因公外地就医费用、未实行医疗统筹企业职工医疗费用、职工供养直系亲属医疗补贴、供暖费补贴、职工防暑降温费、职工困难补贴、救济费、职工食堂经费补贴、职工交通补贴等。

③按照其他规定发生的其他职工福利费，包括丧葬补助费、抚恤费、安家费、探亲假路费等。

（2）企业拨缴的工会经费，不超过工资薪金总额2%的部分准予扣除。

企业拨缴的职工工会经费，不超过工资薪金总额2%的部分，凭工会组织开具的工会经费收入专用收据在企业所得税税前扣除。

（3）除国务院财政、税务主管部门另有规定外，企业发生的职工教育经费支出，不超过工资薪金总额8%的部分，准予在计算企业所得税应纳税所得额时扣除；超过部分，准予在以后纳税年度结转扣除。

集成电路设计企业和符合条件软件企业发生的职工教育经费中的职工培训费用，根据规定，可以全额在企业所得税前扣除。企业应准确划分职工教育经费中的职工培训费支出。对于不能准确划分的，以及准确划分后职工教育经费中扣除职工培训费用的余额，一律按照工资薪金总额8%的比例扣除。核力发电企业为培养核电厂操纵员发生的培养费用，依据国家税务总局的规定，可作为企业的发电成本在税前扣除。企业应将核电厂操纵员培养费与员工的职工教育经费严格区分，单独核算，员工实际发生的职工教育经费支出不得计入核电厂操纵员培养费直接扣除。

三、社会保险费

（1）企业依照国务院有关主管部门或者省级人民政府规定的范围和标准为职工缴纳的“五险一金”，即基本养老保险费、基本医疗保险费、失业保险费、工伤保险费、生育保险费等基本社会保险费和住房公积金，准予扣除。

（2）企业为投资者或者职工支付的补充养老保险费、补充医疗保险费，在国务院财政、税务主管部门规定的范围和标准内，准予扣除。企业依照国家有关规定为特殊工种职工支付的人身安全保险费和符合国务院财政、税务主管部门规定可以扣除的商业保险费，准予扣除。

（3）企业参加财产保险，按照规定缴纳的保险费，准予扣除。企业为投资者或者职工支付的商业保险费，不得扣除。

四、劳动保护费

企业发生的合理的劳动保护支出，准予扣除。根据企业的工作性质和特点，由企业统一制作并要求员工工作时统一着装所发生的工作服饰费用，根据规定，可以作为企业合理的支出给予税前扣除。

情境分析4-11

1. 任务要求

山东东城电子公司2023年的账簿反映：工资薪金计提260万元，实际发放200万元；本年度在成本费用中列支职工福利费35万元，列支职工教育经费20万元，列支工会经费3万元，已取得工会专用收据2万元。

要求：请指出上述哪项支出应调增应纳税所得额。

2.任务实施

(1)职工福利费

职工福利费标准＝200×14%＝28(万元)

本年度实际使用金额为35万元，超标准7万元(35－28)，应作纳税调增。

(2)职工教育经费

职工教育经费＝200×8%＝16(万元)

实际计提20万元，超标准4万元(20－16)，应作纳税调增。

(3)工会经费

超标准1万元(3－2)，应作纳税调增。

任务三 融资费用等项目的扣除

一、利息费用

企业在生产、经营活动中发生的利息费用，按下列规定扣除：

(1)非金融企业向金融企业借款的利息支出、金融企业的各项存款利息支出和同业拆借利息支出、企业经批准发生债券的利息支出，可据实扣除。

金融企业，是指各类银行、保险公司及经中国人民银行批准从事金融业务的非银行金融机构。非金融企业，是指除上述金融企业以外的所有企业、事业单位以及社会团体等企业或组织。

(2)非金融企业向非金融企业借款的利息支出，不超过按照金融企业同期同类贷款利率计算的数额的部分，可据实扣除；超过部分，不许扣除。

企业在按照合同要求首次支付利息并进行税前扣除时，应提供金融企业的同期同类贷款利率情况说明，以证明其利息支出的合理性。金融企业的同期同类贷款利率情况说明中，应包括在签订该借款合同时，本省任何一家金融企业提供的同期同类贷款利率情况。

(3)企业从其关联方接受的债权性投资与权益性投资的比例超过规定标准而发生的利息支出，不得在计算应纳税所得额时扣除。

在计算应纳税所得额时，企业实际支付给关联方的利息支出，不超过税法规定比例和税法及其实施条例有关规定计算的部分，准予扣除；超过的部分，不得在发生当期和以后年度扣除。

企业实际支付给关联方的利息支出，除另有规定外，其接受关联方债权性投资与其权益性投资比例为：金融企业5∶1；其他企业2∶1。

如果企业能够按照税法及其实施条例的有关规定提供相关资料，并证明相关交易活动符合独立交易原则，或者该企业的实际税负不高于境内关联方，则其实际支付给境内关联方的利息支出，在计算应纳税所得额时准予扣除。

企业同时从事金融业务和非金融业务，其实际支付给关联方的利息支出，应按照合理方法分开计算；没有按照合理方法分开计算的，一律按其他企业的比例计算准予税前扣除的利息支出。

企业自关联方取得的不符合规定的利息收入，应按照有关规定缴纳企业所得税。

企业投资者在规定期限内未缴足其应缴资本额的，企业对外借款所发生的利息，相当于实缴资本额与在规定期限内应缴资本额的差额应计付的利息，其不属于企业的合理支出，应由企业的投资者负担，不得在计算应纳税所得额时扣除。

(三)企业向自然人借款的利息支出在企业所得税税前的扣除

企业向股东或其他与企业有关联关系的自然人借款的利息支出，符合规定条件的，准予扣除。企业向内部职工或其他人员借款的利息支出，企业与个人之间签订了借款合同，其借贷真实、合法、有效的，且不具有非法集资目的或其他违反法律、法规的行为，其利息支出在不超过按照金融企业同期同类贷款利率计算的数额的部分，准予扣除。

二、借款费用

(1)企业在生产经营活动中发生的合理的不需要资本化的借款费用，准予扣除。

(2)企业为购置、建造固定资产、无形资产和经过12个月以上的建造才能达到预定可销售状态的存货发生的借款的，在有关资产购置、建造期间发生的合理的借款费用，应予以资本化，作为资本性支出计入有关资产的成本；有关资产交付使用后发生的借款利息，可在发生当期扣除。

(3)企业通过发行债券、取得贷款、吸收保户储金等方式融资而发生的合理的费用支出，符合资本化条件的，应计入相关资产成本；不符合资本化条件的，应作为财务费用，准予在企业所得税税前据实扣除。

三、投资者投资未到位而发生的利息支出

凡企业投资者在规定期限内未缴足其应缴资本额的，该企业对外借款所发生的利息，相当于投资者实缴资本额与在规定期限内应缴资本额的差额应计付的利息，其不属于企业合理的支出，应由企业投资者负担，不得在计算企业应纳税所得额时扣除。

四、汇兑损失

企业在货币交易中以及纳税年度终了时，将人民币以外的货币性资产、负债按照期末即期人民币汇率中间价折算为人民币时产生的汇兑损失，除已经计入有关资产成本以及与向所有者进行利润分配相关的部分外，准予扣除。

情境分析 4-12

1.任务要求

甲、乙公司均为制造企业。2023年甲公司对关联企业乙公司的股权投资额为5 000万元。3月1日乙公司向甲公司借款20 000万元用于生产，当年12月31日归还，借款年利率为6%，金融机构同期同类贷款利率为4.8%。

要求：请计算2023年乙公司该项借款在企业所得税税前应扣除的利息费用。

2.任务实施

向关联企业借款，不超过规定债资比和金融企业同期同类贷款利率计算的数额部分，准予扣除。非金融企业的债资比为2∶1，从3月到12月，计息期为10个月，因此：

2023 年乙公司该项借款在企业所得税税前应扣除的利息费用

$$=5\ 000\times 2\times 4.8\%/12\times 10$$

$$=400(\text{万元})$$

任务四　业务招待费等项目的扣除

一、业务招待费

企业发生的与其生产、经营业务有关的业务招待费支出，按照发生额的 60％扣除，但最高不得超过当年销售(营业)收入的 5‰。

从事股权投资业务的企业(包括集团公司总部、创业投资企业等)，其从被投资企业所分配的股息、红利以及股权转让收入，可以按规定的比例计算业务招待费扣除限额。

企业在筹建期间发生的与筹办活动有关的业务招待费支出，可按实际发生额的 60％计入企业筹办费，并按有关规定在税前扣除。

二、广告费和业务宣传费

企业发生的符合条件的广告费和业务宣传费支出，除国务院财政、税务主管部门另有规定外，不超过当年销售(营业)收入 15％的部分，准予扣除；超过部分，准予结转以后纳税年度扣除。

自 2011 年 1 月 1 日起至 2025 年 12 月 31 日止，对化妆品制造或销售、医药制造和饮料制造(不含酒类制造)企业发生的广告费和业务宣传费支出，不超过当年销售(营业)收入 30％的部分，准予扣除；超过部分，准予在以后纳税年度结转扣除。

企业在筹建期间发生的广告费和业务宣传费，可按实际发生额计入企业筹办费，可按上述规定在税前扣除。

烟草企业的烟草广告费和业务宣传费支出，一律不得在计算应纳税所得额时扣除。

三、租赁费

企业根据生产经营活动的需要租入固定资产支付的租赁费，按照以下方法扣除：

(1)以经营租赁方式租入固定资产发生的租赁费支出，按照租赁期限均匀扣除。经营租赁是指所有权不转移的租赁。

(2)以融资租赁方式租入固定资产发生的租赁费支出，按照规定构成融资租入固定资产价值的部分，应当提取折旧费用，分期扣除。融资租赁是指在实质上转移与一项资产所有权有关的全部风险和报酬的租赁。

情境分析 4-13

1. 任务要求

山东东城电子公司 2023 年在“管理费用”明细账中列支业务招待费 50 万元，全年销售货物收入 2 000 万元，出租厂房租金收入 20 万元，以货物抵债 30 万元。

要求：

(1)请计算当年度业务招待费允许税前扣除数。

(2)假如山东东城电子公司2023年列支广告费和业务宣传费计320万元(符合税法规定),请计算允许税前扣除的广告费和业务宣传费。

2.任务实施

山东东城电子公司2023年允许扣除的业务招待费、广告费和业务宣传费如下:

(1)允许扣除的业务招待费

允许扣除的业务招待费＝50×60％＝30(万元)

当年营业收入的5‰＝(2 000＋20＋30)×5‰＝10.25(万元)

按孰小原则,以10.25万元为扣除数。

(2)允许扣除的广告费和业务宣传费

允许扣除的广告费和业务宣传费＝(2 000＋20＋30)×15％＝307.5(万元)

广告费和业务宣传费超标准金额＝320－307.5＝12.5(万元)

调增数为12.5万元。

任务五　对外捐赠的扣除

一、公益性捐赠支出

公益性捐赠,是指企业通过公益性社会团体或者县级以上人民政府及其部门,用于公益事业的捐赠。企业发生的公益性捐赠支出,不超过年度利润总额12％的部分,准予扣除;超过部分,准予以后三年内在计算应纳税所得额时结转扣除。企业在对公益性捐赠支出计算扣除时,应先扣除以前年度结转的捐赠支出,再扣除当年发生的捐赠支出。

年度利润总额,是指企业依照国家统一会计制度的规定计算的年度会计利润。

(一)公益性捐赠的范围

用于公益事业的捐赠支出,是指《中华人民共和国公益事业捐赠法》规定的向公益事业的捐赠支出,具体范围包括:

(1)救助灾害、救济贫困、扶助残疾人等困难的社会群体和个人的活动。

(2)教育、科学、文化、卫生、体育事业。

(3)环境保护、社会公共设施建设。

(4)促进社会发展和进步的其他社会公共和福利事业。

企事业单位、社会团体以及其他组织捐赠住房作为廉租住房的,视同公益性捐赠,按上述规定执行。

(二)接受捐赠资产的价值

公益性社会团体和县级以上人民政府及其组成部门和直属机构在接受捐赠时,捐赠资产的价值按以下原则确认:

(1)接受捐赠的货币性资产,应当按照实际收到的金额计算。

(2)接受捐赠的非货币性资产,应当以其公允价值计算。捐赠方在向公益性社会团体和县级以上人民政府及其组成部门和直属机构捐赠时,应当提供注明捐赠非货币性资产公允价值的证明。如果不能提供上述证明,公益性社会团体和县级以上人民政府及其组成部门和直属机构不得向其开具公益性捐赠票据。

二、扶贫捐赠支出

2020 年 1 月 1 日至 2025 年 12 月 31 日，用于目标脱贫地区的扶贫捐赠支出，准予在计算企业所得税应纳税所得额时据实扣除。在政策执行期限内，目标脱贫地区实现脱贫的，可继续适用上述政策。

“目标脱贫地区”包括 832 个国家扶贫开发工作重点县、集中连片特困地区县（新疆阿克苏地区 6 县 1 市享受片区政策）和建档立卡贫困村。

企业同时发生扶贫捐赠支出和其他公益性捐赠支出的，在计算公益性捐赠支出年度扣除限额时，符合上述条件的扶贫捐赠支出不计算在内。

三、其他规定

（1）除另有规定外，纳税人向受赠人的直接捐赠，不得扣除。

（2）企业将自产货物用于捐赠，应分解为按公允价值视同销售和捐赠两项业务进行所得税处理。

情境分析 4-14

1. 任务要求

2024 年度甲公司利润总额为 1 000 万元。当年发生公益性捐赠支出 200 万元，2023 年结转到 2024 年未抵扣完的公益性捐赠 30 万元。

要求：请计算该公司 2024 年计算应纳税所得额时可扣除本年发生的公益性捐赠金额。

2. 任务实施

企业通过公益性社会组织或者县级（含县级）以上人民政府及其组成部门和直属机构，用于慈善活动、公益事业的捐赠支出，在年度利润总额 12%以内的部分，准予在计算应纳税所得额时扣除；超过部分，准予结转以后三年内在计算应纳税所得额时扣除。企业在对公益性捐赠支出计算扣除时，应先扣除以前年度结转的捐赠支出，再扣除当年发生的捐赠支出。公益性捐赠扣除限额＝1 000×12%＝120（万元），2023 年结转的公益性捐赠 30 万元准予扣除，可扣除本年发生的公益性捐赠金额＝120－30＝90（万元）。

任务六　其他项目的扣除

一、手续费及佣金支出

企业发生的与生产经营有关的手续费及佣金支出，不超过以下规定计算限额的部分，准予扣除；超过部分，不得扣除。

（一）保险企业

保险企业按当年全部保费收入扣除退保金等后余额的 18%（含本数，下同）计算限额，在计算应纳税所得额时准予扣除；超过部分，允许结转以后年度扣除。

（二）其他企业

非保险企业按与具有合法经营资格中介服务机构或个人（不含交易双方及其雇员、代理人和代表人等）所签订服务协议或合同确认的收入金额的5%计算限额，在计算应纳税所得额时准予扣除；超过部分，不得扣除。

二、有关资产的费用

企业转让各类固定资产发生的费用，允许扣除。企业按规定计算的固定资产折旧费、无形资产和递延资产的摊销费，准予扣除。

三、总机构分摊的费用

非居民企业在中国境内设立的机构、场所，就其中国境外总机构发生的与该机构、场所生产经营有关的费用，能够提供总机构出具的费用汇集范围、定额、分配依据和方法等证明文件，并合理分摊的，准予扣除。

四、保险费

企业参加财产保险，按照规定缴纳的保险费，准予扣除。

五、环境保护专项资金

企业依照法律、行政法规有关规定提取的用于环境保护、生态恢复等方面的专项资金，准予扣除。上述专项资金提取后改变用途的，不得扣除。

六、其他项目

依照有关法律、行政法规和国家有关税法规定准予扣除的其他项目，准予扣除，例如会员费、合理的会议费、差旅费、违约金、诉讼费用等。

知识技能辨析 4-7

1. 任务要求・多选题

依据企业所得税法相关规定，下列企业发生的手续费中，应按规定计算限额进行扣除的有（　　）。

A. 证券企业为扩展经纪业务而实际发生的手续费

B. 保险企业发生的与其经营活动有关的手续费

C. 上市公司向证券承销机构支付的股票发行手续费

D. 制造企业向符合资格的个人支付的产品推销手续费

2. 任务解答

正确答案：BD

3. 任务释疑

选项A，从事代理服务，主营业务收入为手续费、佣金的企业（如证券、期货、保险代理等企业），其为取得该类收入而实际发生的营业成本（包括手续费及佣金支出），准予在企业所得税税前据实扣除；选项C，不得在税前扣除。

任务七 不得扣除的项目和税前扣除凭证

一、不得扣除的项目

在计算应纳税所得额时，下列支出不得扣除：

(1)向投资者支付的股息、红利等权益性投资收益款项。

(2)企业所得税税款。

(3)税收滞纳金。税收滞纳金，是指纳税人违反税收法规，被税务机关处以的滞纳金。

(4)罚金、罚款和被没收财物的损失。罚金、罚款和被没收财物的损失，是指纳税人违反国家有关法律、法规规定，被有关部门处以的罚款，以及被司法机关处以的罚金和被没收财物。

(5)超过规定标准的捐赠支出。

(6)赞助支出。赞助支出，是指企业发生的与生产经营活动无关的各种非广告性质支出。

(7)未经核定的准备金支出。未经核定的准备金支出，是指不符合国务院财政、税务主管部门规定的各项资产减值准备、风险准备等准备金支出。

(8)企业之间支付的管理费、企业内营业机构之间支付的租金和特许权使用费，以及非银行企业内营业机构之间支付的利息，不得扣除。

(9)与取得收入无关的其他支出。

知识技能辨析 4-8

1.任务要求·单选题

下列各项支出中，可在企业所得税税前扣除的是(　　)。

A.企业之间支付的管理费用

B.非银行企业内营业机构之间支付的利息

C.企业依据法律规定提取的环境保护专项资金

D.烟草企业的烟草广告费和烟草宣传费

2.任务解答

正确答案：C

3.任务释疑

选项A，企业之间支付的管理费用不得税前扣除。选项B，非银行企业内营业机构之间支付的利息，不得税前扣除；银行企业内营业机构之间支付的利息，可以税前扣除。选项D，烟草企业的烟草广告费和烟草宣传费，不得税前扣除。

二、税前扣除凭证管理

(一)基本要求

(1)税前扣除凭证在管理中遵循真实性、合法性、关联性原则。企业应将与税前扣除凭证相关的资料，包括合同协议、支出依据、付款凭证等留存备查，以证实税前扣除凭证的真实性。

(2)企业发生支出，应取得税前扣除凭证，作为计算企业所得税应纳税所得额时扣除相关支出的依据。企业应在当年度企业所得税法规定的汇算清缴期结束前取得税前扣除凭证。

(二)分类

税前扣除凭证按照来源分为内部凭证和外部凭证：

(1)内部凭证是指企业自制用于成本、费用、损失和其他支出核算的会计原始凭证。内部凭证的填制和使用应当符合国家会计法律、法规等相关规定。

(2)外部凭证是指企业发生经营活动和其他事项时，从其他单位、个人取得的用于证明其支出发生的凭证，包括但不限于发票(包括纸质发票和电子发票)、财政票据、完税凭证、收款凭证、分割单等。

(三)具体要求

(1)企业与其他企业(包括关联企业)、个人在境内共同接受应纳增值税劳务发生的支出，采取分摊方式的，应当按独立交易原则进行分摊。企业以发票和分割单作税前扣除凭证，共同接受应税劳务的其他企业以企业开具的分割单作税前扣除凭证。

(2)企业租用办公、生产用房等资产发生的水、电、燃气、冷气、暖气、通信线路、有线电视、网络等费用，出租方作为应税项目开具发票的，企业以发票作为税前扣除凭证；出租方采取分摊方式的，企业以出租方开具的其他外部凭证作为税前扣除凭证。

(3)未取得发票、其他外部凭证或取得不合规凭证的处理：

①企业取得私自印制、伪造、变造、作废、开票方非法取得、虚开、填写不规范等不符合规定的发票(以下简称不合规发票)，以及取得不符合国家法律、法规等相关规定的其他外部凭证(以下简称不合规其他外部凭证)，不得作为税前扣除凭证。

②企业应当取得而未取得发票、其他外部凭证或者取得不合规发票、不合规其他外部凭证的，若支出真实且已实际发生，应当在当年度汇算清缴期结束前，要求对方补开、换开发票、其他外部凭证。补开、换开后的发票、其他外部凭证符合规定的，可以作为税前扣除凭证。

③企业在补开、换开发票、其他外部凭证过程中，因对方注销、撤销、依法被吊销营业执照、被税务机关认定为非正常户等特殊原因无法补开、换开发票、其他外部凭证的，可凭以下资料证实支出真实性后，其支出允许税前扣除：

a. 无法补开、换开发票、其他外部凭证原因的证明资料(包括市场监管注销、机构撤销、列入非正常经营户、破产公告等证明资料)；

b. 相关业务活动的合同或者协议；

c. 用非现金方式支付的付款凭证；

d. 货物运输的证明资料；

e. 货物入库、出库内部凭证；

f. 企业会计核算记录以及其他资料。

其中，第 a 项至第 c 项为必备资料。

④企业在规定的期限未能补开、换开符合规定的发票、其他外部凭证，并且未能按照规定提供相关资料证实其支出真实性的，相应支出不得在发生年度税前扣除。

⑤除税收法规的特殊情形外，企业以前年度应当取得而未取得发票、其他外部凭证，且相应支出在该年度没有税前扣除的，在以后年度取得符合规定的发票、其他外部凭证或者按照规定提供可以证实其支出真实性的相关资料，相应支出可以追补至该支出发生年度税前扣除，但追补年限不得超过5年。

知识技能辨析4-9

1.任务要求·多选题

企业在补开发票过程中，因对方注销而无法补开发票，可凭一定资料证实支出真实性后，其支出允许税前扣除。在企业准备的下列资料中，属于必备资料的有（　　）。

A.无法补开的证明资料　　B.相关业务活动的合同

C.采用非现金方式支付的付款凭证　　D.货物运输的证明资料

2.任务解答

正确答案：ABC

3.任务释疑

无法补开、换开发票、其他外部凭证原因的证明资料（包括市场监管注销、机构撤销、列入非正常经营户、破产公告等证明资料），相关业务活动的合同或者协议，采用非现金方式支付的付款凭证，为必备资料。

模块五　亏损弥补

引导案例

小宋作为新入职的办税员，加入了一家初创公司F公司。在接手税务工作时，他了解到F公司之前年度存在亏损，并听说企业所得税法允许企业在后续盈利年度中弥补之前的亏损。为了更好地为公司服务，小宋决定深入了解亏损弥补的相关规定和操作流程。

小宋通过查阅相关法规，了解到企业发生的年度亏损可以用下一纳税年度的所得弥补；下一纳税年度的所得不足弥补的，可以逐年延续弥补，但弥补期限不得超过5年。小宋调取了F公司近5年的财务报表，发现公司前两年存在亏损，而后三年开始盈利。他仔细分析了这些报表，计算了每年的亏损额和盈利额。按照税法规定，小宋确定了F公司可以弥补的亏损额。他注意到，F公司可以在盈利年度中逐年弥补之前的亏损。在明确了可弥补的亏损额后，小宋开始准备相关的税务申报材料。他整理了财务报表、税务申报表以及其他相关证明文件，确保这些材料能够清晰地反映公司的盈利情况和亏损弥补情况。通过这次实践，小宋对亏损弥补的相关规定和操作流程有了更深入的了解。他认识到亏损弥补是企业税务筹划中的一项重要工作，对于降低企业税负、提高企业竞争力具有重要意义。

一、一般企业

亏损是指企业依照企业所得税法和暂行条例的规定，将每一纳税年度的收入总额减除不征税收入、免税收入和各项扣除后小于零的数额。税法规定，企业某一纳税年度发生的亏损可以用下一年度的所得弥补，下一年度的所得不足以弥补的，可以逐年延续弥补，但不得超过5年。而且，企业在汇总计算缴纳企业所得税时，其境外营业机构的亏损不得抵减境内营业机构的盈利。

二、高新技术企业或科技型中小企业

自2018年1月1日起，当年具备高新技术企业或科技型中小企业资格（以下统称资格）的企业，其具备资格年度之前5个年度发生的尚未弥补完的亏损，准予结转以后年度弥补，最长结转年限由5年延长至10年。

上述所称高新技术企业，是指按照《科技部 财政部 国家税务总局关于修订印发〈高新技术企业认定管理办法〉的通知》规定认定的高新技术企业；所称科技型中小企业，是指按照《科技部 财政部 国家税务总局关于印发〈科技型中小企业评价办法〉的通知》规定取得科技型中小企业登记编号的企业。

三、集成电路生产企业

自2020年1月1日起，国家鼓励的线宽小于130纳米（含）的集成电路生产企业，属于国家鼓励的集成电路生产企业清单年度之前5个纳税年度发生的尚未弥补完的亏损，准予向以后年度结转，总结转年限最长不得超过10年。

国家鼓励的集成电路生产企业或项目清单，由国家发展改革委、工业和信息化部会同财政部、税务总局等相关部门制定。

四、企业筹办期间的亏损

企业筹办期间不计算为亏损年度，企业自开始生产经营的年度为开始计算企业损益的年度。企业从事生产经营之前进行筹办活动期间发生的筹办费用支出，不得计算为当期的亏损，企业可以在开始经营之日的当年一次性扣除，也可以按照有关长期待摊费用的处理规定处理，但一经选定，不得改变。

情境分析4-15

1.任务要求

假定山东滨州美雅公司2023—2029年的经营情况是:2023年亏损150万元，2024年亏损60万元，2025盈利20万元，2026盈利70万元，2027年盈利40万元，2028年亏损10万元，2029年盈利95万元。

要求:请计算2029年应纳税所得额。

2.任务实施

(1)2023年亏损的150万元，可以由2025年、2026年、2027年弥补，20＋70＋40＝130(万元)，余20万元(150—130)不再弥补。

(2)2024年亏损的60万元和2028年亏损的10万元由2029年弥补，95－60－10＝25(万元)，故2029年应纳税所得额为25万元。

模块六 应纳税所得额的特殊计算

引导案例

小宋作为一名新入职的办税员，加入了某综合性企业F公司。在熟悉公司税务工作时，他了解到所得税的核算中，资产扣除、资产损失以及资产重组等业务对企业税负有着重要影响。

小宋查阅了相关法规，了解了F公司固定资产、无形资产等资产的折旧、摊销方法，并对比了税法规定的扣除标准，确保公司在计算应纳税所得额时能够准确扣除相关资产费用。接着，小宋了解到，企业在生产经营活动中发生的固定资产和存货的盘亏、毁损、报废损失，转让财产损失，坏账损失，自然灾害等不可抗力因素造成的损失，可以在计算应纳税所得额时扣除。小宋查阅了F公司近年的资产损失情况，了解了公司资产损失的类型和金额，并学习了如何准备和提交资产损失税前扣除的申报材料。然后，小宋深入研究了F公司可能涉及的资产重组类型，并学习了相关的税务处理方法和政策规定。他了解到，在资产重组过程中，需要关注重组各方的税务成本、税收优惠政策以及潜在的税务风险等方面。为了更好地理解和应用所学知识，小宋查阅了相关的合同、协议和财务报表，分析了资产重组的具体形式、交易价格和税务处理情况。他还特别关注了税法规定的特殊性税务处理条件，确保公司在资产重组过程中能够享受相应的税收优惠。

任务一 资产类项目扣除

资产是由于资本投资而形成的财产，对于资本性支出以及无形资产受让、开办、开发费用，不允许作为成本、费用从纳税人的收入总额中做一次性扣除，只能采取分次计提折旧或分次返销的方式予以扣除。即纳税人经营活动中使用的固定资产的折旧费用、无形资产和长期待摊费用的摊销费用可以扣除。

税法规定，纳入税务处理范围的资产形式主要有固定资产、生物资产、无形资产、长期待摊费用、投资资产、存货等，均以历史成本为计税基础。历史成本是指企业取得该项资产时实际发生的支出。企业持有各项资产期间资产增值或者减值，除国务院财政、税务主管部门规定可以确认损益外，不得调整该资产的计税基础。

一、固定资产的税务处理

固定资产是指企业为生产产品、提供劳务、出租或者经营管理而持有的、使用期限超过12个月的非货币性资产，包括房屋、建筑物、机器、机械、运输工具，以及其他与生产经营活动有关的设备、器具、工具等。

(一)固定资产的计税基础

(1)外购的固定资产,以购买价款和支付的相关税费以及直接归属于使该资产达到预定用途发生的其他支出为计税基础。

(2)自行建造的固定资产,以竣工结算前发生的支出为计税基础。

(3)融资租入的固定资产,以租赁合同约定的付款总额和承租人在签订租赁合同过程中发生的相关费用为计税基础。租赁合同未约定付款总额的,以该资产的公允价值和承租人在签订租赁合同过程中发生的相关费用为计税基础。

(4)盘盈的固定资产,以同类固定资产的重置完全价值为计税基础。

(5)通过捐赠、投资、非货币性资产交换、债务重组等方式取得的固定资产,以该资产的公允价值和支付的相关税费为计税基础。

(6)改建的固定资产,除已足额提取折旧的固定资产和租入的固定资产以外的其他固定资产,以改建过程中发生的改建支出增加计税基础。

(二)固定资产折旧的范围

在计算应纳税所得额时,企业按照规定计算的固定资产折旧,准予扣除。下列固定资产不得计算折旧扣除:

(1)房屋、建筑物以外未投入使用的固定资产。

(2)以经营租赁方式租入的固定资产。

(3)以融资租赁方式租出的固定资产。

(4)已提足折旧继续使用的固定资产。

(5)与经营活动无关的固定资产。

(6)单独估价作为固定资产入账的土地。

(7)其他不得计提折旧扣除的固定资产。

(三)固定资产折旧的计提方法

(1)企业应当自固定资产投入使用月份的次月起计提折旧;停止使用的固定资产,应当从停止使用月份的次月起停止计提折旧。

(2)企业应当根据固定资产的性质和使用情况,合理确定固定资产的预计净残值。固定资产的预计净残值一经确定,不得变更。

(3)固定资产按照直线法计算的折旧,准予扣除。

(四)固定资产折旧的计提年限

除国务院财政、税务主管部门另有规定外,固定资产计算折旧的最低年限如下:

(1)房屋、建筑物,为 20 年。

(2)飞机、火车、轮船、机器、机械和其他生产设备,为 10 年。

(3)与生产经营活动有关的器具、工具、家具等,为 5 年。

(4)飞机、火车、轮船以外的运输工具,为 4 年。

(5)电子设备,为 3 年。

从事开采石油、天然气等矿产资源的企业,在开始商业性生产前发生的费用和有关固定资产的折耗、折旧方法,由国务院财政、税务主管部门另行规定。

(五)固定资产折旧的处理

如果企业固定资产会计折旧年限短于税法规定的最低折旧年限,其按会计折旧年限计提的折旧高于按税法规定的最低折旧年限计提的折旧部分,应调增当期应纳税所得额;企业固定资产会计折旧年限已期满且会计折旧已提足,但税法规定的最低折旧年限尚未到期且税法规定的折旧尚未足额扣除,其未足额扣除的部分准予在剩余的税收折旧年限继续按规定扣除。

如果企业固定资产会计折旧年限长于税法规定的最低折旧年限,其折旧应按会计折旧年限计算扣除,税法另有规定除外。

企业按会计规定提取的固定资产减值准备,不得税前扣除,其折旧仍按税法确定的固定资产计税基础计算扣除。

企业按税法规定实行加速折旧的,其按加速折旧办法计算的折旧额可全额在税前扣除。

石油天然气开采企业在计提油气资产折耗(折旧)时,由于会计与税法规定的计算方法不同导致的折耗(折旧)差异,应按税法规定进行纳税调整。

(六)固定资产改扩建的税务处理

(1)企业对房屋、建筑物固定资产在未足额提取折旧前进行改扩建的,如属于推倒重置的,该资产原值减除提取折旧后的净值,应并入重置后的固定资产计税成本,并在该固定资产投入使用后的次月起,按照税法规定的折旧年限,一并计提折旧。

(2)如属于提升功能、增加面积的,该固定资产的改扩建支出,并入该固定资产计税基础,并从改扩建完工投入使用后的次月起,重新按税法规定的该固定资产折旧年限计提折旧。如该改扩建后的固定资产尚可使用的年限低于税法规定的最低年限的,可以按尚可使用的年限计提折旧。

二、无形资产的税务处理

无形资产是指企业长期使用、但没有实物形态的资产,包括专利权、商标权、著作权、土地使用权、非专利技术、商誉等。

(一)无形资产的计税基础

无形资产按照以下方法确定计税基础:

(1)外购的无形资产,以购买价款和支付的相关税费,以及直接归属于使该资产达到预定用途发生的其他支出为计税基础。

(2)自行开发的无形资产,以开发过程中该资产符合资本化条件后至达到预定用途前发生的支出为计税基础。

(3)通过捐赠、投资、非货币性资产交换、债务重组等方式取得的无形资产,以该资产的公允价值和支付的相关税费为计税基础。

(二)无形资产摊销的范围

在计算应纳税所得额时,企业按照规定计算的无形资产摊销费用,准予扣除。

下列无形资产不得计算摊销费用扣除:

(1)自行开发的支出已在计算应纳税所得额时扣除的无形资产。

(2)自创商誉。

(3)与经营活动无关的无形资产。

(4)其他不得计算摊销费用扣除的无形资产。

(三)无形资产的摊销方法及年限

无形资产的摊销采取直线法计算。无形资产的摊销年限不得低于10年。作为投资或者受让的无形资产,有关法律规定或者合同约定了使用年限的,可以按照规定或者约定的使用年限分期摊销。外购商誉的支出,在企业整体转让或者清算时准予扣除。

三、长期待摊费用的税务处理

长期待摊费用,是指企业发生的应在一个年度以上进行摊销的费用。在计算应纳税所得额时,企业发生的下列支出作为长期待摊费用,按照规定摊销的,准予扣除:

(1)已足额提取折旧的固定资产的改建支出。

(2)租入固定资产的改建支出。

(3)固定资产的大修理支出。

(4)其他应当作为长期待摊费用的支出。

企业的固定资产修理支出可在发生当期直接扣除。企业的固定资产改良支出,如果有关固定资产尚未提足折旧,可增加固定资产价值;如有关固定资产已提足折旧,可作为长期待摊费用,在规定的期间内平均摊销。

固定资产的改建支出,是指改变房屋或者建筑物结构、延长使用年限等发生的支出。已足额提取折旧的固定资产的改建支出,按照固定资产预计尚可使用年限分期摊销;租入固定资产的改建支出,按照合同约定的剩余租赁期限分期摊销;改建的固定资产延长使用年限的,除已足额提取折旧的固定资产、租入固定资产的改建支出外,其他的固定资产发生改建支出,应当适当延长折旧年限。

大修理支出,按照固定资产尚可使用年限分期摊销。

其他应当作为长期待摊费用的支出,自支出发生月份的次月起,分期摊销,摊销年限不得低于3年。

四、存货的税务处理

存货,是指企业持有以备出售的产品或者商品、处在生产过程中的在产品、在生产或者提供劳务过程中耗用的材料和物料等。

(一)存货的计税基础

存货按照以下方法确定成本:

(1)通过支付现金方式取得的存货,以购买价款和支付的相关税费为成本。

(2)通过支付现金以外的方式取得的存货,以该存货的公允价值和支付的相关税费为成本。

(3)生产性生物资产收获的农产品,以产出或者采收过程中发生的材料费、人工费和分摊的间接费用等必要支出为成本。

(二)存货成本的计算方法

企业使用或者销售的存货的成本计算方法,可以在先进先出法、加权平均法、个别计价法中选用一种。计价方法一经选用，不得随意变更。

企业转让固定资产、生物资产、无形资产、长期待摊费用、存货等资产，在计算企业应纳税所得额时，资产的净值允许扣除。其中，资产的净值是指有关资产、财产的计税基础减除已经按照规定扣除的折旧、折耗、摊销、准备金等后的余额。

除国务院财政、税务主管部门另有规定外，企业在重组过程中，应当在交易发生时确认有关资产的转让所得或者损失，相关资产应当按照交易价格重新确定计税基础。

五、投资资产的税务处理

投资资产，是指企业对外进行权益性投资和债权性投资而形成的资产。

(一)投资资产的成本

投资资产按以下方法确定投资成本：

(1)通过支付现金方式取得的投资资产，以购买价款为成本。

(2)通过支付现金以外的方式取得的投资资产，以该资产的公允价值和支付的相关税费为成本。

(二)投资资产成本的扣除方法

企业对外投资期间，投资资产的成本在计算应纳税所得额时不得扣除。企业在转让或者处置投资资产时，投资资产的成本准予扣除。

(三)投资企业撤回或减少投资的税务处理

投资企业从被投资企业撤回或减少投资，其取得的资产中，相当于初始出资的部分，应确认为投资收回；相当于被投资企业累计未分配利润和累计盈余公积按减少实收资本比例计算的部分，应确认为股息所得；其余部分确认为投资资产转让所得。

被投资企业发生的经营亏损，由被投资企业按规定结转弥补；投资企业不得调整减低其投资成本，也不得将其确认为投资损失。

(四)用于收藏、展示、保值增值的投资资产的税务处理

企业购买的文物、艺术品用于收藏、展示、保值增值的，作为投资资产进行税务处理。文物、艺术品资产在持有期间计提的折旧、摊销费用，不得税前扣除。

情境分析 4-16

1.任务要求

我国境内甲公司为一般纳税人，2024 年 3 月 20 日购进一台生产用设备，取得增值税专用发票，注明价款 600 万元、增值税 78 万元。企业发生运杂费，取得增值税专用发票，注明价款 5 万元、增值税 0.45 万元。该设备于当月投入使用。税务局审核其 2024 年报表发现，企业将该项固定资产全部成本一次性计入费用在所得税前作了扣除。

要求：假定按税法规定该企业固定资产预计净残值率为 5%，按 10 年计提折旧，请计算该企业 2024 年此项业务应当调整的应纳税所得额。

2.任务实施

该项固定资产计税基础＝600＋5＝605(万元)

依照税法规定可扣除的折旧额＝605×(1－5%)÷10÷12×9＝43.11(万元)

此项业务应调增的应纳税所得额＝605－43.11＝561.89(万元)

任务二 资产损失的扣除

一、资产损失的定义

资产损失，是指企业在生产经营活动中实际发生的、与取得应税收入有关的资产损失，包括现金损失，存款损失，坏账损失，贷款损失，股权投资损失，固定资产和存货的盘亏、毁损、报废、被盗损失，自然灾害等不可抗力因素造成的损失，以及其他损失。

二、资产损失扣除政策

(一)流动资产损失的扣除

(1)企业清查出的现金短缺减除责任人赔偿后的余额，作为现金损失在计算应纳税所得额时扣除。

(2)企业将货币性资金存入法定具有吸收存款职能的机构，因该机构依法破产、清算，或者政府责令停业、关闭等原因，确实不能收回的部分，作为存款损失在计算应纳税所得额时扣除。

(3)企业除贷款类债权外的应收、预付账款符合下列条件之一的，减除可收回金额后确认的无法收回的应收、预付款项，可以作为坏账损失在计算应纳税所得额时扣除：

①债务人依法宣告破产、关闭、解散、被撤销，或者被依法注销、吊销营业执照，其清算财产不足清偿的。

②债务人死亡，或者依法被宣告失踪、死亡，其财产或者遗产不足清偿的。

③债务人逾期3年以上未清偿，且有确凿证据证明已无力清偿债务的。

④与债务人达成债务重组协议或法院批准破产重整计划后，无法追偿的。

⑤因自然灾害、战争等不可抗力导致无法收回的。

⑥国务院财政、税务主管部门规定的其他条件。

(二)股权投资资产损失的扣除

企业的股权投资符合下列条件之一的，减除可收回金额后确认的无法收回的股权投资，可以作为股权投资损失在计算应纳税所得额时扣除：

(1)被投资方依法宣告破产、关闭、解散、被撤销，或者被依法注销、吊销营业执照的。

(2)被投资方财务状况严重恶化，累计发生巨额亏损，已连续停止经营3年以上，且无重新恢复经营改组计划的。

(3)对被投资方不具有控制权，投资期限届满或者投资期限已超过10年，且被投资单位因连续3年经营亏损导致资不抵债的。

(4)被投资方财务状况严重恶化，累计发生巨额亏损，已完成清算或清算期超过3年的。

(5)国务院财政、税务主管部门规定的其他条件。

(三)固定资产或存货损失的扣除

对企业盘亏的固定资产或存货，以该固定资产的账面净值或存货的成本减除责任人赔偿后的余额，作为固定资产或存货盘亏损失在计算应纳税所得额时扣除。

对企业毁损、报废的固定资产或存货，以该固定资产的账面净值或存货的成本减除残值、保险赔款和责任人赔偿后的余额，作为固定资产或存货毁损、报废损失在计算应纳税所得额时扣除。

对企业被盗的固定资产或存货，以该固定资产的账面净值或存货的成本减除保险赔款和责任人赔偿后的余额，作为固定资产或存货被盗损失在计算应纳税所得额时扣除。

企业因存货盘亏、毁损、报废、被盗等原因不得从增值税销项税额中抵扣的进项税额，可以与存货损失一起在计算应纳税所得额时扣除。

（四）资产损失扣除的其他要求

（1）企业在计算应纳税所得额时已经扣除的资产损失，在以后纳税年度全部或者部分收回时，其收回部分应当作为收入计入收回当期的应纳税所得额。

（2）企业境内、境外营业机构发生的资产损失应分开核算。对境外营业机构由于发生资产损失而产生的亏损，不得在计算境内应纳税所得额时扣除。

（3）企业对其扣除的各项资产损失，应当提供能够证明资产损失确属已实际发生的合法证据，包括具有法律效力的外部证据、具有法定资质的中介机构的经济鉴证证明、具有法定资质的专业机构的技术鉴定证明等。

三、资产损失税前扣除管理

准予在企业所得税税前扣除的资产损失，是指企业在实际处置、转让资产过程中发生的合理损失（以下简称实际资产损失），以及企业虽未实际处置、转让资产，但符合规定条件计算确认的损失（以下简称法定资产损失）。

企业实际资产损失，应当在其实际发生且会计上已作损失处理的年度申报扣除；企业向税务机关申报扣除资产损失，仅需填报企业所得税年度纳税申报表“资产损失税前扣除及纳税调整明细表”，不再报送资产损失相关资料，相关资料由企业留存备查。

企业发生的资产损失，应按规定的程序和要求向主管税务机关申报后方能在税前扣除。未经申报的损失，不得在税前扣除。应以清单申报的方式向税务机关申报扣除的包括：企业在正常经营管理活动中，按照公允价格销售、转让、变卖非货币资产的损失；企业各项存货发生的正常损耗；企业固定资产达到或超过使用年限而正常报废清理的损失；企业生产性生物资产达到或超过使用年限而正常死亡发生的资产损失；企业按照市场公平交易原则，通过各种交易场所、市场等买卖债券、股票、期货、基金以及金融衍生产品等发生的损失。

上述以外的资产损失，应以专项申报的方式向税务机关申报扣除。企业无法准确判别是否属于清单申报扣除的资产损失，可以采取专项申报的形式申报扣除。

知识技能辨析 4-10

1. 任务要求·多选题

下列在会计上已作损失处理的除贷款债权外的应收账款损失中，可在计算企业所得税应纳税所得额时扣除的有（　　）。

A. 债务人死亡后其财产或遗产不足清偿的应收账款损失

B. 债务人逾期 1 年未清偿，预计难以收回的应收账款损失

C. 与债务人达成债务重组协议后无法追偿的应收账款损失

D. 债务人被依法吊销营业执照，其清算财产不足清偿的应收账款损失

2. 任务解答

正确答案：ACD

3. 任务释疑

选项B，债务人逾期3年以上未清偿债务，且有确凿证据证明已无力清偿债务的，可以作为损失在税前扣除。逾期1年未清偿，预计难以收回的应收账款损失，不得在计算企业所得税应纳税所得额时扣除。

任务三 重组收入的调整

一、企业重组的主要形式

企业重组，是指企业在日常经营活动以外发生的法律结构或经济结构重大改变的交易，包括企业法律形式改变、债务重组、股权收购、资产收购、合并、分立等。

企业法律形式改变，是指企业注册名称、住所以及企业组织形式等的简单改变，但符合《财政部 国家税务总局关于企业重组业务企业所得税处理若干问题的通知》规定其他重组的类型除外。

债务重组，是指在债务人发生财务困难的情况下，债权人按照其与债务人达成的书面协议或者法院裁定书，就其债务人的债务作出让步的事项。

股权收购，是指一家企业（以下称为收购企业）购买另一家企业（以下称为被收购企业）的股权，以实现对被收购企业控制的交易。收购企业支付对价的形式包括股权支付、非股权支付或两者的组合。

资产收购，是指一家企业（以下称为受让企业）购买另一家企业（以下称为转让企业）实质经营性资产的交易。受让企业支付对价的形式包括股权支付、非股权支付或两者的组合。

合并，是指一家或多家企业（以下称为被合并企业）将其全部资产和负债转让给另一家现存或新设企业（以下称为合并企业），被合并企业股东换取合并企业的股权或非股权支付，实现两个或两个以上企业的依法合并。

分立，是指一家企业（以下称为被分立企业）将部分或全部资产分离转让给现存或新设的企业（以下称为分立企业），被分立企业股东换取分立企业的股权或非股权支付，实现企业的依法分立。

股权支付，是指企业重组中购买、换取资产的一方支付的对价中，以本企业或其控股企业的股权、股份作为支付的形式；非股权支付，是指以本企业的现金、银行存款、应收款项、本企业或其控股企业股权和股份以外的有价证券、存货、固定资产、其他资产以及承担债务等作为支付的形式。

二、企业重组的税务处理

企业重组的税务处理区分不同条件分别适用一般性税务处理规定和特殊性税务处理规定。

（一）企业重组的一般性税务处理规定

企业重组，除符合规定适用特殊性税务处理规定的外，按以下规定进行税务处理：

(1)企业由法人转变为个人独资企业、合伙企业等非法人组织，或将登记注册地转移至中华人民共和国境外(包括港澳台地区)，应视同企业进行清算、分配，股东重新投资成立新企业。企业的全部资产以及股东投资的计税基础均应以公允价值为基础确定。

企业发生其他法律形式简单改变的，可直接变更税务登记，除另有规定外，有关企业所得税纳税事项(包括亏损结转、税收优惠等权益和义务)由变更后企业承继，但因住所发生变化而不符合税收优惠条件的除外。

(2)企业债务重组，相关交易应按以下规定处理：

①以非货币资产清偿债务，应当分解为转让相关非货币性资产、按非货币性资产公允价值清偿债务两项业务，确认相关资产的所得或损失。

②发生债权转股权的，应当分解为债务清偿和股权投资两项业务，确认有关债务清偿所得或损失。

③债务人应当按照支付的债务清偿额低于债务计税基础的差额，确认债务重组所得；债权人应当按照收到的债务清偿额低于债权计税基础的差额，确认债务重组损失。

④债务人的相关所得税纳税事项原则上保持不变。

(3)企业股权收购、资产收购重组交易，相关交易应按以下规定处理：

①被收购方应确认股权、资产转让所得或损失。

②收购方取得股权或资产的计税基础应以公允价值为基础确定。

③被收购企业的相关所得税事项原则上保持不变。

(4)企业合并，当事各方应按下列规定处理：

①合并企业应按公允价值确定接受被合并企业各项资产和负债的计税基础。

②被合并企业及其股东都应按清算进行所得税处理。

③被合并企业的亏损不得在合并企业结转弥补。

(5)企业分立，当事各方应按下列规定处理：

①被分立企业对分立出去资产应按公允价值确认资产转让所得或损失。

②分立企业应按公允价值确认接受资产的计税基础。

③被分立企业继续存在时，其股东取得的对价应视同被分立企业分配进行处理。

④被分立企业不再继续存在时，被分立企业及其股东都应按清算进行所得税处理。

⑤企业分立相关企业的亏损不得相互结转弥补。

(二)企业重组的特殊性税务处理规定

交易各方对其交易中的股权支付部分，可以按以下规定进行特殊性税务处理：

(1)企业债务重组确认的应纳税所得额占该企业当年应纳税所得额50%以上，可以在5个纳税年度的期间内，均匀计入各年度的应纳税所得额。

企业发生债权转股权业务，对债务清偿和股权投资两项业务暂不确认有关债务清偿所得或损失，股权投资的计税基础以原债权的计税基础确定。企业的其他相关所得税事项保持不变。

(2)股权收购，收购企业购买的股权不低于被收购企业全部股权的50%，且收购企业在该股权收购发生时的股权支付金额不低于其交易支付总额的85%，可以选择按以下规定处理：

①被收购企业的股东取得收购企业股权的计税基础，以被收购股权的原有计税基础

确定。

②收购企业取得被收购企业股权的计税基础，以被收购股权的原有计税基础确定。

③收购企业、被收购企业的原有各项资产和负债的计税基础和其他相关所得税事项保持不变。

(3)资产收购，受让企业收购的资产不低于转让企业全部资产的50%，且受让企业在该资产收购发生时的股权支付金额不低于其交易支付总额的85%，可以选择按以下规定处理：

①转让企业取得受让企业股权的计税基础，以被转让资产的原有计税基础确定。

②受让企业取得转让企业资产的计税基础，以被转让资产的原有计税基础确定。

(4)企业合并，企业股东在该企业合并发生时取得的股权支付金额不低于其交易支付总额的85%，以及同一控制下且不需要支付对价的企业合并，可以选择按以下规定处理：

①合并企业接受被合并企业资产和负债的计税基础，以被合并企业的原有计税基础确定。

②被合并企业合并前的相关所得税事项由合并企业承继。

③可由合并企业弥补的被合并企业亏损的限额=被合并企业净资产公允价值×截至合并业务发生当年年末国家发行的最长期限的国债利率。

④被合并企业股东取得合并企业股权的计税基础，以其原持有的被合并企业股权的计税基础确定。

(5)企业分立，被分立企业所有股东按原持股比例取得分立企业的股权，分立企业和被分立企业均不改变原来的实质经营活动，且被分立企业股东在该企业分立发生时取得的股权支付金额不低于其交易支付总额的85%，可以选择按以下规定处理：

①分立企业接受被分立企业资产和负债的计税基础，以被分立企业的原有计税基础确定。

②被分立企业已分立出去资产相应的所得税事项由分立企业承继。

③被分立企业未超过法定弥补期限的亏损额可按分立资产占全部资产的比例进行分配，由分立企业继续弥补。

④被分立企业的股东取得分立企业的股权(以下简称“新股”)，如需部分或全部放弃原持有的被分立企业的股权(以下简称“旧股”)，“新股”的计税基础应以放弃“旧股”的计税基础确定。如不需放弃“旧股”，则其取得“新股”的计税基础可从以下两种方法中选择确定：直接将“新股”的计税基础确定为零；以被分立企业分立出去的净资产占被分立企业全部净资产的比例先调减原持有的“旧股”的计税基础，再将调减的计税基础平均分配到“新股”上。

(6)重组交易各方按上述第(1)至(5)项规定对交易中股权支付暂不确认有关资产的转让所得或损失的，其非股权支付仍应在交易当期确认相应的资产转让所得或损失，并调整相应资产的计税基础。

$$\begin{matrix}\text{非股权支付对应的}\\\text{资产转让所得或损失}\end{matrix}=\left(\begin{matrix}\text{被转让资产}\\\text{的公允价值}\end{matrix}-\begin{matrix}\text{被转让资产}\\\text{的计税基础}\end{matrix}\right)\times\left(\begin{matrix}\text{非股权}\\\text{支付金额}\end{matrix}\div\begin{matrix}\text{被转让资产}\\\text{的公允价值}\end{matrix}\right)$$

对100%直接控制的居民企业之间，以及受同一或相同多家居民企业100%直接控制的居民企业之间按账面净值划转股权或资产，凡具有合理商业目的，不以减少、免除或者推迟缴纳税款为主要目的，股权或资产划转后连续12个月内不改变被划转股权或资产原来实质性经营活动，且划出方企业和划入方企业均未在会计上确认损益的，可以选择按以下规定进行特殊性税务处理：

①划出方企业和划入方企业均不确认所得。

②划入方企业取得被划转股权或资产的计税基础，以被划转股权或资产的原账面净值确定。

③划入方企业取得的被划转资产，应按其原账面净值计算折旧扣除。

(三)企业分立、合并适用的税收优惠政策

在企业吸收合并中，合并后的存续企业性质及适用税收优惠的条件未发生改变的，可以继续享受合并前该企业剩余期限的税收优惠，其优惠金额按存续企业合并前一年的应纳税所得额(亏损计为零)计算。

在企业存续分立中，分立后的存续企业性质及适用税收优惠的条件未发生改变的，可以继续享受分立前该企业剩余期限的税收优惠，其优惠金额按该企业分立前一年的应纳税所得额(亏损计为零)乘以分立后存续企业资产占分立前该企业全部资产的比例计算。

(四)企业重组特殊性税务处理的备案

企业发生符合上述规定的特殊性重组条件并选择特殊性税务处理的，当事各方应在该重组业务完成当年企业所得税年度申报时，向主管税务机关提交书面备案资料，证明其符合各类特殊性重组规定的条件。企业未按规定进行书面备案的，一律不得按特殊重组业务进行税务处理。

情境分析 4-17

1. 任务要求

山东东城电子公司欠山东东方电子元器件公司 80 万元。双方协商后，山东东方电子元器件公司同意山东东城电子公司以其生产的 600 台 MP4 偿还债务，该产品总售价为 60 万元，成本为 44 万元。山东东方电子元器件公司将该产品作为产成品入库。

要求：请计算山东东城电子公司债务重组收益。

2. 任务实施

山东东城电子公司税务计算如下：

主营业务收入＝600 000(元)

主营业务成本＝440 000(元)

债务重组收益＝800 000－600 000－600 000×13％＝122 000(元)

模块七 税收优惠

引导案例

新入职的办税员小宋，在加入一家科技创新型企业F公司后，负责处理公司的税务事务。在熟悉公司的业务时，他注意到公司的部分业务可能符合企业所得税法的税收优惠政策。

小宋查阅了相关法规，了解到企业所得税的税收优惠政策主要包括高新技术企业优惠、研发费用加计扣除、固定资产加速折旧、创业投资企业抵扣应纳税所得额、节能环保设备投资抵免应纳税额等。在了解税收优惠政策后，小宋对F公司的业务模式、研发活动、固定资产投资等方面进行了深入分析，以确定公司可以适用的税收优惠政策。他发现F公司是一家高新技术企业，且投入大量资源进行研发，因此可以享受15%的优惠税率，相比一般企业的25%税率，能显著降低税负。针对研发费用加计扣除，小宋根据F公司的研发支出和税法规定，计算出可以额外扣除的研发费用金额。针对固定资产加速折旧和节能环保设备投资抵免，小宋根据F公司的固定资产投资情况，计算出可以加速折旧或抵免的税额。

在享受税收优惠的过程中，小宋积极与税务机关保持沟通，并特别注意了相关税收优惠政策，确保了公司在税务处理上的合规性和准确性。

税收优惠，是指国家对某一部分特定企业和课税对象给予减轻或免除税收负担的一种措施。税法规定的企业所得税的税收优惠方式包括免税、减税、加计扣除、加速折旧、减计收入、税额抵免等。

任务一 减计收入

一、资源综合利用产品收入

企业以《资源综合利用企业所得税优惠目录》规定的资源作为主要原材料，生产国家非限制和禁止并符合国家和行业相关标准的产品取得的收入，减按90%计入收入总额。

原材料占生产产品材料的比例不得低于《资源综合利用企业所得税优惠目录》规定的标准。

企业同时从事其他项目而取得的非资源综合利用收入，应与资源综合利用收入分开核算。没有分开核算的，不得享受优惠政策。

二、养老、托育、家政等服务收入

社区提供养老、托育、家政等服务的机构，提供社区养老、托育、家政服务取得的收入(社区包括城市社区和农村社区)，在计算应纳税所得额时，按90%计入收入总额。

三、农户小额贷款的利息收入

2027年12月31日前，对金融机构农户小额贷款的利息收入，在计算应纳税所得额时，按90%计入收入总额。小额贷款，是指单笔且该农户贷款余额总额在10万元(含本数)以下的贷款。金融机构应对符合条件的农户小额贷款利息收入进行单独核算。不能单独核算的，不得适用前述优惠政策。

四、种植业、养殖业保费收入

2027年12月31日前，对保险公司为种植业、养殖业提供保险业务取得的保费收入，在计算应纳税所得额时，按90%计入收入总额。保费收入，是指原保险保费收入加上分保费收入减去分出保费后的余额。

情境分析 4-18

1. 任务要求

2023年，山东东城电子公司销售用废旧电子电器产品生产的银，不含税收入为500万元。

要求：请计算该项业务调减应纳税所得额的金额。

2. 任务实施

山东东城电子公司该笔销售收入为500万元，按照税法规定，可以享受减计10%的收入额优惠，即调减应纳税所得额50万元(500×10%)。

任务二　所得额的免征、减征

企业中常见的减、免税项目所得主要包括涉农减免和技术减免。企业从事国家限制和禁止发展的项目，不得享受企业所得税优惠。企业的下列所得，可以免征、减征企业所得税。

一、从事农、林、牧、渔业项目的所得

企业从事农、林、牧、渔业项目的所得包括免征和减征两部分。

(1)企业从事下列项目的所得，免征企业所得税：

①蔬菜、谷物、薯类、油料、豆类、棉花、麻类、糖料、水果、坚果的种植。

②农作物新品种的选育。

③中药材的种植。

④林木的培育和种植。

⑤牲畜、家禽的饲养。

⑥林产品的采集。

⑦灌溉、农产品初加工、兽医、农技推广、农机作业和维修等农、林、牧、渔服务业项目。

⑧远洋捕捞。

(2)企业从事下列项目的所得，减半征收企业所得税：

①花卉、茶以及其他饮料作物和香料作物的种植。

②海水养殖、内陆养殖。

二、从事国家重点扶持的公共基础设施项目投资经营的所得

企业所得税法所称国家重点扶持的公共基础设施项目，是指《公共基础设施项目企业所得税优惠目录》规定的港口码头、机场、铁路、公路、电力、水利等项目。

企业从事国家重点扶持的公共基础设施项目投资经营的所得，自项目取得第一笔生产经营收入所属纳税年度起，第一年至第三年免征企业所得税，第四年至第六年减半征收企业所得税。

企业承包经营、承包建设和内部自建自用本条规定的项目，不得享受本条规定的企业所得税优惠。

知识技能辨析 4-11

1. 任务要求·多选题

企业从事国家重点扶持的公共基础设施项目投资经营的所得，自项目取得第一笔经营收入所属纳税年度起，可享受第一年至第三年免征企业所得税优惠的有(　　)。

A. 公路投资　　B. 机场投资　　C. 港口码头投资　　D. 仓储投资

2. 任务解答

正确答案：ABC

3. 任务释疑

企业所得税法所称国家重点扶持的公共基础设施项目，是指《公共基础设施项目企业所得税优惠目录》规定的港口码头、机场、铁路、公路、电力、水利等项目。

三、从事符合条件的环境保护、节能节水项目的所得

环境保护、节能节水项目的所得，自项目取得第一笔生产经营收入所属纳税年度起，第一年至第三年免征企业所得税，第四年至第六年减半征收企业所得税。

符合条件的环境保护、节能节水项目包括公共污水处理、公共垃圾处理、沼气综合开发利用、节能减排技术改造、海水淡化等。项目的具体条件和范围由国务院财政、税务主管部门同国务院有关部门制定，报国务院批准后公布施行。

但是以上规定享受减免税优惠的项目，在减免税期限内转让的，受让方自受让之日起，可以在剩余期限内享受规定的减免税优惠；减免税期限届满后转让的，受让方不得就该项目重复享受减免税优惠。

四、技术转让减免

符合条件的技术转让所得免征、减征企业所得税，是指一个纳税年度内，居民企业技术转让所得不超过500万元的部分，免征企业所得税；超过500万元的部分，减半征收企业所得税。

技术转让的范围包括居民企业转让专利技术、计算机软件著作权、集成电路布图设计权、植物新品种、生物医药新品种、5年(含)以上非独占许可使用权，以及财政部和国家税务总局确定的其他技术。

(1)符合条件的技术转让所得应按以下方法计算：

技术转让所得＝技术转让收入－技术转让成本－相关税费

技术转让收入是指当事人履行技术转让合同后获得的价款，不包括销售或转让设备、仪器、零部件、原材料等非技术性收入。不属于与技术转让项目密不可分的技术咨询、技术服务、技术培训等收入，不得计入技术转让收入。可以计入技术转让收入的技术咨询、技术服务、技术培训收入，是指转让方为使受让方掌握所转让的技术投入使用、实现产业化而提供的必要的技术咨询、技术服务、技术培训所产生的收入，并应同时符合以下条件：

①在技术转让合同中约定的与该技术转让相关的技术咨询、技术服务、技术培训；

②技术咨询、技术服务、技术培训收入与该技术转让项目收入一并收取价款。

技术转让成本是指转让的无形资产的净值，即该无形资产的计税基础减除在资产使用期间按照规定计算的摊销扣除额后的余额。

相关税费是指技术转让过程中实际发生的有关税费，包括除企业所得税和允许抵扣的增值税以外的各项税金及其附加、合同签订费用、律师费等相关费用及其他支出。

(2)享受技术转让所得减免企业所得税优惠的企业，应单独计算技术转让所得，并合理分摊企业的期间费用；没有单独计算的，不得享受技术转让所得企业所得税优惠。

情境分析 4-19

1.任务要求

山东滨州万全股份公司 2023 年收入总额为 3 000 万元(其中不征税收入 400 万元，符合条件的技术转让收入 900 万元)，各项成本、费用和税金等扣除金额合计 1 800 万元(其中含技术转让准予扣除的金额 200 万元)。

要求：请计算 2023 年该企业应缴纳的企业所得税。

2.任务实施

应税技术转让所得＝(900－200－500)×50％＝100(万元)

应纳税额＝[3 000－400－900－(1 800－200)＋100]×25％＝50(万元)

任务三　税率优惠

一、高新技术企业减按 15％的税率

(1)高新技术企业指在国家重点支持的高新技术领域内，持续进行研究开发与技术成果转化，形成企业核心自主知识产权，并以此为基础开展经营活动，在中国境内(不包括港、澳、台地区)注册的居民企业。

(2)科技部、财政部、国家税务总局负责全国高新技术企业认定工作的指导、管理和监督，负责将认定后的高新技术企业按要求报领导小组办公室备案，对通过备案的企业颁发高新技术企业证书。通过认定的高新技术企业，其资格自颁发证书之日起有效期为 3 年。

(3)高新技术企业境外所得适用税率及税收抵免的规定：以境内、境外全部生产经营活动有关的研究开发费用总额、总收入、销售收入总额、高新技术产品(服务)收入等指标申请并经认定的高新技术企业，其来源于境外的所得可以享受高新技术企业所得税优惠政策，即对其来源于境外所得可以按照 15％的优惠税率缴纳企业所得税，在计算境外抵免限额时，可按照 15％的优惠税率计算境内外应纳税总额。

知识技能辨析 4-12

1. 任务要求·单选题

下列说法中,符合高新技术企业所得税涉税后续管理规定的是(　　)。

A. 企业的高新技术企业资格期满当年,应按25%的税率预缴企业所得税

B. 企业自获得高新技术企业资格后,应按规定向主管税务机关办理备案手续

C. 企业自获得高新技术企业资格次月起开始享受企业所得税优惠政策

D. 企业因重大安全事故被取消高新技术企业资格的,应追缴已享受的全部税收优惠

2. 任务解答

正确答案:B

3. 任务释疑

选项A,企业的高新技术企业资格期满当年,在通过重新认定前,其企业所得税暂按15%的税率预缴;选项C,企业获得高新技术企业资格后,自高新技术企业证书颁发之日所在年度起享受税收优惠;选项D,企业因重大事故被取消高新技术企业资格的,追缴其自发生规定行为之日所属年度起已享受的高新技术企业税收优惠。

二、技术先进型服务企业优惠

(一)技术先进型服务企业的优惠税率

自2017年1月1日起,在全国范围内对经认定的技术先进型服务企业,减按15%的税率征收企业所得税。

(二)技术先进型服务企业的条件

享受符合规定的企业所得税优惠政策的技术先进型服务企业必须同时符合以下条件:

(1)在中国境内(不包括港、澳、台地区)注册的法人企业。

(2)从事《技术先进型服务业务认定范围(试行)》中的一种或多种技术先进型服务业务,采用先进技术或具备较强的研发能力。

(3)具有大专以上学历的员工占企业职工总数的50%以上。

(4)从事《技术先进型服务业务认定范围(试行)》中的技术先进型服务业务取得的收入占企业当年总收入的50%以上。

(5)从事离岸服务外包业务取得的收入不低于企业当年总收入的35%。

从事离岸服务外包业务取得的收入,是指企业根据境外单位与其签订的委托合同,由本企业或其直接转包的企业为境外单位提供规定的信息技术外包服务、技术性业务流程外包服务和技术性知识流程外包服务,而从上述境外单位取得的收入。

(三)技术先进型服务企业的认定管理

省级科技部门会同本级商务、财政、税务和发展改革部门根据规定制定本省(自治区、直辖市、计划单列市)技术先进型服务企业认定管理办法,并负责本地区技术先进型服务企业的认定管理工作。各省(自治区、直辖市、计划单列市)技术先进型服务企业认定管理办法应报科技部、商务部、财政部、税务总局和国家发展改革委备案。

符合条件的技术先进型服务企业应向所在省级科技部门提出申请,由省级科技部门会同本级商务、财政、税务和发展改革部门联合评审后发文认定,并将认定企业名单及有关情

况通过科技部“全国技术先进型服务企业业务办理管理平台”备案，科技部与商务部、财政部、税务总局和国家发展改革委共享备案信息。

任务四　小型微利企业的税收优惠

一、小型微利企业认定

小型微利企业是指从事国家非限制和禁止行业，且同时符合年度应纳税所得额不超过300万元、从业人数不超过300人、资产总额不超过5 000万元等三个条件的企业。

（1）从业人数，包括与企业建立劳动关系的职工人数和企业接受的劳务派遣用工人数。

所称从业人数和资产总额指标，应按企业全年的季度平均值确定。具体计算公式如下：

季度平均值＝（季初值＋季末值）÷2

全年季度平均值＝全年各季度平均值之和÷4

年度中间开业或者终止经营活动的，以其实际经营期作为一个纳税年度确定上述相关指标。

（2）企业设立不具有法人资格分支机构的，应当汇总计算总机构及其各分支机构的从业人数、资产总额、年度应纳税所得额，依据合计数判断是否符合小型微利企业条件。

二、小型微利企业优惠政策

2027年12月31日之前，对小型微利企业减按25％计算应纳税所得额，按20％的税率缴纳企业所得税。

小型微利企业应准确填报基础信息，包括从业人数、资产总额、年度应纳税所得额、国家限制或禁止行业等，信息系统将为小型微利企业智能预填优惠项目，自动计算减免税额。

情境分析4-20

1.任务要求

山东滨州甲公司2024年度的应纳税所得额是280万元，该企业符合享受小型微利企业所得税优惠政策的条件。

要求：请计算山东滨州甲公司2024年需缴纳的企业所得税。

2.任务实施

应缴纳的企业所得税＝280×25％×20％＝14（万元）

三、小型微利企业的征收管理

（1）符合规定条件的小型微利企业，无论采取查账征收还是核定征收方式缴纳企业所得税，均可享受小型微利企业所得税优惠政策。

（2）小型微利企业优惠政策只适用于全部生产经营活动产生的所得均负有我国企业所得税纳税义务的企业。仅就来源于我国所得负有我国纳税义务的非居民企业，不适用上述规定。

（3）小型微利企业所得税统一实行按季度预缴。预缴企业所得税时，小型微利企业的资产总额、从业人数、年度应纳税所得额指标，暂按当年度截至本期申报所属期末的情况进行判断。

其中，资产总额、从业人数指标按照“全年季度平均值”的计算公式，计算截至本期申报所属期末的季度平均值；年度应纳税所得额指标暂按截至本期申报所属期末不超过 300 万元的标准判断。

情境分析 4-21

1. 任务要求

山东滨州甲公司从事国家非限制和禁止的行业。2024 年 1 季度期初从业人数 150 人，期末从业人数 170 人；2 季度期初从业人数 300 人，期末从业人数 400 人。

要求：请计算确定该企业从业人数按季度预缴是否满足小型微利企业的条件。

2. 任务实施

(1)1 季度平均值＝(150＋170)÷2＝160(人)，1 季度满足条件。

(2)2 季度平均值＝(300＋400)÷2＝350(人)，截至本期申报所属期末季度平均值＝(160＋350)÷2＝255(人)，2 季度满足条件。

(4)原不符合小型微利企业条件的企业，在年度中间预缴企业所得税时，按照相关政策标准判断符合小型微利企业条件的，应按照截至本期预缴申报所属期末的累计情况，计算减免税额。当年度此前期间如因不符合小型微利企业条件而多预缴的企业所得税税款，可在以后季度应预缴的企业所得税税款中抵减。

(5)企业预缴企业所得税时享受了小型微利企业所得税优惠政策，但在汇算清缴时发现不符合相关政策标准的，应当按照规定补缴企业所得税税款。

任务五　加计扣除

加计扣除优惠主要包括研究开发费和残疾人员工资两项。

一、研究开发费

研究开发费，是指企业为开发新技术、新产品、新工艺发生的研究开发费用。企业开展研发活动中实际发生的研发费用，未形成无形资产计入当期损益的，在按规定据实扣除的基础上，自 2023 年 1 月 1 日起，再按照实际发生额的 100％在税前加计扣除；形成无形资产的，自 2023 年 1 月 1 日起，按照无形资产成本的 200％在税前摊销。

符合条件的集成电路企业和工业母机企业，在 2023 年 1 月 1 日至 2027 年 12 月 31 日期间，企业开展研发活动中实际发生的研发费用，未形成无形资产计入当期损益的，在按规定据实扣除的基础上，再按照实际发生额的 120％在税前加计扣除；形成无形资产的，按照无形资产成本的 220％在税前摊销。

(1)研发费用不适用加计扣除的行业：烟草制造业；住宿和餐饮业；批发和零售业；房地产业；租赁和商务服务业；娱乐业。

(2)对企业出资给非营利性科学技术研究开发机构、高等学校和政府性自然科学基金用于基础研究的支出，在计算应纳税所得额时，可按实际发生额在税前扣除，并可按 100％在税前加计扣除。

对非营利性科研机构、高等学校接收企业、个人和其他组织机构基础研究资金收入，免征企业所得税。

(3)其他事项：

①企业取得的政府补助，会计处理时采用直接冲减研发费用的方法且税务处理时未将其确认为应税收入的，应按冲减后的余额计算加计扣除金额。

②企业取得研发过程中形成的下脚料、残次品、中间试制品等特殊收入，在计算确认收入当年的加计扣除研发费用时，应从已归集的研发费用中扣减该特殊收入；不足扣减的，加计扣除研发费用按零计算。

③失败的研发活动所发生的研发费用，可享受税前加计扣除政策。

(4)委托研发的研发费用：

①委托方实际支付给受托方的研发费用，按照费用实际发生额的80%计入委托研发费用，按规定加计扣除。

②无论委托方是否享受研发费用税前加计扣除政策，受托方均不得加计扣除。

③企业委托境外的研究开发费用：按照费用实际发生额的80%计入委托方的委托境外研究开发费用，不超过境内符合条件的研究开发费用2/3的部分，可以按规定在企业所得税税前加计扣除。

情境分析4-22

1.任务要求

山东蓝天公司2024年度利润总额为500万元，实际发生未形成无形资产计入当期损益的研究开发费用100万元，无其他纳税调整项目。

要求：请计算山东蓝天公司2024年企业所得税。

2.任务实施

企业所得税＝(500－100×100%)×25%＝400×25%＝100(万元)

3.任务释疑

未形成无形资产计入当期损益的符合规定的研究开发费用，在按照规定据实扣除的基础上，可以再按照实际发生额的100%在税前加计扣除，因此需要纳税调减100万元(100×100%)。

二、企业安置残疾人员所支付的工资

企业安置残疾人员所支付的工资的加计扣除，是指企业安置残疾人员，在按照支付给残疾职工工资据实扣除的基础上，按照支付给残疾职工工资的100%加计扣除。

残疾人员的范围适用《中华人民共和国残疾人保障法》的有关规定。企业安置国家鼓励安置的其他就业人员所支付的工资的加计扣除办法，由国务院另行规定。

企业安置残疾人员所支付的工资，属于调减项目，不影响计算三项经费的工资总额，也不影响会计利润。

任务六　加速折旧

一、加速折旧概述

(一)可以加速折旧的固定资产

可采用加速折旧方法的固定资产是指：

(1)由于技术进步，产品更新换代较快的固定资产；

(2)常年处于强震动、高腐蚀状态的固定资产。

(二)加速折旧方法

企业的固定资由于技术进步等原因，确需加速折旧的，可以缩短折旧年限或者采取加速折旧的方法。采取缩短折旧年限方法的，最低折旧年限不得低于规定折旧年限的60%；采取加速折旧方法的，可以采取双倍余额递减法或者年数总和法。

(三)加速折旧的范围

自2019年1月1日起，全部制造业领域企业可以缩短折旧年限或者采取加速折旧的方法。

二、特殊加速折旧

(1)企业在2027年12月31日前新购进(包括自行建造)的设备、器具，单位价值不超过500万元的，允许一次性计入当期成本费用，在计算应纳税所得额时扣除，不再分年度计算折旧。设备、器具是指除房屋、建筑物以外的固定资产。

购进，包括以货币形式购进或自行建造。其中以货币形式购进的固定资产包括购进的使用过的固定资产；以货币形式购进的固定资产，以购买价款和支付的相关税费以及直接归属于使该资产达到预定用途发生的其他支出确定单位价值；自行建造的固定资产，以竣工结算前发生的支出确定单位价值。

以货币形式购进的固定资产以发票开具时间确认；以分期付款或赊销方式购进的固定资产以到货时间确认；自行建造的固定资产以竣工结算时间确认。固定资产在投入使用月份的次月所属年度一次性税前扣除。企业选择享受一次性税前扣除政策的，其资产的税务处理可与会计处理不一致。企业根据自身生产经营核算需要，可自行选择享受一次性税前扣除政策。未选择享受一次性税前扣除政策的，以后年度不得再变更。

(2)对在海南自由贸易港设立的企业，新购置(含自建、自行开发)固定资产或无形资产，单位价值不超过500万元(含)的，允许一次性计入当期成本费用，在计算应纳税所得额时扣除，不再分年度计算折旧和摊销；新购置(含自建、自行开发)固定资产或无形资产，单位价值超过500万元的，可以缩短折旧、摊销年限或采取加速折旧、摊销的方法。

情境分析 4-23

1.任务要求

山东蓝天公司2024年10月购进单位价值300万元的电子设备和400万元的生产设备各一台，这两项资产的会计折旧年限与税收最低折旧年限相同，分别为3年、10年。

要求：该企业选择按所得税优惠政策一次性在企业所得税税前扣除，请分析该企业如何进行纳税调整。

2.任务实施

(1)电子设备：会计折旧＝300÷3÷12×2＝16.67(万元)，电子设备可在当年一次性税前扣除，当年一次性扣除300万元，300－16.67＝283.33(万元)，需纳税调减283.33万元。

(2)生产设备：会计折旧＝400÷10÷12×2＝6.67(万元)，生产设备可在当年一次性税前扣除，当年一次性扣除400万元，400－6.67＝393.33(万元)，需纳税调减393.33万元。

任务七 创业投资企业的税收优惠

一、创业投资企业抵扣应纳税所得额

(1)创业投资企业采取股权投资方式投资于未上市的中小高新技术企业2年(24个月，下同)以上，凡符合条件的，可以按照其对中小高新技术企业投资额的70%，在股权持有满2年的当年抵扣该创业投资企业的应纳税所得额；当年不足抵扣的，可以在以后纳税年度结转抵扣。

(2)有限合伙创业投资企业采取股权投资方式投资于未上市的中小高新技术企业满2年的，该投资企业的法人合伙人可按照其对未上市中小高新技术企业投资额的70%抵扣该法人合伙人从该投资企业分得的应纳税所得额；当年不足抵扣的，可以在以后纳税年度结转抵扣。

有限合伙创业投资企业的法人合伙人对未上市中小高新技术企业的投资额，按照有限合伙创业投资企业对中小高新技术企业的投资额和合伙协议约定的法人合伙人占有限合伙创业投资企业的出资比例计算确定。

二、投资初创科技型企业

(1)公司制创业投资企业采取股权投资方式直接投资于符合条件的种子期、初创期科技型企业(以下简称初创科技型企业)满2年的，可以按照投资额的70%在股权持有满2年的当年抵扣该公司制创业投资企业的应纳税所得额；当年不足抵扣的，可以在以后纳税年度结转抵扣。

(2)有限合伙制创投企业采取股权投资方式直接投资于符合条件的初创科技型企业满2年的，法人合伙人可以按照对初创科技型企业投资额的70%抵扣法人合伙人从合伙创业投资企业分得的所得；当年不足抵扣的，可以在以后纳税年度结转抵扣。

(3)享受税收优惠政策的股权投资，仅限于通过向被投资初创科技型企业直接支付现金方式取得的股权投资，不包括受让其他股东的存量股权。投资额按照实缴投资额确定。

(4)合伙创业投资企业的合伙人对初创科技型企业的投资额，按照合伙创业投资企业对初创科技型企业的实缴投资额和投资满2年当年年末各合伙人对合伙创业投资企业的实缴出资额占合伙协议约定的所有合伙人全部实缴出资额的出资比例计算确定。

(5)法人合伙人投资于多个符合条件的合伙创业投资企业，可合并计算其可抵扣的投资额和分得的所得。当年不足抵扣的，可结转以后纳税年度继续抵扣；当年抵扣后有结余的，应按照企业所得税法的规定计算缴纳企业所得税。

情境分析 4-24

1. 任务要求

山东一家创业投资有限公司在2021年8月向区里一家未上市的小型高新技术企业投资了1 000万元，2023年共实现应纳税所得额500万元。该公司投资未上市的中小高新技术企业，符合享受抵扣应纳税所得额的税收优惠的条件。

要求：请计算该公司2023年度的所得税。

2.任务实施

该公司2021年投资未上市的小型高新技术企业,2023年可享受抵扣应纳税所得额的税收优惠,抵扣应纳税所得额=1 000×70%=700(万元)。2023年该公司实现应纳税所得额500万元,则当年可抵扣的应纳税所得额为500万元,抵扣后的应纳税所得额=500-700=-200(万元),2023年无需缴纳企业所得税,尚未抵扣的200万元可在以后纳税年度结转抵扣,直至抵扣完为止。

任务八 其他优惠项目

一、民族自治地方税收优惠

民族自治地方的自治机关对本民族自治地方的企业应缴纳的企业所得税中属于地方分享的部分,可以决定减征或者免征。自治州、自治县决定减征或者免征的,须报省、自治区、直辖市人民政府批准。

对民族自治地方内国家限制和禁止行业的企业,不得减征或者免征企业所得税。

二、债券利息减免税

(1)企业取得的2012年及以后年度发行的地方政府债券利息收入,免征企业所得税。

(2)对境外机构投资境内债券市场取得的债券利息收入,暂免征收企业所得税。

(3)对企业投资者持有2019—2027年发行的铁路债券取得的利息收入,减半征收企业所得税。

三、非居民企业优惠

非居民企业减按10%的税率缴纳预提所得税。

非居民企业取得的下列所得免征企业所得税:

(1)外国政府向中国政府提供贷款取得的利息所得。

(2)国际金融组织向中国政府和居民企业提供优惠贷款取得的利息所得。

(3)经国务院批准的其他所得。

四、集成电路产业税收优惠

(1)国家鼓励的集成电路线宽小于28纳米(含),且经营期在15年以上的集成电路生产企业或项目,第一年至第十年免征企业所得税。

(2)国家鼓励的集成电路线宽小于65纳米(含),且经营期在15年以上的集成电路生产企业或项目,第一年至第五年免征企业所得税,第六年至第十年按照25%的法定税率减半征收企业所得税。

(3)国家鼓励的集成电路线宽小于130纳米(含),且经营期在10年以上的集成电路生产企业或项目,第一年至第二年免征企业所得税,第三年至第五年按照25%的法定税率减半征收企业所得税。

(4)对于按照集成电路生产企业享受税收优惠政策的,优惠期自获利年度起计算;对于按照集成电路生产项目享受税收优惠政策的，优惠期自项目取得第一笔生产经营收入所属纳税年度起计算。集成电路生产项目需单独进行会计核算、计算所得，并合理分摊期间费用。

(5)国家鼓励的集成电路生产企业或项目清单由国家发展改革委、工业和信息化部会同财政部、税务总局等相关部门制定。

(6)国家鼓励的线宽小于 130 纳米(含)的集成电路生产企业，属于国家鼓励的集成电路生产企业清单年度之前 5 个纳税年度发生的尚未弥补完的亏损，准予向以后年度结转，总结转年限不得超过 10 年。

(7)国家鼓励的集成电路设计、装备、材料、封装、测试企业和软件企业，自获利年度起，第一年至第二年免征企业所得税，第三年至第五年按照 25%的法定税率减半征收企业所得税。

国家鼓励的集成电路设计、装备、材料、封装、测试企业和软件企业条件，由工业和信息化部会同国家发展改革委、财政部、税务总局等相关部门制定。

(8)国家鼓励的重点集成电路设计企业和软件企业，自获利年度起，第一年至第五年免征企业所得税，接续年度减按 10%的税率征收企业所得税。

国家鼓励的重点集成电路设计和软件企业清单由国家发展改革委、工业和信息化部会同财政部、税务总局等相关部门制定。

五、西部大开发税收优惠

对设在西部地区的国家鼓励类产业企业，在 2021 年 1 月 1 日至 2030 年 12 月 31 日期间，减按 15%的税率征收企业所得税。

国家鼓励类产业企业，是指以《西部地区鼓励类产业目录》中规定的产业项目为主营业务，其主营业务收入占企业收入总额 60%以上的企业。

六、海南自由贸易港企业所得税优惠

(1)自 2020 年 1 月 1 日起至 2024 年 12 月 31 日止，对注册在海南自由贸易港并实质性运营的鼓励类产业企业，减按 15%的税率征收企业所得税。

(2)对总机构设在海南自由贸易港的符合条件的企业，仅就其设在海南自由贸易港的总机构和分支机构的所得，适用 15%税率；对总机构设在海南自由贸易港以外的企业，仅就其设在海南自由贸易港内的符合条件的分支机构的所得，适用 15%税率。

(3)对在海南自由贸易港设立的旅游业、现代服务业、高新技术产业企业新增境外直接投资取得的所得，免征企业所得税。

知识技能辨析 4-13

1. 任务要求·多选题

下列在海南自由贸易港设立的企业中，新增境外直接投资取得的所得免征企业所得税的有（　　）。

A. 现代服务业　　　　B. 旅游业

C. 高新技术产业　　　　D. 餐饮业

2. 任务解答

正确答案：ABC

3. 任务释疑

对在海南自由贸易港设立的旅游业、现代服务业、高新技术产业企业新增境外直接投资取得的所得，免征企业所得税。

七、节能服务公司的税收优惠

对符合条件的节能服务公司实施合同能源管理项目，符合企业所得税税法有关规定的，自项目取得第一笔生产经营收入所属纳税年度起，第一年至第三年免征企业所得税，第四年至第六年按照25%的法定税率减半征收企业所得税。

任务九 税额抵免

税额抵免，是指企业购置并实际使用《环境保护专用设备企业所得税优惠目录》《节能节水专用设备企业所得税优惠目录》和《安全生产专用设备企业所得税优惠目录》规定的环境保护、节能节水、安全生产等专用设备的，该专用设备投资额的10%可以从企业当年的应纳税额中抵免；当年不足抵免的，可以在以后5个纳税年度结转抵免。

享受上述规定的企业所得税优惠的企业，应当实际购置并自身实际投入使用前款规定的专用设备；企业购置上述专用设备在5年内转让、出租的，应当停止享受企业所得税优惠，并补缴已经抵免的企业所得税税款。转让的受让方可以按照该专用设备投资额的10%抵免当年企业所得税应纳税额；当年应纳税额不足抵免的，可以在以后5个纳税年度结转抵免。

企业所得税优惠目录，由国务院财政、税务主管部门会同国务院有关部门制定，报国务院批准后公布施行。

企业同时从事适用不同企业所得税待遇的项目的，其优惠项目应当单独计算所得，并合理分摊企业的期间费用；没有单独计算的，不得享受企业所得税优惠。

如果增值税一般纳税人购进固定资产发生的进项税额允许抵扣，其专用设备投资额不再包括增值税进项税额；如果增值税进项税额不允许抵扣，其专用设备投资额应为增值税专用发票上注明的价税合计金额。企业购买专用设备取得普通发票的，其专用设备投资额为普通发票上注明的金额。

情境分析 4-25

1. 任务要求

山东甲公司为增值税一般纳税人，2024年购置并实际使用《环境保护专用设备企业所得税优惠目录》中规定的环境保护专用设备，取得增值税专用发票，注明金额300万元、税额39万元。甲公司2024年度企业所得税应纳税所得额为680万元。甲公司享受应纳税额抵免的企业所得税优惠。已知企业所得税税率为25%。

要求：请计算甲公司2024年度应缴纳企业所得税税额。

2. 任务实施

该公司购置并实际使用《环境保护专用设备企业所得税优惠目录》《节能节水专用设备企业所得税优惠目录》《安全生产专用设备企业所得税优惠目录》规定的环境保护、节能节水、安全生产等专用设备的，该专用设备投资额的10%可以从企业当年的应纳税额中抵免；当年不足抵免的，可以在以后5个纳税年度结转抵免。因此，有：

应缴纳的企业所得税税额＝680×25%－300×10%＝140(万元)

模块八　企业所得税纳税申报

引导案例

新入职的办税员小宋，在加入一家中型制造企业F公司后，被分配负责处理公司的企业所得税申报工作。小宋意识到企业所得税申报是公司税务工作中的重要环节，不仅关系到企业的经济利益，而且涉及企业的合规性和税务风险。

小宋查阅了相关法规，了解企业所得税的计算方法、申报期限、申报表填列等基本规定。小宋与财务部门同事紧密合作，收集了企业所得税申报所需的各项资料，包括公司的财务报表、会计账簿、原始凭证等。他认真核对每一项数据的准确性和完整性，确保申报资料的真实性和合规性。在收集并整理好申报资料后，小宋开始计算F公司的应纳税所得额。他根据税法规定，对公司的各项收入、成本、费用等进行逐一核对和计算，并考虑了税前扣除项目和税收优惠的影响。在计算出应纳税所得额后，小宋开始填写企业所得税申报表。他仔细核对每一项数据的填写位置和填写要求，确保申报表的准确性和完整性。在填写过程中，他特别注意了税法中对申报表格式和填写要求的规定以及数据的逻辑关系和勾稽关系，确保申报表内各项数据的一致性和准确性，避免了因填写错误而导致的税务风险。

完成企业所得税申报表的填写后，小宋将申报表和相关资料提交给税务机关。他积极与税务机关沟通，了解申报的审核进度和结果。通过这次企业所得税申报的实践，小宋认识到企业所得税申报不仅是一项技术性的工作，更是一项需要细心、耐心和责任心的工作。

任务一　纳税申报认知

一、纳税期限

企业所得税按年计征，分月或者分季预缴，年终汇算清缴，多退少补。

企业所得税的纳税年度，自公历1月1日起至12月31日止。企业在一个纳税年度的中间开业，或者由于合并、关闭等原因终止经营活动，使该纳税年度的实际经营期不足12个月的，应当以其实际经营期为1个纳税年度。企业清算时，应当以清算期间作为1个纳税年度。

自年度终了之日起5个月内，向税务机关报送年度企业所得税纳税申报表，并汇算清缴，结清应缴应退税款。

企业在年度中间终止经营活动的，应当自实际经营终止之日起60日内，向税务机关办理当期企业所得税汇算清缴。

二、纳税地点

(1)除税收法律、行政法规另有规定外，居民企业以企业登记注册地为纳税地点；但登记注册地在境外的，以实际管理机构所在地为纳税地点。企业注册登记地是指企业依照国家有关规定登记注册的住所地。

(2)居民企业在中国境内设立不具有法人资格的营业机构的，应当汇总计算并缴纳企业所得税。企业汇总计算并缴纳企业所得税时，应当统一核算应纳税所得额，具体办法由国务院财政、税务主管部门制定。

(3)非居民企业在中国境内设立机构、场所的，其所设机构、场所取得的来源于中国境内的所得，以及发生在中国境外但与其所设机构、场所有实际联系的所得，以机构、场所所在地为纳税地点。非居民企业在中国境内设立两个或者两个以上机构、场所的，经税务机关审核批准，可以选择由其主要机构、场所汇总缴纳企业所得税。非居民企业经批准汇总缴纳企业所得税后，需要增设、合并、迁移、关闭机构、场所或者停止机构、场所业务的，应当事先由负责汇总申报缴纳企业所得税的主要机构、场所向其所在地税务机关报告；需要变更汇总缴纳企业所得税的主要机构、场所的，依照上述规定办理。

(4)非居民企业在中国境内未设立机构、场所的，或者虽设立机构、场所但取得的所得与其所设机构、场所没有实际联系的所得，以扣缴义务人所在地为纳税地点。

(5)除国务院另有规定外，企业之间不得合并缴纳企业所得税。

三、源泉扣缴

(一)扣缴义务人

对非居民企业在中国境内未设立机构、场所的，或者虽设立机构、场所但取得的所得与其所设机构、场所没有实际联系的所得应缴纳的所得税，实行源泉扣缴，以支付人为扣缴义务人。税款由扣缴义务人在每次支付或者到期应支付时，从支付或者到期应支付的款项中扣缴。

支付人，是指依照有关法律规定或者合同约定对非居民企业直接负有支付相关款项义务的单位或者个人。支付，包括现金支付、汇拨支付、转账支付和权益兑价支付等货币支付和非货币支付。到期应支付的款项，是指支付人按照权责发生制原则应当计入相关成本、费用的应付款项。

对非居民企业在中国境内取得工程作业和劳务所得应缴纳的所得税，税务机关可以指定工程价款或者劳务费的支付人为扣缴义务人。

(二)扣缴方法

扣缴义务人扣缴税款时，按非居民企业计算方法计算税款。

应当扣缴的所得税，扣缴义务人未依法扣缴或者无法履行扣缴义务的，由企业在所得发生地缴纳。企业未依法缴纳的，税务机关可以从该企业在中国境内其他收入项目的支付人应付的款项中，追缴该企业的应纳税款。所得发生地，是指依照税法规定确定的所得发生地。在中国境内存在多处所得发生地的，由企业选择其中之一申报缴纳企业所得税。

扣缴义务人每次代扣的税款，应当自代扣之日起 7 日内缴入国库，并向所在地的税务机关报送扣缴企业所得税报告表。

任务二 纳税申报

按月或按季预缴的，应当自月份或者季度终了之日起15日内，向税务机关报送预缴企业所得税纳税申报表，预缴税款。

企业在报送企业所得税纳税申报表时，应当按照规定附送财务会计报告和其他有关资料。

企业应当在办理注销登记前，就其清算所得向税务机关申报并依法缴纳企业所得税。依照企业所得税法缴纳的企业所得税，以人民币计算。所得以人民币以外的货币计算的，应当折合成人民币计算并缴纳税款。

企业在纳税年度内无论盈利或者亏损，都应当依照《企业所得税法》第五十四条规定的期限，向税务机关报送企业所得税纳税申报表、年度企业所得税纳税申报表、财务会计报告和税务机关规定应当报送的其他有关资料。

一、居民企业境外投资和所得信息报告

居民企业境外投资和所得信息报告内容和方式的具体要求如下：

(1)居民企业成立或参股外国企业，或者处置已持有的外国企业股份或有表决权股份，符合以下情形之一，且按照中国会计制度可确认的，应当在办理企业所得税预缴申报时向主管税务机关填报“居民企业参股外国企业信息报告表”：

①在该规定施行之日，居民企业直接或间接持有外国企业股份或有表决权股份达到10%(含)以上；

②在该规定施行之日后，居民企业在被投资外国企业中直接或间接持有的股份或有表决权股份自不足10%的状态改变为达到或超过10%的状态；

③在该规定施行之日后，居民企业在被投资外国企业中直接或间接持有的股份或有表决权股份自达到或超过10%的状态改变为不足10%的状态。

(2)居民企业在办理企业所得税年度申报时，还应附报以下与境外所得相关的资料信息：

①有适用《企业所得税法》第四十五条情形或者需要适用《特别纳税调整实施办法(试行)》第八十四条规定的居民企业填报“受控外国企业信息报告表”；

②纳入《企业所得税法》第二十四条规定抵免范围的外国企业或符合《企业所得税法》第四十五条规定的受控外国企业按照中国会计制度编报的年度独立财务报表。

(3)在税务检查(包括纳税评估、税务审计及特别纳税调整调查等)时，主管税务机关可以要求居民企业限期报告与其境外所得相关的必要信息。

(4)居民企业能够提供合理理由，证明确实不能按照本办法规定期限报告境外投资和所得信息的，可以依法向主管税务机关提出延期要求。限制提供相关信息的境外法律规定、商业合同或协议，不构成合理理由。

(5)主管税务机关应当为纳税人报告境外投资和所得信息提供便利，及时受理纳税人报告的各类信息，并依法保密。

(6)居民企业未按照本办法规定报告境外投资和所得信息,经主管税务机关责令限期改正;逾期仍不改正的,主管税务机关可根据税收征管法及其实施细则以及其他有关法律、法规的规定,按已有信息合理认定相关事实,并据以计算或调整应纳税款。

二、纳税申报表的填列

(一)企业所得税纳税申报表主表的结构

企业所得税纳税申报表主表(以下简称纳税申报表主表)是在纳税人会计利润总额的基础上,加减纳税调整等金额后计算出“纳税调整后所得”。会计与税法的差异(包括收入类、扣除类、资产类等差异)通过“纳税调整项目明细表”集中填报。

纳税申报表主表包括利润总额计算、应纳税所得额计算、应纳税额计算与实际应纳税额计算四个部分。“利润总额计算”中的项目,按照国家统一会计制度规定计算填报。实行企业会计准则、小企业会计准则、企业会计制度、分行业会计制度的纳税人,其数据直接取自“利润表”(另有说明的除外);实行事业单位会计准则的纳税人,其数据取自“收入支出表”;实行民间非营利组织会计制度的纳税人,其数据取自“业务活动表”;实行其他国家统一会计制度的纳税人,根据本表项目进行分析填报。

“应纳税所得额计算”和“应纳税额计算”中的项目,除根据主表逻辑关系计算以外,还通过附表相应栏次填报。

(二)纳税申报表主表主要行次填列方法

第1～13行参照国家统一会计制度规定填写。本部分未设“研发费用”“其他收益”“资产处置收益”等项目,对于已执行《财政部关于修订印发2019年度一般企业财务报表格式的通知》的纳税人,在“利润表”中归集的“研发费用”通过“期间费用明细表”第19行“十九、研究费用”的管理费用相应列次填报;在“利润表”中归集的“其他收益”“资产处置收益”“信用减值损失”“净敞口套期收益”项目则无需填报,同时第10行“营业利润”不执行“第10行=第1－2－3－4－5－6－7＋8＋9行”的表内关系,按照“利润表”中“营业利润”项目直接填报。

(1)第1行“营业收入”:填报纳税人主要经营业务和其他经营业务取得的收入总额。本行根据“主营业务收入”和“其他业务收入”的数额填报。

(2)第2行“营业成本”:填报纳税人主要经营业务和其他经营业务发生的成本总额。本行根据“主营业务成本”和“其他业务成本”的数额填报。

(3)第3行“税金及附加”:填报纳税人经营活动发生的消费税、城市维护建设税、资源税、土地增值税和教育费附加等相关税费。

(4)第4行“销售费用”:填报纳税人在销售商品和材料、提供劳务的过程中发生的各种费用。

(5)第5行“管理费用”:填报纳税人为组织和管理企业生产经营发生的管理费用。

(6)第6行“财务费用”:填报纳税人为筹集生产经营所需资金等发生的筹资费用。

(7)第7行“资产减值损失”:填报纳税人计提各项资产准备发生的减值损失。本行根据企业“资产减值损失”科目上的数额填报。实行其他会计制度的比照填报。

(8)第8行“公允价值变动收益”:填报纳税人在初始确认时划分为以公允价值计量且其

变动计入当期损益的金融资产或金融负债(包括交易性金融资产或金融负债,直接指定为以公允价值计量且其变动计入当期损益的金融资产或金融负债),以及采用公允价值模式计量的投资性房地产、衍生工具和套期业务中公允价值变动形成的应计入当期损益的利得或损失。本行根据企业"公允价值变动损益"科目的数额填报,损失以"－"号填列。

(9)第9行"投资收益":填报纳税人以各种方式对外投资所取得的收益或发生的损失。根据企业"投资收益"科目的数额计算填报。实行事业单位会计准则的纳税人根据"其他收入"科目中的投资收益金额分析填报,损失以"－"号填列。实行其他会计制度的纳税人比照填报。

(10)第10行"营业利润":填报纳税人当期的营业利润。

(11)第11行"营业外收入":填报纳税人取得的与其经营活动无直接关系的各项收入的金额。

(12)第12行"营业外支出":填报纳税人发生的与其经营活动无直接关系的各项支出的金额。

(13)第13行"利润总额":填报纳税人当期的利润总额。根据上述项目计算填报。

(14)第14行"境外所得":填报已计入利润总额以及按照税法相关规定已在"纳税调整项目明细表"进行纳税调整的境外所得金额。

(15)第15行"纳税调整增加额":填报纳税人会计处理与税收规定不一致,进行纳税调整增加的金额。

(16)第16行"纳税调整减少额":填报纳税人会计处理与税收规定不一致,进行纳税调整减少的金额。

(17)第17行"免税、减计收入及加计扣除":填报属于税收规定免税收入、减计收入、加计扣除金额。

(18)第18行"境外应税所得抵减境内亏损":当纳税人选择不用境外所得抵减境内亏损时,填报0;当纳税人选择用境外所得抵减境内亏损时,填报境外所得抵减当年度境内亏损的金额。

(19)第19行"纳税调整后所得":填报纳税人经过纳税调整、税收优惠、境外所得计算后的所得额。

(20)第20行"所得减免":填报属于税收规定的所得减免金额。

(21)第21行"弥补以前年度亏损":填报纳税人按照税收规定可在税前弥补的以前年度亏损数额。

(22)第22行"抵扣应纳税所得额":填报根据税收规定应抵扣的应纳税所得额。

(23)第23行"应纳税所得额":填报第19－20－21－22行金额。按照上述行次顺序计算结果为负数的,本行按0填报。

(24)第24行"税率":填报税收规定的税率25%。

(25)第25行"应纳所得税额":填报第23×24行金额。

(26)第26行"减免所得税额":填报纳税人按税收规定实际减免的企业所得税额。

(27)第27行"抵免所得税额":填报企业当年的应纳所得税额中抵免的金额。

(28)第28行"应纳税额":填报第25－26－27行金额。

(29)第29行"境外所得应纳所得税额":填报纳税人来源于中国境外的所得,按照我国税收规定计算的应纳所得税额。

(30)第 30 行“境外所得抵免所得税额”：填报纳税人来源于中国境外所得依照中国境外税收法律以及相关规定应缴纳并实际缴纳(包括视同已实际缴纳)的企业所得税性质的税款(准予抵免税款)。

(31)第 31 行“实际应纳所得税额”：填报第 28＋29－30 行金额。其中，跨地区经营企业类型为“分支机构(须进行完整年度申报并按比例纳税)”的纳税人，填报(第 28＋29－30 行)×“分支机构就地纳税比例”金额。

(32)第 32 行“本年累计实际已缴纳的所得税额”：填报纳税人按照税收规定本纳税年度已在月(季)度累计预缴的所得税额，包括按照税收规定的特定业务已预缴(征)的所得税额、建筑企业总机构直接管理的跨地区设立的项目部按规定向项目所在地主管税务机关预缴的所得税额。

(33)第 33 行“本年应补(退)所得税额”：填报第 31－32 行金额。

(34)第 34 行“总机构分摊本年应补(退)所得税额”：填报汇总纳税的总机构按照税收规定在总机构所在地分摊本年应补(退)所得税额。

(35)第 35 行“财政集中分配本年应补(退)所得税额”：填报汇总纳税的总机构按照税收规定财政集中分配本年应补(退)所得税款。

(36)第 36 行“总机构主体生产经营部门分摊本年应补(退)所得税额”：填报汇总纳税的总机构所属的具有主体生产经营职能的部门按照税收规定应分摊的本年应补(退)所得税额。

(37)第 37 行“民族自治地区企业所得税地方分享部分”：根据规定，实行民族区域自治的自治区、自治州、自治县的自治机关对本民族自治地方的企业应缴纳的企业所得税中属于地方分享的部分，可以决定减征或免征。自治州、自治县决定减征或者免征的，须报省、自治区、直辖市人民政府批准。

纳税人填报该行次时，根据享受政策的类型选择“免征”或“减征”，二者必选其一。选择“免征”是指免征企业所得税税收地方分享部分；选择“减征：减征幅度______%”是指减征企业所得税税收地方分享部分。此时需填写“减征幅度”，范围为 1～100，表示企业所得税税收地方分享部分的减征比例。例如：地方分享部分减半征收，则选择“减征”，并在“减征幅度”后填写“50%”。

(38)第 38 行“本年实际应补(退)所得税额”：填报纳税人当期实际应补(退)的所得税额。

(三)企业所得税年度纳税申报表主表样式(表 4-1)

表 4-1　中华人民共和国企业所得税年度纳税申报表(A 类)

行次	类别	项目	金额
1	利润总额计算	一、营业收入	
2		减:营业成本	
3		减:税金及附加	
4		减:销售费用	
5		减:管理费用	
6		减:财务费用	
7		减:资产减值损失	
8		加:公允价值变动收益	
9		加:投资收益	
10		二、营业利润(1－2－3－4－5－6－7＋8＋9)	
11		加:营业外收入	
12		减:营业外支出	
13		三、利润总额(10＋11－12)	
14	应纳税所得额计算	减:境外所得	
15		加:纳税调整增加额	
16		减:纳税调整减少额	
17		减:免税、减计收入及加计扣除	
18		加:境外应税所得抵减境内亏损	
19		四、纳税调整后所得	
20		减:所得减免	
21		减:弥补以前年度亏损	
22		减:抵扣应纳税所得额	
23		五、应纳税所得额(19－20－21－22)	
24	应纳税额计算	税率(25%)	
25		六、应纳所得税额(23×24)	
26		减:减免所得税额	
27		减:抵免所得税额	
28		七、应纳税额(25－26－27)	
29		加:境外所得应纳所得税额	
30		减:境外所得抵免所得税额	
31		八、实际应纳所得税额(28＋29－30)	
32		减:本年累计实际已缴纳的所得税额	
33		九、本年应补(退)所得税额(31－32)	
34		其中:总机构分摊本年应补(退)所得税额	
35		财政集中分配本年应补(退)所得税额	
36		总机构主体生产经营部门分摊本年应补(退)所得税额	
37	实际应纳税额计算	减:民族自治地区企业所得税地方分享部分:(□免征　□减征:减征幅度＿＿＿＿＿%)	
38		十、本年实际应补(退)所得税额(33－37)	

情境分析 4-26

1. 任务要求

山东甲公司为居民企业，主要从事服饰生产和销售业务。2023 年度有关经营情况如下：

(1)取得销售收入 5 000 万元。

(2)发生与生产经营活动有关的业务招待费支出 100 万元；非广告性赞助支出 40 万元。

(3)通过市体育局向体育事业捐款 50 万元，通过市民政局向目标脱贫地区捐款 30 万元用于扶贫，通过公益性社会组织向卫生事业捐款 8 万元。

(4)缴纳增值税 195 万元，缴纳城市维护建设税、教育费附加合计 19.5 万元。

(5)按规定缴纳财产保险费 90 万元。

(6)利润总额 560 万元。

要求：请按顺序计算下列事项：

(1)甲公司本年度准予扣除的业务招待费支出。

(2)甲公司本年度准予扣除的公益性捐赠支出。

(3)甲公司本年度企业所得税应纳税所得额。

(4)甲公司本年度企业所得税。

2. 任务实施

(1)100×60%＝60(万元)，5 000×5‰＝25(万元)，取较小值 25 万元；准予扣除的业务招待费支出为 25 万元。

(2)用于目标脱贫地区的扶贫捐赠支出 30 万元，准予在计算企业所得税应纳税所得额时全额扣除；其他公益捐赠为 58 万元，560×12%＝67.2(万元)，准予扣除的金额为 58 万元。因此，甲公司准予扣除的公益性捐赠支出合计＝30＋58＝88(万元)。

(3)应纳税所得额＝会计利润＋纳税调整增加额－纳税调整减少额＝560＋(100－5 000×5‰)＋40＝675(万元)。

(4)应纳税额＝应纳税所得额×25%＝675×25%＝168.75(万元)。

项目五　个人所得税(含代扣代缴)实务

知识目标

1. 掌握个人所得税纳税义务人的概念；
2. 掌握个人所得税的征税范围、税率；
3. 掌握个人所得税应纳税额的计算。

技能目标

1. 能够正确确定个人所得税的计税依据、税率；
2. 能够正确计算个人所得税应纳税额；
3. 能够正确填写个人所得税纳税申报表。

素质目标

1. 养成正确的消费观念和消费方式；
2. 树立自觉纳税，做合格纳税人的观念。

慧思析理

习近平总书记指出要“完善个人所得税制度，规范收入分配秩序，规范财富积累机制，保护合法收入，调节过高收入，取缔非法收入。引导、支持有意愿有能力的企业、社会组织和个人积极参与公益慈善事业”。

知识结构图

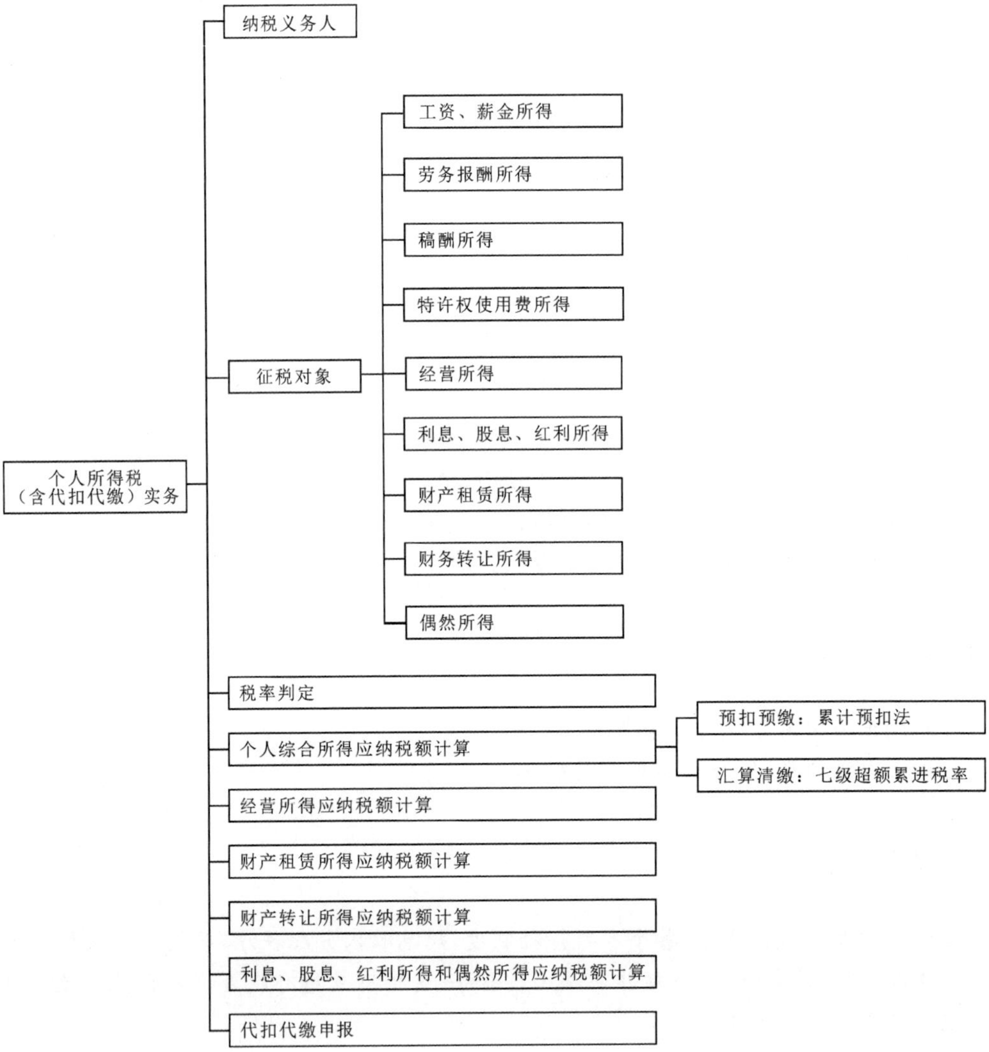
个人所得税（含代扣代缴）实务
纳税义务人
征税对象
工资、薪金所得
劳务报酬所得
稿酬所得
特许权使用费所得
经营所得
利息、股息、红利所得
财产租赁所得
财务转让所得
偶然所得
税率判定
个人综合所得应纳税额计算
预扣预缴：累计预扣法
汇算清缴：七级超额累进税率
经营所得应纳税额计算
财产租赁所得应纳税额计算
财产转让所得应纳税额计算
利息、股息、红利所得和偶然所得应纳税额计算
代扣代缴申报

模块一 认识个人所得税

引导案例

小孙最近加入了一家大型科技公司,担任部门的助理职位。作为新员工,她对公司福利、薪资以及税务等方面还不太了解。尤其是关于个人所得税的征税对象,她希望能有一个清晰的认识,以便更好地规划自己的收入和支出。

小孙了解到,根据《中华人民共和国个人所得税法》的规定,个人所得税的征税对象主要包括居民个人在中国境内和境外取得的各项所得。对于小孙这样的居民个人来说,她在中国境内取得的工资、薪金所得,以及其他如劳务报酬所得、稿酬所得、特许权使用费所得等,都属于个人所得税的征税对象。小孙作为公司的部门助理,每月会获得固定的工资和可能的奖金。这些收入都属于工资、薪金所得,需要缴纳个人所得税。此外,小孙在公司外还兼职从事其他劳务活动,并获得相应的报酬,那么这些劳务报酬所得也需要缴纳个人所得税。除了工资、薪金所得和劳务报酬所得外,小孙还可能获得其他形式的所得,比如她在业余时间从事写作获得的稿酬所得等。这些所得同样需要缴纳个人所得税。

通过了解个人所得税的征税对象,小孙对自己的收入和支出有了更清晰的认识。她明白了哪些收入需要缴纳个人所得税,并可以根据这些信息合理规划自己的财务计划。同时,她也意识到作为纳税人,需要依法履行纳税义务,为国家的建设和发展贡献自己的力量。

任务一 认识个人所得税的纳税人

一、个人所得税纳税义务人的确定

个人所得税是以自然人取得的各类应税所得为征税对象而征收的一种所得税。《中华人民共和国个人所得税法》(2018 年第七次修正,2019 年 1 月 1 日起施行,以下简称《个人所得税法》)规定,中国公民、个体工商业户以及在中国有所得的外籍人员(包括无国籍人员,下同)和港澳台同胞,为个人所得税的纳税义务人。按照住所和居住时间两个标准,个人所得税的纳税义务人又划分为居民纳税义务人和非居民纳税义务人。

1.居民纳税义务人

居民纳税义务人负有无限纳税义务。其所取得的应纳税所得,无论是来源于中国境内还是中国境外任何地方,都要在中国缴纳个人所得税。根据《个人所得税法》规定,居民纳税义务人是指在中国境内有住所,或者无住所而一个纳税年度内在中国境内居住累计满一百八十三天的个人。

2.非居民纳税义务人

非居民纳税义务人,是指不符合居民纳税义务人判定标准(条件)的纳税义务人。非居民纳税义务人承担有限纳税义务，即仅就其来源于中国境内的所得向中国缴纳个人所得税。《个人所得税法》规定，非居民纳税义务人是"在中国境内无住所又不居住，或者无住所而一个纳税年度内在中国境内居住累计不满一百八十三天的个人"。

对在中国境内无住所的个人一个纳税年度内在中国境内的累计居住天数，均应以该个人在中国境内累计停留天数计算。在中国境内停留当天满24小时的，计入中国境内居住天数。

对在中国境内、境外机构同时担任职务或仅在境外机构任职的个人在境内停留当天不足24小时的，按半天计算境内工作天数。

个人独资企业和个人合伙企业投资者也为个人所得税的纳税义务人。

二、个人所得税的扣缴义务人

个人所得税以支付所得的单位或者个人为扣缴义务人。纳税人有中国公民身份号码的，以中国公民身份号码为纳税人识别号；纳税人没有中国公民身份号码的，由税务机关赋予其纳税人识别号。扣缴义务人扣缴税款时，纳税人应当向扣缴义务人提供纳税人识别号，扣缴义务人应当按照国家规定办理全员全额扣缴申报，并向纳税人提供其个人所得和已扣缴税款等信息。扣缴义务人在向纳税人支付各项应纳税所得时，必须履行代扣代缴税款的义务。

任务二　认识个人所得税的征税对象

应税所得项目体现了个人所得税征税范围，目前共10项。

（一）工资、薪金所得

工资、薪金所得，是指个人因任职或者受雇而取得的工资、薪金、奖金、年终加薪、劳动分红、津贴、补贴以及与任职或者受雇有关的其他所得。

（二）劳务报酬所得

劳务报酬所得，是指个人独立从事各种非雇佣劳务取得的所得，内容包括设计、装潢、安装、制图、化验、测试、医疗、法律、会计、咨询、讲学、新闻、广播、翻译、审稿、书画、雕刻、影视、录音、录像、演出、表演、广告、展览、技术服务、介绍服务、经纪服务、代办服务、其他劳务。

（三）稿酬所得

稿酬所得，是指个人因其作品以图书、报刊形式出版、发表而取得的所得。

（四）特许权使用费所得

特许权使用费所得，是指个人提供专利权、商标权、著作权、非专利技术以及其他特许权的使用权取得的所得。提供著作权的使用权取得的所得不包括稿酬所得。

（五）经营所得

经营所得包括：个体工商户从事生产、经营活动取得的所得，个人独资企业投资人、合伙企业的个人合伙人来源于境内注册的个人独资企业、合伙企业生产、经营的所得；个人依法从事办学、医疗、咨询以及其他有偿服务活动取得的所得；个人对企业、事业单位承包经营、承租经营以及转包、转租取得的所得；个人从事其他生产、经营活动取得的所得。

个体工商户、个人独资企业和合伙企业或个人从事种植业、养殖业、饲养业、捕捞业取得的所得，暂不征收个人所得税。

个体工商户和从事生产经营的个人，取得与生产、经营活动无关的其他各项应税所得，应分别按照有关规定计算征收个人所得税。

出租车归属为个人的，属于“经营所得”，包括：从事个体出租车运营的出租车驾驶员取得的收入；出租车属个人所有，但挂靠出租汽车经营单位或企事业单位，驾驶员向挂靠单位缴纳管理费的或出租汽车经营单位将出租车所有权转移给驾驶员的，出租车驾驶员从事客货运营取得的收入。

出租汽车经营单位对出租车驾驶员采取单车承包或承租方式运营，出租车驾驶员从事客运取得的收入，按“工资、薪金所得”项目征税。

(六)利息、股息、红利所得

利息、股息、红利所得，是指个人拥有债权、股权而取得的利息、股息、红利所得。利息，是指个人拥有债权而取得的利息，包括存款利息、贷款利息和各种债券的利息。

纳税年度内个人投资者从其投资企业(个人独资企业、合伙企业除外)借款，在该纳税年度终了后既不归还又未用于企业生产经营的，其未归还的借款可视为企业对个人投资者的红利分配，依照“利息、股息、红利所得”项目计征个人所得税。

(七)财产租赁所得

财产租赁所得，是指个人出租建筑物、土地使用权、机器设备、车船以及其他财产取得的所得。

(八)财产转让所得

财产转让所得，是指个人转让有价证券、股权、建筑物、土地使用权、机器设备、车船以及其他财产取得的所得。

对个人转让自用5年以上并且是家庭唯一生活用房取得的所得，继续免征个人所得税。

(九)偶然所得

偶然所得，是指个人得奖、中奖、中彩以及其他偶然性质的所得。得奖是指参加各种有奖竞赛活动，取得名次得到的奖金；中奖、中彩是指参加各种有奖活动，如有奖销售、有奖储蓄，或者购买彩票，经过规定程序，抽中、摇中号码而取得的奖金。偶然所得应缴纳的个人所得税税款，一律由发奖单位或机构代扣代缴。

任务三　认识个人所得税的税率

一、工资、薪金所得

居民个人工资、薪金所得预扣预缴个人所得税的预扣率如表5-1所示，适用七级超额累进税率，税率为3%～45%。居民个人综合所得个人所得税税率如表5-2所示。

表 5-1 居民个人工资、薪金所得预扣预缴个人所得税预扣率表

级数	累计预扣预缴应纳税所得额	预扣率(%)	速算扣除数(元)
1	不超过 36 000 元的部分	3	0
2	36 000～144 000 元的部分	10	2 520
3	144 000～300 000 元的部分	20	16 920
4	300 000～420 000 元的部分	25	31 920
5	420 000～660 000 元的部分	30	52 920
6	660 000～960 000 元的部分	35	85 920
7	超过 960 000 元的部分	45	181 920

表 5-2 居民个人综合所得个人所得税税率表

级数	全年应纳税所得额	税率(%)	速算扣除数(元)
1	不超过 36 000 元的部分	3	0
2	36 000～144 000 元的部分	10	2 520
3	144 000～300 000 元的部分	20	16 920
4	300 000～420 000 元的部分	25	31 920
5	420 000～660 000 元的部分	30	52 920
6	660 000～960 000 元的部分	35	85 920
7	超过 960 000 元的部分	45	181 920

二、经营所得

经营所得适用五级超额累进税率，税率为 5%～35%(表 5-3)。

表 5-3 经营所得个人所得税税率表

级数	全年应纳税所得额	税率(%)	速算扣除数(元)
1	不超过 30 000 元的部分	5	0
2	30 000～90 000 元的部分	10	1 500
3	90 000～300 000 元的部分	20	10 500
4	300 000～500 000 元的部分	30	40 500
5	超过 500 000 元的部分	35	65 500

三、稿酬所得、特许权使用费所得

居民个人稿酬所得、特许权使用费所得预扣预缴个人所得税的预扣率为 20%。

四、劳务报酬所得

居民个人劳务报酬所得预扣预缴个人所得税的预扣率如表 5-4 所示。

表 5-4　居民个人劳务报酬所得预扣预缴个人所得税预扣率表

级数	每次应纳税所得额	预扣率(%)	速算扣除数(元)
1	不超过 20 000 元的部分	20	0
2	20 000～50 000 元的部分	30	2 000
3	超过 50 000 元的部分	40	7 000

五、利息、股息、红利所得，财产租赁所得，财产转让所得，偶然所得和其他所得

利息、股息、红利所得，财产租赁所得，财产转让所得，偶然所得和其他所得，适用比例税率，税率为 20%。出租居民住用房适用 10%的税率。

任务四　个人所得税优惠政策的运用

一、免征个人所得税项目

(1)省级人民政府、国务院部委和中国人民解放军军以上单位，以及外国组织、国际组织颁发的科学、教育、技术、文化、卫生、体育、环境保护等方面的奖金。

(2)国债和国家发行的金融债券的利息。

(3)按照国家统一规定发给的补贴、津贴。

(4)福利费、抚恤金、救济金。福利费是指根据国家有关规定，从企业、事业单位、国家机关、社会组织提留的福利费或者工会经费中支付给个人的生活补助费。抚恤金是指国家或有关单位发给因公受伤或残疾的人员、因公牺牲以及病故人员的家属的费用。救济金是指国家各级人民政府民政部门支付给个人的生活困难补助费。

(5)保险赔款。

(6)军人的转业费、复员费、退役金。

(7)按照国家统一规定发给干部、职工的安家费、退职费、基本养老金或者退休费、离休费、离休生活补助费。

(8)依照有关法律规定应予免税的各国驻华使馆、领事馆的外交代表、领事官员和其他人员的所得。

(9)中国政府参加的国际公约、签订的协议中规定免税的所得。

(10)国务院规定的其他免税所得。

二、减征个人所得税项目

有下列情形之一的，可以减征个人所得税，具体幅度和期限，由省、自治区、直辖市人民政府规定，并报同级人民代表大会常务委员会备案：

(1)残疾、孤老人员和烈属的所得。

(2)因自然灾害遭受重大损失的。

国务院可以规定其他减税情形，报全国人民代表大会常务委员会备案。

三、其他免征或者暂免征税项目

(1)外籍个人以非现金形式或实报实销形式取得的住房补贴、伙食补贴、搬迁费、洗衣费。

(2)外籍个人按合理标准取得的境内、境外出差补贴。

(3)外籍个人取得的探亲费、语言训练费、子女教育费等，经当地税务机关审核批准为合理的部分。

(4)外籍个人从外商投资企业取得的股息、红利所得。

(5)个人在上海、深圳证券交易所转让从上市公司公开发行和转让市场取得的股票，转让所得暂不征收个人所得税。

(6)自 2018 年 11 月 1 日(含)起，对个人转让全国中小企业股份转让系统(新三板)挂牌公司非原始股取得的所得，暂免征收个人所得税。非原始股是指个人在新三板挂牌公司挂牌后取得的股票，以及由上述股票孳生的送、转股。

(7)个人举报、协查各种违法、犯罪行为而获得的奖金。

(8)个人转让自用达 5 年以上，并且是唯一的家庭生活用房取得的所得，暂免征收个人所得税。

(9)对个人购买福利彩票、赈灾彩票、体育彩票，一次中奖收入在 1 万元以下的(含 1 万元)，暂免征收个人所得税；超过 1 万元的，全额征收个人所得税。

(10)达到离休、退休年龄，但确因工作需要，适当延长离休、退休年龄的高级专家(指享受国家发放的政府特殊津贴的专家、学者)，其在延长离休、退休期间的工资、薪金所得，视同离休、退休工资，免征个人所得税。

(11)对国有企业职工，因企业依法被宣告破产，从破产企业取得的一次性安置费收入，免予征收个人所得税。

(12)职工与用人单位解除劳动关系取得的一次性补偿收入(包括用人单位发放的经济补偿金、生活补助费和其他补助费用)，在当地上年职工年平均工资 3 倍数额以内的部分，可免征个人所得税；超过该标准的一次性补偿收入，应按照国家有关规定征收个人所得税。

(13)城镇企业、事业单位及其职工个人按照《失业保险条例》规定的比例，实际缴付失业保险费，均不计入职工个人当期的工资、薪金收入，免予征收个人所得税。城镇企业、事业单位和职工个人超过上述规定的比例缴付失业保险费的，应将其超过规定比例缴付的部分计入职工个人当期的工资、薪金收入，依法计征个人所得税。

(14)企业和个人按照国家或地方政府规定的比例，提取并向指定金融机构实际缴付住房公积金、医疗保险金、基本养老保险金，免予征收个人所得税。

(15)个人领取原提存的住房公积金、医疗保险金、基本养老保险金，以及具备《失业保险条例》中规定条件的失业人员领取的失业保险金，免予征收个人所得税。

(16)个人取得的教育储蓄存款利息所得和按照国家或省级人民政府规定的比例缴付的住房公积金、医疗保险金、基本养老保险金、失业保险金存入银行个人账户所取得的利息所得，免予征收个人所得税。

(17)自 2008 年 10 月 9 日(含)起，对储蓄存款利息所得暂免征收个人所得税。

(18)自 2019 年 7 月 1 日至 2024 年 6 月 30 日，个人持有全国中小企业股份转让系统挂牌公司的股票，持股期限超过1年的，对股息、红利所得暂免征收个人所得税。

(19)对被拆迁人按照国家有关城镇房屋拆迁管理办法规定的标准取得的拆迁补偿款免征个人所得税。

(20)自2009年5月25日(含)起，以下情形的房屋产权无偿赠与，对当事双方不征收个人所得税：房屋产权所有人将房屋产权无偿赠与配偶、父母、子女、祖父母、外祖父母、孙子女、外孙子女、兄弟姐妹；房屋产权所有人将房屋产权无偿赠与对其承担直接抚养或者赡养义务的抚养人或者赡养人；房屋产权所有人死亡，依法取得房屋产权的法定继承人、遗嘱继承人或者受遗赠人。

(21)个体工商户、个人独资企业和合伙企业或个人从事种植业、养殖业、饲养业、捕捞业取得的所得。

(22)企业在销售商品(产品)和提供服务过程中向个人赠送礼品，属于下列情形之一的，不征收个人所得税：企业通过价格折扣、折让方式向个人销售商品(产品)和提供服务；企业在向个人销售商品(产品)和提供服务的同时给予赠品，如通信企业对个人购买手机赠话费、入网费，或者购话费赠手机等；企业对累积消费达到一定额度的个人按消费积分反馈礼品。

(23)自2020年1月1日至2024年12月31日，对在海南自由贸易港工作的高端人才和紧缺人才，其个人所得税实际税负超过15%的部分，予以免征。

(24)自2019年1月1日至2023年12月31日，一个纳税年度内在船航行时间累计满183天的远洋船员，其取得的工资、薪金收入减按50%计入应纳税所得额，依法缴纳个人所得税。

(25)自2021年1月1日至2022年12月31日，对个体工商户经营所得应纳税所得额不超过100万元的部分，在现行优惠政策基础上，再减半征收个人所得税。个体工商户不区分征收方式，均可享受。

(26)自2022年1月1日起，对法律援助人员按照《中华人民共和国法律援助法》规定获得的法律援助补贴，免征增值税和个人所得税。

(27)自2022年10月1日至2023年12月31日，对出售自有住房并在现住房出售后1年内在市场重新购买住房的纳税人，对其出售现住房已缴纳的个人所得税予以退税。

(28)自2022年1月1日起，对个人养老金实施递延纳税优惠政策。在缴费环节，个人向个人养老金资金账户的缴费，按照12 000元/年的限额标准，在综合所得或经营所得中据实扣除；在投资环节，计入个人养老金资金账户的投资收益暂不征收个人所得税；在领取环节，个人领取的个人养老金，不并入综合所得，单独按照3%的税率计算缴纳个人所得税，其缴纳的税款计入“工资、薪金所得”项目。个人缴费享受税前扣除优惠时，以个人养老金信息管理服务平台出具的扣除凭证为扣税凭据。取得工资薪金所得、按累计预扣法预扣预缴个人所得税劳务报酬所得的，其缴费可以选择在当年预扣预缴或次年汇算清缴时在限额标准内据实扣除。选择在当年预扣预缴的，应及时将相关凭证提供给扣缴单位。扣缴单位应按照法律有关要求，为纳税人办理税前扣除有关事项。取得其他劳务报酬、稿酬、特许权使用费等所得或经营所得的，其缴费在次年汇算清缴时在限额标准内据实扣除。个人按规定领取个人养老金时，由开立个人养老金资金账户所在市的商业银行机构代扣代缴其应缴的个人所得税。

模块二　个人所得税的基本计算

引导案例

小孙是一家跨国公司的中国区总经理，年薪高达数百万元人民币。尽管她在事业上取得了显著成就，但对于个人所得税的计算和缴纳却感到有些困惑。小孙发现自己虽然收入颇丰，但实际到手的收入却远低于预期。她开始好奇，这其中的差额究竟去了哪里？于是，为了更好地管理自己的财务，她决定深入研究个人所得税的计算方法。

小孙首先查阅了相关的税务法规和政策，了解到个人所得税是根据个人的应纳税所得额和相应的税率来计算的。她发现，应纳税所得额是通过将工资、薪金所得减去免税额和专项附加扣除后得到的。接着，小孙开始计算自己的应纳税所得额。她惊喜地发现，由于自己符合多项专项附加扣除的条件，如子女教育、房贷利息等，因此可以在应纳税所得额中扣除相应的金额，从而减少应纳税额。然后，小孙根据超额累进税率表，计算出自己应缴纳的个人所得税金额。她惊讶地发现，虽然自己的年薪很高，但由于享受到了税收优惠和专项附加扣除，实际缴纳的税款并没有想象中的那么多。

经过这次实践，小孙不仅深入了解了个人所得税的计算方法，而且学会了如何合理规划自己的税务和财务。她意识到，了解个人所得税的计算过程不仅是个人的事情，也涉及公司的财务管理和税务筹划。她决定与公司财务部门加强沟通，这不仅有助于她更好地管理自己的财务和税务，还有助于公司整体的财务管理和税务筹划。

任务一　居民个人综合所得应纳税额的计算

一、居民个人综合所得预扣预缴个人所得税的计算

扣缴义务人向居民个人支付工资、薪金所得，劳务报酬所得，稿酬所得，特许权使用费所得时，按以下方法预扣预缴个人所得税，并向主管税务机关报送“个人所得税扣缴申报表”。年度预扣预缴税额与年度应纳税额不一致的，由居民个人于次年3月1日至6月30日向主管税务机关办理综合所得年度汇算清缴，税款多退少补。

1. 扣缴义务人向居民个人支付工资、薪金所得预扣预缴个人所得税的基本规定

扣缴义务人向居民个人支付工资、薪金所得时，应当按照累计预扣法计算预扣税款，并按月办理全员全额扣缴申报。

具体计算公式如下：

本期应预扣预缴额＝(累计预扣预缴应纳税所得额×预扣率－速算扣除数)
－累计减免税额－累计已预扣预缴额

累计预扣预缴应纳税所得额＝累计收入－累计免税收入－累计减除费用
－累计专项扣除－累计专项附加扣除
－累计依法确定的其他扣除

2.个人所得税专项附加扣除的基本规定

(1)子女教育

纳税人的子女接受全日制学历教育的相关支出，按照每个子女每月 2 000 元的标准定额扣除。学历教育包括义务教育（小学、初中教育）、高中阶段教育（普通高中、中等职业、技工教育）、高等教育（大学专科、大学本科、硕士研究生、博士研究生教育）。年满 3 岁至小学入学前处于学前教育阶段的子女，按本条上述规定执行。父母可以选择由其中一方按扣除标准的 100％扣除，也可以选择由双方分别按扣除标准的 50％扣除，具体扣除方式在一个纳税年度内不能变更。纳税人需要留存备查的资料包括：子女在境外接受教育的，应当留存境外学校录取通知书、留学签证等境外教育佐证资料。计算时间认定：学前教育阶段，为子女年满 3 周岁当月至小学入学前一月。学历教育为子女接受全日制学历教育入学的当月至全日制学历教育结束的当月。学历教育的期间包含因病或其他非主观原因休学但学籍继续保留的休学期间，以及施教机构按规定组织实施的寒暑假等假期。

(2)继续教育

纳税人在中国境内接受学历（学位）继续教育的支出，在学历（学位）教育期间按照每月 400 元定额扣除。同一学历（学位）继续教育的扣除期限不能超过 48 个月。纳税人接受技能人员职业资格继续教育、专业技术人员职业资格继续教育的支出，在取得相关证书的当年按照 3 600 元定额扣除。

个人接受本科及以下学历（学位）继续教育，符合《个人所得税专项附加扣除暂行办法》规定扣除条件的，可以选择由其父母扣除，也可以选择由本人扣除。纳税人需要留存的备查资料：纳税人接受技能人员职业资格继续教育、专业技术人员职业资格继续教育的，应当留存职业资格相关证书等资料。计算时间认定：学历（学位）继续教育，为在中国境内接受学历（学位）继续教育入学的当月至学历（学位）继续教育结束的当月，同一学历（学位）继续教育的扣除期限不得超过 48 个月[学历（学位）继续教育的期间，包含因病或其他非主观原因休学但学籍继续保留的休学期间，以及施教机构按规定组织实施的寒暑假等假期]；技能人员职业资格继续教育、专业技术人员职业资格继续教育，为取得相关证书的当年。

(3)大病医疗

在一个纳税年度内，纳税人发生的与基本医保相关的医药费用支出，扣除医保报销后个人负担（指医保目录范围内的自付部分）累计超过 15 000 元的部分，由纳税人在办理年度汇算清缴时，在 80 000 元限额内据实扣除。纳税人发生的医药费用支出，可以选择由本人或者其配偶扣除；未成年子女发生的医药费用支出，可以选择由其父母一方扣除。

纳税人及其配偶、未成年子女发生的医药费用支出，按《个人所得税专项附加扣除暂行办法》第十一条规定分别计算扣除额。

纳税人需要留存的备查资料包括：大病患者医药服务收费及医保报销相关票据原件或复印件，或者医疗保障部门出具的纳税年度医药费用清单等。计算时间认定：医疗保障信息系统记录的医药费用实际支出的当年。

(4)住房贷款利息

纳税人本人或者配偶单独或者共同使用商业银行或者住房公积金个人住房贷款为本人或者配偶购买中国境内住房，发生的首套住房贷款利息支出，在实际发生贷款利息的年度，按照每月 1 000 元的标准定额扣除，扣除期限不得超过 240 个月。纳税人只能享受一次首套住房贷款的利息扣除。

首套住房贷款是指购买住房享受首套住房贷款利率的住房贷款。经夫妻双方约定，可以选择由其中一方扣除，具体扣除方式在一个纳税年度内不能变更。夫妻双方婚前分别购买住房发生的首套住房贷款，其贷款利息支出，婚后可以选择其中一套购买的住房，由购买方按扣除标准的 100％扣除，也可以由夫妻双方对各自购买的住房分别按扣除标准的 50％扣除，具体扣除方式在一个纳税年度内不能变更。纳税人需要留存备查的资料包括住房贷款合同、贷款还款支出凭证等。计算时间认定：贷款合同约定开始还款的当月至贷款全部归还或贷款合同终止的当月，扣除期限不得超过 240 个月。

（5）住房租金

纳税人在主要工作城市没有自有住房而发生的住房租金支出，可以按照以下标准定额扣除：

①直辖市、省会（首府）城市、计划单列市以及国务院确定的其他城市，扣除标准为每月 1 500 元。

②除第一项所列城市以外，市辖区户籍人口超过 100 万的城市，扣除标准为每月 1 100 元；市辖区户籍人口不超过 100 万的城市，扣除标准为每月 800 元。

纳税人的配偶在纳税人的主要工作城市有自有住房的，视同纳税人在主要工作城市有自有住房。

市辖区户籍人口，以国家统计局公布的数据为准。

主要工作城市是指纳税人任职受雇的直辖市、计划单列市、副省级城市、地级市（地区州、盟）全部行政区域范围；纳税人无任职受雇单位的，为受理其综合所得汇算清缴的税务机关所在城市。

夫妻双方主要工作城市相同的，只能由一方扣除住房租金支出，住房租金支出由签订租赁住房合同的承租人扣除。

纳税人及其配偶在一个纳税年度内不能同时分别享受住房贷款利息和住房租金专项附加扣除。

纳税人需要留存备查的资料包括住房租赁合同或协议等。

计算时间认定：租赁合同（协议）约定的房屋租赁期开始的当月至租赁期结束的当月；提前终止合同（协议）的，以实际租赁期限为准。

（6）赡养老人

纳税人赡养一位及以上被赡养人的赡养支出，统一按照以下标准定额扣除：

①纳税人为独生子女的，按照每月 3 000 元的标准定额扣除。

②纳税人为非独生子女的，由其与兄弟姐妹分摊每月 3 000 元的扣除额度，每人分摊的额度不能超过每月 1 500 元。可以由赡养人均摊或者约定分摊，也可以由被赡养人指定分摊。约定或者指定分摊的须签订书面分摊协议，指定分摊优先于约定分摊。具体分摊方和额度在一个纳税年度内不能变更。

被赡养人是指年满 60 岁的父母，以及子女均已去世的年满 60 岁的祖父母、外祖父母。

二、居民个人综合所得汇算清缴个人所得税的计算

居民个人的综合所得适用七级超额累进税率，其应纳税额的计算公式如下：

应纳税额＝年应纳税所得额×适用税率－速算扣除数

＝(每一纳税年度收入额－60 000－专项扣除、专项附加扣除和依法确定的其他扣除)×适用税率－速算扣除数

＝[工资薪金收入额＋劳务报酬×(1－20%)＋稿酬收入×(1－20%)×70%＋特许权使用费×(1－20%)－60 000－专项扣除、专项附加扣除和依法确定的其他扣除]×适用税率－速算扣除数

情境分析 5-1

1.任务要求

居民个人李某之子小学在读，2024 年 3 月又生育一女。2024 年李某的收入与部分支出情况如下：

(1)每月工资 9 000 元，含按国家标准缴纳的“三险一金”2 000 元。

(2)2 月自行购买符合个人所得税税前扣除规定的商业健康保险，年保费 4 000 元，并于当月向单位提交了保单凭证。

(3)4 月通过出版社出版一部作品，税前稿酬 15 000 元。

其他相关资料：相关专项附加扣除均由李某 100%扣除，李某已向单位报送其专项附加扣除信息。

要求：根据上述资料，请计算李某 2024 年综合所得的应纳税所得额及应缴纳的个人所得税。

2.任务实施

李某 2024 年综合所得的应纳税所得额＝9 000×12＋15 000×(1－20%)×70%－60 000－2 000×12－200×10－2 000×12－2 000×10＝－11 600(元)

3.任务释疑

(1)纳税人年满 3 周岁的子女接受学前教育和学历教育的相关支出，按照每个子女每月 2 000 元的标准定额扣除。因此，李某 2024 年 3 月“新生女儿”不能享受当年度子女教育专项附加扣除，但可以享受 3 岁以下婴幼儿照护专项附加扣除。

(2)个人自行购买的符合规定的商业健康保险，扣缴单位应自其提交保单凭证的次月起，按照不超过 200 元/月(2 400 元/年)的标准扣除。4 000 元＞2 400 元，所以不能全额扣除。

(3)居民个人综合所得的应纳税额，采用了预扣预缴、年终汇算清缴的方式。本题展示的是全年整体计算纳税人应纳税额的情形。综合所得取得时有预扣预缴的计算。

任务二　非居民个人工资、薪金所得等项目税额的计算

扣缴义务人向非居民个人支付工资、薪金所得，劳务报酬所得，稿酬所得和特许权使用

费所得时，应当按以下方法按月或者按次代扣代缴个人所得税：非居民个人的工资、薪金所得，以每月收入额减除费用 5 000 元后的余额为应纳税所得额；劳务报酬所得、稿酬所得、特许权使用费所得，以每次收入额为应纳税所得额，适用按月换算后的非居民个人月度税率表计算应纳税额。其中，劳务报酬所得、稿酬所得、特许权使用费所得以收入减除 20%的费用后的余额为收入额。稿酬所得的收入额减按 70%计算。

(1)非居民个人的工资、薪金所得适用七级超额累进税率，其应纳税额计算公式为：

应纳税额＝月应纳税所得额×适用税率－速算扣除数

＝(每月工资、薪金收入额－5 000)×适用税率－速算扣除数

(2)非居民个人的劳务报酬所得适用七级超额累进税率，其应纳税额计算公式为：

应纳税额＝应纳税所得额×适用税率－速算扣除数

＝劳务报酬收入×(1－20%)×适用税率－速算扣除数

(3)非居民个人的稿酬所得适用七级超额累进税率，其应纳税额计算公式为：

应纳税额＝应纳税所得额×适用税率－速算扣除数

＝稿酬收入×(1－20%)×70%×适用税率－速算扣除数

(4)非居民个人的特许权使用费所得适用七级超额累进税率，其应纳税额计算公式为：

应纳税额＝应纳税所得额×适用税率－速算扣除数

＝特许权使用费收入×(1－20%)×适用税率－速算扣除数

任务三　经营所得应纳税额的计算

经营所得，以每一纳税年度的收入总额减除成本、费用以及损失后的余额，为应纳税所得额。经营所得个人所得税的计算公式如下：

应纳税额＝应纳税所得额×适用税率－速算扣除数

＝(全年收入总额－成本、费用、损失)×适用税率－速算扣除数

成本、费用，是指生产、经营活动中发生的各项直接支出和分配后计入成本的间接费用以及销售费用、管理费用、财务费用；损失，是指生产、经营活动中发生的固定资产和存货的盘亏、毁损、报废损失，转让财产损失，坏账损失，自然灾害等不可抗力因素造成的损失以及其他损失。

取得经营所得的个人，没有综合所得的，计算其每一纳税年度的应纳税所得额时，应当减除费用 6 万元、专项扣除、专项附加扣除以及依法确定的其他扣除。专项附加扣除在办理汇算清缴时减除。

任务四　财产租赁所得应纳税额的计算

一、应纳税所得额的计算

财产租赁所得，以一个月内取得的收入为一次。财产租赁所得，每次收入不超过 4 000 元的，减除费用 800 元；4 000 元以上的，减除 20%的费用，其余额为应纳税所得额。其计算公式如下。

1. 每次(月)收入不超过 4 000 元

应纳税所得额＝每次(月)收入额－准予扣除项目－修缮费用(800 元为限)－800

2. 每次(月)收入超过 4 000 元

应纳税所得额＝[每次(月)收入额－准予扣除项目－修缮费用(800 元为限)]
×(1－20%)

个人出租财产取得的财产租赁收入，在计算缴纳个人所得税时，应依次扣除以下费用：

(1)准予扣除项目：主要指财产租赁过程中缴纳的税费。

(2)由纳税人负担的该出租财产实际开支的修缮费用。允许扣除的修缮费用以每次 800 元为限，一次扣除不完的，准予在下一次继续扣除，直到扣完为止。

(3)税法规定的费用扣除标准(即定额减除费用 800 元或定率减除 20%的费用)。

个人出租房屋的个人所得税应税收入不含增值税，计算房屋出租所得可扣除的税费不包括本次出租缴纳的增值税。个人转租房屋的，其向房屋出租方支付的租金及增值税税额在计算转租所得时予以扣除。免征增值税的，确定计税依据时，租金收入不扣减增值税税额。

二、应纳税额的计算

财产租赁所得适用 20%的比例税率，但对个人出租住房取得的所得暂减按 10%的税率征收个人所得税。其应纳税额的计算公式如下：

1. 每次(月)收入不超过 4 000 元

应纳税额＝应纳税所得额×适用税率(20%或 10%)
＝[每次(月)收入额－准予扣除项目－修缮费用(800 元为限)－800]
×适用税率(20%或 10%)

2. 每次(月)收入超过 4 000 元

应纳税额＝应纳税所得额×适用税率(20%或 10%)
＝[每次(月)收入额－准予扣除项目－修缮费用(800 元为限)]
×(1－20%)×适用税率(20%或 10%)

情境分析 5-2

1. 任务要求

李某某年 1 月开始将其原居住的房屋作为居住用房租给张某，每月收取租金 3 500 元，租金按月支付，某年 1 月发生修缮费用 1 000 元，相关税费为 120 元。

要求：请计算某年 1 月李某应缴纳的个人所得税税额。

2. 任务实施

应纳个人所得税＝[(3 500－120－800)－800]×10%＝178(元)

3. 任务释疑

修缮费用的扣除以每次 800 元为限，一次扣除不完的，准予在下次继续扣除，直到扣完为止。对个人出租住房取得的所得暂减按 10%的税率征收个人所得税。

任务五 财产转让所得应纳税额的计算

财产转让所得，以转让财产的收入额减除财产原值和合理费用后的余额，为应纳税所得额。其计算公式如下：

应纳税所得额＝收入总额－财产原值－合理费用

应纳税额＝应纳税所得额×适用税率

＝(收入总额－财产原值－合理税费)×20％

任务六 利息、股息、红利所得和偶然所得应纳税额的计算

利息、股息、红利所得和偶然所得个人所得税按次征收。利息、股息、红利所得，以支付利息、股息、红利时取得的收入为一次。偶然所得，以每次取得该项收入为一次。利息、股息、红利所得和偶然所得的应纳税所得额即为每次收入额。利息、股息、红利所得和偶然所得应纳税额的计算公式如下：

应纳税额＝应纳税所得额×适用税率

＝每次收入额×20％

模块三 个人所得税的扩展计算

引导案例

小孙是某知名企业的高级管理人员，辛勤工作一整年后，她收到了公司颁发的丰厚年终奖。然而，小孙并没有选择将这笔钱全部收入囊中，而是决定将其中的一部分捐赠给慈善机构，用于支持教育事业。

在捐赠之前，小孙咨询了公司的财务部门，想了解捐赠是否会对她的个人所得税产生影响。财务部门告诉她，根据税法规定，个人将其所得通过中国境内的社会团体、国家机关向教育和其他社会公益事业以及遭受严重自然灾害地区、贫困地区的捐赠，捐赠额未超过纳税义务人申报的应纳税所得额30%的部分，可以从其应纳税所得额中扣除。在了解到这一政策后，小孙决定按照规定的比例进行捐赠。她向慈善机构捐赠了年终奖的30%，并保留了相应的捐赠凭证。在申报个人所得税时，她凭借这些凭证成功地从应纳税所得额中扣除了捐赠部分，从而减少了应纳税额。

通过这次捐赠，小孙不仅为贫困地区的孩子们带去了希望，还展现了自己的社会责任感和爱心。小孙也意识到，作为纳税人，应该了解和掌握相关的税务政策，这不仅可以帮助自己合理规划财务和税务，还能在享受税收优惠的同时，为社会做出更大的贡献。

任务一 全年一次性奖金及其他奖金应纳税额的计算

根据《财政部 税务总局关于延续实施全年一次性奖金等个人所得税优惠政策的公告》等文件的规定，居民个人取得全年一次性奖金，符合《国家税务总局关于调整个人取得全年一次性奖金等计算征收个人所得税方法问题的通知》规定的，在2023年12月31日前，不并入当年综合所得，以全年一次性奖金收入除以12得到的数额，按照按月换算后的综合所得税率表(简称月度税率表)，确定适用税率和速算扣除数，单独计算纳税。计算公式如下：

应纳税额＝全年一次性奖金收入×适用税率－速算扣除数

居民个人取得全年一次性奖金，也可以选择并入当年综合所得计算纳税。

雇员取得除全年一次性奖金以外的其他各种名目奖金，如半年奖、季度奖、加班奖、先进考勤奖等，一律与当月工资、薪金收入合并，按税法规定缴纳个人所得税。

任务二 公益慈善事业的捐赠支出扣除

自2019年1月1日起，公益慈善事业捐赠有关个人所得税政策规定如下：

(1)个人通过中华人民共和国境内公益性社会组织、县级以上人民政府及其部门等国家机关，向教育、扶贫、济困等公益慈善事业的捐赠(以下简称公益捐赠)，发生的公益捐赠支出，可以按照个人所得税法有关规定在计算应纳税所得额时扣除。

（2）个人发生的公益捐赠支出金额，按照以下规定确定：捐赠货币性资产的，按照实际捐赠金额确定；捐赠股权、房产的，按照个人持有股权、房产的财产原值确定；捐赠除股权、房产以外的其他非货币性资产的，按照非货币性资产的市场价格确定。

（3）居民个人按照以下规定扣除公益捐赠支出：居民个人发生的公益捐赠支出可以在财产租赁所得，财产转让所得，利息、股息、红利所得，偶然所得（以下统称分类所得），综合所得或者经营所得中扣除。在当期一个所得项目扣除不完的公益捐赠支出，可以按规定在其他所得项目中继续扣除；居民个人发生的公益捐赠支出，在综合所得、经营所得中扣除的，扣除限额分别为当年综合所得、当年经营所得应纳税所得额的30%；在分类所得中扣除的，扣除限额为当月分类所得应纳税所得额的30%；居民个人根据各项所得的收入、公益捐赠支出、适用税率等情况，自行决定在综合所得、分类所得、经营所得中扣除的公益捐赠支出的顺序。

（4）居民个人在综合所得中扣除公益捐赠支出的，应按照以下规定处理：居民个人取得工资薪金所得的，可以选择在预扣预缴时扣除，也可以选择在年度汇算清缴时扣除；居民个人选择在预扣预缴时扣除的，应按照累计预扣法计算扣除限额，其捐赠当月的扣除限额为截至当月累计应纳税所得额的30%（全额扣除的从其规定，下同）。个人从两处以上取得工资薪金所得，选择其中一处扣除，选择后当年不得变更；居民个人取得劳务报酬所得、稿酬所得、特许权使用费所得的，预扣预缴时不扣除公益捐赠支出，统一在汇算清缴时扣除；居民个人取得全年一次性奖金、股权激励等所得，且按规定采取不并入综合所得而单独计税方式处理的，公益捐赠支出扣除比照上述分类所得的扣除规定处理。

（5）居民个人发生的公益捐赠支出，可在捐赠当月取得的分类所得中扣除。当月分类所得应扣除而未扣除的公益捐赠支出，可按照以下规定追补扣除：扣缴义务人已经代扣但尚未解缴税款的，居民个人可以向扣缴义务人提出追补扣除申请，退还已扣税款；扣缴义务人已经代扣且解缴税款的，居民个人可以在公益捐赠之日起90日内提请扣缴义务人向征收税款的税务机关办理更正申报追补扣除，税务机关和扣缴义务人应当予以办理。居民个人自行申报纳税的，可以在公益捐赠之日起90日内向主管税务机关办理更正申报，追补扣除。

居民个人捐赠当月有多项多次分类所得的，应先在其中一项一次分类所得中扣除。已经在分类所得中扣除的公益捐赠支出，不再调整到其他所得中扣除。

任务三　境外所得已纳税款抵免的计算

下列所得，为来源于中国境外的所得：

（1）因任职、受雇、履约等在中国境外提供劳务取得的所得。

（2）中国境外企业以及其他组织支付且负担的稿酬所得。

（3）许可各种特许权在中国境外使用而取得的所得。

（4）在中国境外从事生产、经营活动而取得的与生产、经营活动相关的所得。

（5）从中国境外企业、其他组织以及非居民个人取得的利息、股息、红利所得。

（6）将财产出租给承租人在中国境外使用而取得的所得。

（7）转让中国境外的不动产，转让对中国境外企业以及其他组织投资形成的股票、股权以及其他权益性资产（以下称权益性资产）或者在中国境外转让其他财产取得的所得。但转让对中国境外企业以及其他组织投资形成的权益性资产，该权益性资产被转让前三年（连续36个公历月份）内的任一时间，被投资企业或其他组织的资产公允价值50%以上直接或间接来自位于中国境内的不动产的，取得的所得为来源于中国境内的所得。

(8)中国境外企业、其他组织以及非居民个人支付且负担的偶然所得。

(9)财政部、税务总局另有规定的，按照相关规定执行。

居民个人从中国境外取得的所得，可以从其应纳税额中抵免已在境外缴纳的个人所得税额，但抵免额不得超过该纳税人境外所得依照我国个人所得税法规定计算的应纳税额。

居民个人从中国境内和境外取得的综合所得、经营所得，应当分别合并计算应纳税额：中国境内和境外取得的其他所得，应当分别单独计算应纳税额。纳税人境外所得依照个人所得税法规定计算的应纳税额，是居民个人抵免已在境外缴的综合所得、经营所得以及其他所得的所得税税额的限额(以下简称抵免限额)。除国务院财政、税务主管部门另有规定外，来源于中国境外一个国家(地区)的综合所得抵免限额、经营所得抵免限额以及其他所得抵免限额之和，为来源于该国家(地区)所得的抵免限额。居民个人在中国境外一个国家(地区)实际已经缴纳的个人所得税税额，低于依照以上规定计算出的来源于该国家(地区)所得的抵免限额的，应当在中国缴纳差额部分的税款；超过来源于该国家(地区)所得的抵免限额的，其超过部分不得在本纳税年度的应纳税额中抵免，但是可以在以后纳税年度来源于该国家(地区)所得的抵免限额的余额中补扣。补扣期不得超过五年。

模块四　个人所得税纳税申报

引导案例

小孙是某大型科技公司的首席运营官，因其收入颇丰，每年都需要办理个人所得税申报并缴纳税款。由于工作繁忙，她通常会将这项任务交给财务团队处理。然而，今年她决定亲自体验一次个人所得税申报的过程。

小孙首先仔细阅读了个人所得税法及其实施条例，了解了纳税人的权利和义务，以及申报的具体要求和流程。她发现，自己的收入中还隐藏着许多可以抵扣的项目，如赡养老人、子女教育等。小孙收集了本年度自己的收入、扣除和捐赠等相关资料。她惊讶地发现，自己过去一年里竟然参与了多项公益活动，捐赠了不少金额。这些捐赠不仅为她带来了精神上的满足，还能在税务上为她带来优惠。小孙使用税务局提供的软件，将自己的收入、扣除和捐赠等信息输入进去，软件自动为她计算出了应纳税额。她仔细核对了每一项数据，确保准确无误。小孙将计算好的数据填入个人所得税申报表，并通过电子税务局提交了申报。她惊喜地发现，整个过程既快捷又方便，远比自己想象中的简单。

几天后，小孙收到了税务局发来的确认信息，告知她的申报已经成功受理。她感到非常满意，因为这次实践不仅让她对个人所得税的相关政策有了更深入的了解，还让她亲身体验了申报的过程，增强了自我管理和自我服务的能力。小孙意识到作为纳税人，我们应该依法纳税，及时足额缴纳税款，为国家的建设和发展贡献自己的力量。同时，我们也要积极享受税法规定的各项优惠政策，减轻自己的税务负担。

任务一　个人所得税的代扣代缴实务

代扣代缴，是指按照税法规定负有扣缴税款义务的单位或者个人，在向个人支付应纳税所得时，应计算应纳税额，从其所得中扣出并缴入国库，同时向税务机关报送“扣缴个人所得税报告表”。这种方法，有利于控制税源、防止漏税和逃税。

根据《个人所得税法》及其实施条例以及《税收征收管理法》及其实施细则的有关规定，国家税务总局制定下发了《个人所得税代扣代缴暂行办法》(以下简称《暂行办法》)。自1995 年 4 月 1 日起执行的《暂行办法》，对扣缴义务人和代扣代缴的范围、扣缴义务人的义务及应承担的责任、代扣代缴期限等作了明确规定。

一、扣缴义务人和代扣代缴的范围

1. 扣缴义务人

凡支付个人应纳税所得的企业(公司)、事业单位、机关、社团组织、军队、驻华机构、个体户等单位或者个人，为个人所得税的扣缴义务人。

这里所说的驻华机构，不包括外国驻华使领馆和联合国及其他依法享有外交特权和豁免的国际组织驻华机构。

2.代扣代缴的范围

扣缴义务人向个人支付下列所得，应代扣代缴个人所得税：

(1)工资、薪金所得。

(2)经营所得。

(3)劳务报酬所得。

(4)稿酬所得。

(5)特许权使用费所得。

(6)利息、股息、红利所得。

(7)财产租赁所得。

(8)财产转让所得。

(9)偶然所得。

(10)经国务院财政部门确定征税的其他所得。

扣缴义务人向个人支付应纳税所得(包括现金、实物和有价证券)时，不论纳税人是否属于本单位人员，均应代扣代缴其应纳的个人所得税税款。

二、扣缴义务人的义务及应承担的责任

(1)扣缴义务人应指定支付应纳税所得的财务会计部门或其他有关部门的人员为办税人员，由办税人员具体办理个人所得税的代扣代缴工作。

代扣代缴义务人的有关领导要对代扣代缴工作提供便利，支持办税人员履行义务；确定办税人员或办税人员发生变动时，应将名单及时报告主管税务机关。

(2)扣缴义务人的法人代表(或单位主要负责人)、财会部门的负责人及具体办理代扣代缴税款的有关人员，共同对依法履行代扣代缴义务负法律责任。

(3)同一扣缴义务人的不同部门支付应纳税所得时，应报办税人员汇总。

(4)扣缴义务人在代扣税款时，必须向纳税人开具税务机关统一印制的代扣代收税款凭证，并详细注明纳税人姓名、工作单位、家庭住址和居民身份证或护照号码(无上述证件的，可用其他能有效证明身份的证件)等个人情况。对工资、奖金所得和利息、股息、红利所得等，因纳税人数众多、不便一一开具代扣代收税款凭证的，经主管税务机关同意，可不开具代扣代收税款凭证，但应通过一定形式告知纳税人已扣缴税款。纳税人为持有完税依据而向扣缴义务人索取代扣代收税款凭证的，扣缴义务人不得拒绝。

扣缴义务人应主动向税务机关申领代扣代收税款凭证，据以向纳税人扣税。纳税人可以拒收非正式扣税凭证。

(5)扣缴义务人对纳税人的应扣未扣的税款，其应纳税款仍然由纳税人缴纳，扣缴义务人应承担应扣未扣税款50%以上至3倍的罚款。

(6)扣缴义务人应设立代扣代缴税款账簿，正确反映个人所得税的扣缴情况，并如实填写“扣缴个人所得税报告表”及其他有关资料。

(7)关于行政机关、事业单位工资发放方式改革后扣缴个人所得税问题：

①行政机关、事业单位改革工资发放方式后，随着支付工资所得单位的变化，其扣缴义

务人也有所变化。根据《个人所得税法》的规定，凡是有向个人支付工薪所得行为的财政部门（或机关事务管理、人事等部门）、行政机关、事业单位均为个人所得税的扣缴义务人。

②财政部门（或机关事务管理、人事等部门）向行政机关、事业单位工作人员发放工资时应依法代扣代缴个人所得税。行政机关、事业单位在向个人支付与其任职、受雇有关的其他所得时，应将个人的这部分所得与财政部门（或机关事务管理、人事等部门）发放的工资合并计算应纳税额，并就应纳税额与财政部门（或机关事务管理、人事等部门）已扣缴税款的差额部分代扣代缴个人所得税。

三、代扣代缴期限

扣缴义务人每月所扣的税款，应当在次月 7 日内缴入国库，并向主管税务机关报送"扣缴个人所得税报告表"，代扣代收税款凭证，包括每一纳税人姓名、单位、职务、收入、税款等内容的支付个人收入明细表，以及税务机关要求报送的其他有关资料。

扣缴义务人违反上述规定不报送或者报送虚假纳税资料的，一经查实，其未在支付个人收入明细表中反映的向个人支付的款项，在计算扣缴义务人应纳税所得额时不得作为成本费用扣除。

扣缴义务人因有特殊困难不能按期报送"扣缴个人所得税报告表"及其他有关资料的，经县级税务机关批准，可以延期申报。

四、扣缴个人所得税报告表的填写

填写扣缴个人所得税报告表的扣缴义务人扣缴税款明细信息时，应按照纳税人逐行填写，申报时将其与主表同时报送。具体填写要求是：

(1)扣缴义务人识别号：填写地税机关为扣缴义务人确定的税务识别号。

(2)扣缴义务人名称：填写扣缴义务人单位全称并加盖公章。

(3)填表日期：填写纳税人办理纳税申报的实际日期。

(4)序号：填写每项所得的明细信息数据的行数。

(5)纳税人姓名：填写纳税人的个人姓名。

(6)身份证照类型：具体要填写纳税人的有效身份证件的名称，包括身份证、护照、回乡证、军人身份证件等。

(7)身份证照号码：填写纳税人有效身份证件上的号码。

(8)国籍：填写纳税人所拥有的国籍。

(9)所得项目：按照税法规定项目填写。

(10)所得期间：填写扣缴义务人支付所得的时间。

(11)收入额：填写扣缴义务人支付纳税人该项所得的数额。如支付外币的，应折算成人民币。外币折合人民币时，如为美元、日元和港币，应当按照缴款上一月最后一日中国人民银行公布的人民币基准汇价折算；如为美元、日元和港币以外的其他外币的，应当按照缴款上一月最后一日中国银行公布的人民币外汇汇率中的现钞买入价折算。

(12)免税收入额：填写按照税法及其实施条例和国家有关政策规定免于缴纳个人所得税的所得。主要包括按照国家规定，单位为个人缴付和个人缴付的基本养老保险费、基本医疗保险费、失业保险费、住房公积金，按照国务院规定发给的政府特殊津贴、院士津贴、资深院士津贴和其他经国务院批准免税的补贴、津贴等。

(13)允许扣除的税费：填写按照税法规定，计算应纳税所得额时需要扣除的有关税费。

①劳务报酬所得允许扣除的税费是指劳务发生过程中实际缴纳的税费。

②特许权使用费允许扣除的税费是指提供特许权过程中发生的中介费和相关税费。

③适用财产租赁所得时，允许扣除的税费是指修缮费和出租财产过程中发生的相关税费。

④适用财产转让所得时，允许扣除的税费是指财产原值和转让财产过程中发生的合理税费。

(14)费用扣除标准：按照《个人所得税法》第六条规定，计算应纳税所得额时需要减除的标准扣除额。主要包括劳务报酬所得、稿酬所得、特许权使用费所得、财产租赁所得，每次收入不超过 4 000 元的，减除费用 800 元；4 000 元以上的，减除 20%的费用。

(15)准予扣除的捐赠额：纳税人将其所得进行公益性捐赠的填写此栏。除法律法规另有规定的外，准予扣除的捐赠额不得超过应纳税所得额的 30%。

(16)应纳税所得额：为收入额减去免税收入额、费用扣除标准和准予扣除的捐赠额后的余额。

(17)根据应纳税所得额确定适用的税率和速算扣除数，并据此计算应纳税额。具体计算公式是：应纳税额＝应纳税所得额×税率－速算扣除数。

(18)减免税额：填写根据税法有关规定，经税务机关批准，准予减免的所得税额。

(19)已扣缴税款：填写扣缴义务人本次实际扣缴申报的个人所得税税款。

任务二　个人所得税的自行申报实务

一、个人所得税自行申报的范围

1. 纳税人应当依法办理纳税申报的情形

纳税人应当依法办理纳税申报的情形包括：

(1)取得综合所得需要办理汇算清缴。

(2)取得应税所得没有扣缴义务人。

(3)取得应税所得，扣缴义务人未扣缴税款。

(4)取得境外所得。

(5)因移居境外注销中国户籍。

(6)非居民个人在中国境内从两处以上取得工资、薪金所得。

(7)国务院规定的其他情形。

2. 取得综合所得需要办理汇算清缴的情形

取得综合所得需要办理汇算清缴的情形包括：

(1)从两处以上取得综合所得，且综合所得年收入额减除专项扣除的余额超过 6 万元。

(2)取得劳务报酬所得、稿酬所得、特许权使用费所得中一项或者多项所得，且综合所得年收入额减除专项扣除的余额超过 6 万元。

(3)纳税年度内预缴税额低于应纳税额。

(4)纳税人申请退税。

3.其他规定

纳税人申请退税，应当提供其在中国境内开设的银行账户，并在汇算清缴地就地办理税款退库。纳税人办理综合所得汇算清缴，应当准备与收入、专项扣除、专项附加扣除、依法确定的其他扣除、捐赠、享受税收优惠等相关的资料，并按规定留存备查或报送。纳税人申请退税时提供的汇算清缴信息有错误的，税务机关应当告知其更正；纳税人更正的，税务机关应当及时办理退税。扣缴义务人未将扣缴的税款解缴入库的，不影响纳税人按照规定申请退税，税务机关应当凭纳税人提供的有关资料办理退税。纳税人可以委托扣缴义务人或者其他单位和个人办理汇算清缴。

二、个人所得税自行申报的期限

居民个人取得综合所得，按年计算个人所得税；有扣缴义务人的，由扣缴义务人按月或者按次预扣预缴税款；需要办理汇算清缴的，应当在取得所得的次年 3 月 1 日至 6 月 30 日内办理汇算清缴。预扣预缴办法由国务院税务主管部门制定。

纳税人取得经营所得，按年计算个人所得税，由纳税人在月度或者季度终了后 15 日内向税务机关报送纳税申报表，并预缴税款；在取得所得的次年 3 月 31 日前办理汇算清缴。

纳税人取得应税所得没有扣缴义务人的，应当在取得所得的次月 15 日内向税务机关报送纳税申报表，并缴纳税款。

居民个人从中国境外取得所得的，应当在取得所得的次年 3 月 1 日至 6 月 30 日内申报纳税。

非居民个人在中国境内从两处以上取得工资、薪金所得的，应当在取得所得的次月 15 日内申报纳税。

纳税人因移居境外注销中国户籍的，应当在注销中国户籍前办理税款清算。

纳税人办理汇算清缴退税或者扣缴义务人为纳税人办理汇算清缴退税的，税务机关审核后，按照国库管理的有关规定办理退税。

纳税人可以采用远程办税端、邮寄等方式申报，也可以直接到主管税务机关申报。

三、个人所得税自行申报的地点

(1)需要办理汇算清缴的纳税人，应当在取得所得的次年 3 月 1 日至 6 月 30 日内向任职、受雇单位所在地主管税务机关办理纳税申报，并报送“个人所得税年度自行纳税申报表”。

(2)纳税人有两处以上任职、受雇单位的，选择向其中一处任职、受雇单位所在地主管税务机关办理纳税申报。

(3)纳税人没有任职、受雇单位的，向户籍所在地或经常居住地主管税务机关办理纳税申报。

(4)纳税人取得经营所得，按年计算个人所得税，由纳税人在月度或季度终了后 15 日内，向经营管理所在地主管税务机关办理预缴纳税申报，并报送“个人所得税经营所得纳税申报表”。在取得所得的次年 3 月 31 日前，向经营管理所在地主管税务机关办理汇算清缴，并报送“个人所得税经营所得纳税申报表”；从两处以上取得经营所得的，选择向其中一处经营管理所在地主管税务机关办理年度汇总申报，并报送“个人所得税经营所得纳税申报表”。

(5)纳税人取得应税所得，扣缴义务人未扣缴税款的，应当区别以下情形办理纳税申报：

居民个人取得综合所得的，按照上述(1)(2)(3)条办理。

非居民个人取得工资、薪金所得，劳务报酬所得，稿酬所得，特许权使用费所得的，应当在取得所得的次年 6 月 30 日前，向扣缴义务人所在地主管税务机关办理纳税申报，并报送“个人所得税自行纳税申报表(A 表)”。有两个以上扣缴义务人均未扣缴税款的，选择其中一处扣缴义务人所在地主管税务机关办理纳税申报。

非居民个人在次年 6 月 30 日前离境(临时离境除外)的，应当在离境前办理纳税申报。

纳税人取得利息、股息、红利所得，财产租赁所得，财产转让所得和偶然所得的，应当在取得所得的次年 6 月 30 日前，按相关规定向主管税务机关办理纳税申报，并报送“个人所得税自行纳税申报表”。

税务机关通知限期缴纳的，纳税人应当按照期限缴纳税款。

(6)居民个人从中国境外取得所得的，应当在取得所得的次年 3 月 1 日至 6 月 30 日内向中国境内任职、受雇单位所在地主管税务机关办理纳税申报；在中国境内没有任职、受雇单位的，向户籍所在地或中国境内经常居住地主管税务机关办理纳税申报；户籍所在地与中国境内经常居住地不一致的，选择其中一地主管税务机关办理纳税申报；在中国境内没有户籍的，向中国境内经常居住地主管税务机关办理纳税申报。

(7)纳税人因移居境外注销中国户籍的，应当在申请注销中国户籍前，向户籍所在地主管税务机关办理纳税申报，进行税款清算。

纳税人在注销户籍年度取得综合所得的，应当在注销户籍前，办理当年综合所得的汇算清缴，并报送“个人所得税年度自行纳税申报表”。尚未办理上一年度综合所得汇算清缴的，应当在办理注销户籍纳税申报时一并办理。

纳税人在注销户籍年度取得经营所得的，应当在注销户籍前，办理当年经营所得的汇算清缴，并报送“个人所得税经营所得纳税申报表”。从两处以上取得经营所得的，还应当一并报送“个人所得税经营所得纳税申报表”。尚未办理上一年度经营所得汇算清缴的，应当在办理注销户籍纳税申报时一并办理。

(8)非居民个人在中国境内从两处以上取得工资、薪金所得的，应当在取得所得的次月 15 日内，向其中一处任职、受雇单位所在地主管税务机关办理纳税申报，并报送“个人所得税自行纳税申报表”。

项目六　其他税费实务

知识目标

1. 掌握各小税种纳税义务人的概念；
2. 掌握各小税种的征税范围、税率；
3. 掌握各小税种纳税额的计算。

技能目标

1. 能够正确确定各小税种的计税依据、税率；
2. 能够正确计算各小税种的应纳税额；
3. 能够正确填写各小税种的纳税申报表。

素质目标

1. 养成正确的消费观念和消费方式；
2. 树立自觉纳税，做合格纳税人的观念。

慧思析理

纳税人应当充分运用国家出台的相关税收政策，合法合规纳税。

我国征收资源税，有利于实施全面节约战略，推进各类资源节约集约利用，加快构建废弃物循环利用体系，促进产业结构优化升级，促进资源再生产业的发展，实现我国经济社会可持续发展。

我国征收房产税，有利于抑制房产投资投机行为，调控房产市场价格，节约和优化配置社会资源，规范房地产行业的发展，缩小财富差距，实现社会公平。

模块一　城市维护建设税、教育费附加和地方教育附加纳税实务

知识结构图

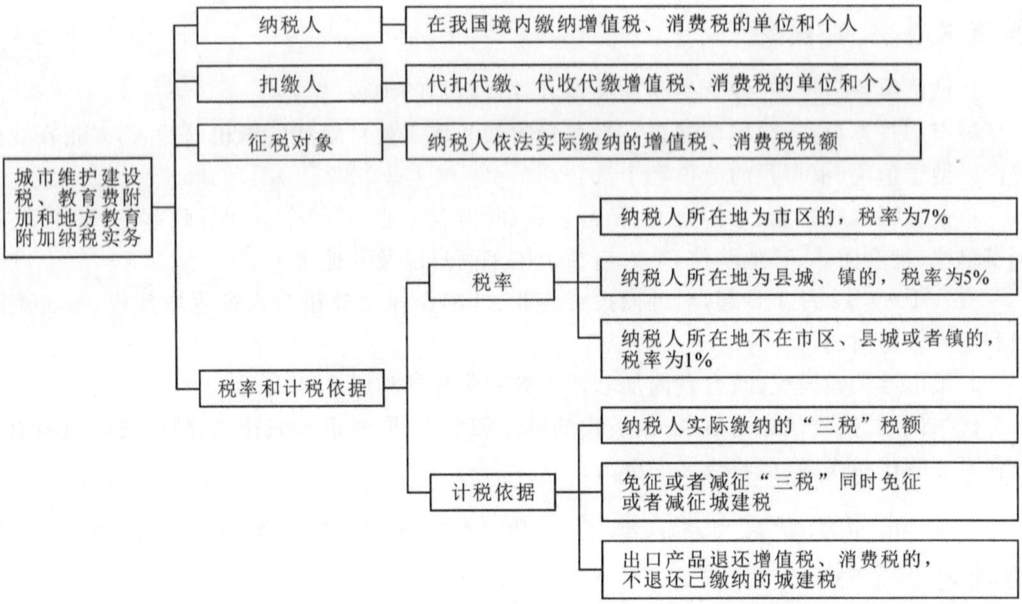

引导案例

小孙最近刚刚加入一家大型化妆品企业，负责企业的税费申报与缴纳。月初，财务经理安排她办理上个月的增值税、消费税、城市维护建设税（简称城建税）和教育费附加的申报。作为新人，她对于税务申报流程还不是很熟悉，尤其是针对城建税、教育费附加的申报。

小孙首先花了几天时间认真学习了税法中关于城建税及教育费附加的相关规定，包括税率、计税依据、税收优惠政策等。她发现，城建税和教育费附加都是以纳税人实际缴纳的增值税和消费税税额为计税依据，分别与增值税和消费税同时缴纳。小孙随后开始收集公司上个月的增值税和消费税缴纳记录，以及相关的财务报表和票据，这些资料是公司计算城建税税额的重要依据。她还特别注意了是否有任何税收优惠或减免政策适用于公司，以确保计算的准确性。

根据税法的规定和公司的实际情况，小孙计算出了公司应缴纳的城建税税额及教育费附加。接着，小孙使用电子税务局提供的电子申报系统，按照要求填写了相关申报表。她注

意到，电子税务局提供了很多便捷的功能，比如自动计算税额、实时查询申报状态等，让她感受到了现代税务管理的便捷和高效。她还特别注意了表格中的各项数据是否与计算结果一致，以及填写格式是否正确。在反复核对确保没有遗漏或错误之后，小孙通过电子税务局将申报资料提交给了税务部门。提交后不久，她就收到了税务局的确认信息，表明申报已经成功受理。

任务一　认识城市维护建设税、教育费附加和地方教育附加

一、城市维护建设税、教育费附加和地方教育附加纳税（费）人和扣缴义务人的确定

1.城市维护建设税、教育费附加和地方教育附加的纳税（费）人

城市维护建设税（简称城建税）、教育费附加和地方教育附加的纳税（费）人，是指在我国境内缴纳增值税、消费税的单位和个人。

单位包括国有企业、集体企业、私营企业、股份制企业、其他企业和行政单位、事业单位、军事单位、社会团体、其他单位；个人包括个体工商户以及其他个人。

自2010年12月1日起，对外商投资企业、外国企业及外籍个人征收城建税、教育费附加和地方教育附加。

2.城市维护建设税、教育费附加和地方教育附加的扣缴义务人

代扣代缴、代收代缴增值税、消费税的单位和个人，同时也是城建税、教育费附加和地方教育附加的代扣代缴、代收代缴义务人。

二、城市维护建设税、教育费附加和地方教育附加征税（费）对象的确定

城建税、教育费附加和地方教育附加以纳税人依法实际缴纳的增值税、消费税税额为计税（费）依据，随增值税、消费税同时征收，其本身没有特定的征税（费）对象，其征管方法也应完全比照增值税、消费税的有关规定办理。

任务二　城市维护建设税、教育费附加和地方教育附加的计算

一、城市维护建设税、教育费附加和地方教育附加的计税（费）依据的确定

城建税、教育费附加和地方教育附加的计税（费）依据，是指纳税人依法实际缴纳的增值税、消费税税额。具体来说，依法实际缴纳的增值税、消费税税额，是指纳税人依照增值税、消费税相关法律法规和税收政策规定计算的应当缴纳的增值税、消费税税额（不含因进口货物或境外单位和个人向境内销售劳务、服务、无形资产缴纳的增值税、消费税税额），加上增值税免抵税额扣除直接减免的增值税、消费税税额和期末留抵退税退还的增值税税额后的

金额。增值税免抵税额，是指出口货物、劳务或者跨境销售服务、无形资产增值税免抵税额。直接减免的增值税、消费税税额，是指依照增值税、消费税相关法律法规和税收政策规定，直接减征或免征的增值税、消费税税额，不包括实行先征后返、先征后退、即征即退办法退还的增值税、消费税税额。

二、城市维护建设税的税率

城建税的税率，是指纳税人应缴纳的城建税税额与纳税人实际缴纳的“三税”（即增值税、消费税、营业税）税额之间的比例。城建税按纳税人所在地的不同设置了三档差别比例税率：

(1)纳税人所在地为市区的，税率为7%；

(2)纳税人所在地为县城、镇的，税率为5%；

(3)纳税人所在地不在市区、县城或者镇的，税率为1%。

城建税的适用税率，应当按纳税人所在地的规定税率执行。但是，对下列两种情况，可按缴纳“三税”所在地的规定税率就地缴纳城建税：由受托方代扣代缴、代收代缴“三税”的单位和个人，其代扣代缴、代收代缴的城建税按受托方所在地适用税率执行；流动经营等无固定纳税地点的单位和个人，在经营地缴纳“三税”的，其城建税的缴纳按经营地适用税率执行。

三、城市维护建设税的计税依据

城建税的计税依据，是纳税人实际缴纳的“三税”税额。纳税人违反“三税”有关税法而加收的滞纳金和罚款，是税务机关对纳税人违法行为的经济制裁，不作为城建税的计税依据，但纳税人在被查补“三税”和被处以罚款时，应同时对其偷漏的城建税进行补税、征收滞纳金和罚款。

城建税以“三税”税额为计税依据并同时征收，如果要免征或者减征“三税”，也就同时免征或者减征城建税。

供货企业向出口企业销售出口产品时，以增值税当期销项税额抵扣进项税额后的余额，计算缴纳城建税。但对出口产品退还增值税、消费税的，不退还已缴纳的城建税。

知识技能辨析6-1

1.任务要求·单选题

位于甲省某市的甲地板厂（一般纳税人）在2022年1月购进一批木材，取得的增值税专用发票注明不含税价格800 000元。甲地板厂当月委托位于乙省县城的乙工厂加工成实木地板，支付不含税加工费150 000元。乙工厂2月交付50%的实木地板，3月完工交付剩余部分。已知实木地板的消费税税率为5%，乙工厂3月应代收代缴城建税（　　）元。

A. 1 250　　B. 1 750　　C. 2 500　　D. 3 500

2.任务解答

正确答案：A

3.任务释疑

应代收代缴城建税＝(150 000＋800 000)(1－5%)×5%(消费税税率)
×50%×5%(城建税税率)
＝1 250(元)

任务三　城市维护建设税、教育费附加和地方教育附加的申报

一、纳税地点

城建税以纳税人实际缴纳的增值税、消费税、营业税税额为计税依据，分别与“三税”同时缴纳。所以，纳税人缴纳“三税”的地点，就是该纳税人缴纳城建税的地点。但是，属于下列情况的，纳税地点为：

（1）代扣代缴、代收代缴“三税”的单位和个人，同时也是城建税的代扣代缴、代收代缴义务人，其城建税的纳税地点在代扣代收地。

（2）跨省开采的油田，下属生产单位与核算单位不在一个省内的，其生产的原油，在油井所在地缴纳增值税，其应纳税款由核算单位按照各油井的产量和规定税率，计算汇拨各油井缴纳。所以，各油井应纳的城建税，应由核算单位计算，随同增值税一并汇拨油井所在地，由油井在缴纳增值税的同时，一并缴纳城建税。

（3）对管道局输油部分的收入，由取得收入的各管道局于所在地缴纳营业税。所以，其应纳城建税，也应由取得收入的各管道局于所在地缴纳营业税时一并缴纳。

（4）对流动经营等无固定纳税地点的单位和个人，应随同“三税”在经营地按适用税率缴纳。

二、纳税期限

由于城建税是由纳税人在缴纳“三税”时同时缴纳的，因此其纳税期限分别与“三税”的纳税期限一致。但增值税、消费税由国家税务局征收管理，而城建税由地方税务局征收管理，因此，其缴税入库的时间不一定完全一致。

情境分析 6-1

1.任务要求

位于滨州市区的山东广卓商贸有限公司 2024 年 1 月实际缴纳增值税 1 200 000 元、消费税 250 000 元。

要求：请填写附加税（费）纳税申报表，办理纳税申报。

2.任务实施

其附加税（费）纳税申报表见表 6-1。

表 6-1　附加税(费)纳税申报表

税款所属期:2024 年 4 月 1 日至 2024 年 4 月 30 日
纳税人名称:(公章)山东广卓商贸有限公司　　　　金额单位:元(列至角分)

本期是否适用小微企业“六税两费”减免政策					■是　□否		减免政策适用主体				□个体工商户　■小型微利企业			
							适用减免政策起止时间				2024 年 4 月 1 日至 2024 年 4 月 30 日			
税(费)种		计税(费)依据			税(费)率(%)	本期应纳税(费)额	本期减免税(费)额		小微企业“六税两费”减免政策		试点建设培育产教融合型企业		本期已缴税(费)额	本期应补(退)税(费)额
		增值税税额	增值税免抵税额	留抵退税本期扣除额			减免性质代码	减免税(费)额	减征比例(%)	减征额	减免性质代码	本期抵免金额		
		1	2	3	4	5=(1+2−3)×4	6	7	8	9=(5−7)×8	10	11	12	13=5−7−9−11−12
城市维护建设税	1	5 727.54	0.00	0.00	0.05	286.38		0.00	50.00	143.19	—	—	0.00	143.19
教育费附加	2	5 727.54	0.00	0.00	0.03	171.83		0.00	50.00	85.92		0.00	0.00	85.91
地方教育附加	3	5 727.54	0.00	0.00	0.02	114.56		0.00	50.00	57.28		0.00	0.00	57.27
合计	4	—	—	—	—	572.76	—	0.00	—	286.39	—	0.00	0.00	286.37
本期是否适用试点建设培育产教融合型企业抵免政策					□是　■否	当期新增投资额							5	0.00
						上期留抵可抵免金额							6	0.00
						结转下期可抵免金额							7	0.00
可用于扣除的增值税留抵税额使用情况						当期新增可用于扣除的留抵退税额							8	0.00
						上期结存可用于扣除的留抵退税额							9	0.00
						结转下期可用于扣除的留抵退税额							10	0.00

模块二　土地增值税纳税实务

知识结构图

- 土地增值税纳税实务
  - 纳税人
    - 转让国有土地使用权、地上建筑物及其附着物并取得收入的单位和个人
    - 外商投资企业、外国企业及外籍纳税人
  - 征税对象
    - 转让国有土地使用权的行为
    - 地上的建筑物及其附着物连同国有土地使用权一并转让的行为
    - 有偿转让的房地产
    - 不予征税情况
      - 出让国有土地的行为
      - 以继承、赠与等方式无偿转让的房地产
  - 计税依据及税率
    - 计税依据
      - 纳税人转让房地产所取得的土地增值额
      - 一般计税方法纳税人应税收入不含增值税销项税额
      - 简易计税方法纳税人应税收入不含增值税应纳税额
      - 免征增值税的，转让房地产取得的收入不扣减增值税税额
    - 税率
      - 四级超率累进税率
      - 累进依据为增值额与扣除项目金额之间的比例
  - 优惠政策的运用
  - 应税额的计算

引导案例

小孙是一家房地产开发公司新入职的办税员，负责税务申报工作。最近，公司完成了一项土地开发项目，需要办理土地增值税的申报。小孙首先查阅了关于土地增值税的相关税法文件，了解到土地增值税是对有偿转让国有土地使用权、地上建筑物及其附着物产权并取

得增值收入的单位和个人所征收的一种税。

她接着又学习了土地增值税的计算方法，包括增值额的计算、税率的确定以及应纳税额的计算等。小孙从公司财务部门获取了土地开发项目的相关财务数据，包括土地成本、开发成本、销售收入等。她还收集了与土地开发项目相关的合同、发票等凭证，以备税务部门核查。小孙根据税法规定和公司的实际情况，计算了土地开发项目的增值额。她首先确定了土地转让收入，然后扣除了土地成本、开发成本等相关费用，得到了增值额。根据增值额和税率表，小孙计算出了公司应缴纳的土地增值税税额。

小孙使用税务局提供的电子申报系统，按照要求填写了土地增值税申报表。她仔细核对了各项数据，确保填写准确无误。在填写过程中，小孙特别注意了申报表的格式和填写要求，以避免因填写不规范而导致申报失败。小孙在确认申报表无误后，通过电子税务局系统提交了申报。她收到了税务局的确认信息，表明申报已经成功受理。申报完成后，小孙还持续关注税务局的反馈和通知，确保公司及时缴纳税款并避免产生滞纳金。

任务一 认识土地增值税

一、土地增值税纳税人的确定

土地增值税的纳税人，是指转让国有土地使用权、地上建筑物及其附着物并取得收入的单位和个人。单位包括各类企业、事业单位、国家机关和社会团体及其他组织。个人包括个体经营者(个体工商户)。土地增值税也适用于外商投资企业、外国企业及外籍纳税人。

二、土地增值税征税范围的确定

土地增值税征税范围的基本规定：

(1)土地增值税对转让国有土地使用权的行为征税，对出让国有土地的行为不征税。转让国有土地使用权，是指土地使用者通过向国家支付土地出让金等形式取得国有土地使用权后，将国有土地使用权再转让的行为，是国有土地使用权二级市场上的转让行为。土地增值税征税范围不包括国有土地使用权出让。国有土地出让，是指土地使用者为得到国有土地使用权而向国家支付土地出让金，国家以土地所有者的身份将土地使用权在一定期限内让与土地使用者的行为。因为土地使用权的出让方是国家，出让收入在性质上相当于政府凭借其拥有的国有土地所有权而在土地一级市场上收取的租金，所以，政府出让土地的行为及取得的收入不属于土地增值税的征税范围。

(2)土地增值税既对转让国有土地使用权的行为征税，也对地上的建筑物及其附着物连同国有土地使用权一并转让的行为征税。地上的建筑物，是指建于土地上的一切建筑物，包括地上地下的各种附属设施。附着物，是指附着于土地上的不能移动，一经移动即遭损坏的物品。

(3)土地增值税只对有偿转让的房地产征税，对以继承、赠与等方式无偿转让的房地产不予征税。转让国有土地使用权、地上的建筑物及其附着物并取得收入，是指以出售或者其他方式有偿转让房地产的行为，不包括以继承、赠与方式无偿转让房地产的行为。不征土地增值税的房地产赠与行为包括以下两种情况：①房产所有人、土地使用权所有人将房屋产权、土地使用权赠与直系亲属或承担直接赡养义务人的行为。②房产所有人、土地使用权所有人通过中国境内非营利的社会团体、国家机关将房屋产权、土地使用权赠与教育、民政和其他社会福利、公益事业的行为。社会团体是指中国青少年发展基金会、希望工程基金会、宋庆龄基金会、减灾委员会、中国红十字会、中国残疾人联合会、全国老年基金会、老区促进会，以及经民政部门批准成立的其他非营利的公益性组织。

任务二　土地增值税的计算

一、土地增值税计税依据的确定

土地增值税的计税依据是纳税人转让房地产所取得的土地增值额。而土地增值额为纳税人转让房地产所取得的收入减除《中华人民共和国土地增值税暂行条例》规定扣除项目金额后的余额。

1.应税收入的确定

纳税人转让房地产取得的应税收入，包括转让房地产取得的全部价款及有关的经济利益，从形式上看包括货币收入、实物收入和其他收入。非货币收入要折合货币金额计入收入总额。营业税改征增值税(简称营改增)后，土地增值税纳税人转让房地产取得的收入为不含增值税收入。适用增值税一般计税方法的纳税人，其转让房地产的土地增值税应税收入不含增值税销项税额；适用简易计税方法的纳税人，其转让房地产的土地增值税应税收入不含增值税应纳税额。免征增值税的，确定计税依据时，转让房地产取得的收入不扣减增值税税额。为方便纳税人，简化土地增值税预征税款计算，房地产开发企业采取预收款方式销售自行开发的房地产项目的，可按照以下方法计算土地增值税预征的计征依据：

土地增值税预征的计征依据＝预收款－应预缴增值税税款

房地产开发企业在营改增后进行房地产开发项目土地增值税清算时，按以下公式确定应税收入：

土地增值税应税收入＝营改增前转让房地产取得的收入
＋营改增后转让房地产取得的不含增值税收入

2.纳税人从转让收入中减除的扣除项目

(1)取得土地使用权所支付的金额(适用新建房转让和存量房地产转让)，包括地价款和取得土地使用权时按国家规定缴纳的费用。

(2)房地产开发成本(适用新建房转让)，包括土地征用及拆迁补偿费、前期工程费、建筑安装工程费、基础设施费、公共配套设施费、开发间接费用。

(3)房地产开发费用(适用新建房转让)，包括与房地产开发项目有关的销售费用、管理费用、财务费用。

房地产开发费用的计算方法如下：

①纳税人能按转让房地产项目分摊利息支出并能提供金融机构贷款证明的：

最多允许扣除的房地产开发费用＝利息＋(取得土地使用权所支付的金额
＋房地产开发成本)×5%

②纳税人不能按转让房地产项目分摊利息支出或不能提供金融机构贷款证明的(也包含全部使用自有资金的无借款的情况)：

最多允许扣除的房地产开发费用＝(取得土地使用权所支付的金额
＋房地产开发成本)×10%

(4)与转让房地产有关的税金(适用新建房转让和存量房地产转让)。营改增后，与转让房地产有关的税金包括城建税、印花税(非房地产开发企业的印花税可以在此扣除；由于房地产开发企业的印花税包含在管理费用中且通过管理费用扣除，故不能在此重复扣除)。教育费附加视同税金扣除。营改增后，计算土地增值税增值额的扣除项目中“与转让房地产有关的税金”不包括增值税。土地增值税扣除项目涉及的增值税进项税额，允许在销项税额中计算抵扣的，不计入扣除项目；不允许在销项税额中计算抵扣的，可以计入扣除项目。

二、土地增值税税率的判定

土地增值税采用的是四级超率累进税率。超额累进税率的累进依据为绝对数；超率累进税率的累进依据为相对数。本税种的累进依据为增值额与扣除项目金额之间的比例。土地增值税税率表见表 6-2。

表 6-2　土地增值税税率表

级数	增值额与扣除项目金额的比例	税率	速算扣除系数
1	不超过 50%的部分	30%	0
2	50%～100%的部分	40%	5%
3	100%～200%的部分	50%	15%
4	超过 200%的部分	60%	35%

三、土地增值税优惠政策的运用

(1)建造普通标准住宅出售，增值税未超过扣除项目金额 20%的免税普通标准住宅与其他住宅的具体划分界限，2005 年 5 月 31 日以前，由各省、自治区、直辖市人民政府规定。2005 年 6 月 1 日起，普通标准住宅应同时满足：住宅小区建筑容积率在 1.0 以上；单套建筑面积在 120 平方米以下；实际成交价格低于同级别土地上住房平均交易价格 1.2 倍以下。各省、自治区、直辖市要根据实际情况，制定本地区享受优惠政策住房的具体标准。允许单套建筑面积和价格标准适当浮动，但向上浮动的比例不得超过上述标准的 20%。

(2)因国家建设需要依法征用、收回的房地产，免征土地增值税。

(3)因城市实施规划、国家建设的需要而搬迁，由纳税人自行转让原房地产的，免征土地增值税。

(4)从 2008 年 11 月 1 日起，对个人销售住房暂免征收土地增值税。

四、土地增值税应纳税额的计算

计算土地增值税的步骤和公式如下：

第一步，计算转让房地产应税收入总额。

第二步，计算扣除项目金额。

第三步，用转让房地产应税收入总额减除扣除项目金额计算增值额。其计算公式如下：

增值额＝转让房地产应税收入总额－扣除项目金额

第四步，计算增值额与扣除项目金额之间的比例，以确定适用税率和速算扣除系数。

第五步，计算应纳税额，其计算公式如下：

应纳税额＝增值额×税率－扣除项目金额×速算扣除系数

情境分析 6-2

1.任务要求

某市房地产开发公司（增值税一般纳税人）于 2022 年 5 月将一新建写字楼转让给某单位，取得含税转让收入 15 750 万元，公司即按税法规定缴纳了有关税金（该公司的写字楼为营改增之前开始建造的，转让时选择了增值税简易征收方式）。已知该公司为取得土地使用权而支付的地价款和按国家统一规定缴纳的有关费用共 3 000 万元；投入房地产开发成本为 4 000 万元；房地产开发费用中的利息支出为 1 200 万元（不能按转让房地产项目计算分摊利息支出，也不能提供金融机构贷款证明）。该公司所在省人民政府规定的房地产开发费用的计算扣除比例为 10%，不考虑印花税扣除因素，所在省政府允许扣除地方教育附加。请计算该公司转让此楼应纳的土地增值税税额。

2.任务实施

(1)确定转让房地产取得的不含税转让收入

增值税简易征收不能扣除支付的土地价款，需要按 5%征收率换算成不含税收入：

增值税＝15 750/(1＋5%)×5%＝15 000×5%＝750(万元)

不含税转让收入＝15 750－750＝15 000(万元)

(2)确定转让房地产的扣除项目金额

取得土地使用权所支付的金额为 3 000 万元，房地产开发成本为 4 000 万元：

房地产开发费用＝(3 000＋4 000)×10%＝700(万元)

与转让房地产有关的税金（城建税及教育费附加、地方教育附加）＝750×(7%＋3%＋2%)＝90(万元)

从事房地产开发的加计扣除＝(3 000＋4 000)×20%＝1 400(万元)

转让房地产的扣除项目金额合计＝3 000＋4 000＋700＋90＋1 400＝9 190(万元)

(3)计算转让房地产的增值额

转让房地产的增值额＝15 000－9 190＝5 810(万元)

(4)计算增值额与扣除项目金额的比例

增值额与扣除项目金额的比例＝5 810÷9 190×100%＝63.22%

适用税率为 40%，速算扣除系数为 5%。

(5)计算应纳土地增值税

应纳土地增值税＝5 810×40%－9 190×5%＝2 324－459.5＝1 864.5(万元)

任务三　土地增值税的纳税申报

一、土地增值税的纳税期限

土地增值税的纳税人应在转让房地产合同签订后的 7 日内，到房地产所在地主管税务机关办理纳税申报，并向税务机关提交房屋及建筑物产权、土地使用权证书，土地转让、房产买卖合同，房地产评估报告及其他与转让房地产有关的资料。纳税人因经常发生房地产转让而难以在每次转让后申报的，经税务机关审核同意后，可以定期进行纳税申报，具体期限由税务机关根据情况确定。

二、土地增值税的纳税地点

土地增值税的纳税人应向房地产所在地主管税务机关办理纳税申报，并在税务机关核定的期限内缴纳土地增值税。

(1)纳税人是法人的：当转让的房地产坐落地与其机构所在地或经营所在地一致时，则在办理税务登记的原管辖税务机关申报纳税即可；当转让的房地产坐落地与其机构所在地或经营所在地不一致时，应在房地产坐落地所管辖的税务机关申报纳税。

(2)纳税人是自然人的：当转让的房地产坐落地与其居住所在地一致时，则在住所所在地税务机关申报纳税；当转让的房地产坐落地与其居住所在地不一致时，则在办理过户手续所在地的税务机关申报纳税。

模块三 房产税纳税实务

知识结构图

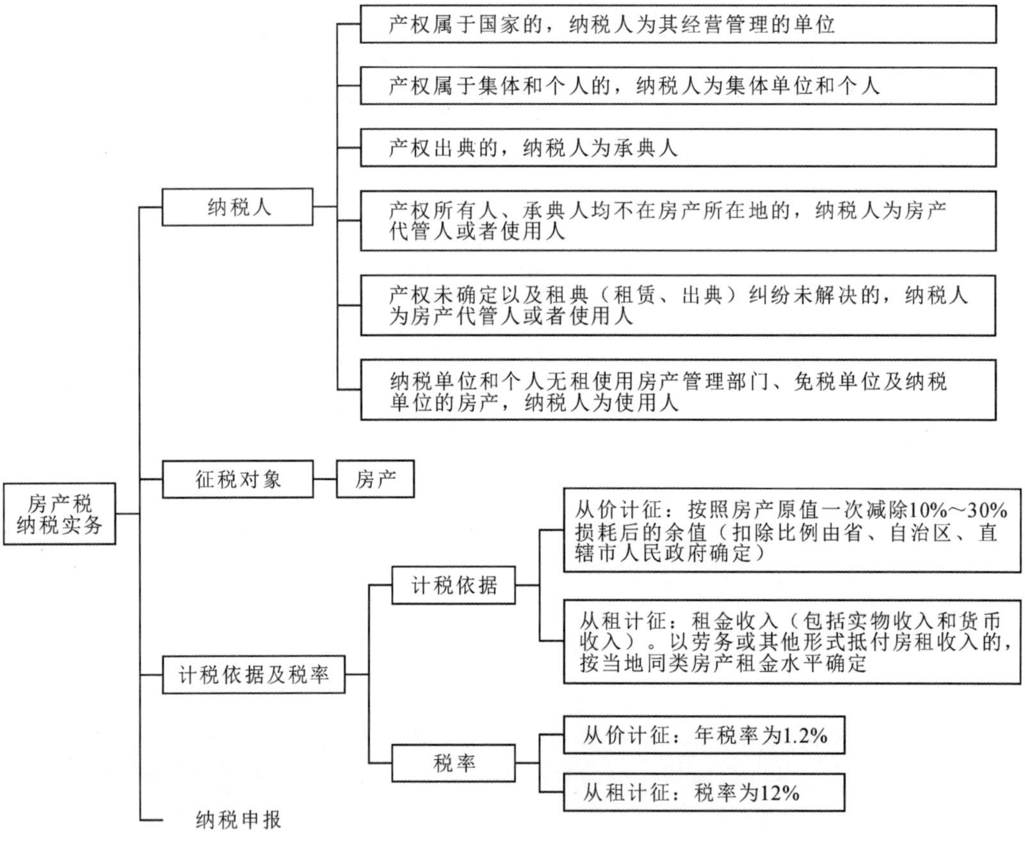

任务一 认识房产税

一、房产税纳税人的确定

房产税的纳税人是指在我国城市、县城、建制镇和工矿区（不包括农村）内拥有房屋产权的单位和个人，具体包括产权所有人、承典人、房产代管人或者使用人。

（1）产权属于国家的，其经营管理的单位为纳税人。

（2）产权属于集体和个人的，集体单位和个人为纳税人。

（3）产权出典的，承典人为纳税人。

(4)产权所有人、承典人均不在房产所在地的,房产代管人或者使用人为纳税人。

(5)产权未确定以及租典(租赁、出典)纠纷未解决的,房产代管人或者使用人为纳税人。

(6)纳税单位和个人无租使用房产管理部门、免税单位及纳税单位的房产,由使用人代为缴纳房产税。

(7)房地产开发企业建造的商品房,在出售前,不征收房产税,但对出售前房地产开发企业已使用或出租、出借的商品房应按规定征收房产税。

二、房产税征税范围的确定

房产税的征税对象是房产,即有屋面和围护结构(有墙或两边有柱),能够遮风避雨,可提供人们在其中生产、学习、工作、娱乐、居住或储藏物资的场所。

房产税的征税范围是城市、县城、建制镇和工矿区的房屋,不包括农村。

任务二　房产税的计算

一、房产税计税依据的确定

1.房产税从价计征计税依据的确定

房产税从价计征的计税依据为按照房产原值一次减除10%～30%损耗后的余值(扣除比例由省、自治区、直辖市人民政府确定)。

对于房产原值的规定主要包括:

(1)房产原值是指纳税人按照会计制度规定,在会计账簿"固定资产"账户中记载的房屋原价。因此,凡按会计制度规定在账簿中记载有房屋原价的,应以房屋原价按规定减除一定比例后作为房产余值计征房产税;没有记载房屋原价的,按照上述原则,并参照同类房屋确定房产原值,按规定计征房产税。

(2)房产原值应包括与房屋不可分割的各种附属设备或一般不单独计算价值的配套设施,主要有暖气、卫生、通风、照明、煤气等设备;各种管线,如蒸气、压缩空气、石油、给水排水等管道及电力、电讯、电缆导线;电梯、升降机、过道、晒台等。属于房屋附属设备的水管、下水道、暖气管、煤气管等应从最近的探视井或三通管起,计算原值;电灯网、照明线从进线盒连接管起,计算原值。

(3)纳税人对原有房屋进行改建、扩建的,要相应增加房屋的原值。

2.房产税从租计征计税依据的确定

房产税从租计征的计税依据为租金收入(包括实物收入和货币收入)。以劳务或其他形式抵付房租收入的,按当地同类房产租金水平确定。

营业税改征增值税后,房产出租的,计征房产税的租金收入不含增值税。免征增值税的,确定计税依据时,租金收入不扣减增值税税额。

3.特殊业务房产税计税依据的确定

(1)对于投资联营的房产的计税规定:

①对以房产投资联营、投资者参与投资利润分红、共担风险的,按房产余值作为计税依据计缴房产税。

②对以房产投资收取固定收入、不承担经营风险的，实际上是以联营名义取得房屋租金，应以出租方取得的租金收入为计税依据计缴房产税。

（2）居民住宅区内业主共有的经营性房产的计税规定：

从2007年1月1日起，对居民住宅区内业主共有的经营性房产，由实际经营（包括自营和出租）的代管人或使用人缴纳房产税。自营房产的，依照房产原值减除10%～30%后的余值计征，没有房产原值或不能将业主共有房产与其他房产的原值准确划分开的，由房产所在地税务机关参照同类房产核定房产原值；出租房产的，按照租金收入计征。

二、房产税税率的判定

1.房产税从价计征税率的判定

房产税从价计征的年税率为1.2%。

2.房产税从租计征税率的判定

房产税从租计征的税率为12%。

对个人出租住房，不区分用途，按4%的税率征收房产税；对企事业单位、社会团体以及其他组织按市场价格向个人出租用于居住的住房，减按4%的税率征收房产税。

三、房产税应纳税额的计算

1.从价计征房产税应纳税额的计算公式

$$\begin{aligned}\text{应纳税额}&=\text{房产原值}\times(1-\text{扣除比例})\times\text{年税率}\\&=\text{房产原值}\times(1-\text{扣除比例})\times1.2\%\end{aligned}$$

2.从租计征房产税应纳税额的计算公式

$$\begin{aligned}\text{应纳税额}&=\text{租金收入}\times\text{税率}\\&=\text{租金收入}\times12\%(\text{或}4\%)\end{aligned}$$

知识技能辨析6-2

1.任务要求·单选题

2021年某企业支付8 500万元（不含增值税，下同）取得12万平方米的土地使用权，花费500万元对土地进行开发，新建厂房建筑面积5万平方米，厂房建造成本2 000万元，2022年年底竣工验收，对该企业征收房产税的房产原值是（　　）万元。

A.2 000　　B.9 083.33　　C.9 500　　D.10 500

2.任务解答

正确答案：C

3.任务释疑

宗地容积率=5/12=0.42<0.5，按房产建筑面积的2倍计算土地面积并据此确定计入房产原值的地价。该企业计入房产原值的地价=建筑面积×2×单位土地面积的价格=5×2×(8 500+500)/12=7 500（万元）。征收房产税的房产原值=7 500+2 000=9 500（万元）。

任务三　房产税的纳税申报

一、房产税的纳税义务发生时间

(1)纳税人将原有房产用于生产经营,从生产经营之月起,缴纳房产税。

(2)纳税人自行新建房屋用于生产经营,从建成之日的次月起,缴纳房产税。

(3)纳税人委托施工企业建设的房屋,从办理验收手续的次月起,缴纳房产税。

(4)纳税人购置新建商品房,自房屋交付使用之次月起,缴纳房产税。

(5)纳税人购置存量房,自办理房屋权属转移、变更登记手续,房地产权属登记机关签发房屋权属证书之次月起,缴纳房产税。

(6)纳税人出租、出借房产,自交付出租、出借房产之次月起,缴纳房产税。

(7)房地产开发企业自用、出租、出借本企业建造的商品房,自房屋使用或交付之次月起,缴纳房产税。

(8)自 2009 年起,纳税人因房产的实物或权利状态发生变化而依法终止房产税的纳税义务的,其应纳税款的计算应截止到房产的实物或权利发生变化的当月末。

二、房产税的纳税期限

房产税实行按年计算,分期缴纳的征收办法。具体纳税期限由省、自治区、直辖市人民政府规定。一般可采取按季或半年缴纳。按季缴纳的,可在 1 月、4 月、7 月、10 月缴纳;按半年缴纳的,可在 1 月、7 月缴纳;税额比较大的,可按月缴纳;个人出租房产的,可按次缴纳。

三、房产税的纳税地点

房产税在房产所在地缴纳。对房产不在同一地方的纳税人,应按房产的坐落地点分别向房产所在地的税务机关缴纳。

模块四　土地使用税纳税实务

知识结构图

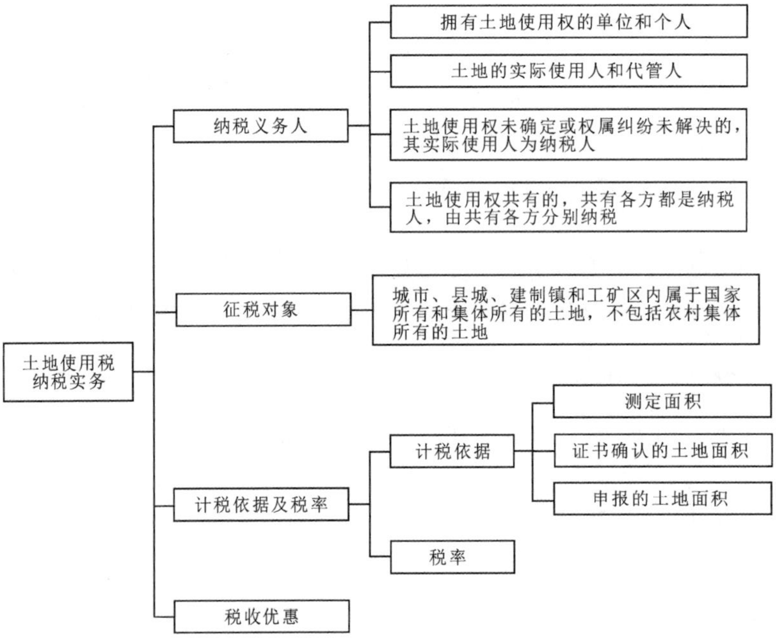

任务一　认识土地使用税

一、纳税义务人

城镇土地使用税的纳税义务人，是使用城市、县城、建制镇和工矿区土地的单位和个人，包括内资企业、外商投资企业和外国企业在华机构、事业单位、社会团体、国家机关、军队及其他单位。个体工商户及个人也是纳税人。

纳税人通常包括以下几类：

(1)拥有土地使用权的单位和个人。

(2)拥有土地使用权的单位和个人不在土地所在地的，其土地的实际使用人和代管人为纳税人。

(3)土地使用权未确定或权属纠纷未解决的，其实际使用人为纳税人。

(4)土地使用权共有的，共有各方都是纳税人，由共有各方分别纳税。

二、征税范围

城镇土地使用税的征税范围是城市、县城、建制镇和工矿区内属于国家所有和集体所有的土地，不包括农村集体所有的土地。

自 2009 年 1 月 1 日起，公园、名胜古迹内的索道公司经营用地，应按规定缴纳城镇土地使用税。

根据《中华人民共和国城镇土地使用税条例》(以下简称《城镇土地使用税暂行条例》)，土地使用权由几方共有的，由共有各方按照各自实际使用的土地面积占总面积的比例分别计算缴纳土地使用税。

任务二 土地使用税计算

一、应纳税额的计算

土地使用税应纳税额的计算公式为：

(全年)应纳税额＝实际占用应税土地面积(平方米)×适用税额

1.计税依据——土地面积

(1)以测定面积为计税依据，适用于由省、自治区、直辖市人民政府确定的单位组织测定土地面积的纳税人。

(2)以证书确认的土地面积为计税依据，适用尚未组织测量土地面积，但持有政府部门核发的土地使用证书的纳税人。

(3)以申报的土地面积为计税依据，适用于尚未核发土地使用证书的纳税人。

2.税率

(1)城镇土地使用税单位税额有较大提高。最高与最低税额之间相差 50 倍，同一地区最高与最低税额之间相差 20 倍。

(2)经济落后地区，税额可适当降低，但降低额不得超过税率表中规定的最低税额的 30%。经济发达地区的适用税额可适当提高，但需报财政部批准。

二、税收优惠

(1)法定优惠：

①国家机关、人民团体、军队自用的土地。

②由国家财政部门拨付事业经费的单位自用的土地。

③宗教寺庙、公园、名胜古迹自用的土地。

④市政街道、广场、绿化地带等公共用地。

⑤直接用于农、林、牧、渔业的生产用地。

⑥经批准开山填海整治的土地和改造的废弃土地，从使用的月份起免缴土地使用税 5～10 年。

⑦对非营利性医疗机构、疾病控制机构和妇幼保健机构等卫生机构自用的土地，免征城镇土地使用税。

⑧企业办的学校、医院、托儿所、幼儿园，其用地能与企业其他用地明确区分的，免征城镇土地使用税。

⑨免税单位无偿使用纳税单位的土地（如公安、海关等单位使用铁路、民航等单位的土地），免征城镇土地使用税。纳税单位无偿使用免税单位的土地，纳税单位应照章缴纳城镇土地使用税。纳税单位与免税单位共同使用共有使用权土地上的多层建筑，对纳税单位可按其占用的建筑面积占建筑总面积的比例计征城镇土地使用税。

⑩对行使国家行政管理职能的中国人民银行总行（含国家外汇管理局）所属分支机构自用的土地，免征城镇土地使用税。

⑪为了体现国家的产业政策，支持重点产业的发展，对石油、电力、煤炭等能源用地，民用港口、铁路等交通用地和水利设施用地，三线调整企业、盐业、采石场、邮电等一些特殊用地划分了征免税界限和给予政策性减免税照顾。

⑫对企业厂区以外的公共绿化用地和向社会开放的公园用地，暂免征收城镇土地使用税。

⑬自2007年1月1日起，在城镇土地使用税征收范围内经营采摘、观光农业的单位和个人，其直接用于采摘、观光的种植、养殖、饲养的土地，根据《城镇土地使用税暂行条例》第六条中“直接用于农、林、牧、渔业的生产用地”规定，免征城镇土地使用税。

（2）由省、自治区、直辖市地方税务局确定的减免税项目：

①个人所有的居住房屋及院落用地。

②房产管理部门在房租调整改革前经租的居民住房用地。

③免税单位职工家属的宿舍用地。

④民政部门举办的安置残疾人占一定比例的福利工厂用地。

⑤集体和个人办的各类学校、医院、托儿所、幼儿园用地。

（3）房地产开发公司建造商品房的用地，原则上应按规定计征城镇土地使用税。但在商品房出售之前纳税确有困难的，其用地是否给予缓征或减征、免征照顾，可由各省、自治区、直辖市地方税务局根据从严的原则结合具体情况确定。

（4）向居民供热并向居民收取采暖费的供热企业暂免征收土地使用税。对既向居民供热，又向非居民供热的企业，可按向居民供热收取的收入占其总供热收入的比例划分征免税界限；对于兼营供热的企业，可按向居民供热收取的收入占其生产经营总收入的比例划分征免税界限。

情境分析 6-3

1.任务要求

位于滨州市市区的滨州大力修理公司，实际占地23 000平方米。由于经营规模扩大，年初该公司又受让了一块尚未办理土地使用证的土地3 000平方米，公司按其当年开发使用的2 000平方米土地面积进行纳税申报，以上土地均适用每平方米2元的城镇土地使用税税额。

要求：请计算该公司当年应缴纳的城镇土地使用税。

2.任务实施

应纳税额＝（23 000＋2 000）×2＝50 000（元）

情境分析 6-4

1. 任务要求

某公司与政府机关共同使用一栋共有土地使用权的建筑物。该建筑物占用土地面积2 000平方米，建筑物面积10 000平方米(公司与机关的占用比例为4∶1)，该公司所在市城镇土地使用税单位税额为每平方米5元。

要求：请计算该公司应缴纳的城镇土地使用税。

2. 任务实施

应纳税额＝2 000×4÷5×5＝8 000(元)

情境分析 6-5

1. 任务要求

位于滨州市滨北镇的滨北生物园有限公司主要经营农产品采摘、销售、观光业务，公司占地3万平方米，其中采摘、观光的种植用地2.5万平方米，职工宿舍和办公用地0.5万平方米。

要求：请计算公司应缴纳的城镇土地使用税。

2. 任务实施

应缴纳的城镇土地使用税＝(3－2.5)×5×10 000＝25 000(元)

知识技能辨析 6-3

1. 任务要求·单选题

下列单位用地中，可免征城镇土地使用税的是(　　)。

A. 物流企业仓库用地　　C. 工业企业生产用地

B. 厂区内部绿化用地　　D. 国家机关办公用地

2. 任务解答

正确答案：D

3. 任务释疑

选项A：对物流企业自有的(包括自用和出租)大宗商品仓储设施用地和物流企业承租用于大宗商品仓储设施的土地，减按所属土地等级适用税额标准的50%计征城镇土地使用税。选项B：企业厂区(包括生产、办公及生活区)以内的绿化用地，应照章征收城镇土地使用税；厂区以外的公共绿化用地和向社会开放的公园用地，暂免征收城镇土地使用税。选项C：照章征收城镇土地使用税。

任务三　土地使用税的纳税申报

一、任务情境

山东滨州北海生物技术公司2008年使用土地10 000平方米，政府规定每平方米税额为0.8元。

山东滨州北海生物技术公司详细资料如下：纳税人识别号为372100000000006，税务登记证号为2600006，地址是滨州市滨城长江一路600号，土地等级为7级，开户银行为工商银行某分行，账号为267400078，联系电话是0543-26581111，法人代表为庞某，会计主管为罗某。

假设你是该公司办税员李达，请填写下面空白的纳税申报表(表6-3)，办理纳税申报。

表6-3　城镇土地使用税纳税申报表

税款所属时间：　年　月　日至　年　日　日　　　　金额单位：人民币元(列至角分)；面积单位：平方米

纳税人名称			
纳税人识别号		税务登记证号	
地址		开户银行和账号	
企业类型		联系电话	

等级	每平方米年税额	类别代码	申报数							
			占地面积	应税面积	应纳税额	缴纳上期欠税金额	上期缓缴到期数	本期申请缓缴数	本期应纳税额	滞纳金
1	2	3	4	5	6＝2×5	7	8	9	10＝6÷基数+7+8－9	11
合计										

纳税人声明	授权人声明	代理人声明
本纳税申报表是按照国家税法和税务机关有关规定填报的，我确信是真实的、合法的。如有虚假，愿负法律责任。以上税款请从账号划拨。 法定代表人(业主)签名： 经办人签字： 主管会计签字： 年　月　日	我单位（公司）现授权________为本纳税人的代理申报人，其法定代表人________，电话________，任何与申报有关的往来文件都可寄与此代理机构。 委托代理合同号码： 授权人(法定代表人)签名： 年　月　日	本纳税申报表是按照国家税法和税务机关有关规定填报的，我确信是真实的、合法的。如有不实，愿承担法律责任。 法定代表人签名： 代理人盖章： 年　月　日
受理申报日期：　年　月　日	审核申报日期：　年　月　日	录入日期：　年　月　日
受理人：	审核人：	录入人：

二、任务指导

(一)纳税义务发生时间

(1)纳税人购置新建商品房，自房屋交付使用之次月起，缴纳城镇土地使用税。

(2)以出让或转让方式有偿取得土地使用权的，应由受让方从合同约定交付土地时间的次月起缴纳城镇土地使用税；合同未约定交付时间的，由受让方从合同签订的次月起缴纳城镇土地使用税。

(3)纳税人新征用的耕地,自批准征用之日起满 1 年时开始缴纳土地使用税。

(4)自 2009 年 1 月 1 日起,纳税人因土地的权利发生变化而依法终止城镇土地使用税纳税义务的,其应纳税款的计算应截止到土地权利发生变化的当月末。

(二)城镇土地使用税纳税申报表的填写方法

城镇土地使用税纳税申报表根据《城镇土地使用税暂行条例》等法律法规设计,适用于土地使用税纳税义务人填报。其基本填报规则是:

(1)纳税人有多宗土地的,按照土地的不同坐落地点分别向坐落地主管地方税务机关申报缴纳土地使用税。

(2)土地使用税按年征收、分期缴纳,具体纳税申报期由县(市)税务机关确定。

(3)该申报表应按照土地等级分等级填列。

(4)土地等级填写纳税人应税土地对应的土地等级。

(5)应税面积填写纳税人应税土地面积。

(6)单位税额按照各等级土地对应的既定税额标准分别填列。

(7)本期应纳税额按照其附表第 9 栏中对应的同一等级土地的合计数填报。

(8)本期已缴税额为当期企业实际已缴纳的土地使用税额,可以分等级填,也可合并一笔填到合计栏中。

(9)本期应补(退)税额等于本期应纳税额减本期已缴税额。

情境分析 6-6

1.任务要求

某人民团体有 A、B 两栋办公楼,A 栋占地 3 000 平方米,B 栋占地 1 000 平方米。2007 年 3 月 30 日至 12 月 31 日该团体将 B 栋出租。当地城镇土地使用税的税率为每平方米 15 元。

要求:请计算该团体 2007 年应缴纳的城镇土地使用税。

2.任务实施

人民团体自用的 A 栋免征城镇土地使用税(城镇土地使用税、房产税减免税明细申报表见表 6-4),但出租的 B 栋属于经营使用,不享受免税政策,应从交付出租、出借房产之次月起,缴纳城镇土地使用税。

B 栋城镇土地使用税=1 000×15÷12×9=11 250(元)

表 6-4　城镇土地使用税、房产税减免税明细申报表

税款所属期：自　　年　　月　　日至　　年　　月　　日

纳税人识别号(统一社会信用代码)：□□□□□□□□□□□□□□□□□□

纳税人名称：　　　　　　　　金额单位：人民币元(列至角分)；面积单位：平方米

一、城镇土地使用税减免信息

序号	土地编号	所属期起	所属期止	土地等级	税额标准	减免税面积	减免性质代码	减免项目名称	本期减免税额
1	*								
2	*								
3	*								
合计		*	*	*	*		*	*	

二、房产税减免信息

(一)从价计征房产税减免信息

序号	房产编号	所属期起	所属期止	减免税房产原值	计税比例	税率	减免性质代码	减免项目名称	本期减免税额
1	*								
2	*								
3	*								
合计		*	*		*	*	*	*	

(二)从租计征房产税减免信息

序号	房产编号	本期享受减免税租金收入	税率	减免性质代码	减免项目名称	本期减免税额
1	*					
2	*					
3	*					
合计			*	*	*	

模块五　契税纳税实务

知识结构图

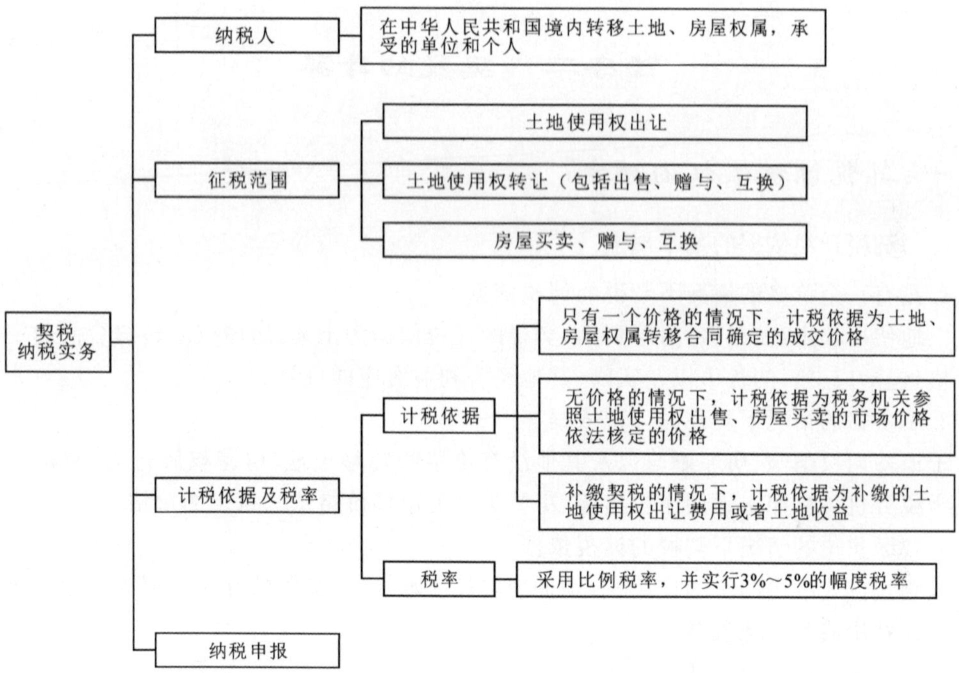

任务一　认识契税

契税是以在中华人民共和国境内转移土地、房屋权属为征税对象，向产权承受人征收的一种财产税。

一、契税纳税人的确定

在中华人民共和国境内转移土地、房屋权属，承受的单位和个人为契税的纳税人。土地、房屋权属是指土地使用权和房屋所有权。单位是指企业单位、事业单位、国家机关、军事单位和社会团体以及其他组织。个人是指个体经营者（个体工商户）及其他个人，包括中国公民和外籍人员。

二、契税征税范围的确定

契税的征税范围如下：

(1)土地使用权出让；

(2)土地使用权转让(包括出售、赠与、互换)；

(3)房屋买卖、赠与、互换。

对于契税的征税范围，需要注意以下几点：

(1)土地使用权的转让不包括土地承包经营权和土地经营权的转移。

(2)土地、房屋权属的典当、分拆(分割)、出租、抵押等行为，不属于契税的征税范围。

(3)以作价投资(入股)、偿还债务、划转、奖励等方式转移土地、房屋权属的，应当缴纳契税(土地、房屋权属承受方应当缴纳契税)。

任务二　契税的计算

一、契税计税依据的确定

(一)契税计税依据的基本规定

1.只有一个价格的情况下契税的计税依据

土地使用权出让、出售，房屋买卖，契税的计税依据为土地、房屋权属转移合同确定的成交价格，包括应交付的货币以及实物、其他经济利益对应的价款。

2.无价格的情况下契税的计税依据

土地使用权赠与、房屋赠与以及其他没有价格的转移土地、房屋权属行为，契税的计税依据为税务机关参照土地使用权出售、房屋买卖的市场价格依法核定的价格。

3.补缴契税的情况下契税的计税依据

以划拨方式取得的土地使用权，经批准转让房地产时，契税的计税依据为补缴的土地使用权出让费用或者土地收益。

(二)契税计税依据的若干具体情形

(1)以划拨方式取得的土地使用权，经批准改为出让方式重新取得该土地使用权的，应由该土地使用权人以补缴的土地出让价款为计税依据缴纳契税。

(2)先以划拨方式取得土地使用权，后经批准转让房地产，划拨土地性质改为出让的承受方应分别以补缴的土地出让价款和房地产权属转移合同确定的成交价格为计税依据缴纳契税。

(3)先以划拨方式取得土地使用权，后经批准转让房地产，划拨土地性质未发生改变的，承受方应以房地产权属转移合同确定的成交价格为计税依据缴纳契税。

(4)土地使用权及所附建筑物、构筑物等(包括在建的房屋，其他建筑物、构筑物和其他附着物)转让的，计税依据为承受方应交付的总价款。

(5)土地使用权出让的，计税依据包括土地出让金、土地补偿费、安置补助费、地上附着物和青苗补偿费、征收补偿费、城市基础设施配套费、实物配建房屋等应交付的货币，以及实物、其他经济利益对应的价款。

(6)房屋附属设施(包括停车位、机动车库、非机动车库、顶层阁楼、储藏室及其他房屋附属设施)与房屋为同一不动产单元的，计税依据为承受方应交付的总价款，并适用与房屋相同的税率；房屋附属设施与房屋为不同不动产单元的，计税依据为转移合同确定的成交价格，并按当地确定的适用税率计税。

(7)承受已装修房屋的，应将包括装修费用在内的费用计入承受方应交付的总价款。

(8)土地使用权互换、房屋互换，互换价格相等的，互换双方的计税依据为零；互换价格不相等的，以其差额为计税依据，由支付差额的一方缴纳契税。

(9)契税的计税依据不包括增值税。

二、契税税率的判定

契税采用比例税率，并实行3%～5%的幅度税率。契税的具体适用税率，由省、自治区、直辖市人民政府在上述规定的税率幅度内提出，报同级人民代表大会常务委员会决定，并报全国人民代表大会常务委员会和国务院备案。

三、契税应纳税额的计算

契税的应纳税额按照计税依据乘以具体适用税率计算。其计算公式如下：

$$应纳税额=计税依据\times税率$$

知识技能辨析 6-4

1. 任务要求·单选题

甲企业2023年2月受让一宗土地，土地出让合同记载土地出让金12 000万元、征收补偿费4 000万元、城市基础设施配套费1 500万元、青苗补偿费500万元。该企业受让土地使用权应缴纳契税(　　)万元(当地契税税率为3%)。

A. 540　　B. 525　　C. 480　　D. 360

2. 任务解答

正确答案：A

3. 任务释疑

土地使用权出让的，计税依据包括土地出让金、土地补偿费、安置补助费、地上附着物和青苗补偿费、征收补偿费、城市基础设施配套费、实物配建房屋等应交付的货币，以及实物、其他经济利益对应的价款。

该企业受让土地使用权应缴纳契税=(12 000+4 000+1 500+500)×3%=540(万元)

任务三　契税的纳税申报

一、契税的纳税义务发生时间

契税的纳税义务发生时间为纳税人签订土地、房屋权属转移合同的当日，或者纳税人取得其他具有土地、房屋权属转移合同性质凭证的当日。

关于契税纳税义务发生时间的具体情形如下：

(1)因人民法院、仲裁委员会的生效法律文书或者监察机关出具的监察文书等发生土地、房屋权属转移的，纳税义务发生时间为法律文书等生效当日。

(2)因改变土地、房屋用途等情形应当缴纳已经减征、免征契税的，纳税义务发生时间为改变有关土地、房屋用途等情形的当日。

二、契税的纳税期限

纳税人应当在依法办理土地、房屋权属登记手续前申报缴纳契税。纳税人办理纳税事宜后，税务机关应当开具契税完税凭证。纳税人办理土地、房屋权属登记，不动产登记机构应当查验契税完税、减免税凭证或者有关信息。未按照规定缴纳契税的，不动产登记机构不予办理土地、房屋权属登记。

三、契税的纳税地点

契税由土地、房屋所在地的税务机关依照《中华人民共和国契税法》和《中华人民共和国税收征收管理法》的规定征收管理。

模块六 关税纳税实务

知识结构图

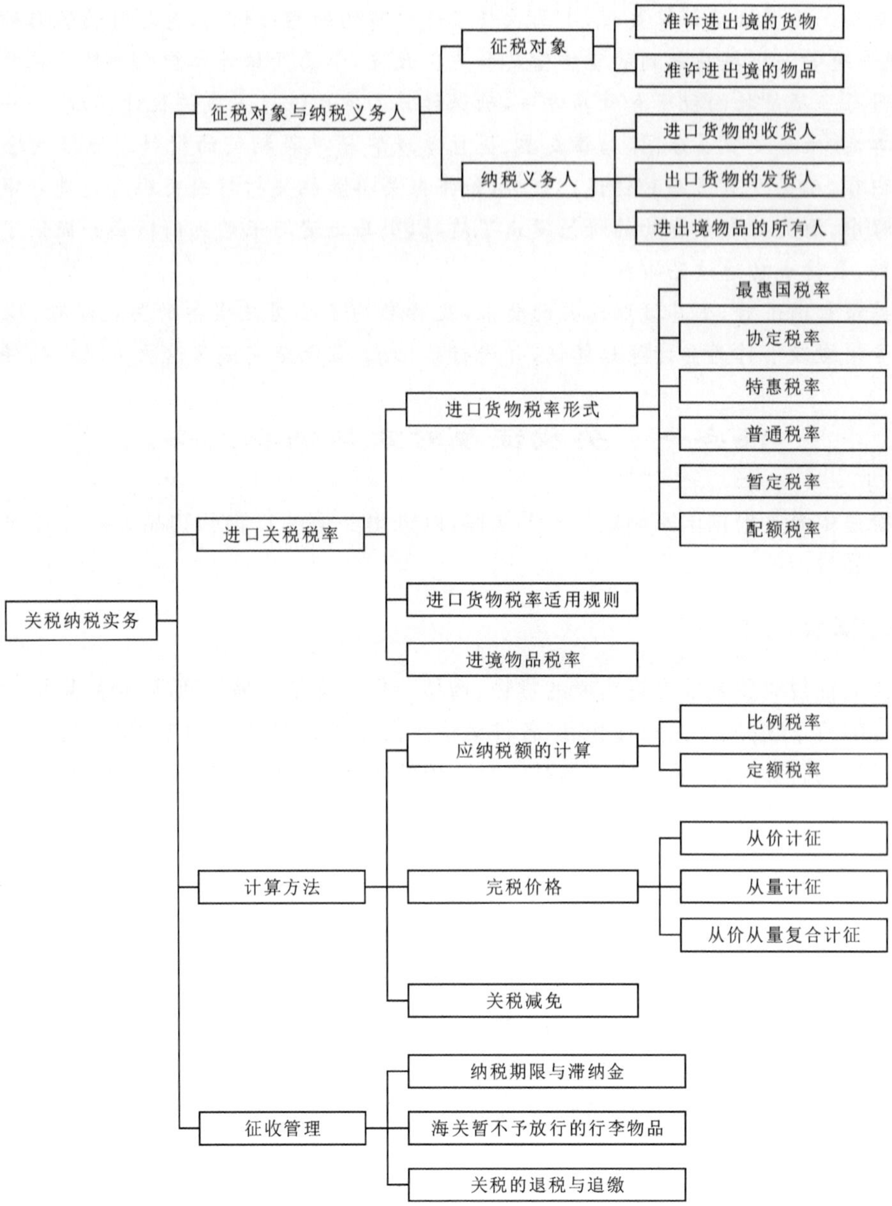

引导案例

某进出口企业新入职的会计小马，在完成了公司的入职培训和会计基础知识的学习后，被分配到了关税管理岗位，负责处理公司的关税事务。随着国际贸易的日益频繁和关税政策的不断调整，小马面临着如何准确、高效地办理关税的挑战。

小马首先深入研究了国家关于关税的相关政策和法规，了解了关税的税率、计算方法以及进出口货物的申报要求。她积极与经验丰富的同事交流，学习公司以往办理关税的经验和注意事项。为了准确计算关税，小马收集了进口货物的相关信息，包括货物的名称、数量、价值、原产地等。根据收集到的货物信息和关税政策，小马开始计算应缴纳的关税金额。她仔细核对每一项货物的税率和计算方法，确保计算的准确性。完成关税计算后，小马开始填写报关单，并准备了贸易合同、销售发票、提货单或装箱单等相关的材料。她仔细检查每一项填写内容，确保没有遗漏和错误。然后，她将报关单和相关材料提交给海关进行审核。在审核过程中，海关对部分货物的价值提出了质疑，小马迅速与采购部门核实并提供了相应的证明材料，最终成功通过了审核。

海关审核通过后，小马按照海关的要求，及时缴纳了公司应缴纳的关税税款，取得了海关税费专用缴款书作为会计原始凭证，并进行了记录，圆满地完成了这次关税缴纳任务。

任务一　关税征税对象与纳税义务人

关税是由海关根据国家制定的有关法律，以进出关境的货物和物品为征税对象而征收的一种商品税。

一、征税对象

关税的征税对象是准许进出境的货物、物品。货物是指贸易性商品；物品是指入境旅客随身携带的行李物品、个人邮递物品、各种运输工具上的服务人员携带进口的自用物品、馈赠物品，以及其他方式进境的个人物品。对从境外采购进口的原产于中国境内的货物，也应按规定征收进口关税。

二、纳税义务人

进口货物的收货人、出口货物的发货人、进出境物品的所有人，是关税的纳税义务人。进出口货物的收、发货人是依法取得对外贸易经营权，并进口或者出口货物的法人或者其他社会团体。进出境物品的所有人包括该物品的所有人和推定为所有人的人。一般情况下，对于携带进境的物品，推定其携带人为所有人；对分离运输的行李，推定相应的进出境旅客为所有人；对以邮递方式进境的物品，推定其收件人为所有人；以邮递或其他运输方式出境的物品，推定其寄件人或托运人为所有人。

任务二 进口关税税率

一、进口货物税率形式

自 2002 年 1 月 1 日起,我国进口税则设有最惠国税率、协定税率、特惠税率、普通税率、配额税率等税率形式,对进口货物在一定期限内可以实行暂定税率。

适用最惠国税率、协定税率、特惠税率的国家或者地区名单,由国务院关税税则委员会决定,报国务院批准后执行。

(一)最惠国税率

最惠国税率适用原产于与我国共同适用最惠国待遇条款的世界贸易组织成员的进口货物,或原产于与我国签订有相互给予最惠国待遇条款的双边贸易协定的国家或地区的进口货物,以及原产于我国境内的进口货物。根据《中华人民共和国加入世界贸易组织关税减让表修正案》附表所列信息,自 2020 年 7 月 1 日起,我国对信息技术产品最惠国税率实施第五步降税。

(二)协定税率

协定税率适用原产于与我国签订含有关税优惠条款的区域性贸易协定的国家或地区的进口货物。根据我国与有关国家或地区签署的贸易协定或关税优惠安排,除此前已经国务院批准实施的协定税率外,自 2020 年 1 月 1 日起,我国与新西兰、秘鲁、哥斯达黎加、瑞士、冰岛、新加坡、澳大利亚、韩国、智利、格鲁吉亚、巴基斯坦的双边贸易协定以及亚太贸易协定的协定税率进一步降低。自 2020 年 7 月 1 日起,按照我国与瑞士的双边贸易协定和亚太贸易协定规定,进一步降低了有关协定税率。

(三)特惠税率

特惠税率适用原产于与我国签订含有特殊关税优惠条款的贸易协定的国家或地区的进口货物。除赤道几内亚外,对与我国建交并完成换文手续的其他最不发达国家继续实施特惠税率。自 2020 年 1 月 1 日起,赤道几内亚停止享受零关税特惠待遇。

(四)普通税率

普通税率适用于原产于上述国家或地区以外的其他国家或地区的进口货物,以及原产地不明的进口货物。按照普通税率征税的进口货物,经国务院关税税则委员会特别批准,可以适用最惠国税率。

(五)暂定税率

暂定税率是在海关进出口税则规定的进口优惠税率基础上,对进口的某些重要的工农业生产原材料和机电产品关键部件(但只限于从与中国签订有关税互惠协议的国家和地区进口的货物)和出口的特定货物实施的更为优惠的关税税率。这种税率一般按照年度制定,并且可以随时根据需要恢复按照法定税率征税。自 2020 年 1 月 1 日起,我国对 859 项商品(不含关税配额商品)实施进口暂定税率;自 2020 年 7 月 1 日起,取消 7 项信息技术产品进口暂定税率。

(六)配额税率

配额税率是指对实行关税配额管理的进口货物,在关税配额内的,适用关税配额税率;在关税配额外的,按不同情况分别适用最惠国税率、协定税率、特惠税率或普通税率。目前,继续对小麦、玉米等8种农产品和尿素等3种化肥产品实行关税配额管理,其中,对尿素、复合肥、磷酸氢铵3种化肥的配额税率实施1%的暂定税率。

二、进口货物税率适用规则

(1)暂定税率优先适用于优惠税率或最惠国税率,所以适用最惠国税率的进口货物有暂定税率的,适用暂定税率。当最惠国税率低于或等于协定税率时,协定有规定的,按相关协定的规定执行;协定无规定的,从低适用税率。适用协定税率、特惠税率的进口货物有暂定税率的,应当从低适用税率。

按照国家规定实行关税配额管理的进口货物,在关税配额内的,适用关税配额税率;在关税配额外的,按其适用税率的规定执行。

按照普通税率征税的进口货物,不适用暂定税率;经国务院关税税则委员会特别批准,可以适用最惠国税率。

(2)按照有关法律、行政法规的规定,对进口货物采取反倾销、反补贴、保障措施的,其税率的适用按照《中华人民共和国反倾销条例》《中华人民共和国反补贴条例》和《中华人民共和国保障措施条例》的有关规定执行。

三、进境物品税率

自2019年4月9日起,除另有规定外,我国对准予应税进口的旅客行李物品、个人邮寄物品以及其他个人自用物品,均由海关按照"中华人民共和国进境物品进口税税率表"(表6-5)的规定,征收进口关税,代征进口环节增值税和消费税等进口税。

表6-5 中华人民共和国进境物品进口税税率表

税目序号	物品名称	税率
1	书报、刊物、教育用影视资料;计算机、视频摄录一体机、数字照相机等信息技术产品;食品、饮料;金银;家具;玩具;游戏品、节日或其他娱乐用品和药品	13%
2	运动用品(不含高尔夫球及球具)、钓鱼用品;纺织品及其制成品;电视摄像机及其他电器用具;自行车;税目1、税目3中未包含的其他商品	20%
3	烟、酒;贵重首饰及珠宝玉石;高尔夫球及球具;高档手表;化妆品	50%

(一)出口关税税率

我国出口税则为一栏税率,即出口税率。国家仅对少数资源性产品及易于竞相杀价、盲目进口、需要规范出口秩序的半制成品征收出口关税。根据《关于执行2020年进口暂定税率等调整方案的公告》的规定,自2020年1月1日起,我国继续对鳗鱼苗、部分有色金属矿砂及其精矿、生锑、磷、氟钽酸钾、苯、山羊板皮、部分铁合金、钢铁废碎料、铜和铝原料及其制品等107项出口商品征收出口关税,适用出口税率或出口暂定税率,征收商品范围和税率维持不变。

(二)税率的适用

(1)进出口货物,应当按照纳税义务人申报进口或者出口之日实施的税率征税。

(2)进口货物到达前,经海关核准先行申报的,应当按照装载此货物的运输工具申报进境之日实施的税率征税。

(3)进口转关运输货物,应当适用指运地海关接受该货物申报进口之日实施的税率;货物运抵指运地前,经海关核准先行申报的,应当适用装载该货物的运输工具抵达指运地之日实施的税率。

(4)出口转关运输货物,应当适用启运地海关接受该货物申报出口之日实施的税率。

(5)经海关批准,实行集中申报的进出口货物,应当适用每次货物进出口时海关接受该货物申报之日实施的税率。

(6)因超过规定期限未申报而由海关依法变卖的进口货物,其税款计征应当适用装载该货物的运输工具申报进境之日实施的税率。

(7)因纳税义务人违反规定需要追征税款的进出口货物,应当适用违反规定的行为发生之日实施的税率;行为发生之日不能确定的,适用海关发现该行为之日实施的税率。

(8)已申报进境并放行的保税货物、减免税货物、租赁货物或者已申报进出境并放行的暂时进出境货物,有下列情形之一需缴纳税款的,应当适用海关接受纳税义务人再次填写报关单申报办理纳税及有关手续之日实施的税率:

①保税货物经批准不复运出境的。

②保税仓储货物转入国内市场销售的。

③减免税货物经批准转让或者移作他用的。

④可暂不缴纳税款的暂时进出境货物,不复运出境或者进境的。

⑤租赁进口货物,分期缴纳税款的。

(9)补征和退还进出口货物关税,应当按照前述规定确定适用的税率。

情境分析 6-7

1.任务要求

2024 年 2 月,山东泰华外贸公司进出口业务如下:

(1)2 月 5 日,出口一批鳗鱼苗给美国多星公司。

(2)2 月 12 日,从韩国三星公司进口一批液晶电视面板。

要求:假如你是山东泰华外贸公司办理关税业务的工作人员,请问上述业务的纳税人和征税对象是什么。

2.任务实施

(1)在山东泰华外贸公司出口一批鳗鱼苗给美国多星公司的业务中,山东泰华外贸公司是出口关税的纳税人,征税对象是出口的鳗鱼苗。

(2)在山东泰华外贸公司从韩国三星公司进口一批液晶电视面板的业务中,山东泰华外贸公司是进口关税的纳税人,征税对象是进口的一批液晶电视面板。

任务三　关税的计算

一、关税应纳税额的计算

（一）从价税应纳税额的计算

关税税额＝应税进（出）口货物数量×单位完税价格×税率

（二）从量税应纳税额的计算

关税税额＝应税进（出）口货物数量×单位货物税额

（三）复合税应纳税额的计算

我国目前实行的复合税都是先计征从量税，再计征从价税。我国目前仅对录像机、放像机、摄像机、数字照相机和摄录一体机等进口商品征收复合税。其计算公式为：

关税税额＝应税进（出）口货物数量×单位货物税额
＋应税进（出）口货物数量×单位完税价格×税率

（四）滑准税应纳税额的计算

关税税额＝应税进（出）口货物数量×单位完税价格×滑准税税率

“进（出）口商品从量税、复合税、滑准税税目税率表”后注明了滑准税税率的计算公式，该公式是一个与应税进（出）口货物完税价格相关的取整函数。

二、关税完税价格

《海关法》规定，进出口货物的完税价格，由海关以该货物的成交价格为基础审查确定。成交价格不能确定时，完税价格由海关依法估定。

（一）进口货物的完税价格

1. 一般贸易项下进口货物的完税价格

一般贸易项下进口的货物以海关审定的成交价格为基础的到岸价格作为完税价格。所谓成交价格是一般贸易项下进口货物的买方为购买该项货物向卖方实际支付或应当支付的价格。在货物成交过程中，进口人在成交价格外另支付给卖方的佣金，应计入成交价格，而向境外采购代理人支付的买方佣金则不能列入，如已包括在成交价格中，应予以扣除；卖方付给进口人的正常回扣，应从成交价格中扣除。卖方违反合同规定延期交货的罚款，卖方在货价中冲减时，罚款则不能从成交价格中扣除。

到岸价格是指包括货价以及货物运抵我国关境内输入地点起卸前的包装费、运费、保险费和其他劳务费等费用构成的一种价格，其中还应包括为了在境内生产、制造、使用或出版、发行的目的而向境外支付的与该进口货物有关的专利、商标、著作权，以及专有技术、计算机软件和资料等费用。

为避免低报、瞒报价格偷逃关税，进口货物的到岸价格不能确定时，本着公正、合理原则，海关应当按照规定估定完税价格。

2.特殊贸易项下进口货物的完税价格

对于某些特殊、灵活的贸易方式(如寄售等)下进口的货物,在进口时没有“成交价格”可作依据,为此,《进出口关税条例》对这些进口货物制定了确定其完税价格的方法,主要有:

(1)运往境外加工的货物的完税价格:出境时已向海关报明,并在海关规定期限内复运进境的,以境外加工费和料件费以及复运进境的运输及其相关费用和保险费审查确定完税价格。

(2)运往境外修理的机械器具、运输工具或者其他货物的完税价格:出境时已向海关报明并在海关规定期限内复运进境的,以经海关审定的修理费和料件费作为完税价格。

(3)租借和租赁进口货物的完税价格:租借、租赁方式进境的货物,以海关审查确定的货物租金作为完税价格。

(4)国内单位留购的进口货样、展览品和广告陈列品的完税价格:对于国内单位留购的进口货样、展览品和广告陈列品,以留购价格作为完税价格。但对于留购货样、展览品和广告陈列品的买方,除按留购价格付款外,又直接或间接给卖方一定利益的,海关可以另行确定上述货物的完税价格。

(5)逾期未出境的暂时进口货物的完税价格:对于经海关批准暂时进口的施工机械、工程车辆、供安装使用的仪器和工具、电视或电影摄制机械,以及盛装货物的容器等,如入境超过半年仍留在国内使用的,应自第7个月起,按月征收进口关税,其完税价格按原货进口时的到岸价格确定,每月的税额计算公式为:

$$每月关税=货物原到岸价格\times关税税率\times1/48$$

(6)转让出售进口减免税货物的完税价格:按照特定减免税办法批准予以减免税进口的货物,在转让或出售而需补税时,可按这些货物原进口时的到岸价格来确定其完税价格。其计算公式为:

$$完税价格=原入境到岸价格\times[1-实际使用月份\div(管理年限\times12)]$$

管理年限是指海关对减免税进口的货物监督管理的年限。

(二)出口货物的完税价格

出口货物应当以海关审定的货物售予境外的离岸价格,扣除出口关税后作为完税价格。其计算公式为:

$$出口货物完税价格=离岸价格\div(1+出口税率)$$

离岸价格应以该项货物运离关境前的最后一个口岸的离岸价格为实际离岸价格。若该项货物从内地起运,则从内地口岸至最后出境口岸所支付的国内段运输费用应予扣除。离岸价格不包括装船以后发生的费用。出口货物在成交价格以外支付给国外的佣金应予扣除,未单独列明的则不予扣除。出口货物在成交价格以外,买方还另行支付的货物包装费,应计入成交价格。当离岸价格不能确定时,完税价格由海关估定。

(三)进出口货物完税价格的审定

对于进出口货物的收发货人或其代理人向海关申报进出口货物的成交价格明显偏低而又不能提供合法证据和正当理由的,申报价格明显低于海关掌握的相同或类似货物的国际市场上公开成交货物的价格而又不能提供合法证据和正当理由的,申报价格经海关调查认定买卖双方之间有特殊经济关系或对货物的使用、转让互相订有特殊条件或特殊安排而影响成交价格的，以及其他特殊成交情况，海关认为需要估价的，则按以下方法依次估定完税价格：

(1)相同货物成交价格法，即以从同一出口国家或者地区购进的相同货物的成交价格作为该被估货物完税价格的依据。

(2)类似货物成交价格法，即以从同一出口国家或者地区购进的类似货物的成交价格作为该被估货物完税价格的依据。

(3)国际市场价格法，即以进口货物的相同或类似货物在国际市场上公开的成交价格作为该被估货物完税价格的依据。

(4)国内市场价格倒扣法，即以进口货物的相同或类似货物在国内市场上的批发价格，扣除合理的税、费、利润后的价格作为该被估货物完税价格的依据。

(5)合理方法估定的价格，即如果按照上述几种方法顺序估价仍不能确定其完税价格的，则可由海关按照合理方法估定。

三、关税减免

关税减免是对某些纳税人和征税对象给予鼓励和照顾的一种特殊调节手段。关税减免分为法定减免税、特定减免税、暂时免税和临时减免税。

(一)法定减免税

法定减免税是税法中明确列出的减税或免税。符合税法规定可予减免税的进出口货物，纳税义务人无须提出申请，海关可按规定直接予以减免税。海关对法定减免税货物一般不进行后续管理。

下列进出口货物、物品予以减免关税：

(1)关税税额在人民币50元以下的一票货物，可免征关税。

(2)无商业价值的广告品和货样，可免征关税。

(3)外国政府、国际组织无偿赠送的物资，可免征关税。

(4)进出境运输工具装载的途中必需的燃料、物料和饮食用品，可予免税。

(5)在海关放行前损失的货物，可免征关税。

(6)在海关放行前遭受损坏的货物，可以根据海关认定的受损程度减征关税。

(7)我国缔结或者参加的国际条约规定减征、免征关税的货物、物品，按照规定予以减免关税。

(8)法律规定减征、免征关税的其他货物、物品。

(二)特定减免税

在法定减免税之外，国家按照国际通行规则和我国实际情况，制定发布的有关进出口货物减免关税的政策，称为特定减免税。特定减免税也称政策性减免税。特定减免税货物一般有地区、企业和用途的限制，海关需要进行后续管理，也需要进行减免税统计。

1.科教用品

为有利于我国科研、教育事业发展，推动科教兴国战略的实施，经国务院批准，财政部、海关总署、国家税务总局制定了《科学研究和教学用品免征进口税收规定》，对科学研究机构和学校，以科学研究和教学为目的，在合理数量范围内进口国内不能生产或者性能不能满足需要的科学研究和教学用品,免征进口关税和进口环节增值税、消费税。该规定对享受该优惠的科研机构和学校资格、类别以及可以免税的物品都作了明确规定。

2.残疾人专用品

为支持残疾人的康复工作,经国务院批准,海关总署发布了《残疾人专用品免征进口税收暂行规定》,对规定的残疾人个人专用品,免征进口关税和进口环节增值税、消费税;对康复机构、福利机构、假肢厂和荣誉军人康复医院进口国内不能生产的、该规定明确的残疾人专用品,免征进口关税和进口环节增值税。该规定对可以免税的残疾人专用品种类和品名作了明确规定。

3.慈善性捐赠物资

为促进慈善事业的健康发展,经国务院批准,财政部、国家税务总局、海关总署发布了《慈善捐赠物资免征进口税收暂行办法》,对境外自然人、法人或其他组织等境外捐赠人,无偿向国务院有关部门和各省、自治区、直辖市人民政府,中国红十字会总会、中华全国妇女联合会、中国残疾人联合会、中华慈善总会、中国初级卫生保健基金会、中国宋庆龄基金会和中国癌症基金会,以及经民政部或省级民政部门登记注册且被评定为5A级的以人道救助和发展慈善事业为宗旨的社会团体或基金会等受赠人捐赠的直接用于慈善事业的物资,免征进口关税和进口环节增值税。所称"慈善事业"是指非营利的慈善救助等社会慈善和福利事业,包括以捐赠财产方式自愿开展的扶贫济困、扶助老幼病残等困难群体,促进教育、科学、文化、卫生、体育等事业发展,防治污染和其他公害,保护和改善环境等慈善活动。该办法对可以免税的捐赠物资种类和品名作了明确规定。

4.重大技术装备

为支持我国重大技术装备制造业发展,财政部会同工业和信息化部、海关总署、国家税务总局、能源局发布了《重大技术装备进口税收政策管理办法》,自2020年1月8日起实施。

对符合规定条件的企业及核电项目业主为生产国家支持发展的重大技术装备或产品而确有必要进口的部分关键零部件及原材料,免征关税和进口环节增值税。

(三)暂时免税

暂时进境或者暂时出境的下列货物,在进境或者出境时纳税义务人向海关缴纳相当于应纳税款的保证金或者提供其他担保的,可以暂不缴纳关税,并应当自进境或者出境之日起6个月内复运出境或者复运进境;需要延长复运出境或者复运进境期限的,纳税义务人应当根据海关总署的规定向海关办理延期手续:

(1)在展览会、交易会、会议及类似活动中展示或者使用的货物。

(2)文化、体育交流活动中使用的表演、比赛用品。

(3)进行新闻报道或者摄制电影、电视节目使用的仪器、设备及用品。

(4)开展科研、教学、医疗活动使用的仪器、设备及用品。

(5)在上述第(1)～(4)项所列活动中使用的交通工具及特种车辆。

(6)货样。

(7)供安装、调试、检测设备时使用的仪器、工具。

(8)盛装货物的容器。

(9)其他用于非商业目的的货物。

（四）临时减免税

临时减免税是指以上法定和特定减免税以外的其他减免税，即由国务院根据《海关法》对某个单位、某类商品、某个项目或某批进出口货物的特殊情况，给予特别照顾，一案一批，专文下达的减免税。一般有单位、品种、期限、金额或数量等限制，不能比照执行。

情境分析 6-8

1.任务要求

山东泰岳纺织厂于 2024 年 5 月进口一批布料。该批布料在国外购买价折合人民币 800 000 元，货物运抵我国入关前发生运输费折合人民币 30 000 元，保险费折合人民币 20 000元。货物报关后，按照规定缴纳了进口环节增值税。已知布料增值税税率为 13%，进口关税税率为 20%。

要求：请计算该批布料应纳的进口环节关税和增值税税额。

2.任务实施

(1)关税完税价格＝800 000＋30 000＋20 000＝850 000(元)

(2)应缴纳进口关税＝850 000×20%＝170 000(元)

(3)应缴纳进口环节增值税＝(850 000＋170 000)×13%＝132 600(元)

任务四　关税的征收管理

一、纳税期限与滞纳金

关税是在货物实际进出境时，即在纳税人按进出口货物通关规定向海关申报后、海关放行前一次性缴纳。进出口货物的收发货人或其代理人应当在海关填发税款缴款书之日起 15 日内，向指定银行缴纳税款。逾期不缴的，除依法追缴外，由海关自到期次日起至缴清税款之日止，按日征收欠缴税额万分之五的滞纳金。

二、海关暂不予放行的行李物品

自 2016 年 6 月 1 日起，旅客携运进出境的行李物品有下列情形之一的，海关暂不予放行：

(1)旅客不能当场缴纳进境物品税款的；

(2)进出境的物品属于许可证件管理的范围，但旅客不能当场提交的；

(3)进出境的物品超出自用合理数量，按规定应当办理货物报关手续或其他海关手续，其尚未办理的；

(4)对进出境物品的属性、内容存疑，需要由有关主管部门进行认定、鉴定、验核的；

(5)按规定暂不予以放行的其他行李物品。

三、关税的退税与追缴

对由于海关误征、多缴纳税款的；海关核准免验的进口货物在完税后，发现有短卸情况，经海关审查认可的；已征出口关税的货物，因故未装运出口申报退关，经海关查验属实的，纳税人可以从缴纳税款之日起的 1 年内，书面声明理由，连同纳税收据向海关申请退税，逾期不予受理。海关应当自受理退税申请之日起 30 日内作出书面答复，并通知退税申请人。进出口货物完税后，如发现少征或漏征税款，海关有权在 1 年内予以补征；如因收发货人或其代理人违反规定而造成少征或漏征税款的，海关在 3 年内可以追缴。

模块七　资源税纳税实务

知识结构图

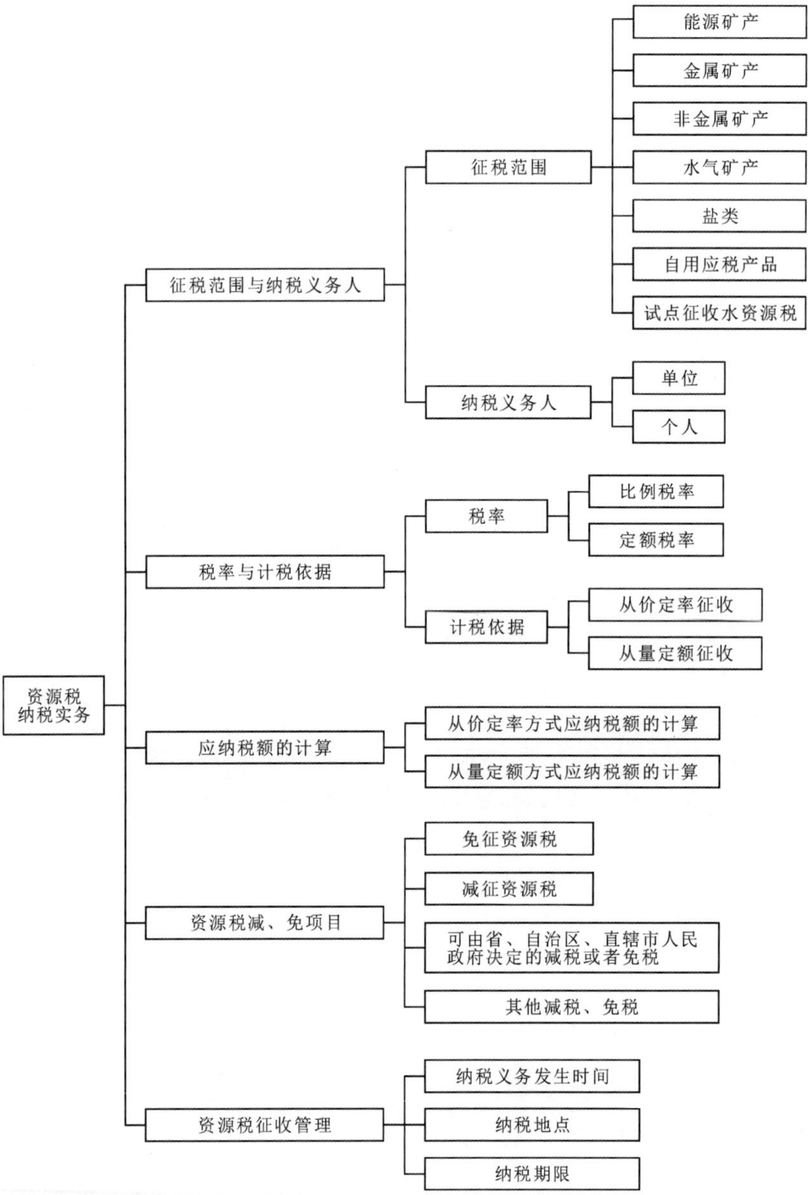

任务一　资源税征税范围与纳税义务人

资源税是对在我国领域或管辖的其他海域开发应税资源的单位和个人征收的一种税。

1984 年 9 月 18 日,国务院发布了《中华人民共和国资源税条例(草案)》,自同年 10 月 1 日起施行。随后,国家又陆续对资源税制度进行了修订和调整。2019 年 8 月 26 日,第三届全国人民代表大会常务委员会第十二次会议通过了《中华人民共和国资源税法》(以下简称《资源税法》),自 2020 年 9 月 1 日起施行。

一、资源税征税范围

我国资源税的征税范围由《资源税法》所附"资源税税目税率表"(以下简称"税目税率表")确定,包括能源矿产、金属矿产、非金属矿产、水气矿产、盐类,共计五大类,各税目的征税对象包括原矿或选矿。

(一)能源矿产

能源矿产包括原油,天然气、页岩气、天然气水合物,煤,煤成(层)气,铀、钍,油页岩、油砂、天然沥青、石煤,地热。

(二)金属矿产

金属矿产包括黑色金属和有色金属。

(1)黑色金属包括铁、锰、铬、钒、钛。

(2)有色金属包括铜、铅、锌、锡、镍、锑、镁、钴、铋、汞、铝土矿、钨、钼、金、银、铂、钯、钌、锇、铱、铑、轻稀土、中重稀土、铍、锂、锆、锶、铷、铯、铌、钽、锗、镓、铟、铊、铪、铼、镉、硒、碲。

(三)非金属矿产

非金属矿产包括矿物类、岩石类、宝玉石类。

(1)矿物类包括高岭土、石灰岩、磷、石墨、萤石、硫铁矿、自然硫、天然石英砂、脉石英、粉石英、水晶、工业用金刚石、冰洲石、蓝晶石、硅线石(矽线石)、长石、滑石、刚玉、菱镁矿、颜料矿物、天然碱、芒硝、钠硝石、明矾石、砷、硼、碘、溴、膨润土、硅藻土、陶瓷土、耐火黏土、铁矾土、凹凸棒石黏土、海泡石黏土、伊利石黏土、累托石黏土、叶蜡石、硅灰石、透辉石、珍珠岩、云母、沸石、重晶石、毒重石、方解石、蛭石、透闪石、工业用电气石、白垩、石棉、蓝石棉、红柱石、石榴子石、石膏、其他黏土。

(2)岩石类包括大理岩、花岗岩、白云岩、石英岩、砂岩、辉绿岩、安山岩、闪长岩、板岩、玄武岩、片麻岩、角闪岩、页岩、浮石、凝灰岩、黑曜岩、霞石正长岩、蛇纹岩、麦饭石、泥灰岩、含钾岩石、含钾砂页岩、天然油石、橄榄岩、松脂岩、粗面岩、辉长岩、辉石岩、正长岩、火山灰、火山渣、泥炭、砂石。

(3)宝玉石类包括宝石、玉石、宝石级金刚石、玛瑙、黄玉、碧玺。

(四)水气矿产

水气矿产包括二氧化碳气、硫化氢气、氦气、氡气、矿泉水。

(五)盐类

盐类包括钠盐、钾盐、镁盐、锂盐、天然卤水、海盐。

（六）自用应税产品

纳税人开采或者生产应税产品自用的，视同销售，应当按规定缴纳资源税，但是自用于连续生产应税产品的，不缴纳资源税。纳税人自用应税产品应当缴纳资源税的情形包括纳税人以应税产品用于非货币性资产交换、捐赠、偿债、赞助、集资、投资、广告、样品、职工福利、利润分配或者连续生产非应税产品等。

（七）试点征收水资源税

国务院根据国民经济和社会发展需要，依照《资源税法》的原则，对取用地表水或者地下水的单位和个人试点征收水资源税。征收水资源税的，停止征收水资源费。水资源税试点实施办法由国务院规定，报全国人民代表大会常务委员会备案。

知识技能辨析 6-5

1. 任务要求·多选题

下列各项中，属于资源税征税范围的有（　　）。

A. 花岗岩　　B. 人造石油　　C. 海盐　　D. 煤成（层）气

2. 任务解答

正确答案：ACD

3. 任务释疑

按照现行资源税征税范围规定，人造石油不属于资源税征税范围，不征收资源税，而花岗岩、海盐和煤成（层）气均属于资源税征收范围。

二、资源税纳税义务人

资源税的纳税人，是指在中华人民共和国领域和中华人民共和国管辖的其他海域开发应税资源的单位和个人。单位，是指国有企业、集体企业、私营企业、股份制企业、其他企业和行政单位、事业单位、军事单位、社会团体及其他单位；个人，是指个体经营者和其他个人。

中外合作开采陆上、海上石油资源的企业依法缴纳资源税。

2011 年 11 月 1 日前已依法订立中外合作开采陆上、海上石油资源合同的，在该合同有效期内，继续依照国家有关规定缴纳矿区使用费，不缴纳资源税；合同期满后，依法缴纳资源税。

知识技能辨析 6-6

1. 任务要求·多选题

下列单位和个人的生产经营行为中，应缴纳资源税的有（　　）。

A. 冶炼企业进口铁矿石　　B. 国有企业开采石油

C. 个体经营者开采煤矿　　D. 中外合作开采天然气

2. 任务解答

正确答案：BCD

3. 任务释疑

根据资源税纳税人的规定，对在我国领域和管辖的其他海域开发应税矿产品的单位和个人征收资源税，进口资源产品不征收资源税。

任务二 资源税税率与计税依据

一、资源税税率

(一)比例税率与定额税率

资源税采用比例税率与定额税率两种形式。税目、税率,依照“税目税率表”执行。其中对地热、石灰岩、其他黏土、砂石、矿泉水和天然卤水6种应税资源采用比例税率或定额税率,其他应税资源均采用比例税率。

(二)具体适用税率的确定

“税目税率表”中规定实行幅度税率的,其具体适用税率由省、自治区、直辖市人民政府统筹考虑该应税资源的品位、开采条件以及对生态环境的影响等情况,在“税目税率表”规定的税率幅度内提出,报同级人民代表大会常务委员会决定,并报全国人民代表大会常务委员会和国务院备案。“税目税率表”中规定征税对象为原矿或者选矿的,应当分别确定具体适用税率。“资源税税目税率表”见表6-6。

水资源税根据当地水资源状况、取用水类型和经济发展等情况实行差别税率。

表6-6 资源税税目税率表

序号	税目			征税对象	税率
1	能源矿产	原油		原矿	6%
2	能源矿产	天然气、页岩气、天然气水合物		原矿	6%
3	能源矿产	煤		原矿或者选矿	2%~10%
4	能源矿产	煤成(层)气		原矿	1%~2%
5	能源矿产	铀、钍		原矿	4%
6	能源矿产	油页岩、油砂、天然沥青、石煤		原矿或者选矿	1%~4%
7	能源矿产	地热		原矿	1%~20%或者每立方米1~30元
8	金属矿产	黑色金属	铁、锰、铬、钒、钛	原矿或者选矿	1%~9%
9	金属矿产	有色金属	铜、铅、锌、锡、镍、锑、镁、钴、铋、汞	原矿或者选矿	2%~10%
10	金属矿产	有色金属	铝土矿	原矿或者选矿	2%~9%
11	金属矿产	有色金属	钨	选矿	6.5%
12	金属矿产	有色金属	钼	选矿	8%
13	金属矿产	有色金属	金、银	原矿或者选矿	2%~6%
14	金属矿产	有色金属	铂、钯、钌、锇、铱、铑	原矿或者选矿	5%~10%
15	金属矿产	有色金属	轻稀土	选矿	7%~12%
16	金属矿产	有色金属	中重稀土	选矿	20%
17	金属矿产	有色金属	铍、锂、锆、锶、铷、铯、铌、钽、锗、镓、铟、铊、铪、铼、镉、硒、碲	原矿或者选矿	2%~10%

续表 6-6

序号	税目			征税对象	税率
18	非金属矿产	矿物类	高岭土	原矿或者选矿	1%～6%
19			石灰岩	原矿或者选矿	1%～6%或者每吨（或者每立方米）1～10 元
20			磷	原矿或者选矿	3%～8%
21			石墨	原矿或者选矿	3%～12%
22			萤石、硫铁矿、自然硫	原矿或者选矿	1%～8%
23			天然石英砂、脉石英、粉石英、水晶、工业用金刚石、冰洲石、蓝晶石、硅线石（矽线石）、长石、滑石、刚玉、菱镁矿、颜料矿物、天然碱、芒硝、钠硝石、明矾石、砷、硼、碘、溴、膨润土、硅藻土、陶瓷土、耐火黏土、铁矾土、凹凸棒石黏土、海泡石黏土、伊利石黏土、累托石黏土	原矿或者选矿	1%～12%
24			叶蜡石、硅灰石、透辉石、珍珠岩、云母、沸石、重晶石、毒重石、方解石、蛭石、透闪石、工业用电气石、白垩、石棉、蓝石棉、红柱石、石榴子石、石膏	原矿或者选矿	2%～12%
25			其他黏土（铸型用黏土、砖瓦用黏土、陶粒用黏土、水泥配料用黏土、水泥配料用红土、水泥配料用黄土、水泥配料用泥岩、保温材料用黏土）	原矿或者选矿	1%～5%或者每吨（或者每立方米）0.1～5 元
26		岩石类	大理岩、花岗岩、白云岩、石英岩、砂岩、辉绿岩、安山岩、闪长岩、板岩、玄武岩、片麻岩、角闪岩、页岩、浮石、凝灰岩、黑曜岩、霞石正长岩、蛇纹岩、麦饭石、泥灰岩、含钾岩石、含钾砂页岩、天然油石、橄榄岩、松脂岩、粗面岩、辉长岩、辉石岩、正长岩、火山灰、火山渣、泥炭	原矿或者选矿	1%～10%
27			砂石	原矿或者选矿	1%～5%或者每吨（或者每立方米）0.1～5 元
28		宝玉石类	宝石、玉石、宝石级金刚石、玛瑙、黄玉、碧玺	原矿或者选矿	4%～20%

续表 6-6

序号	税目		征税对象	税率
29	水气矿产	二氧化碳气、硫化氢气、氦气、氡气	原矿	2%～5%
30		矿泉水	原矿	1%～20%或者每立方米 1～30 元
31	盐	钠盐、钾盐、镁盐、锂盐	选矿	3%～15%
32		天然卤水	原矿	3%～15%或者每吨(或者每立方米)1～10 元
33		海盐		2%～50%

纳税人开采或者生产不同税目应税产品的，应当分别核算不同税目应税产品的销售额或者销售数量；未分别核算或者不能准确提供不同税目应税产品的销售额或者销售数量的，从高适用税率。

纳税人开采或者生产同一税目下适用不同税率应税产品的，应当分别核算不同税率应税产品的销售额或者销售数量；未分别核算或者不能准确提供不同税率应税产品的销售额或者销售数量的，从高适用税率。

二、资源税计税依据

资源税的计税依据为应税产品的销售额或销售数量，各税目的征税对象包括原矿、选矿等。资源税适用从价计征为主、从量计征为辅的征税方式。根据“税目税率表”的规定，地热、石灰岩、其他黏土、砂石、矿泉水和天然卤水可采用从价计征或从量计征的方式，其他应税产品统一适用从价定率征收的方式。

(一)从价定率征收的计税依据

1.销售额的基本规定

资源税应税产品(以下简称应税产品)的销售额，按照纳税人销售应税产品向购买方收取的全部价款确定，不包括增值税税款。

计入销售额中的相关运杂费用，凡取得增值税发票或者其他合法有效凭据的，准予从销售额中扣除。相关运杂费用是指应税产品从坑口或者洗选(加工)地到车站、码头或者购买方指定地点的运输费用、建设基金以及随运销产生的装卸、仓储、港杂费用。

2.特殊情形下销售额的确定

(1)纳税人申报的应税产品销售额明显偏低且无正当理由的，或者有自用应税产品行为而无销售额的，主管税务机关可以按下列方法和顺序确定其应税产品销售额：

①按纳税人最近时期同类产品的平均销售价格确定。

②按其他纳税人最近时期同类产品的平均销售价格确定。

③按后续加工非应税产品销售价格，减去后续加工环节的成本利润后确定。

④按应税产品组成计税价格确定。组成计税价格的计算公式为：

$$组成计税价格=成本\times(1+成本利润率)\div(1-资源税税率)$$

上述公式中的成本利润率由省、自治区、直辖市税务机关确定。

⑤按其他合理方法确定。

(2)外购应税产品购进金额、购进数量的扣减：

纳税人外购应税产品与自采应税产品混合销售或者混合加工为应税产品销售的，在计算应税产品销售额或者销售数量时，准予扣减外购应税产品的购进金额或者购进数量；当期不足扣减的，可结转下期扣减。纳税人应当准确核算外购应税产品的购进金额或者购进数量；未准确核算的，一并计算缴纳资源税。

纳税人核算并扣减当期外购应税产品购进金额、购进数量，应当依据外购应税产品的增值税发票、海关进口增值税专用缴款书或者其他合法有效凭据。

纳税人以外购原矿与自采原矿混合为原矿销售，或者以外购选矿产品与自产选矿产品混合为选矿产品销售的，在计算应税产品销售额或者销售数量时，直接扣减外购原矿或者外购选矿产品的购进金额或者购进数量。

纳税人以外购原矿与自采原矿混合洗选加工为选矿产品销售的，在计算应税产品销售额或者销售数量时，按照下列方法进行扣减：

准予扣减的外购应税产品购进金额(数量)＝外购原矿购进金额(数量)×(本地区原矿适用税率÷本地区选矿产品适用税率)

不能按照上述方法计算扣减的，按照主管税务机关确定的其他合理方法进行扣减。

情境分析 6-9

1.任务要求

山东鸿发煤炭企业将外购的100万元原煤与自采的200万元原煤混合洗选加工为选煤销售，选煤销售额为450万元。当地原煤税率为3%，选煤税率为2%。

要求：请计算在计算应税产品销售额时，准予扣减的外购应税产品购进金额。

2.任务实施

准予扣减的外购应税产品购进金额＝外购原煤购进金额×(本地区原煤适用税率÷本地区选煤适用税率)＝100×(3%÷2%)＝150(万元)

(二)从量定额征收的计税依据

实行从量定额征收的，以应税产品的销售数量为计税依据。应税产品的销售数量包括纳税人开采或者生产应税产品的实际销售数量和自用于应当缴纳资源税情形的应税产品数量。

任务三　资源税应纳税额的计算方法

资源税的应纳税额，按照从价定率或从量定额的办法，分别以应税产品的销售额乘以纳税人具体适用的比例税率或以应税产品的销售数量乘以纳税人具体适用的定额税率计算。

一、从价定率方式应纳税额的计算

实行从价定率方式征收资源税的，根据应税产品的销售额和规定的适用税率计算应纳税额，具体计算公式为：

应纳税额＝销售额×适用税率

情境分析 6-10

1.任务要求

胜利油田 2024 年 4 月销售原油 20 000 吨，开具增值税专用发票，取得销售额 10 000 万元、增值税税额 1 300 万元，按《资源税法》所附“资源税税目税率表”的规定，其适用税率为 6%。

要求：请计算该油田当月应缴纳的资源税。

2.任务实施

销售原油应纳税额＝10 000×6%＝600(万元)

二、从量定额方式应纳税额的计算

实行从量定额征收资源税的，根据应税产品的课税数量和规定的单位税额计算应纳税额，具体计算公式为：

应纳税额＝课税数量×单位税额

情境分析 6-11

1.任务要求

某砂石开采企业 2024 年 3 月销售砂石 4 000 立方米，资源税税率为 2 元/立方米。

要求：请计算该企业当月应纳资源税税额。

2.任务实施

销售砂石应纳税额＝课税数量×单位税额＝4 000×2＝8 000(元)

任务四　资源税减、免项目

一、免征资源税

有下列情形之一的，免征资源税：

(1)开采原油以及油田范围内运输原油过程中用于加热的原油、天然气。

(2)煤炭开采企业因安全生产需要抽采的煤成(层)气。

二、减征资源税

有下列情形之一的，减征资源税：

(一)从低丰度油气田开采的原油、天然气减征 20%资源税

陆上低丰度油田是指每平方公里原油可开采储量丰度低于 25 万立方米的油田；陆上低丰度气田是指每平方公里天然气可开采储量丰度低于 2.5 亿立方米的气田。海上低丰度油田是指每平方公里原油可开采储量丰度低于 60 万立方米的油田；海上低丰度气田是指每平方公里天然气可开采储量丰度低于 6 亿立方米的气田。

(二)高含硫天然气、三次采油和从深水油气田开采的原油、天然气，减征 30%资源税

高含硫天然气是指硫化氢含量在每立方米 30 克以上的天然气。

三次采油是指二次采油后继续以聚合物驱、复合驱、泡沫驱、二氧化碳驱、气水交替驱、微生物驱等方式进行采油。

深水油气田是指水深超过 300 米的油气田。

(三)稠油、高凝油减征 40%资源税

稠油是指地层原油黏度大于或等于 50 毫帕/秒，或原油密度大于或等于 0.92 克/立方厘米的原油。

高凝油是指凝固点高于 40℃的原油。

(四)从衰竭期矿山开采的矿产品，减征 30%资源税

衰竭期矿山是指设计开采年限超过 15 年，且剩余可采储量下降到原设计可采储量的 20%以下或者剩余开采年限不超过 5 年的矿山。衰竭期矿山以开采企业下属的单个矿山为单位确定。

根据国民经济和社会发展的需要，国务院对有利于促进资源节约集约利用、保护环境等情形，可以规定免征或者减征资源税，报全国人民代表大会常务委员会备案。

三、可由省、自治区、直辖市人民政府决定的减税或者免税

有下列情形之一的，省、自治区、直辖市人民政府可以决定减税或者免税：

(1)纳税人开采或者生产应税产品过程中，因意外事故或者自然灾害等原因遭受重大损失的。

(2)纳税人开采共伴生矿、低品位矿、尾矿。

上述两项免征或者减征的具体办法，由省、自治区、直辖市人民政府提出，报同级人民代表大会常务委员会决定，并报全国人民代表大会常务委员会和国务院备案。

自 2022 年 1 月 1 日至 2024 年 12 月 31 日，由省、自治区、直辖市人民政府根据本地区实际情况，以及宏观调控需要确定，对增值税小规模纳税人、小型微利企业和个体工商户可以在 50%的税额幅度内减征资源税。

四、其他减税、免税

(1)对青藏铁路公司及其所属单位运营期间自采自用的砂、石等材料免征资源税。

(2)自 2018 年 4 月 1 日至 2023 年 12 月 31 日，对页岩气资源税按 6%的规定税率减征 30%。

(3)自 2014 年 12 月 1 日至 2023 年 8 月 31 日，对充填开采置换出来的煤炭，资源税减征 50%。

纳税人开采或者生产同一应税产品，其中既有享受减免税政策的，又有不享受减免税政策的，按照免税、减税项目的产量占比等方法分别核算确定免税、减税项目的销售额或者销售数量。

纳税人开采或者生产同一应税产品同时符合两项或者两项以上减征资源税优惠政策的，除另有规定外，只能选择其中一项执行。

纳税人享受资源税优惠政策，实行“自行判别、申报享受、有关资料留存备查”的办理方式，另有规定的除外。纳税人对资源税优惠事项留存材料的真实性和合法性承担法律责任。

任务五　资源税征收管理

一、纳税义务发生时间

纳税人销售应税产品，纳税义务发生时间为收讫销售款或者取得索取销售款凭据的当

日;自用应税产品的,纳税义务发生时间为移送应税产品的当日。

资源税由税务机关征收管理。海上开采的原油和天然气资源税由海洋石油税务管理机构征收管理。

二、纳税地点

纳税人应当在矿产品的开采地或者海盐的生产地缴纳资源税。

三、纳税期限

资源税按月或者按季申报缴纳;不能按固定期限计算缴纳的,可以按次申报缴纳。

纳税人按月或者按季申报缴纳的,应当自月度或者季度终了之日起15日内,向税务机关办理纳税申报并缴纳税款;按次申报缴纳的,应当自纳税义务发生之日起15日内,向税务机关办理纳税申报并缴纳税款。

四、资源税纳税申报表样式

纳税人申报资源税时,应当填报“资源税纳税申报表”。资源税纳税申报样式见表6-7。

表6-7 资源税纳税申报表

纳税人识别号(统一社会信用代码):□□□□□□□□□□□□□□□□□□□□

纳税人名称: 金额单位:人民币元(列至角分)

税款所属期限:自 年 月 日至 年 月 日

本期是否适用增值税小规模纳税人减征政策(减免性质代码:06049901)						是□ 否□		减征比例(%)		
税目	子目	计量单位	计税销售数量	计税销售额	适用税率	本期应纳税额	本期减免税额	本期增值税小规模纳税人减征额	本期已缴税额	本期应补(退)税额
1	2	3	4	5	6	7①=4×6 7②=5×6	8	9=(7-8)×减征比例	10	11=7-8-9-10
合计		—			—					

谨声明:本纳税申报表是根据国家税收法律法规及相关规定填报的,是真实的、可靠的、完整的。

纳税人(签章): 年 月 日

经办人: 经办人身份证号: 代理机构签章: 代理机构统一社会信用代码:	受理人: 受理税务机关(章): 受理日期: 年 月 日

模块八　印花税纳税实务

知识结构图

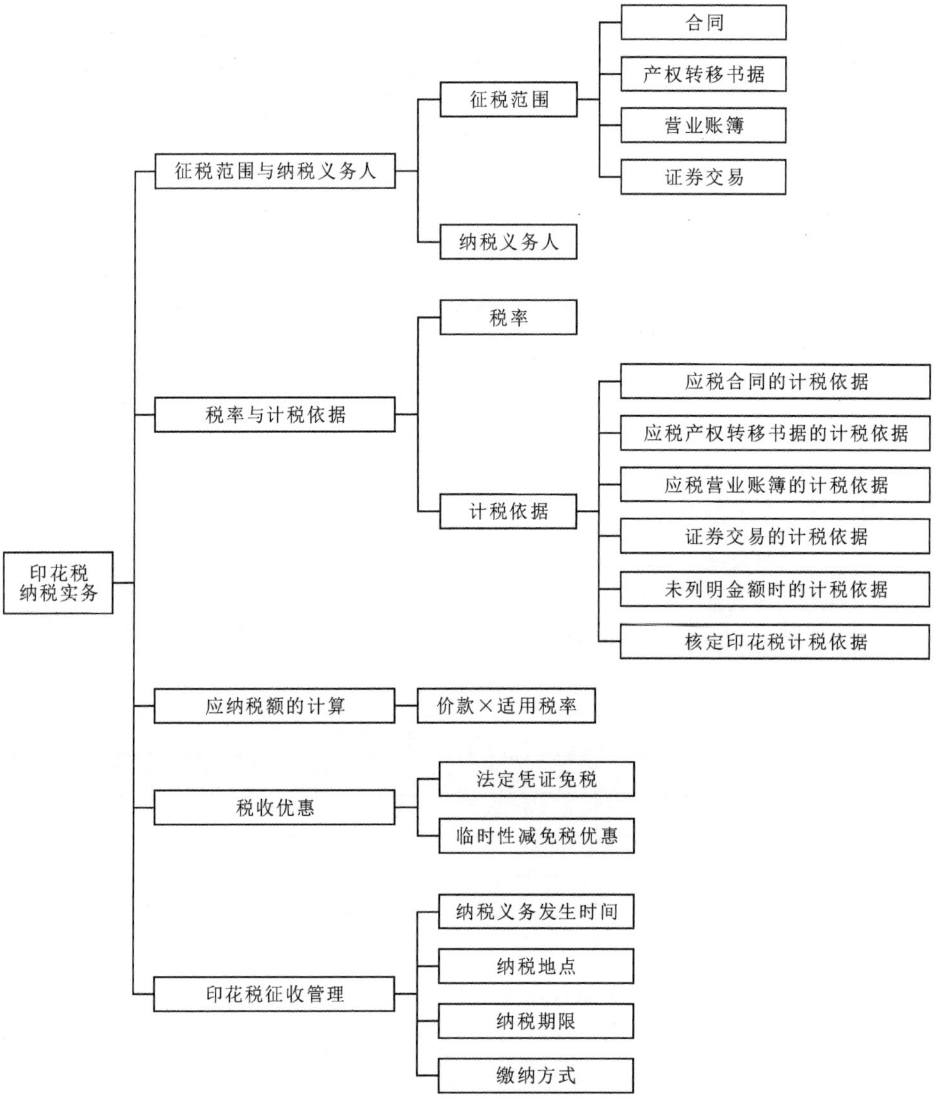

任务一　印花税征税范围与纳税义务人

印花税法，是指国家制定的用以调整印花税征收与缴纳权利及义务关系的法律规范。现行印花税法的基本规范是由第十三届全国人民代表大会常务委员会2021年6月10日通过，2022年7月1日起施行的《中华人民共和国印花税法》(以下简称《印花税法》)。

印花税是以经济活动和经济交往中，书立、领受应税凭证的行为为征税对象征收的一种税。印花税因其采用在应税凭证上粘贴印花税票的方法缴纳税款而得名。征收印花税有利于增加财政收入，配合和加强经济合同的监督管理，培养纳税意识，也有利于配合对其他应纳税种的监督管理。

一、印花税的征税范围

我国经济活动中发生的经济凭证种类繁多、数量巨大。现行印花税采取正列举形式，只对法律规定中列举的凭证征收，没有列举的凭证不征税。列举的凭证分为四类，即合同类、产权转移书据类、营业账簿类和证券交易类。

(一)合同

合同是指平等主体的自然人、法人、其他组织之间设立、变更、终止民事权利义务关系的协议。印花税税目中的合同按照《民法典》的规定进行分类，在税目税率表中列举了如下11大类合同。

(1)买卖合同，包括供应、预购、采购、购销结合及协作、调剂、补偿、易货等合同；还包括各出版单位与发行单位(不包括订阅单位和个人)之间订立的图书、报刊、音像征订凭证。

对于工业、商业、物资、外贸等部门经销和调拨商品、物资供应的调拨单(或其他名称的单、卡、书、表等)，应当区分其性质和用途，即看其是作为部门内执行计划使用的，还是代替合同使用的，以确定是否贴花。凡属于明确双方供需关系，据以供货和结算，具有合同性质的凭证，应按规定缴纳印花税。

对纳税人以电子形式签订的各类应税凭证，按规定征收印花税。

发电厂与电网之间、电网与电网之间书立的购售电合同，应当按买卖合同税目缴纳印花税。

企业之间书立的确定买卖关系、明确买卖双方权利义务的订单、要货单等单据，且未另外书立买卖合同的，应当按规定缴纳印花税。

(2)借款合同，包括银行及其他金融组织和借款人(不包括银行同业拆借)所签订的借款合同。

(3)融资租赁合同。

(4)租赁合同，包括租赁房屋、船舶、飞机、机动车辆、机械、器具、设备等合同；还包括企业、个人出租门店、柜台等所签订的合同；但不包括企业与主管部门签订的租赁承包合同。

(5)承揽合同，包括加工、定做、修缮、修理、印刷、广告、测绘、测试等合同。

(6)建设工程合同，包括勘察、设计、建筑、安装工程合同的总包合同、分包合同和转包合同。

(7)运输合同，包括民用航空运输、铁路运输、海上运输、内河运输、公路运输和联运合同。

(8)技术合同,包括技术开发、转让、咨询、服务等合同。

技术转让合同包括专利申请转让、非专利技术转让所书立的合同,但不包括专利权转让、专利实施许可所书立的合同。后者适用于“产权转移书据”。

技术咨询合同是合同当事人就有关项目的分析、论证、评价、预测和调查订立的技术合同,而一般的法律、会计、审计等方面的咨询不属于技术咨询,其所立合同不贴印花。

技术服务合同的征税范围包括技术服务合同、技术培训合同和技术中介合同。

(9)保管合同,包括保管合同或作为合同使用的仓单、栈单(入库单)。对某些使用不规范的凭证不便计税的,可就其结算单据作为计税贴花的凭证。

(10)仓储合同。

(11)财产保险合同,包括财产、责任、保证、信用等保险合同。

(二)产权转移书据

产权转移即财产权利关系的变更行为,表现为产权主体发生变更。产权转移书据是在产权的买卖、交换、继承、赠与、分割等产权主体变更过程中,由产权出让人与受让人之间所订立的民事法律文书。

我国印花税税目中的产权转移书据包括土地使用权出让书据,土地使用权、房屋等建筑物和构筑物所有权转让书据(不包括土地承包经营权和土地经营权转移),股权转让书据(不包括应缴纳证券交易印花税的),以及商标专用权、著作权、专利权、专有技术使用权转让书据。

(三)营业账簿

印花税税目中的营业账簿归属于财务会计账簿,是按照财务会计制度的要求设置的,反映生产经营活动的账册。按照营业账簿反映的内容不同,在税目中分为记载资金的账簿(以下简称资金账簿)和其他营业账簿两类,对记载资金的营业账簿征收印花税,对其他营业账簿不征收印花税。

(1)资金账簿,是反映生产经营单位“实收资本”和“资本公积”金额增减变化的账簿。

(2)其他营业账簿,是反映除资金资产以外的其他生产经营活动内容的账簿,即除资金账簿以外的,归属于财务会计体系的其他生产经营用账册。

(四)证券交易

证券交易,是指转让在依法设立的证券交易所、国务院批准的其他全国性证券交易场所交易的股票和以股票为基础的存托凭证。证券交易印花税对证券交易的出让方征收,不对受让方征收。

下列情形的凭证,不属于印花税征收范围:

(1)人民法院的生效法律文书,仲裁机构的仲裁文书,监察机关的监察文书;

(2)县级以上人民政府及其所属部门按照行政管理权限征收、收回或者补偿安置房地产书立的合同、协议或者行政类文书;

(3)总公司与分公司、分公司与分公司之间书立的作为执行计划使用的凭证。

知识技能辨析 6-7

1.任务要求·多选题

根据印花税法律制度的规定,下列各项中,属于印花税征税范围的有(　　)。

A. 土地使用权出让合同　　B. 土地使用权转让合同

C. 商品房销售合同　　D. 营业账簿

2. 任务解答

正确答案：ABCD

3. 任务释疑

以上四项均属于印花税征税范围。土地使用权的出让和转让合同按照“产权转移书据”贴花。

二、印花税的纳税义务人

(一)印花税纳税人的一般规定

在中华人民共和国境内书立应税凭证、进行证券交易的单位和个人，为印花税的纳税人，应当依照《印花税法》的规定缴纳印花税。在中华人民共和国境外书立在境内使用的应税凭证的单位和个人，应当依照《印花税法》的规定缴纳印花税。

应税凭证，是指《印花税法》所附“印花税税目税率表”列明的合同、产权转移书据和营业账簿。

单位是指企业、行政单位、事业单位、军事单位、社会团体及其他单位；个人是指个体工商户和其他个人。

如果一份合同或应税凭证由两方或两方以上当事人共同签订，签订合同或应税凭证的各方都是纳税人，应各就其所持合同或应税凭证的计税金额履行纳税义务。

书立应税凭证的纳税人，为对应税凭证有直接权利义务关系的单位和个人。采用委托贷款方式书立的借款合同纳税人，为受托人和借款人，不包括委托人。按买卖合同或者产权转移书据税目缴纳印花税的拍卖成交确认书纳税人，为拍卖标的的产权人和买受人，不包括拍卖人。

在中华人民共和国境外书立在境内使用的应税凭证，应当按规定缴纳印花税，包括以下几种情形：

(1)应税凭证的标的为不动产的，该不动产在境内；

(2)应税凭证的标的为股权的，该股权为中国居民企业的股权；

(3)应税凭证的标的为动产或者商标专用权、著作权、专利权、专有技术使用权的，其销售方或者购买方在境内，但不包括境外单位或者个人向境内单位或者个人销售完全在境外使用的动产或者商标专用权、著作权、专利权、专有技术使用权；

(4)应税凭证的标的为服务的，其提供方或者接受方在境内，但不包括境外单位或者个人向境内单位或者个人提供完全在境外发生的服务。

(二)印花税纳税人的具体规定

根据书立、使用应税凭证的不同，纳税人可分为立合同人、立账簿人、立据人和使用人等。

(1)立合同人，是指合同的当事人，即对凭证有直接权利义务关系的单位和个人，但不包括合同的担保人、证人、鉴定人。所谓合同，是指根据《民法典》的规定订立的各类合同，包括买卖、借款、融资租赁、租赁、承揽、建设工程、运输、技术、保管、仓储、财产保险共11类合同。当事人的代理人有代理纳税义务。

(2)立账簿人，是指开立并使用营业账簿的单位和个人。如某企业因生产需要，设立了若干营业账簿，该企业即为印花税的纳税人。

(3)立据人，是指书立产权转移书据的单位和个人。

(4)使用人，是指在国外书立、领受，但在国内使用应税凭证的单位和个人。

同一应税凭证由两方以上当事人书立的，按照各自涉及的金额分别计算应纳税额。

知识技能辨析 6-8

1. 任务要求·单选题

根据印花税法律制度的规定，下列各项中，属于印花税纳税人的是(　　)。

A. 合同的双方当事人　　B. 合同的担保人

C. 合同的证人　　D. 合同的鉴定人

2 任务解答

正确答案：A

3. 任务释疑

合同的当事人是印花税的纳税人，不包括合同的担保人、证人、鉴定人。

任务二　印花税税率与计税依据

一、印花税的税率

印花税的税率设计遵循“税负从轻、共同负担”的原则，所以税率比较低。凭证的当事人，即对凭证有直接权利与义务关系的单位和个人，均应就其所持凭证依法纳税。印花税税目税率表见表 6-8。

表 6-8　印花税税目税率表

税目		税率	备注
合同（指书面合同）	借款合同	借款金额的万分之零点五	指银行业金融机构、经国务院银行业监督管理机构批准设立的其他金融机构与借款人(不包括同业拆借)的借款合同
	融资租赁合同	租金的万分之零点五	
	买卖合同	价款的万分之三	指动产买卖合同(不包含个人书立的动产买卖合同)
	承揽合同	报酬的万分之三	
	建设工程合同	价款的万分之三	
	运输合同	运输费用的万分之三	指货运合同和多式联运合同(不包括管道运输合同)
	技术合同	价款、报酬或者使用费的万分之三	不包括专利权、专有技术使用权转让书据
	租赁合同	租金的千分之一	
	保管合同	保管费的千分之一	
	仓储合同	仓储费的千分之一	
	财产保险合同	保险费的千分之一	不包括再保险合同

续表 6-8

<table>
<tr><th colspan="2">税目</th><th>税率</th><th>备注</th></tr>
<tr><td rowspan="4">产权转移书据</td><td>土地使用权出让书据</td><td>价款的万分之五</td><td rowspan="4">转让包括买卖(出售)、继承、赠与、互换、分割</td></tr>
<tr><td>土地使用权、房屋等建筑物和构筑物所有权转让书据(不包括土地承包经营权和土地经营权转移)</td><td>价款的万分之五</td></tr>
<tr><td>股权转让书据(不包括应缴纳证券交易印花税的)</td><td>价款的万分之五</td></tr>
<tr><td>商标专用权、著作权、专利权、专有技术使用权转让书据</td><td>价款的万分之三</td></tr>
<tr><td colspan="2">营业账簿</td><td>实收资本(股本)、资本公积合计金额的万分之二点五</td><td></td></tr>
<tr><td colspan="2">证券交易</td><td>成交金额的千分之一</td><td></td></tr>
</table>

二、印花税的计税依据

(一)应税合同的计税依据

应税合同的计税依据为合同所列的金额，不包括列明的增值税税款；合同中价款或者报酬与增值税税款未分开列明的，按照合计金额确定。计税依据具体包括买卖合同和建设工程合同中的支付价款、承揽合同中的支付报酬、租赁合同和融资租赁合同中的租金、运输合同中的运输费用、保管合同中的保管费、仓储合同中的仓储费、借款合同中的借款金额、财产保险合同中的保险费，以及技术合同中的支付价款、报酬或者使用费等。

(二)应税产权转移书据的计税依据

应税产权转移书据的计税依据为产权转移书据所列的金额，不包括列明的增值税税款；产权转移书据中价款与增值税税款未分开列明的，按照合计金额确定。

应税合同、产权转移书据未列明价款或者报酬的，按照下列方法确定计税依据：

(1)按照订立合同、产权转移书据时的市场价格确定；依法应当执行政府定价的，按照其规定确定。

(2)不能按照上述规定的方法确定的，按照实际结算的价款或者报酬确定。

同一应税合同、应税产权转移书据中涉及两方以上纳税人，且未列明纳税人各自涉及金额的，以纳税人平均分摊的应税凭证所列金额(不包括列明的增值税税款)确定计税依据。

应税合同、应税产权转移书据所列的金额与实际结算金额不一致，不变更应税凭证所列金额的，以所列金额为计税依据；变更应税凭证所列金额的，以变更后的所列金额为计税依据。已缴纳印花税的应税凭证，变更后所列金额增加的，纳税人应当就增加部分的金额补缴印花税；变更后所列金额减少的，纳税人可以就减少部分的金额向税务机关申请退还或者抵缴印花税。

纳税人因应税凭证列明的增值税税款计算错误，导致应税凭证的计税依据减少或者增加的，纳税人应当按规定调整应税凭证列明的增值税税款，重新确定应税凭证计税依据。已缴纳印花税的应税凭证，调整后计税依据增加的，纳税人应当就增加部分的金额补缴印花税；调整后计税依据减少的，纳税人可以就减少部分的金额向税务机关申请退还或者抵缴印花税。

纳税人转让股权的印花税计税依据，按照产权转移书据所列的金额（不包括列明的认缴后尚未实际出资权益部分）确定。

应税凭证金额为人民币以外的货币的，应当按照凭证书立当日的人民币汇率中间价折合人民币确定计税依据。

境内的货物多式联运，采用在起运地统一结算全程运费的，以全程运费作为运输合同的计税依据，由起运地运费结算双方缴纳印花税；采用分程结算运费的，以分程的运费作为计税依据，分别由办理运费结算的各方缴纳印花税。

未履行的应税合同、产权转移书据，已缴纳的印花税不予退还及抵缴税款。

纳税人多贴的印花税票，不予退税及抵缴税款。

（三）应税营业账簿的计税依据

应税营业账簿的计税依据为账簿记载的实收资本（股本）、资本公积合计金额。

（四）证券交易的计税依据

证券交易的计税依据为成交金额。以非集中交易方式转让证券时无转让价格的，按照办理过户登记手续前一个交易日收盘价计算确定计税依据；办理过户登记手续前一个交易日无收盘价的，按照证券面值计算确定计税依据。

（五）未列明金额时的计税依据

应税合同、产权转移书据未列明金额的，印花税的计税依据按照实际结算的金额确定。计税依据按照上述规定仍不能确定的，按照书立合同、产权转移书据时的市场价格确定；依法应当执行政府定价或者政府指导价的，按照国家有关规定确定。

（六）核定印花税计税依据

纳税人有以下情形的，税务机关可以核定纳税人印花税计税依据：

（1）未按规定建立印花税应税凭证登记簿，或未如实登记和完整保存应税凭证的。

（2）拒不提供应税凭证或不如实提供应税凭证，致使计税依据明显偏低的。

（3）采用按期汇总缴纳办法的，未按税务机关规定的期限报送汇总缴纳印花税情况报告，经税务机关责令限期报告，逾期仍不报告的，或者税务机关在检查中发现纳税人有未按规定汇总缴纳印花税情况的。

任务三　印花税应纳税额的计算方法

印花税的应纳税额按照计税依据乘以适用税率计算，具体计算公式如下：

1. 应税合同的应纳税额计算

应纳税额＝价款或者报酬×适用税率

2.应税产权转移书据的应纳税额计算

应纳税额＝价款×适用税率

3.应税营业账簿的应纳税额计算

应纳税额＝实收资本(股本)、资本公积合计金额×适用税率

4.证券交易的应纳税额计算

应纳税额＝成交金额或者依法确定的计税依据×适用税率

同一应税凭证载有两个以上税目事项并分别列明金额的，按照各自适用的税目税率分别计算应纳税额；未分别列明金额的，从高适用税率。

已缴纳印花税的营业账簿，以后年度记载的实收资本(股本)、资本公积合计金额比已缴纳印花税的实收资本(股本)、资本公积合计金额增加的，按照增加部分计算应纳税额。

情境分析 6-12

1.任务要求

山东凯特有限责任公司发生以下经济业务：

(1)与银行订立借款合同1份，所载不含增值税金额100万元；

(2)与大象运输公司签订运输保管合同，合同中注明运费30万元、保管费10万元。

要求：请分别计算两笔业务应缴纳的印花税税额。

2.任务实施

(1)应缴纳印花税税额＝1 000 000×0.05‰＝50(元)

(2)应缴纳印花税税额＝300 000×0.3‰＋100 000×1‰＝190(元)

任务四　印花税税收优惠

一、法定凭证免税

下列凭证免征印花税：

(1)应税凭证的副本或者抄本。

(2)依照法律规定应当予以免税的外国驻华使馆、领事馆和国际组织驻华代表机构为获得馆舍书立的应税凭证。

(3)中国人民解放军、中国人民武装警察部队书立的应税凭证。

(4)农民、家庭农场、农民专业合作社、农村集体经济组织、村民委员会购买农业生产资料或者销售农产品书立的买卖合同和农业保险合同。

享受印花税免税优惠的家庭农场，具体范围为以家庭为基本经营单元，以农场生产经营为主业，以农场经营收入为家庭主要收入来源，从事农业规模化、标准化、集约化生产经营，纳入全国家庭农场名录系统的家庭农场。

(5)无息或者贴息借款合同、国际金融组织向中国提供优惠贷款书立的借款合同。

(6)财产所有权人将财产赠与政府、学校、社会福利机构、慈善组织书立的产权转移书据。

享受印花税免税优惠的学校，具体范围为经县级以上人民政府或者其教育行政部门批

准成立的大学、中学、小学、幼儿园，实施学历教育的职业教育学校、特殊教育学校、专门学校，以及经省级人民政府或者其人力资源和社会保障行政部门批准成立的技工院校。享受印花税免税优惠的社会福利机构，具体范围为依法登记的养老服务机构、残疾人服务机构、儿童福利机构、救助管理机构、未成年人救助保护机构。享受印花税免税优惠的慈善组织，具体范围为依法设立、符合《中华人民共和国慈善法》规定，以面向社会开展慈善活动为宗旨的非营利性组织。

(7)非营利性医疗卫生机构采购药品或者卫生材料书立的买卖合同。

享受印花税免税优惠的非营利性医疗卫生机构，具体范围为经县级以上人民政府卫生健康行政部门批准或者备案设立的非营利性医疗卫生机构。

(8)个人与电子商务经营者订立的电子订单。

享受印花税免税优惠的电子商务经营者，具体范围按《中华人民共和国电子商务法》的有关规定执行。

对应税凭证适用印花税减免优惠的，书立该应税凭证的纳税人均可享受印花税减免政策，明确特定纳税人适用印花税减免优惠的除外。

根据国民经济和社会发展的需要，国务院对居民住房需求保障、企业改制重组、破产支持小型微型企业发展等情形可以规定减征或者免征印花税，报全国人民代表大会常务委员会备案。

二、临时性减免税优惠

(1)对铁路、公路、航运、水路承运快件行李、包裹开具的托运单据，暂免贴花。

(2)各类发行单位之间，以及发行单位与订阅单位或个人之间书立的征订凭证，暂免征印花税。

(3)军事物资运输，凡附有军事运输命令或使用专用的军事物资运费结算凭证，免纳印花税。

(4)抢险救灾物资运输，凡附有县级以上(含县级)人民政府抢险救灾物资运输证明文件的运费结算凭证，免纳印花税。

(5)对资产公司成立时设立的资金账簿免征印花税。对资产公司收购、承接和处置不良资产，免征购销合同和产权转移书据应缴纳的印花税。

(6)金融资产管理公司按财政部核定的资本金数额，接收国有商业银行的资产，在办理过户手续时，免征印花税。

(7)国有商业银行按财政部核定的数额，划转给金融资产管理公司的资产，在办理过户手续时，免征印花税。

(8)对社保理事会委托社保基金投资管理人运用社保基金买卖证券应缴纳的印花税实行先征后返。

(9)对社保基金持有的证券，在社保基金证券账户之间的划拨过户，不属于印花税的征税范围，不征收印花税。

(10)对被撤销金融机构接收债权、清偿债务过程中签订的产权转移书据，免征印花税。

(11)实行公司制改造的企业在改制过程中成立的新企业(重新办理法人登记的)，其新启用的资金账簿记载的资金或因企业建立资本纽带关系而增加的资金，凡原已贴花的部分可不再贴花，未贴花的部分和以后新增加的资金按规定贴花。公司制改造包括国有企业依《公司法》整体改造成国有独资有限责任公司；企业通过增资扩股或者转让部分产权，实现他人对企业的参股，将企业改造成有限责任公司或股份有限公司；企业以其部分财产和相应债务与他人组建新公司；企业将债务留在原企业，而以其优质财产与他人组建新公司。

(12)以合并或分立方式成立的新企业，其新启用的资金账簿记载的资金，凡原已贴花的部分可不再贴花，未贴花的部分和以后新增加的资金按规定贴花。合并包括吸收合并和新设合并。分立包括存续分立和新设分立。

(13)企业改制前签订但尚未履行完的各类应税合同，改制后需要变更执行主体的，对仅改变执行主体、其余条款未作变动且改制前已贴花的，不再贴花。

(14)企业因改制签订的产权转移书据免予贴花。

(15)对经国务院和省级人民政府决定或批准进行的国有(含国有控股)企业改组改制而发生的上市公司国有股权无偿转让行为，暂不征收证券(股票)交易印花税。对不属于上述情况的上市公司国有股权无偿转让行为，仍应征收证券(股票)交易印花税。

(16)股权分置改革过程中因非流通股股东向流通股股东支付对价而发生的股权转让，暂免征收印花税。

(17)发起机构、受托机构在信贷资产证券化过程中，与资金保管机构(指接受受托机构委托，负责保管信托项目财产账户资金的机构)、证券登记托管机构(指中央国债登记结算有限责任公司)以及其他为证券化交易提供服务的机构签订的其他应税合同，暂免征收发起机构、受托机构应缴纳的印花税。

(18)受托机构发售信贷资产支持证券以及投资者买卖信贷资产支持证券，暂免征收印花税。

(19)发起机构、受托机构因开展信贷资产证券化业务而专门设立的资金账簿，暂免征收印花税。

(20)对证券投资者保护基金有限责任公司(以下简称保护基金公司)新设立的资金账簿，免征印花税。对保护基金公司与中国人民银行签订的再贷款合同、与证券公司行政清算机构签订的借款合同，免征印花税。对保护基金公司接收被处置证券公司财产签订的产权转移书据，免征印花税。对保护基金公司以保护基金自有财产和接收的受偿资产与保险公司签订的财产保险合同，免征印花税。

(21)对发电厂与电网之间、电网与电网之间(国家电网公司系统、南方电网公司系统内部各级电网互供电量除外)签订的购售电合同，按购销合同征收印花税。电网与用户之间签订的供用电合同不属于印花税列举征税的凭证，不征收印花税。

(22)外国银行分行改制为外商独资银行(或其分行)后，其在外国银行分行已经贴花的资金账簿、应税合同，在改制后的外商独资银行(或其分行)不再重新贴花。

(23)对经济适用住房经营管理单位与经济适用住房相关的印花税以及经济适用住房购买人涉及的印花税予以免征。开发商在商品住房项目中配套建造经济适用住房，如能提供政府部门出具的相关材料，可按经济适用住房建筑面积占总建筑面积的比例免征开发商应缴纳的印花税。

(24)对个人出租、承租住房签订的租赁合同，免征印花税。

(25)对个人销售或购买的住房暂免征收印花税。

(26)对有关国有股东按照《境内证券市场转持部分国有股充实全国社会保障基金实施办法》向全国社会保障基金理事会转持国有股，免征证券（股票）交易印花税。

(27)对改造安置住房建设用地免征城镇土地使用税。对改造安置住房经营管理单位、开发商与改造安置住房相关的印花税以及购买安置住房的个人涉及的印花税予以免征。在商品住房等开发项目中配套建造安置住房的，依据政府部门出具的相关材料、房屋征收（拆迁）补偿协议或棚户区改造合同（协议），按改造安置住房建筑面积占总建筑面积的比例免征印花税。

(28)在融资性售后回租业务中，对承租人、出租人因出售租赁资产及购回租赁资产所签订的合同，不征收印花税。

(29)对香港市场投资者通过沪股通和深股通参与股票担保卖空涉及的股票借入归还，暂免征收证券（股票）交易印花税。

(30)对因农村集体经济组织以及代行集体经济组织职能的村民委员会、村民小组进行清产核资收回集体资产而签订的产权转移书据，免征印花税。

(31)对金融机构与小型企业、微型企业签订的借款合同免征印花税。

(32)对保险保障基金公司下列应税凭证，免征印花税：新设立的资金账簿；在对保险公司进行风险处置和破产救助过程中签订的产权转移书据；在对保险公司进行风险处置过程中与中国人民银行签订的再贷款合同；以保险保障基金自有财产和接收的受偿资产与保险公司签订的财产保险合同。对与保险保障基金公司签订上述产权转移书据或应税合同的其他当事人照章征收印花税。

(33)对社保基金会、社保基金投资管理人管理的社保基金转让非上市公司股权，免征社保基金会、社保基金投资管理人应缴纳的印花税。

(34)对社保基金会及养老基金投资管理机构运用养老基金买卖证券应缴纳的印花税实行先征后返；养老基金持有的证券，在养老基金证券账户之间的划拨过户，不属于印花税的征收范围，不征收印花税。对社保基金会及养老基金投资管理机构管理的养老基金转让非上市公司股权，免征社保基金会及养老基金投资管理机构应缴纳的印花税。

(35)对易地扶贫搬迁项目实施主体（以下简称项目实施主体）取得用于建设易地扶贫搬迁安置住房（以下简称安置住房）的土地，免征印花税。对安置住房建设和分配过程中应由项目实施主体、项目单位缴纳的印花税，予以免征。在商品住房等开发项目中配套建设安置住房的，按安置住房建筑面积占总建筑面积的比例，计算应予免征的项目实施主体、项目单位相关的印花税。对项目实施主体购买商品住房或者回购保障性住房作为安置住房房源的，免征契税、印花税。

(36)对与高校学生签订的高校学生公寓租赁合同，免征印花税。

(37)在国有股权划转和接收过程中，划转非上市公司股份的，对划出方与划入方签订的产权转移书据免征印花税；划转上市公司股份和全国中小企业股份转让系统挂牌公司股份的，免征证券交易印花税；对划入方因承接划转股权而增加的实收资本和资本公积，免征印花税。

(38)对公租房经营管理单位免征建设、管理公租房涉及的印花税。在其他住房项目中配套建设公租房，按公租房建筑面积占总建筑面积的比例免征建设、管理公租房涉及的印花税。对公租房经营管理单位购买住房作为公租房，免征印花税；对公租房租赁双方免征签订租赁协议涉及的印花税。

(39)对饮水工程运营管理单位为建设饮水工程取得土地使用权而签订的产权转移书据,以及与施工单位签订的建设工程承包合同,免征印花税。

(40)对商品储备管理公司及其直属库资金账簿免征印花税;对其承担商品储备业务过程中书立的购销合同免征印花税,对合同其他各方当事人应缴纳的印花税照章征收。

(41)自2022年1月1日至2024年12月31日,由省、自治区、直辖市人民政府根据本地区实际情况,以及宏观调控需要,确定对增值税小规模纳税人、小型微利企业和个体工商户可以在50%的税额幅度内减征印花税。

任务五 印花税征收管理

一、纳税义务发生时间

印花税的纳税义务发生时间为纳税人书立应税凭证或者完成证券交易的当日。

证券交易印花税扣缴义务发生时间为证券交易完成的当日。

二、纳税地点

纳税人为单位的,应当向其机构所在地的主管税务机关申报缴纳印花税;纳税人为个人的,应当向应税凭证书立地或者纳税人居住地的主管税务机关申报缴纳印花税。

不动产产权发生转移的,纳税人应当向不动产所在地的主管税务机关申报缴纳印花税。

纳税人为境外单位或者个人,在境内有代理人的,以其境内代理人为扣缴义务人;在境内没有代理人的,由纳税人自行申报缴纳印花税,具体办法由国务院税务主管部门规定。

证券登记结算机构为证券交易印花税的扣缴义务人,应当向其机构所在地的主管税务机关申报解缴税款以及银行结算的利息。

三、纳税期限

印花税按季、按年或者按次计征。实行按季、按年计征的,纳税人应当自季度、年度终了之日起15日内申报缴纳税款;实行按次计征的,纳税人应当自纳税义务发生之日起15日内申报缴纳税款。

证券交易印花税按周解缴。证券交易印花税扣缴义务人应当自每周终了之日起5日内申报解缴税款以及银行结算的利息。

四、缴纳方式和纳税申报表

印花税可以采用粘贴印花税票或者由税务机关依法开具其他完税凭证的方式缴纳。

印花税票粘贴在应税凭证上的,由纳税人在每枚税票的骑缝处盖戳注销或者画销。

印花税票由国务院税务主管部门监制。

印花税纳税申报(报告)表样式见表6-9。

表 6-9 印花税纳税申报(报告)表

税款所属期限:自　　年　　月　　日至　　年　　月　　日

纳税人识别号(统一社会信用代码):□□□□□□□□□□□□□□□□□□

纳税人名称:　　　　　　　　　　　　　　　　　　　　　　　　　金额单位:人民币元(列至角分)

本期是否适用增值税小规模纳税人减征政策(减免性质代码:09049901)					□是 □否	减征比例(%)				
应税凭证	计税金额或件数	核定征收		适用税率	本期应纳税额	本期已缴税额	本期减免税额		本期增值税小规模纳税人减征额	本期应补(退)税额
		核定依据	核定比例				减免性质代码	减免税额		
	1	2	3	4	5=1×4+2×3×4	6	7	8	9	10=5-6-8-9
购销合同				0.3‰						
加工承揽合同				0.5‰						
建设工程勘察设计合同				0.5‰						
建筑安装工程承包合同				0.3‰						
财产租赁合同				1‰						
货物运输合同				0.5‰						
仓储保管合同				1‰						
借款合同				0.05‰						
财产保险合同				1‰						
技术合同				0.3‰						
产权转移书据				0.5‰						
营业账簿(记载资金的账簿)		—		0.5‰						
营业账簿(其他账簿)		—		5				—		
权利、许可证照		—		5						
合计	—	—		—						

谨声明:本纳税申报表是根据国家税收法律法规及相关规定填报的,是真实的、可靠的、完整的。

纳税人(签章):　　　　　　　年　　月　　日

经办人: 经办人身份证号: 代理机构签章: 代理机构统一社会信用代码:	受理人: 受理税务机关(章): 受理日期:　　年　　月　　日

模块九 车船税纳税实务

知识结构图

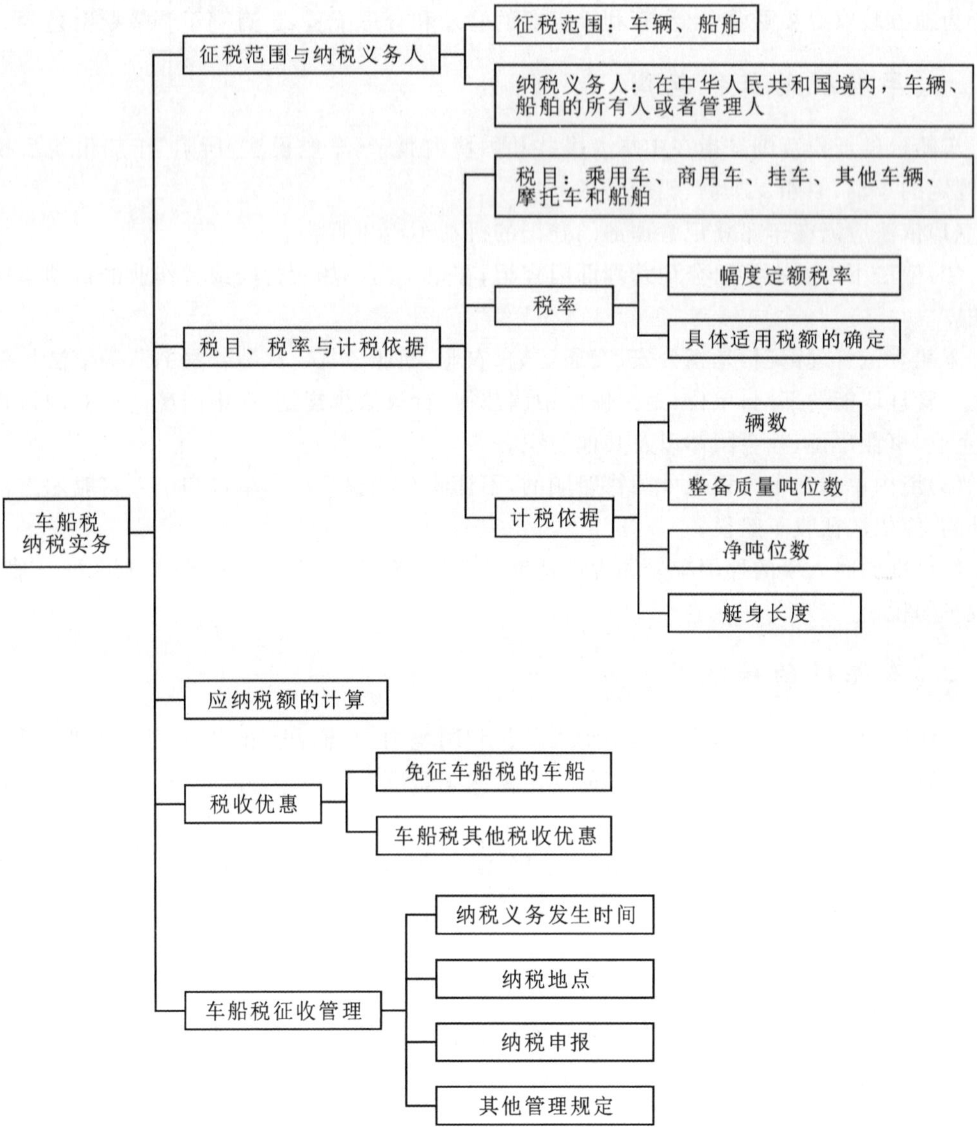

任务一　车船税征税范围与纳税义务人

车船税法，是指国家制定的用以调整车船税征收与缴纳权利及义务关系的法律规范。现行车船税法的基本规范，是2011年2月25日由中华人民共和国第十一届全国人民代表大会常务委员会第十九次会议通过的《中华人民共和国车船税法》（以下简称《车船税法》），自2012年1月1日起施行。

车船税是以车船为征税对象，向拥有车船的单位和个人征收的一种税。征收车船税有利于为地方政府筹集财政资金，有利于车船的管理和合理配置，也有利于调节财富差异。

一、车船税的征税范围

车船税的征税范围是指在中华人民共和国境内属于《车船税法》所附“车船税税目税额表”规定的车辆、船舶。车辆、船舶是指：

（1）依法应当在车船登记管理部门登记的机动车辆和船舶。

（2）依法不需要在车船登记管理部门登记、在单位内部场所行驶或者作业的机动车辆和船舶。

车船登记管理部门，是指公安、交通运输、农业、渔业、军队、武装警察部队等依法具有车船登记管理职能的部门；单位，是指依照中国法律、行政法规规定，在中国境内成立的行政机关、企业、事业单位、社会团体以及其他组织。

（3）境内单位和个人租入外国籍船舶的，不征收车船税。境内单位和个人将船舶出租到境外的，应依法征收车船税。

经批准临时入境的外国车船和香港特别行政区、澳门特别行政区、台湾地区的车船，不征收车船税。

二、车船税的纳税义务人

车船税的纳税义务人，是指在中华人民共和国境内，车辆、船舶（以下简称车船）的所有人或者管理人，应当依照《车船税法》的规定缴纳车船税。

任务二　车船税税目、税率与计税依据

一、车船税的税目

车船税的税目分为六大类，包括乘用车、商用车、挂车、其他车辆、摩托车和船舶。

（一）乘用车

乘用车，是指在设计和技术特性上主要用于载运乘客及随身行李，核定载客人数包括驾驶员在内不超过9人的汽车。

（二）商用车

商用车，是指除乘用车外，在设计和技术特性上用于载运乘客、货物的汽车，划分为客车

和货车。

客车是指核定载客人数 9 人以上的汽车，包括电车。

货车包括半挂牵引车、三轮汽车和低速载货汽车等。半挂牵引车，是指装备有特殊装置用于牵引半挂车的商用车。三轮汽车，是指最高设计车速不超过每小时 50 公里，具有 3 个车轮的货车。低速载货汽车，是指以柴油机为动力，最高设计车速不超过每小时 70 公里，具有 4 个车轮的货车。

(三)挂车

挂车，是指就其设计和技术特性需由汽车或者拖拉机牵引，才能正常使用的一种无动力的道路车辆。

(四)其他车辆

其他车辆，是指专用作业车和轮式专用机械车。

专用作业车，是指在其设计和技术特性上用于特殊工作的车辆。

轮式专用机械车，是指具有特殊结构和专门功能，装有橡胶车轮，可以自行行驶，最高设计车速大于每小时 20 公里的轮式工程机械车。

(五)摩托车

摩托车，是指无论采用何种驱动方式，最高设计车速大于每小时 50 公里，或者使用内燃机，其排量大于 50 毫升的两轮或者三轮车辆。

(六)船舶

船舶，是指各类机动、非机动船舶以及其他水上移动装置，包括机动船舶和游艇，但是船舶上装备的救生艇筏和长度小于 5 米的艇筏除外。

其中，机动船舶是指用机器推进的船舶；拖船是指专门用于拖(推)动运输船舶的专业作业船舶；非机动驳船，是指在船舶登记管理部门登记为驳船的非机动船舶；游艇是指具备内置机械推进动力装置，长度在 90 米以下，主要用于游览观光、休闲娱乐、水上体育运动等活动，并应当具有船舶检验证书和适航证书的船舶。

二、车船税的税率

(一)幅度定额税率

车船税采用定额税率，又称固定税额。根据《车船税法》的规定，对应税车船实行有幅度的定额税率，即对各类车船分别规定一个最低到最高限度的年税额。车船的适用税额依照“车船税税目税额表”执行。

(二)具体适用税额的确定

车辆的具体适用税额由省、自治区、直辖市人民政府依照《车船税法》所附“车船税税目税额表”规定的税额幅度和国务院的规定确定并报国务院备案。省、自治区、直辖市人民政府确定车辆具体适用税额应当遵循以下两条原则：

(1)乘用车依排气量从小到大递增税额；

(2)客车按照核定载客人数 20 人以下和 20 人(含)以上两档划分，递增税额。

船舶的具体适用税额由国务院在《车船税法》所附“车船税税目税额表”规定的税额幅度

内确定。“车船税税目税额表”见表 6-10。

表 6-10　车船税税目税额表

<table>
<tr><th colspan="2">税目</th><th>计税单位</th><th>年基准税额(元)</th><th>备注</th></tr>
<tr><td rowspan="7">乘用车[按发动机气缸容量(排气量)分档]</td><td>1.0 升(含)以下的</td><td rowspan="7">每辆</td><td>60～360</td><td rowspan="7">核定载客人数 9 人(含)以下</td></tr>
<tr><td>1.0 升以上至 1.6 升(含)的</td><td>300～540</td></tr>
<tr><td>1.6 升以上至 2.0 升(含)的</td><td>360～660</td></tr>
<tr><td>2.0 升以上至 2.5 升(含)的</td><td>660～1 200</td></tr>
<tr><td>2.5 升以上至 3.0 升(含)的</td><td>1 200～2 400</td></tr>
<tr><td>3.0 升以上至 4.0 升(含)的</td><td>2 400～3 600</td></tr>
<tr><td>4.0 升以上的</td><td>3 600～5 400</td></tr>
<tr><td rowspan="2">商用车</td><td>客车</td><td>每辆</td><td>480～1 440</td><td>核定载客人数 9 人以上,包括电车</td></tr>
<tr><td>货车</td><td>整备质量每吨</td><td>16～120</td><td>包括半挂牵引车、三轮汽车和低速载货汽车等</td></tr>
<tr><td>挂车</td><td></td><td>整备质量每吨</td><td>按照货车税额的 50%计算</td><td></td></tr>
<tr><td rowspan="2">其他车辆</td><td>专用作业车</td><td>整备质量每吨</td><td>16～120</td><td rowspan="2">不包括拖拉机</td></tr>
<tr><td>轮式专用机械车</td><td>整备质量每吨</td><td>16～120</td></tr>
<tr><td>摩托车</td><td></td><td>每辆</td><td>36～180</td><td></td></tr>
<tr><td rowspan="2">船舶</td><td>机动船舶</td><td>净吨位每吨</td><td>3～6</td><td rowspan="2">拖船、非机动驳船分别按照机动船舶税额的 50%计算;游艇的税额另行规定</td></tr>
<tr><td>游艇</td><td>艇身长度每米</td><td>600～2 000</td></tr>
</table>

(1)机动船舶具体适用税额为:

①净吨位不超过 200 吨的,每吨 3 元;

②净吨位超过 200 吨但不超过 2 000 吨的,每吨 4 元;

③净吨位超过 2 000 吨但不超过 10 000 吨的,每吨 5 元;

④净吨位超过 10 000 吨的,每吨 6 元。

拖船按照发动机功率每 1 千瓦折合净吨位 0.67 吨计算征收车船税。

(2)游艇具体适用税额为:

①艇身长度不超过 10 米的,每米 600 元;

②艇身长度超过 10 米但不超过 18 米的,每米 900 元;

③艇身长度超过 18 米但不超过 30 米的,每米 1 300 元;

④艇身长度超过30米的,每米2 000元;

⑤辅助动力帆艇,每米600元。

(3)排气量、整备质量、核定载客人数、净吨位、千瓦、艇身长度,以车船登记管理部门核发的车船登记证书或者行驶证所载数据为准。

依法不需要办理登记的车船和依法应当登记而未办理登记或者不能提供车船登记证书、行驶证的车船,以车船出厂合格证明或者进口凭证标注的技术参数、数据为准;不能提供车船出厂合格证明或者进口凭证的,由主管税务机关参照国家相关标准核定,没有国家相关标准的参照同类车船核定。

三、车船税的计税依据

车船税以车船的计税单位数量为计税依据。《车船税法》按车船的种类和性能,分别确定每辆、整备质量每吨、净吨位每吨和艇身长度每米为计税单位。

(一)辆数

乘用车、商用客车和摩托车,以辆数为计税依据。

(二)整备质量吨位数

商用货车、挂车、专用作业车和轮式专用机械车,以整备质量吨位数为计税依据。

(三)净吨位数

机动船舶,以净吨位数为计税依据。

(四)艇身长度

游艇以艇身长度为计税依据。

知识技能辨析6-9

1. 任务要求·单选题

根据车船税法律制度的规定,下列各项中,属于商用货车计税依据的是(　　)。

A. 辆数　　B. 整备质量吨位数

C. 净吨位数　　D. 购置价格

2. 任务解答

正确答案:B

3. 任务释疑

商用货车、挂车、专用作业车、轮式专用机械车,以整备质量吨位数为计税依据。

任务三　车船税应纳税额的计算方法

纳税人按照纳税地点所在的省、自治区、直辖市人民政府确定的具体适用税额缴纳车船税。车船税由税务机关负责征收。

(1)购置的新车船,购置当年的应纳税额自纳税义务发生的当月起按月计算。其计算公式为:

应纳税额=年应纳税额÷12×应纳税月份数

应纳税月份数=12-纳税义务发生时间(取月份)+1

(2)在一个纳税年度内，已完税的车船被盗抢、报废、灭失的，纳税人可以凭有关管理机关出具的证明和完税证明，向纳税所在地的主管税务机关申请退还自被盗抢、报废、灭失月份起至该纳税年度终了期间的税款。

(3)已办理退税的被盗抢车船，失而复得的，纳税人应当从公安机关出具相关证明的当月起计算缴纳车船税。

(4)已缴纳车船税的车船在同一纳税年度内办理转让过户的，不另纳税，也不退税。

(5)已经缴纳车船税的车船，因质量原因，车船被退回生产企业或者经销商的，纳税人可以向纳税所在地的主管税务机关申请退还自退货月份起至该纳税年度终了期间的税款。退货月份以退货发票所载日期的当月为准。

情境分析 6-13

1. 任务要求

某运输公司拥有载货汽车 30 辆(货车整备质量全部为 10 吨)；乘人大客车 20 辆、小客车 10 辆。已知载货汽车每吨年税额 80 元，乘人大客车每辆年税额 800 元，乘人小客车每辆年税额 700 元。

要求：请计算该公司应纳车船税。

2. 任务实施

载货汽车应纳税额＝30×10×80＝24 000(元)

乘人汽车应纳税额＝20×800＋10×700＝23 000(元)

全年应纳车船税税额＝24 000＋23 000＝47 000(元)

任务四　车船税税收优惠

一、免征车船税的车船

下列车船免征车船税：

(1)捕捞、养殖渔船，是指在渔业船舶登记管理部门登记为捕捞船或者养殖船的船舶。

(2)军队、武装警察部队专用的车船，是指按照规定在军队、武装警察部队车船登记管理部门登记，并领取军队、武警牌照的车船。

(3)警用车船，是指公安机关、国家安全机关、监狱、劳动教养管理机关和人民法院、人民检察院领取警用牌照的车辆和执行警务的专用船舶。

(4)悬挂应急救援专用号牌的国家综合性消防救援车辆和国家综合性消防救援船舶。

(5)依照法律规定应当予以免税的外国驻华使领馆、国际组织驻华代表机构及其有关人员的车船。

二、车船税其他税收优惠

(1)对使用新能源车船，免征车船税。免征车船税的新能源汽车是指纯电动商用车、插电式(含增程式)混合动力汽车、燃料电池商用车。纯电动乘用车和燃料电池乘用车不属于车船税征税范围，对其不征车船税。免征车船税的使用新能源汽车(不含纯电动乘用车和燃料电池乘用车)，必须符合国家有关标准。

(2)临时入境的外国车船和香港特别行政区、澳门特别行政区、台湾地区的车船,不征收车船税。

(3)按照规定缴纳船舶吨税的机动船舶,自《车船税法》实施之日起 5 年内免征车船税。

(4)依法不需要在车船登记管理部门登记的机场、港口、铁路站场内部行驶或者作业的车船,自《车船税法》实施之日起 5 年内免征车船税。

(5)对节约能源车船,减半征收车船税。

减半征收车船税的节约能源乘用车应同时符合以下标准:获得许可在中国境内销售的排量为 1.6 升以下(含 1.6 升)的燃用汽油、柴油的乘用车(含非插电式混合动力、双燃料和两用燃料乘用车);综合工况燃料消耗量应符合标准。

减半征收车船税的节约能源商用车应同时符合下列标准:获得许可在中国境内销售的燃用天然气、汽油、柴油的轻型和重型商用车(含非插电式混合动力、双燃料和两用燃料轻型和重型商用车);燃用汽油、柴油的轻型和重型商用车综合工况燃料消耗量应符合标准。

(6)对受地震、洪涝等严重自然灾害影响纳税困难以及其他特殊原因确需减免税的车船,可以在一定期限内减征或者免征车船税。具体减免期限和数额由省、自治区、直辖市人民政府确定,报国务院备案。

(7)省、自治区、直辖市人民政府根据当地实际情况,可以对公共交通车船,农村居民拥有并主要在农村地区使用的摩托车、三轮汽车和低速载货汽车定期减征或者免征车船税。

任务五　车船税征收管理

一、纳税义务发生时间

车船税纳税义务发生时间为取得车船所有权或者管理权的当月。以购买车船的发票或其他证明文件所载日期的当月为准。

二、纳税地点

车船税的纳税地点为车船的登记地或者车船税扣缴义务人所在地。

扣缴义务人代收代缴车船税的,纳税地点为扣缴义务人所在地。

纳税人自行申报缴纳车船税的,纳税地点为车船登记地的主管税务机关所在地。

依法不需要办理登记的车船,其车船税的纳税地点为车船的所有人或者管理人所在地。

三、纳税申报

车船税按年申报,分月计算,一次性缴纳。纳税年度为公历 1 月 1 日至 12 月 31 日。

具体申报纳税期限由省、自治区、直辖市人民政府规定。

(1)从事机动车第三者责任强制保险业务的保险机构为机动车车船税的扣缴义务人,应当在收取保险费时依法代收车船税,并出具代收税款凭证。机动车车船税扣缴义务人在代收车船税时,应当在机动车交通事故责任强制保险的保险单以及保费发票上注明已收税款的信息,作为代收税款凭证。

(2)已完税或者依法减免税的车辆,纳税人应当向扣缴义务人提供登记地的主管税务机关出具的完税凭证或者减免税证明。

（3）纳税人没有按照规定期限缴纳车船税的，扣缴义务人在代收代缴税款时，可以一并代收代缴欠缴税款的滞纳金。

（4）扣缴义务人已代收代缴车船税的，纳税人不再向车辆登记地的主管税务机关申报缴纳车船税。没有扣缴义务人的，纳税人应当向主管税务机关自行申报缴纳车船税。

（5）纳税人缴纳车船税时，应当提供反映排气量、整备质量、核定载客人数、净吨位、千瓦、艇身长度等与纳税相关信息的相应凭证以及税务机关根据实际需要要求提供的其他资料。纳税人以前年度已经提供前款所列资料信息的，可以不再提供。

（6）已缴纳车船税的车船在同一纳税年度内办理转让过户的，不另纳税，也不退税。

四、其他管理规定

（1）公安、交通运输、农业、渔业等车船登记管理部门、船舶检验机构和车船税扣缴义务人的行业主管部门应当在提供车船有关信息等方面，协助税务机关加强车船税的征收管理。车辆所有人或者管理人在申请办理车辆相关登记、定期检验手续时，应当向公安机关交通管理部门提交依法纳税或者免税证明。公安机关交通管理部门核查后办理相关手续。公安机关交通管理部门在办理车辆相关登记和定期检验手续时，经核查，对没有提供依法纳税或者免税证明的，不予办理相关手续。

（2）扣缴义务人应当及时解缴代收代缴的税款和滞纳金，并向主管税务机关申报。扣缴义务人向税务机关解缴税款和滞纳金时，应当同时报送明细的税款和滞纳金扣缴报告。扣缴义务人解缴税款和滞纳金的具体期限，由省、自治区、直辖市税务机关依照法律、行政法规的规定确定。

（3）购置的新车船，购置当年的应纳税额自纳税义务发生的当月起按月计算。应纳税额为年应纳税额除以12再乘以应纳税月份数。

（4）在一个纳税年度内，已完税的车船被盗抢、报废、灭失的，纳税人可以凭有关管理机关出具的证明和完税凭证，向纳税所在地的主管税务机关申请退还自被盗抢、报废、灭失月份起至该纳税年度终了期间的税款。已办理退税的被盗抢车船失而复得的，纳税人应当从公安机关出具相关证明的当月起计算缴纳车船税。

车船税纳税申报表样式见表6-11。

表 6-11　车船税纳税申报表

税款所属期限：自　　年　月　日至　　年　月　日　　　填表日期：　　年　月　日

金额单位：元（列至角分）

纳税人识别号：

<table>
<tr><td colspan="3">纳税人名称</td><td colspan="4"></td><td colspan="3">纳税人身份证照类型</td><td colspan="4"></td></tr>
<tr><td colspan="3">纳税人身份证照号码</td><td colspan="4"></td><td colspan="3">居住（单位）地址</td><td colspan="4"></td></tr>
<tr><td colspan="3">联系人</td><td colspan="4"></td><td colspan="3">联系方式</td><td colspan="4"></td></tr>
<tr><td>序号</td><td>（车辆）号牌号码/（船舶）登记号码</td><td>车船识别代码（车架号/船舶识别号）</td><td>征收品目</td><td>计税单位</td><td>计税单位的数量</td><td>单位税额</td><td>年应缴税额</td><td>本年减免税额</td><td>减免性质代码</td><td>减免税证明号</td><td>当年应缴税额</td><td>本年已缴税额</td><td>本期年应补（退）税额</td></tr>
<tr><td></td><td>1</td><td>2</td><td>3</td><td>4</td><td>5</td><td>6</td><td>7＝5×6</td><td>8</td><td>9</td><td>10</td><td>11＝7－8</td><td>12</td><td>13＝11－12</td></tr>
<tr><td></td><td></td><td></td><td></td><td></td><td></td><td></td><td></td><td></td><td></td><td></td><td></td><td></td><td></td></tr>
<tr><td></td><td></td><td></td><td></td><td></td><td></td><td></td><td></td><td></td><td></td><td></td><td></td><td></td><td></td></tr>
<tr><td>合计</td><td>—</td><td>—</td><td>—</td><td>—</td><td>—</td><td>—</td><td></td><td></td><td>—</td><td>—</td><td></td><td></td><td></td></tr>
<tr><td colspan="3">申报车辆总数（辆）</td><td colspan="4"></td><td colspan="3">申报船舶总数（艘）</td><td colspan="4"></td></tr>
<tr><td colspan="14">以下由申报人填写</td></tr>
<tr><td colspan="2">纳税人声明</td><td colspan="12">此纳税申报表是根据《中华人民共和国车船税法》和国家有关税收规定填报的，是真实的、可靠的、完整的。</td></tr>
<tr><td colspan="2">纳税人签章</td><td colspan="3"></td><td colspan="2">代理人签章</td><td colspan="2"></td><td colspan="3">代理人身份证号</td><td colspan="2"></td></tr>
<tr><td colspan="14">以下由税务机关填写</td></tr>
<tr><td colspan="2">受理人</td><td colspan="3"></td><td colspan="2">受理日期</td><td colspan="2"></td><td colspan="3">受理税务机关（签章）</td><td colspan="2"></td></tr>
</table>

模块十 车辆购置税纳税实务

知识结构图

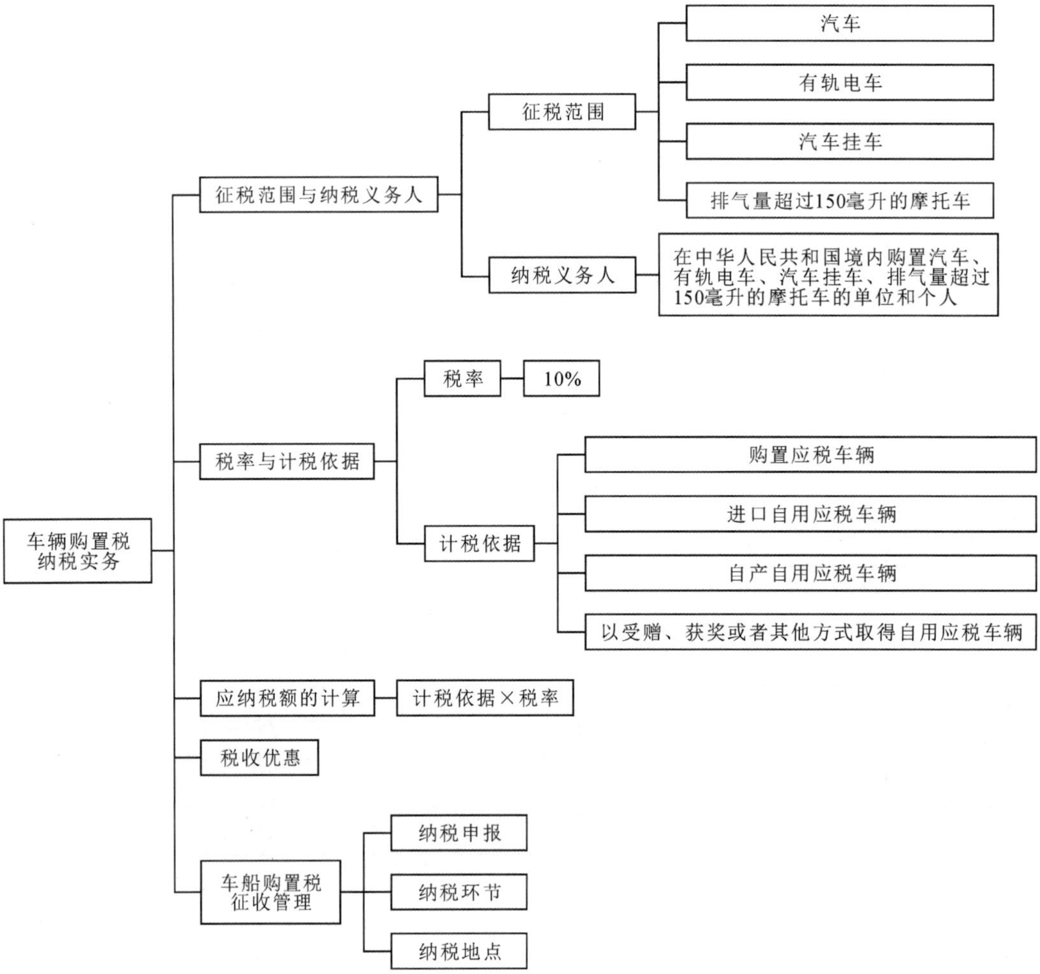

任务一 车辆购置税征税范围与纳税义务人

车辆购置税法，是指国家制定的用以调整车辆购置税征收与缴纳权利及义务关系的法律规范。现行车辆购置税法的基本规范，是2018年12月29日第十三届全国人民代表大会常务委员会第七次会议通过，并于2019年7月1日起施行的《中华人民共和国车辆购置税法》(以下简称《车辆购置税法》)。征收车辆购置税有利于合理筹集财政资金,规范政府行为,调节收入差距,也有利于配合打击车辆走私和维护国家权益。

一、车辆购置税征税范围

车辆购置税以列举的车辆作为征税对象,未列举的车辆不纳税。其征税范围包括汽车、有轨电车、汽车挂车、排气量超过150毫升的摩托车(以下统称应税车辆)。

地铁、轻轨等城市轨道交通车辆,装载机、平地机、挖掘机、推土机等轮式专用机械车,以及起重机(吊车)、叉车、电动摩托车,不属于应税车辆。

纳税人进口自用应税车辆,是指纳税人直接从境外进口或者委托代理进口自用的应税车辆,不包括在境内购买的进口车辆。

为了体现税法的统一性、固定性、强制性和法律的严肃性特征,车辆购置税征收范围的调整由国务院决定,其他任何部门、单位和个人无权擅自扩大或缩小车辆购置税的征税范围。

二、车辆购置税纳税义务人

车辆购置税是以在中华人民共和国境内购置的规定车辆为课税对象、在特定的环节向车辆购置者征收的一种税,就其性质而言,属于直接税的范畴。

车辆购置税的纳税人是指在中华人民共和国境内购置应税车辆的单位和个人。其中购置是指以购买、进口、自产、受赠、获奖或者其他方式取得并自用应税车辆的行为。车辆购置税实行一次性征收。购置已征车辆购置税的车辆,不再征收车辆购置税。

任务二　车辆购置税税率与计税依据

一、车辆购置税税率

车辆购置税实行统一比例税率,税率为10%。

二、车辆购置税计税依据

车辆购置税计税依据为应税车辆的计税价格,按照下列规定确定:

(1)纳税人购置应税车辆,以发票电子信息中的不含增值税价作为计税价格。纳税人依据相关规定提供其他有效价格凭证的情形除外。

应税车辆存在多条发票电子信息或者没有发票电子信息的,纳税人按照购置应税车辆实际支付给销售方的全部价款(不包括增值税税款)申报纳税。

(2)纳税人进口自用应税车辆的计税价格,为关税完税价格加上关税和消费税;纳税人进口自用应税车辆,是指纳税人直接从境外进口或者委托代理进口自用的应税车辆,不包括在境内购买的进口车辆。

(3)纳税人自产自用应税车辆的计税价格,按照纳税人生产的同类应税车辆(即车辆配置序列号相同的车辆)的销售价格确定,不包括增值税税款;没有同类应税车辆销售价格的,按照组成计税价格确定。组成计税价格的计算公式为:

$$组成计税价格=成本\times(1+成本利润率)$$

属于应征消费税的应税车辆，其组成计税价格中应加计消费税税额。

上述公式中的成本利润率，由国家税务总局各省、自治区、直辖市和计划单列市税务局确定。

(4)纳税人以受赠、获奖或者其他方式取得自用应税车辆的计税价格，按照购置应税车辆时相关凭证载明的价格确定，不包括增值税税款。

这里所称的购置应税车辆时相关凭证，是指原车辆所有人购置或者以其他方式取得应税车辆时载明价格的凭证。无法提供相关凭证的，参照同类应税车辆市场平均交易价格确定其计税价格。原车辆所有人为车辆生产或者销售企业，未开具机动车销售统一发票的，按照车辆生产或者销售同类应税车辆的销售价格确定应税车辆的计税价格。无同类应税车辆销售价格的，按照组成计税价格确定应税车辆的计税价格。

纳税人以外汇结算应税车辆价款的，按照申报纳税之日的人民币汇率中间价折合成人民币计算缴纳税款。

任务三　车辆购置税应纳税额的计算方法

车辆购置税实行从价定率的方法计算应纳税额，计算公式为：

$$应纳税额=计税依据\times税率$$

由于应税车辆的来源、应税行为的发生以及计税依据组成不同，因而，车辆购置税应纳税额的计算方法也有区别。

一、购买自用应税车辆应纳税额的计算

纳税人购买自用的应税车辆的计税价格，为纳税人实际支付给销售者的全部价款，不包括增值税税款。

二、进口自用应税车辆应纳税额的计算

纳税人进口自用应税车辆的计税价格，为关税完税价格加上关税和消费税。纳税人进口自用的应税车辆应纳税额的计算公式为：

$$应纳税额=(关税完税价格+关税+消费税)\times税率$$

三、其他自用应税车辆应纳税额的计算

纳税人自产自用应税车辆的计税价格，按照纳税人生产的同类应税车辆的销售价格确定，不包括增值税税款。

纳税人以受赠、获奖或者其他方式取得自用应税车辆的计税价格，按照购置应税车辆时相关凭证载明的价格确定，不包括增值税税款。

四、已经办理免税、减税手续的车辆因转让、改变用途等原因不再属于免税、减税范围的，纳税人、纳税义务发生时间、应纳税额的规定

已经办理免税、减税手续的车辆因转让、改变用途等原因不再属于免税、减税范围的，纳税人、纳税义务发生时间、应纳税额按以下规定执行：

(1)发生转让行为的，受让人为车辆购置税纳税人；未发生转让行为的，车辆所有人为车辆购置税纳税人。

(2)纳税义务发生时间为车辆转让或者用途改变等情形发生之日。

(3)应纳税额的计算公式为：

应纳税额＝初次办理纳税申报时确定的计税价格
×(1－使用年限×10%)×10%－已纳税额

应纳税额不得为负数。

使用年限的计算方法是，自纳税人初次办理纳税申报之日起，至不再属于免税、减税范围的情形发生之日止。使用年限取整计算，不满一年的不计算在内。

情境分析 6-14

1.任务要求

张三 2024 年 1 月从某汽车销售有限公司购买一辆越野车供自己使用，支付价款 727 800 元，取得机动车销售统一发票，注明的不含税价为 644 070.80 元，增值税税额为 83 729.20 元。已知车辆购置税税率为 10%。

要求：请计算张某应纳车辆购置税税额。

2.任务实施

应纳车辆购置税＝644 070.80×10%＝64 407.08(元)

任务四　车辆购置税税收优惠

下列车辆免征车辆购置税：

(1)依照法律规定应当予以免税的外国驻华使馆、领事馆和国际组织驻华机构及其有关人员自用的车辆。

(2)中国人民解放军和中国人民武装警察部队列入装备订货计划的车辆。

(3)悬挂应急救援专用号牌的国家综合性消防救援车辆。

(4)设有固定装置的非运输专用作业车辆。

(5)城市公交企业购置的公共汽电车辆。

根据国民经济和社会发展的需要，国务院可以规定减征或者其他免征车辆购置税的情形，报全国人民代表大会常务委员会备案。

自 2021 年 1 月 1 日至 2022 年 12 月 31 日，对购置的新能源汽车免征车辆购置税。免征车辆购置税的新能源汽车是指纯电动汽车、插电式混合动力(含增程式)汽车、燃料电池汽车。

对购置日期在 2022 年 6 月 1 日至 2022 年 12 月 31 日期间内且单车价格(不含增值税)不超过 30 万元的 2.0 升及以下排量乘用车，减半征收车辆购置税。乘用车，是指在设计、制

造和技术特性上主要用于载运乘客及其随身行李和(或)临时物品,包括驾驶员座位在内最多不超过 9 个座位的汽车。单车价格,以车辆购置税应税车辆的计税价格为准。

对购置日期在 2023 年 1 月 1 日至 2023 年 12 月 31 日期间内的新能源汽车,免征车辆购置税。

任务五 车辆购置税征收管理

一、纳税申报

车辆购置税实行一次性征收。购置已征车辆购置税的车辆,不再征收车辆购置税。

车辆购置税由税务机关负责征收。车辆购置税的纳税义务发生时间为纳税人购置应税车辆的当日。纳税人应当自纳税义务发生之日起 60 日内申报缴纳车辆购置税。

二、纳税环节

纳税人应当在向公安机关交通管理部门办理车辆注册登记前,缴纳车辆购置税。

纳税人应当持主管税务机关出具的完税证明或者免税证明,向公安机关车辆管理机构办理车辆登记注册手续;没有完税证明或者免税证明的,公安机关车辆管理机构不得办理车辆登记注册手续。

公安机关交通管理部门办理车辆注册登记,应当根据税务机关提供的应税车辆完税或者免税电子信息对纳税人申请登记的车辆信息进行核对,核对无误后依法办理车辆注册登记。

免税、减税车辆因转让、改变用途等原因不再属于免税、减税范围的,纳税人应当在办理车辆转移登记或者变更登记前缴纳车辆购置税。计税价格以免税、减税车辆初次办理纳税申报时确定的计税价格为基准,每满 1 年扣减 10%。

纳税人将已征车辆购置税的车辆退回车辆生产企业或者销售企业的,可以向主管税务机关申请退还车辆购置税。退税额以已缴税款为基准,自缴纳税款之日至申请退税之日,每满 1 年扣减 10%。

三、纳税地点和纳税申报表

纳税人购置应税车辆,应当向车辆登记地的主管税务机关申报缴纳车辆购置税;购置不需要办理车辆登记的应税车辆的,应当向纳税人所在地的主管税务机关申报缴纳车辆购置税。

车辆购置税纳税申报表样式见表 6-12。

表 6-12　车辆购置税纳税申报表

填表日期：　　年　　月　　日　　　　　　　　　　　　　　　　　　　　　　　　金额单位：元

<table>
<tr><td>纳税人名称</td><td colspan="2"></td><td>申报类型</td><td colspan="2">□征税□免税□减税</td></tr>
<tr><td>证件名称</td><td colspan="2"></td><td>证件号码</td><td colspan="2"></td></tr>
<tr><td>联系电话</td><td colspan="2"></td><td>地　址</td><td colspan="2"></td></tr>
<tr><td>合格证编号(货物进口证明书号)</td><td colspan="2"></td><td>车辆识别代号/车架号</td><td colspan="2"></td></tr>
<tr><td>厂牌型号</td><td colspan="5"></td></tr>
<tr><td>排量(cc)</td><td colspan="2"></td><td>机动车销售统一发票代码</td><td colspan="2"></td></tr>
<tr><td>机动车销售统一发票号码</td><td colspan="2"></td><td>不含税价</td><td colspan="2"></td></tr>
<tr><td colspan="4">海关进口关税专用缴款书(进出口货物征免税证明)号码</td><td colspan="2"></td></tr>
<tr><td>关税完税价格</td><td></td><td>关　税</td><td></td><td>消费税</td><td></td></tr>
<tr><td>其他有效凭证名称</td><td></td><td>其他有效凭证号码</td><td></td><td>其他有效凭证价格</td><td></td></tr>
<tr><td>购置日期</td><td></td><td>申报计税价格</td><td></td><td>申报免(减)税条件或者代码</td><td></td></tr>
</table>

纳税人声明：

本纳税申报表是根据国家税收法律法规及相关规定填报的，我确定它是真实的、可靠的、完整的。

纳税人(签名或盖章)：

委托声明：

现委托(姓名)________(证件号码)______________办理车辆购置税涉税事宜，提供的凭证、资料是真实、可靠、完整的。任何与本申报表有关的往来文件，都可交予此人。

委托人(签名或盖章)：　　　　　　　　　　　被委托人(签名或盖章)：

<table>
<tr><td colspan="6">以下由税务机关填写</td></tr>
<tr><td colspan="2">免(减)税条件代码</td><td colspan="4"></td></tr>
<tr><td>计税价格</td><td>税率</td><td>应纳税额</td><td>免(减)税额</td><td>实纳税额</td><td>滞纳金金额</td></tr>
<tr><td></td><td></td><td></td><td></td><td></td><td></td></tr>
<tr><td colspan="2">受理人：
年　月　日</td><td colspan="2">复核人(适用于免、减税申报)：
年　月　日</td><td colspan="2">主管税务机关(章)：</td></tr>
</table>

模块十一　环境保护税纳税实务

知识结构图

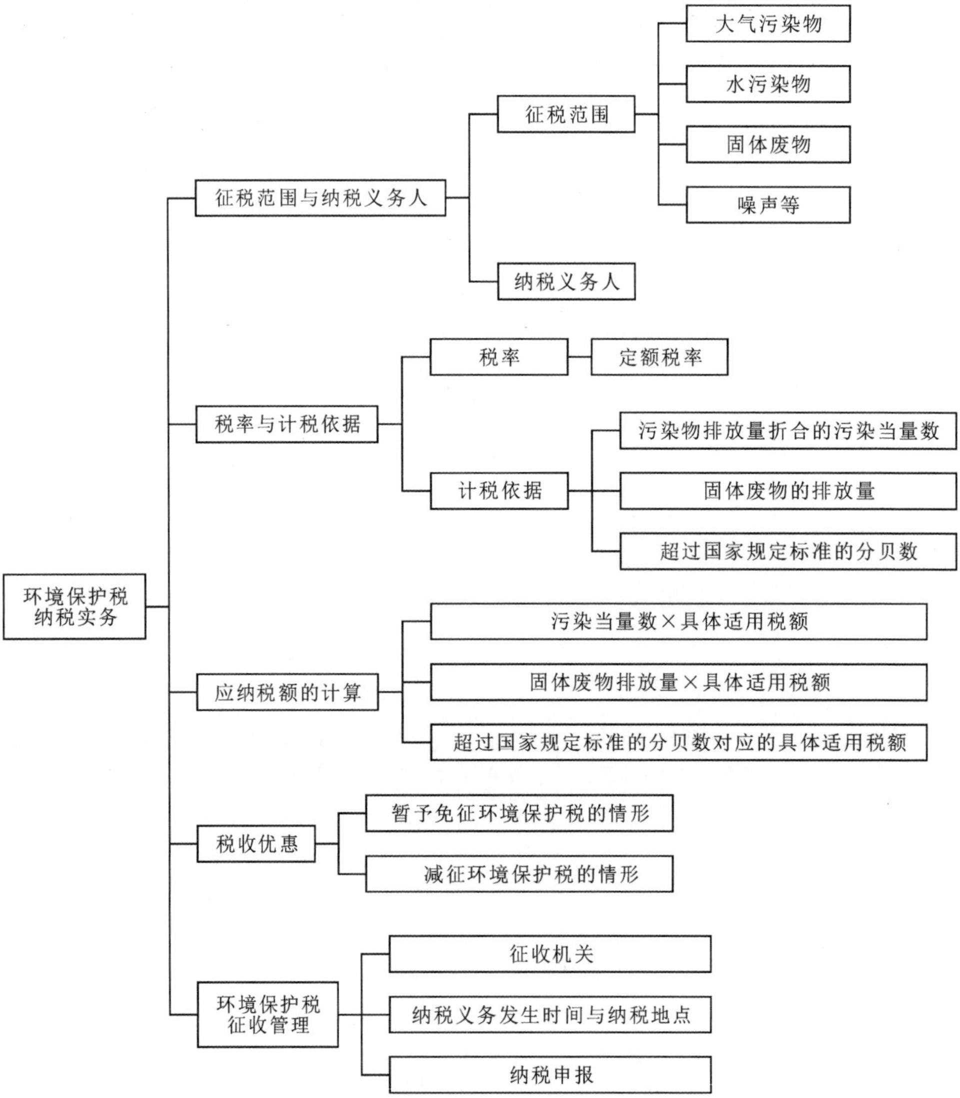

任务一 环境保护税征税范围与纳税义务人

环境保护税是为了保护和改善环境，减少污染物排放，推进生态文明建设而征收的一种税。环境保护税的法律规范是于 2016 年 12 月 25 日第十二届全国人民代表大会常务委员会第二十五次会议通过、2018 年 10 月 26 日第十三届全国人民代表大会常务委员会第六次会议修订的《中华人民共和国环境保护税法》（以下简称《环境保护税法》）。

一、环境保护税的征税范围

环境保护税的征税范围是《环境保护税法》所附"环境保护税税目税额表""应税污染物和当量值表"规定的大气污染物、水污染物、固体废物和噪声等应税污染物。

有下列情形之一的，不属于直接向环境排放污染物，不缴纳相应污染物的环境保护税：

(1)企业事业单位和其他生产经营者向依法设立的污水集中处理、生活垃圾集中处理场所排放应税污染物的。

(2)企业事业单位和其他生产经营者在符合国家和地方环境保护标准的设施、场所储存或者处置固体废物的。

依法设立的城乡污水集中处理、生活垃圾集中处理场所超过国家和地方规定的排放标准向环境排放应税污染物的，应当缴纳环境保护税。

企业事业单位和其他生产经营者储存或者处置固体废物不符合国家和地方环境保护标准的，应当缴纳环境保护税。

二、环境保护税的纳税义务人

环境保护税的纳税义务人为在中华人民共和国领域和中华人民共和国管辖的其他海域，直接向环境排放应税污染物的企业事业单位和其他生产经营者。按照规定征收环境保护税后，不再征收排污费。

任务二　环境保护税税率与计税依据

一、环境保护税的税率

环境保护税实行定额税率。税目、税额依照“环境保护税税目税额表”执行，见表6-13。

表6-13　环境保护税税目税额表

税目		计税单位	税额	备注
大气污染物		每污染当量	1.2～12元	—
水污染物		每污染当量	1.4～14元	—
固体废物	煤矸石	每吨	5元	—
	尾矿	每吨	15元	
	危险废物	每吨	1 000元	
	冶炼渣、粉煤灰、炉渣、其他固体废物(含半固态、液态废物)	每吨	25元	
噪声	工业噪声	超标1～3分贝	每月350元	1.一个单位边界上有多处噪声超标，根据最高一处超标声级计算应纳税额；当沿边界长度超过100米有两个以上噪声超标，按照两个单位计算应纳税额。 2.一个单位有不同地点作业场所的，应当分别计算应纳税额，合并计征。 3.昼、夜均超标的环境噪声，昼、夜分别计算应纳税额，累计计征。 4.声源一个月内超标不足15天的，减半计算应纳税额。 5.夜间频繁突发和夜间偶然突发厂界超标噪声，按等效声级和峰值噪声两种指标中超标分贝值高的一项计算应纳税额
		超标4～6分贝	每月700元	
		超标7～9分贝	每月1 400元	
		超标10～12分贝	每月2 800元	
		超标13～15分贝	每月5 600元	
		超标16分贝以上	每月11 200元	

应税大气污染物和水污染物的具体适用税额的确定和调整，由省、自治区、直辖市人民政府统筹考虑本地区环境承载能力、污染物排放现状和经济社会生态发展目标要求，在“环境保护税税目税额表”规定的税额幅度内提出，报同级人民代表大会常务委员会决定，并报全国人民代表大会常务委员会和国务院备案。

二、环境保护税的计税依据

应税污染物的计税依据，按照下列方法确定：

(1)应税大气污染物按照污染物排放量折合的污染当量数确定。

(2)应税水污染物按照污染物排放量折合的污染当量数确定。

(3)应税固体废物按照固体废物的排放量确定。

(4)应税噪声按照超过国家规定标准的分贝数确定。

任务三　环境保护税应纳税额的计算

一、环境保护税应纳税额的计算公式

环境保护税应纳税额按照下列方法计算：

应税大气污染物的应纳税额＝污染当量数×具体适用税额

应税水污染物的应纳税额＝污染当量数×具体适用税额

应税固体废物的应纳税额＝固体废物排放量×具体适用税额

应税噪声的应纳税额＝超过国家规定标准的分贝数对应的具体适用税额

二、排放量和噪声分贝数的计算

应税大气污染物、水污染物、固体废物的排放量和噪声的分贝数，按照下列方法和顺序计算：

(1)纳税人安装使用符合国家规定和监测规范的污染物自动监测设备的，按照污染物自动监测数据计算。

(2)纳税人未安装使用污染物自动监测设备的，按照监测机构出具的符合国家有关规定和监测规范的监测数据计算。

(3)因排放污染物种类多等原因不具备监测条件的，按照国务院生态环境主管部门规定的排污系数、物料衡算方法计算。

(4)不能按上述第(1)～(3)项规定的方法计算的，按照省、自治区、直辖市人民政府生态环境主管部门规定的抽样测算的方法核定计算。

情境分析 6-15

1. 任务要求

某养殖场 2 月养牛存栏量为 500 头，污染当量值为 0.1 头。假设当地水污染物适用税额为每污染当量 2.8 元。

要求：请计算当月应纳环境保护税税额。

2. 任务实施

水污染物当量数＝500÷0.1＝5 000

应纳税额＝5 000×2.8＝14 000(元)

任务四　环境保护税税收优惠

一、暂予免征环境保护税的情形

下列情形暂予免征环境保护税：

(1)农业生产(不包括规模化养殖)排放应税污染物的。

(2)机动车、铁路机车、非道路移动机械、船舶和航空器等流动污染源排放应税污染物的。

(3)依法设立的城乡污水集中处理、生活垃圾集中处理场所排放相应应税污染物，不超过国家和地方规定的排放标准的。

(4)纳税人综合利用的固体废物，符合国家和地方环境保护标准的。

(5)国务院批准免税的其他情形。

二、减征环境保护税的情形

纳税人排放应税大气污染物或者水污染物的浓度值低于国家和地方规定的污染物排放标准30%的，减按75%征收环境保护税。

纳税人排放应税大气污染物或者水污染物的浓度值低于国家和地方规定的污染物排放标准50%的，减按50%征收环境保护税。

任务五　环境保护税征收管理

一、征收机关

环境保护税由税务机关依照《中华人民共和国税收征收管理法》和《环境保护税法》的有关规定征收管理。

生态环境主管部门应当将排污单位的排污许可、污染物排放数据、环境违法和受行政处罚情况等环境保护相关信息，定期交送税务机关。税务机关应当将纳税人的纳税申报、税款入库、减免税额、欠缴税款以风险疑点等环境保护税涉税信息，定期交送生态环境主管部门。

二、纳税义务发生时间与纳税地点

环境保护税纳税义务发生时间为纳税人排放应税污染物的当日。

纳税人应当向应税污染物排放地的税务机关申报缴纳环境保护税。

三、纳税期限与纳税申报表

环境保护税按月计算，按季申报缴纳。不能按固定期限计算缴纳的，可以按次申报缴纳。

纳税人按季申报缴纳的，应当自季度终了之日起15日内，向税务机关办理纳税申报并缴纳税款。纳税人按次申报缴纳的，应当自纳税义务发生之日起15日内，向税务机关办理纳税申报并缴纳税款。

环境保护税纳税申报表(A类)见表6-14。

表 6-14　环境保护税纳税申报表(A 类)

税款所属期：自　　年　月　日至　　年　月　日　　填表日期：　　年　月　日

金额单位：元(列至角分)

* 纳税人名称	（公章）				* 统一社会信用代码（纳税人识别号）				
税源编号	* 排放口名称或噪声源名称	* 税目	* 污染物名称	* 计税依据或超标噪声综合系数	* 单位税额	* 本期应纳税额	本期减免税额	* 本期已缴税额	* 本期应补(退)税额
(1)	(2)	(3)	(4)	(5)	(6)	(7)＝(5)×(6)	(8)	(9)	(10)＝(7)－(8)－(9)
合计	—	—	—	—	—				

授权声明	如果你已委托代理人申报，请填写下列资料： 为代理一切税务事宜，现授权(地址)__________(统一社会信用代码)__________为本纳税人的代理申报人，任何与本申报表有关的往来文件，都可寄予此人。 授权人签字：	* 申报人声明	本纳税申报表是根据国家税收法律法规及相关规定填写的，是真实的、可靠的、完整的。 声明人签字：

经办人：　　　　主管税务机关：　　　　受理人：　　　　受理日期：　　年　　月　　日

本表一式两份，一份纳税人留存，一份税务机关留存(表内带 * 的为必填项)。

参考文献

[1] 中国注册会计师协会.税法[M].北京:中国财政经济出版社,2024.

[2] 全国税务师职业资格考试教材编写组.涉税服务实务[M].北京:中国税务出版社,2024.

[3] 全国税务师职业资格考试教材编写组.税法(Ⅰ)[M].北京:中国税务出版社,2024.

[4] 全国税务师职业资格考试教材编写组.税法(Ⅱ)[M].北京:中国税务出版社,2024.

[5] 财政部会计财务评价中心.经济法基础[M].北京:经济科学出版社,2022.

[6] 梁文涛.企业纳税实务[M].4版.北京:高等教育出版社,2023.